Ronald Gleich/Andreas Klein (Hrsg.)

Der Controlling-Berater
Band 50

Harmonisierung von Controlling und Risikomanagement

D1726716

Ronald Gleich/Andreas Klein

Der Controlling-Berater

Band 50

Band-Herausgeber:
Andreas Klein, Werner Gleißner

Harmonisierung von Controlling und Risikomanagement

Haufe Gruppe
Freiburg • München • Stuttgart

Bibliografische Information der Deutschen Nationalbibliothek

Die Deutsche Nationalbibliothek verzeichnet diese Publikation in der Deutschen Nationalbibliografie; detaillierte bibliografische Daten sind im Internet über http://dnb.dnb.de abrufbar.

ISBN 978-3-648-08828-9   ISSN 0723-3221   Bestell-Nr. 01401-0131

© 2017 Haufe-Lexware GmbH & Co. KG

„DER CONTROLLING-BERATER" (CB)
Herausgeber: Prof. Dr. Ronald Gleich, Geisenheim, Prof. Dr. Andreas Klein, Worms.
Fachbeirat: Dr. Michael Kieninger, Gemmrigheim, Dr. Walter Schmidt, Berlin, Klaus Spitzley, Weikersheim, Prof. Dr. Karl Zehetner, Wien.
Haufe-Lexware GmbH & Co. KG, Munzinger Straße 9, 79111 Freiburg, Telefon: 0761 898-0, Fax: 0761 898-3990, E-Mail: info@haufe.de, Internet: http://www.haufe.de
Geschäftsführung: Isabel Blank, Sandra Dittert, Markus Dränert, Jörg Frey, Birte Hackenjos, Markus Reithwiesner, Joachim Rotzinger, Dr. Carsten Thies.
Beiratsvorsitzende: Andrea Haufe
Kommanditgesellschaft, Sitz Freiburg
Registergericht Freiburg, HRA 4408
Komplementäre: Haufe-Lexware Verwaltungs GmbH, Sitz Freiburg, Registergericht Freiburg, HRB 5557
Martin Laqua
USt-IdNr. DE812398835
Redaktionsteam: Günther Lehmann (verantwortlich i.S.d.P.), Julia Grass (Assistenz), Philip Nöding (Assistenz). Erscheint 5-mal pro Jahr (inkl. Arbeitshilfen Rechnungswesen, Steuern, Controlling Online und Kundendienstleistungen). Preis für das Abonnement („Der Controlling-Berater") je Band 68,48 EUR zuzüglich Versandspesen.
Druckvorstufe: Reemers Publishing Services GmbH, Luisenstraße 62, 47799 Krefeld.
Druck: Beltz Bad Langensalza GmbH, Am Fliegerhorst 8, 99947 Bad Langensalza.

Vorwort

Seit mehr als einem halben Jahrhundert zählt das Controlling zu den wichtigsten Entscheidungsunterstützungsfunktionen in Unternehmen und anderen Organisationen. Für das Management ist es selbstverständlich geworden, sich bei Entscheidungen auf die von den Fachkollegen recherchierten Informationen und Bewertungen zu stützen.

Und auch das Risikomanagement hat inzwischen eine gut zwanzigjährige Vergangenheit im Unternehmen. Ausgangspunkt war das Gesetz zur Kontrolle und Transparenz im Unternehmensbereich (KonTraG), das 1998 beschlossen wurde. Im Kern bestand dieses Gesetz aus der Verpflichtung des Vorstands, „geeignete Maßnahmen zu treffen, insbesondere ein Überwachungssystem einzurichten, damit den Fortbestand der Gesellschaft gefährdende Entwicklungen früh erkannt werden".

Zu diesen den Fortbestand bedrohenden Risiken sind fraglos Umweltereignisse, dolose Handlungen, aber eben auch unternehmerische Fehlentscheidungen zu zählen. Meist sind es Kombinationseffekte solcher Einzelrisiken, die zu „bestandsgefährdenden Entwicklungen" im Sinne des Gesetzes führen, was eine Aggregation von Risiken im Kontext der meist vom Controlling erstellten Planung erfordert. Vor diesem Hintergrund ist es überraschend wie wenig direkte Bezüge zwischen Controlling und Risikomanagement zu finden sind. Auf eine Analyse der – zum Teil nachvollziehbaren und möglicherweise auch gewichtigen – Gründe soll hier bewusst verzichtet werden.

Vielmehr stellt sich die mehr zukunftsgerichtete Frage, wie lange man diesen Zustand in einer von exponentiell sich entwickelndem technischen Fortschritt sowie politischen und marktlichen Risiken geprägten Umwelt noch beibehalten kann, ohne dem eigenen Unternehmen ernsthaften Schaden zuzufügen oder gar den Bestand zu gefährden („Insolvenzrisiko"). Insbesondere bei der Kernaufgabe des Controllings – Vorbereitung unternehmerischer Entscheidungen – ist eine Risikoanalyse nötig: Es gilt schließlich Ertrag und Risiko abzuwägen.

Zur Lösung dieser Frage haben wir eine Reihe von Ansätzen zusammen getragen, die zeigen, wie Controlling und Risikomanagement aufeinander aufbauen, voneinander profitieren oder idealerweise integriert werden können. Controlling und Risikomanagement sind aufeinander angewiesen: Risikomanagement benötigt die Planung, weil Chancen und Risiken mögliche Abweichungen von der Planung sind. Und Controlling benötigt Ergebnisse einer systematischen Risikoanalyse, weil nur so „erwartungstreue" Planwerte berechenbar sind, die Grundlage von Entscheidungen sein können (z.B. bei der Investitionsbewertung). Außerdem können mit Hilfe des Risikomanagements die Planungssicherheit beurteilt und verbessert und risikogerechte Renditeanforderungen berechnet werden.

Es ist ein umfangreicher Band geworden, zum Teil mit bereits bewährten, aber auch vielen neuen Ansätzen, bei deren Lektüre wir Ihnen viele anregende Ideen wünschen.

Heidelberg und Leinfelden-Echterdingen, im Juli 2017

Andreas Klein, Werner Gleißner

Inhalt

Kapitel 4: Organisation & IT

Kapitel 5: Literaturanalyse

Die Autoren

Tim-Benjamin Bohmfalk
Verantwortlicher Manager für die Bereiche Risiko-, Compliance- und Versicherungsmanagement in einem großen deutschen Einzelhandelsunternehmen.

Prof. Dr. Roland Franz Erben
Professor im Studiengang Wirtschaftspsychologie an der Hochschule für Technik (HFT) Stuttgart. Seine Schwerpunkte in Forschung und Lehre sind Risikomanagement, Controlling und Corporate Finance.

Prof. Dr. Werner Gleißner
Vorstand der FutureValue Group AG und Honorarprofessor für Betriebswirtschaft, insb. Risikomanagement, an der Technischen Universität Dresden. Er ist Autor zahlreicher Bücher und Fachartikel.

Gina Heller-Herold
Inhaberin der auf Risikomanagement fokussierten Beratungsgesellschaft beku-consult. Sie ist seit 2004 als Unternehmensberaterin im Finanz-Umfeld tätig.

Prof. Dr. Rainer Kalwait
Beirat der Risk Management Association e.V. (RMA). Bis zu seiner Emeritierung lehrte er an der Fachhochschule Coburg sowie an ausländischen Universitäten Controlling und Internationales Management.

Endre Kamarás
Partner sowie Senior Analyst und Leiter des Bereichs Softwareentwicklung, FutureValue Group AG.

Ralf Kimpel
Director Corporate Audit, Risk & iSecurity Hubert Burda Media Holding Kommanditgesellschaft sowie Vorsitzender des Vorstands der Risk Management Association e.V. (RMA).

Prof. Dr. Andreas Klein
Professor für Controlling an der SRH Hochschule Heidelberg und Herausgeber des Controlling-Beraters.

Prof. Dr. Robert Rieg
Professor für Controlling und Interne Unternehmensrechnung sowie Prodekan für Forschung an der Fakultät Wirtschaftswissenschaften, Hochschule Aalen.

Frank Romeike
Geschäftsführender Gesellschafter der RiskNET GmbH, Mitglied des Vorstands der Gesellschaft für Risikomanagement und Regulierung e.V. sowie verantwortlicher Chefredakteur der Zeitschrift RISIKO MANAGER.

Dirk Schäfer
Senior Underwriter in der Abteilung Special Enterprise Risks bei der Munich Re.

Dr. Roland Spahr
Geschäftsführer der Blue Mountain Immobilien GmbH & Co. KG.

Prof. Dr. Ute Vanini
Professorin für Controlling und Risikomanagement an der Fachhochschule Kiel und Sprecherin des Arbeitskreises Controlling an Fachhochschulen und Hochschulen für angewandte Wissenschaften.

Prof. Dr. Dirk Vogel
Professor im Studiengang Betriebswirtschaftslehre an der Hochschule für Technik (HFT) Stuttgart sowie Leiter des Zentrums für Qualität und wissenschaftlicher Leiter Qualitätsmanagement der Hochschule.

Marco Wolfrum
Partner und Senior Analyst, FutureValue Group AG sowie stellvertretender Vorsitzender des Vorstands Risk Management Association e.V. (RMA).

Kapitel 1: Standpunkt

Das Experten-Interview zum Thema „Risikomanagement und Risikocontrolling"

Interviewpartner:

Prof. Dr. Rainer Kalwait, Beirat der Risk Management Association e.V.

Ralf Kimpel, Director Corporate Audit, Risk & iSecurity Hubert Burda Media Holding KG sowie Vorsitzender des Vorstands der Risk Management Association e.V. (RMA)

Marco Wolfrum, Partner und Senior Analyst, FutureValue Group AG sowie stellvertretender Vorsitzender des Vorstands der Risk Management Association e.V.

Die Risk Management Association e.V. (RMA) ist die unabhängige Interessenvertretung für das Thema Risikomanagement im deutschsprachigen Raum. Als Kompetenzpartner und Impulsgeber ist die RMA erster Ansprechpartner für Informationen, den unternehmensübergreifenden Dialog sowie die Weiterentwicklung des Risikomanagements. Zu den Mitgliedern der RMA zählen internationale Konzerne, mittelständische Unternehmen sowie Privatpersonen aus Wirtschaft, Wissenschaft und dem öffentlichen Sektor. Mithilfe eigener Fachgremien befasst sich die RMA mit den wichtigsten Branchenthemen. Weitere Informationen unter: www.rma-ev.org.

Das Interview führten Prof. Dr. Andreas Klein und Prof. Dr. Werner Gleißner.

Zweck/Ziel

Der Controlling-Berater: Der Controller hat eine zentrale Rolle inne und auch das Risikomanagement ist eine seit mehr als 10 Jahren etablierte Funktion. Nun hört man immer häufiger, die beiden Funktionen solle man integrieren! Warum das Ganze? Welchen Nutzen erwarten Sie von der Verbindung von Controlling und Risikomanagement?

Ralf Kimpel: Als RMA stehen wir für die enge Verzahnung der Governance-Funktionen im Unternehmen, um Doppelarbeiten zu vermeiden und Synergien zu nutzen. Das muss nicht immer in eine ablauf- und aufbauorganisatorische Integration münden. Und das gilt nicht nur für das Controlling, sondern auch für Compliance, IKS und Revision. Aus der Bündelung von Know-how und Risiko-Informationen wird die Governance im Unternehmen insgesamt gestärkt. Daran ist uns gelegen.

Marco Wolfrum: Nur um keine Missverständnisse aufkommen zu lassen: Mit Integration ist nicht zwingend eine organisatorische Integration der beiden Abteilungen im Unternehmen gemeint. Vielmehr geht es um das integrative Zusammenspiel gerade bei der Vorbereitung unternehmerischer Entscheidungen. Eine der wesentlichen Aufgaben des Controllings ist ja gerade die Entscheidungsvorbereitung. Da jede Entscheidung aber unter Unsicherheit getroffen werden muss, ist die Kernaufgabe das Abwägen von Ertrag und Risiko. Damit muss aber eben unweigerlich auch Risikomanagement in die Entscheidungsfindung einbezogen werden.

Prof. Dr. Rainer Kalwait: Jede unternehmerische Entscheidung ist untrennbar mit spezifischen Chancen und Risiken verbunden. Während im Controlling traditionell nur jene Teile der Chancen und Risiken einbezogen werden, die aus dem Reporting-Hintergrund ersichtlich sind, ist das Risikomanagement mit ganzheitlichen Methoden in der Lage, die Risiken umfassender zu analysieren und zu aggregieren, als das bisher im Controlling möglich ist. Aus diesem Grund führt eine Verbindung von Risikomanagement und Controlling zu qualitativ besseren Planungen und Entscheidungen des Unternehmens.

Wie weit sind die Unternehmen auf diesem Weg gekommen? Gibt es dazu aktuelle Informationen?

Wolfrum: Aktuelle Studien wie beispielsweise von Prof. Vanini zeigen, dass es an einer solchen Zusammenarbeit in vielen Unternehmen leider noch hapert. Immer noch herrscht ein Silo-Denken vor. Vor allem wird das Risikomanagement nicht als notwendiges Instrument zur Entscheidungsvorbereitung aufgefasst, sondern dient lediglich zur Verwaltung von Informationen zu Einzelrisiken.

Kalwait: Eine aktuelle Studie der FutureValue Group AG zum Risikomanagement der DAX- und MDAX-Unternehmen zeigt auf, dass die tatsächlich vorliegenden Informationen über die Risikolage des Unternehmens nach § 93 AktG trotz Testat durch Wirtschaftsprüfer in vielen Fällen nicht ausreichen, um den gesetzlich geforderten „angemessenen Informationen" gerecht zu werden und die entscheidungsrelevanten Risikoinformationen zu liefern.[1]

Warum ist dieser Prozess so zäh? Welche Hemmnisse der Zusammenarbeit bestehen in der Praxis?

Kalwait: Der Prozess ist deshalb so zäh, weil der Sachverhalt komplex ist, sich einer einfachen Darstellung entzieht und selbst in der wirtschaftswissenschaftlichen Lehre der Universitäten und Hochschulen (bis auf einige positive Ausnahmen z.B. in den Bank-, Versicherungs-, und Finanzdienstleistungswissenschaften) jedenfalls in der Breite noch nicht angekommen ist.

---

[1] S. Gleißner, Risikomanagement und Entscheidungsvorbereitungen des Vorstands, in Board 3/2017, S. 149–150.

Anwendung

Für das Risikomanagement gibt es doch eine gesetzliche Grundlage. Würde diese Anforderungen erfüllt, sollte doch alles in Ordnung sein?

Kimpel: Ja, allerdings erlauben die derzeitigen gesetzlichen Regelungen richtigerweise einen erheblichen Spielraum für die Umsetzung in der Praxis in Abhängigkeit von der Größe und Komplexität des Unternehmens bzw. der Organisation. Der Austausch im Netzwerk der RMA hilft den Risikomanagern dabei Orientierung zu finden.

Kalwait: Gesetzlichen Grundlagen sind inzwischen zweifellos vorhanden, aber an der Umsetzung in den Unternehmen mit Ausnahme der oben genannten Branchen wie z. B. Finanzdienstleistungen mangelt es noch deutlich.

Wolfrum: Als die wesentliche rechtliche Grundlage für Risikomanagement in den Unternehmen ist ja das Kontroll- und Transparenzgesetz (KonTraG) und hier vor allem § 91 AktG zu nennen. Allerdings hat der Gesetzgeber hier einen eingeschränkten Blick auf das Thema Risikomanagement im Unternehmen. Ihm geht es vor allem um die Transparenz. Vorstand bzw. Geschäftsführung – denn die Regelungen gelten analog auch für bspw. GmbHs – müssen wissen, ob und welchen bestandsbedrohenden Entwicklungen sie ausgesetzt sind. Mehr aber auch nicht. Aus dem KonTraG heraus wird nicht gefordert, solche potenziellen Gefahren für das Unternehmen zu vermeiden. Ein Management der Risiken wird also nicht gefordert – dies auch zu Recht, um keine unternehmerischen Freiheiten zu beschränken. Aus der Erfüllung der Anforderungen des KonTraG kann man also nicht auf ein gutes Risikomanagement schließen. Entsprechend sind viele Risikomanagementsysteme in den Unternehmen heute nicht mehr als ein formales Risikobuchhaltungssystem, das eben genau einer Pflicht genügen soll. Allerdings gibt es noch eine weitere gesetzliche Grundlage für Risikomanagement, derer sich viele gar nicht bewusst sind und bei der es eben genau auf das Zusammenspiel von Controlling und Risikomanagement ankommt: nämlich die Business Judgement Rule, die in § 93 AktG kodifiziert ist. Vorstand bzw. Geschäftsführung müssen vor wichtigen unternehmerischen Entscheidungen eine dafür geeignete Informationsbasis schaffen. Und zu einer solchen gehören insbesondere auch Informationen über die Risiken, die man mit der Entscheidung eingeht. Es hat also ein Abwägen von Ertrag und Risiko zu erfolgen. Mit der Erfüllung dieser Anforderung kommt man einem ökonomisch sinnvollen Risikomanagement schon bedeutend näher.

Können die „Grundsätze ordnungsgemäßer Planung" (GoP) bei der Integration von Controlling und Risikomanagement helfen?

Wolfrum: Sie bieten sicherlich schon eine sehr gute Basis, um Controlling und Risikomanagement zusammen zu bringen. Den GoP zufolge gehört ja bspw. die Transparenz über mögliche Risiken, also Chancen und Gefahren, zu einer ordnungsgemäßen Planung.

Kalwait: Die Grundsätze ordnungsgemäßer Planung sind ein guter Ansatzpunkt, aber leider noch nicht ausreichend, um unser Anliegen in die breite Fachöffentlichkeit zu tragen. Klare, eindeutige und widerspruchsfreie gesetzliche Vorgaben wären da wesentlich geeigneter.

Ist ein Controlling ohne quantitative Risikoanalyse und Risikoaggregation überhaupt in der Lage eine fundierte Entscheidungsvorbereitung zu leisten?

Wolfrum: Nein, ganz klar nicht. Zum einen gehört zur Entscheidungsvorbereitung eben gerade das Abwägen von Ertrag und Risiko. Risikoinformationen und zwar eben genau Aussagen zur Gesamtrisikoposition, die sich aus der zu treffenden Entscheidung ergibt und nicht der vorherige Status Quo, sind damit unerlässlich. Aber auch zu einer sachgerechten Einschätzung des erwarteten Ertrags benötigt man zwingend Risikoinformationen. Basis der Entscheidung dürfen nämlich keine geplanten Erträge sein, bspw. das realistischste Szenario, sondern die sich im Mittel ergebenden Erträge. Also die Erträge, die sich unter Abwägen von Chancen und Gefahren ergeben. Eine Anforderung, die häufig missachtet wird, was zu einer methodisch fehlerhaften Entscheidungsvorbereitung führt.

Kalwait: Der Controller ist natürlich nicht in der Lage, ohne eine qualifizierte Risikoanalyse und Risikoaggregation eine gute Entscheidungsvorbereitung zu leisten. Controller haben mit Recht ein hohes Selbstbewusstsein und Anspruch auf Anerkennung ihrer verdienstreichen Unternehmensfunktion. Aber hinsichtlich der Kompetenz im Risikomanagement gibt es bei der Controller-Community einen kleinen Gap zwischen Selbst- und Fremdwahrnehmung, wie sich auch in diversen empirischen Untersuchungen gezeigt hat.

Sind viele Controller mit ihren „einwertigen" Planungen noch immer „risikoblind"?

Wolfrum: Überspitzt kann man dies durchaus so sagen. Die Schwierigkeit bei solch einwertigen Planung ist ja, dass es ein Sammelsurium an unterschiedlichen Planungen sein kann. Vielleicht wird seitens des Vertriebs eher eine ambitionierte Planung erstellt, Kostenstellenverantwortliche haben dafür vielleicht Sicherheitspuffer eingeplant. Im Ergebnis hat man dann eine Planung, die zumindest für eine Entscheidungsvorbereitung nicht zu gebrauchen ist. Davon unbenommen ist sie vielleicht zur Verhaltenssteuerung im Unternehmen geeignet.

Kalwait: Sie sind nicht vollkommen risikoblind, sie sind sich der Notwendigkeit sicher bewusst. Aber nicht alle Controller verfügen über die erforderlichen Werkzeuge, und wenn diese fehlen, ist man auf dem betreffenden Auge tatsächlich blind.

Warum liest man in den meisten Controlling-Lehrbüchern kaum etwas über Risikoanalyse, obwohl doch die Risiken die Ursachen für zukünftige Planabweichungen sind und die Planungssicherheit bestimmen?

Kalwait: Die Antwort ist ähnlich der von oben: Der Sachverhalt ist komplex, entzieht sich einer einfachen Darstellung, verlangt (vielfach emotional unbewusst abgelehnte oder ungeliebte statistische) Grundlagenkenntnisse, und ist daher in der wirtschaftswissenschaftlichen Lehre der Universitäten und Hochschulen (bis auf einige positive Ausnahmen z. B. in den Bank-, Versicherungs-, und Finanzdienstleistungswissenschaften) zwar vereinzelt, aber jedenfalls in der Breite noch nicht angekommen.

Organisation

Ist bei einem mittelständischen Unternehmen grundsätzlich Risikomanagement durch Controlling oder auch kaufmännische Leitung als Zusatzaufgabe mit abdeckbar – und wie kann dies ggf. gelingen?

Kimpel: Mittelstand wird ja unterschiedlich definiert. Bei Hubert Burda Media, einem großen Familienunternehmen mit mittelständisch geprägter Unternehmenskultur und mehr als 10.000 Mitarbeitern, ist dies nicht mehr „nebenbei" möglich.

Wolfrum: Ja, das ist durchaus denkbar und wird in der Praxis auch erfolgreich so gehandhabt. Es ist ja nicht so, dass sich ohne ein formales Risikomanagementsystem niemand im Unternehmen sich über Risiken Gedanken macht. Ganz im Gegenteil: In den meisten Unternehmen gibt es ein ausgeprägtes Risikobewusstsein. Im Rahmen eines Qualitätsmanagementsystems werden Risiken betrachtet, die sich eben auf die Qualität der Leistungen des Unternehmens beziehen. Im Controlling werden Analysen zu Plan-Ist-Abweichungen erstellt. In der IT sind Notfallpläne vorhanden usw. Was eigentlich nur fehlt ist eine verbindende Klammer, die dafür sorgt, dass diese Informationen systematisch erhoben und dokumentiert werden. Zwar mag es noch Lücken geben, bspw. werden strategische Risiken in den Unternehmen meist nicht systematisch erhoben, und über ein Einsammeln vorhandener Informationen ist darüber hinaus auch noch die Abschätzung des Gesamtrisikoumfangs notwendig, aber dies kann eben sehr gut durch eine Zusatzaufgabe abgedeckt werden.

Kalwait: Man sollte aber nicht vergessen, dass ein Risikomanagement nicht einfach nebenbei gemanagt werden kann, sondern auch personelle und finanzielle Kapazitäten erfordert. Wenn eine Geschäftsführung oder ein Vorstand diese nicht oder nur ungenügend bereitstellt, und es damit nicht ernsthaft betreibt, wird es keine Verbesserung der Entscheidungen herbeiführen.

Nachhaltige praktische und theoretische Unterstützung erfahren nicht nur mittelständische, sondern auch große Unternehmen bei ihren Bemühungen zur besseren Verknüpfung zwischen Controlling und Risikomanagement durch den Arbeitskreis Risikomanagement und Controlling, der vom Internationalen Controller Verein (ICV) und der RMA gleichermaßen initiiert und getragen wird. In diesem Arbeitskreis tauschen die Controller und Risikomanager aus unterschiedlichen Branchen und Unternehmensgrößen ihre Erfahrungen aus und entwickeln bestehende und neue Ansätze zur besseren Entscheidungsvorbereitung.

Der mathematisch-statistische Aufwand bei derlei Verfahren ist ja nicht unerheblich. Auch bedarf es wohl einiger Erfahrung. Wie ist damit umzugehen?

Kimpel: Ja, der Aufwand ist erhöht, aber an sich nicht zu komplex, für einen Betriebswirt durchaus machbar. Die große Herausforderung ist es aber trotzdem, den Kollegen die Angst vor der Statistik zu nehmen. Dies ist durch Schulung am besten möglich. Die RMA unterbreitet ein entsprechendes Weiterbildungsangebot und weitet dieses derzeit zielgerichtet aus.

Wolfrum: Risikomanagement hat tatsächlich etwas mit Mathematik zu tun und beim Rechnen mit Risiken hat man es eben nicht – wie bei Kosten und Erlösen – nur mit Additionen und Subtraktionen zu tun. Aber man darf auch nicht zu viel Angst haben. Ein Grundverständnis für Wahrscheinlichkeitsrechnung und Statistik ist sicherlich hilfreich, man muss aber mitnichten ein Mathematik-Studium absolviert haben, um ein guter Risikomanager zu sein. Wichtiger ist es für die Risikobeauftragten und den Risikomanager, die Risiken inhaltlich zu verstehen und zu durchdenken. Am besten anhand von konkreten denkbaren Schadensszenarien mögliche Folgen beschreiben. Eine gute Risikomanagement-Software kann diese Information dann in einem Rechenmodell integrieren und helfen. die besten Schlussfolgerungen daraus zu ziehen.

Kalwait: Die Details werden uns heute zum Glück von Softwarelösungen abgenommen, und diese Software lässt sich inzwischen problemlos an die Controlling- und Reporting-Pakete ankoppeln.

Womit sollte man anfangen?

Wolfrum: Zunächst einmal sollte man weg von dem althergebrachten Denken über Risiken in Form von Eintrittswahrscheinlichkeit und Schadenshöhe. Die wenigsten Risiken lassen sich so sachgerecht beschreiben. Bei Währungsrisiken bspw. ist die Wahrscheinlichkeit, dass sich die Währungskurse anderes verhalten als geplant, im Prinzip 100 %. Es ist vielmehr die spannende Frage, in welcher Bandbreite sich mögliche Abweichungen bewegen. Dies durch eine Zahl, die Schadenshöhe, ausdrücken zu wollen, kann nur zu Unsinn führen. Und auch bei eher ereignisorientierten Risiken wie einem Brandrisiko gibt es normalerweise nicht das eine Schadensszenario. Unserer Erfahrung nach macht man es Experten sogar einfacher, wenn man zulässt, dass sie ihren Grad an Nichtwissen ausdrücken dürfen. Eine Angabe von „Ein Großfeuer in unserer Betriebsstätte ist ein seltenes Ereignis, was vermutlich einmal alle 50 bis 100 Jahre vorkommen kann. Die mögliche Schadenshöhe bewegt sich im Bereich von 10 bis 20 Mio. EUR, vermutlich bei ca. 12 Mio. EUR." Das ist viel sinnvoller als Pseudogenauigkeiten, wie „Die Wahrscheinlichkeit für ein Großfeuer liegt bei 1,4 % und der Schaden bei 12.840.000 EUR." Wichtig ist es aber auch, „Fehler" im Umgang mit Risiken zuzulassen. Wir Menschen wollen eigentlich nicht über Risiken nachdenken und mit Wahrscheinlichkeiten können wir auch nicht umgehen. Daher muss man auch Platz für einen Lernprozess im Unternehmen lassen. Nach dem Motto „Weniger ist mehr" sollte man lieber einen Schritt nach dem anderen machen, und im Laufe der Zeit die Methoden und Verfahren weiterentwickeln.

Kalwait: In einem ersten Schritt kann man einen unbefangenen Mitarbeiter mit der delegierten Autorität ausstatten und ihn über alle Ebenen und alle Bereiche des Unternehmens die Risiken mit einem Risikoatlas möglichst vollständig quantitativ und qualitativ einsammeln lassen.

▦ IT-Instrumente

Inwieweit kann ich das bestehende Instrumentarium eines mittelständischen Unternehmens hierfür nutzen?

Wolfrum: Für die ersten Schritte im Risikomanagement kann man durchaus auch Excel verwenden. Auch die notwendigen Analysen zur Ermittlung der Gesamtrisikoposition lassen sich damit unterstützen, unter Verwendung von AddIns, die die notwendige Technik der Monte-Carlo-Simulation bereitstellen. Wenn man damit erste Erfahrungen gesammelt hat, kann man immer noch überlegen, „professionellere" Softwarelösungen einzusetzen. Im Übrigen gibt es durchaus auch einfach zu handhabende Softwarelösungen für Risikomanagement, wie den

Strategie Navigator, die mehr oder weniger ohne Implementierungsaufwand sehr gute Unterstützung bieten.

Kalwait: Excel oder einfache und preiswerte Softwarelösungen stehen in ausreichender Zahl und für unterschiedliche Unternehmensgrößen zur Verfügung.

Kimpel: Auch liegen in mittelständischen Unternehmen mittlerweile regelrechte Datenschätze vor, die es zu heben gilt. Wie immer liegt die große Herausforderung darin zu definieren, was ich wissen will. Wichtig für das Risikomanagement ist es, Trends zu erkennen, die sich positiv wie negativ auf die Zielerreichung auswirken können. Dies kann und muss gemeinsam mit den Geschäftsverantwortlichen entwickelt werden und darf nicht im „Elfenbeinturm" des Controllings oder Risikomanagements verborgen passieren.

Inwieweit bieten gängige ERP-Systeme eine adäquate Unterstützung?

Wolfrum: ERP-Systeme im engeren Sinne bieten eigentlich keine Unterstützung für Risikomanagement. Sie müssen also mit Softwarelösungen dazu ergänzt werden.

Kalwait: Gängige ERP-Systeme haben in der Regel die Option, Risikomanagement-Lösungen zu integrieren oder anzukoppeln.

▦ Ausblick

Wo sehen Sie das Thema Risikomanagement in 10 Jahren?

Kimpel: Künstliche Intelligenz ist ja derzeit in aller Munde und bietet auch für das Risikomanagement interessante Möglichkeiten, effizienter und intelligenter relevante Daten aufzubereiten und Entscheidungsträger zeitnah über Chancen und Risiken zu informieren. Die Digitalisierung im Bereich der Risikomanagements wird damit erheblich an Geschwindigkeit gewinnen.

Wolfrum: Risikomanagement wird sich dann hoffentlich, wie das Controlling in den meisten Unternehmen heutzutage, als notwendiges und wichtiges Instrument der Unternehmensführung etabliert haben.

Kalwait: In zehn Jahren wird sich Risikomanagement zur zweitwichtigsten Kompetenz in Controlling und Unternehmensplanung entwickeln.

Vielen Dank für das anregende Gespräch!

Kapitel 2: Grundlagen & Konzepte

Risikomanagement: Ziele und Teilaufgaben im Überblick

■ Risikomanagement umfasst alle Aktivitäten eines Unternehmens, die sich auf die Analyse und den Umgang mit Chancen und Gefahren beziehen.

■ Die wichtigsten Teilaufgaben des Risikomanagements sind die Identifikation, Quantifizierung, Aggregation, Überwachung und Bewältigung von Risiken.

■ Von zentraler Bedeutung ist insbesondere die Risikoaggregation, d.h. die Bestimmung des Gesamtrisikoumfangs eines Unternehmens (mittels Monte-Carlo-Simulation). Nur so können Kombinationseffekte von Einzelrisiken ausgewertet werden, die zu „bestandsgefährdenden Entwicklungen" (Insolvenzen) führen, was § 91 Absatz 2 AktG als Mindestanforderung an ein Risikofrüherkennungssystem fordert.

■ Durch die Analyse und Aggregation von Risiken soll insbesondere eine adäquate Informationsgrundlage für unternehmerische Entscheidungen bereitgestellt werden (z.B. für Investitionsentscheidungen oder die Initiierung von Risikobewältigungsmaßnahmen, wie Versicherungsschutz). Bei der Vorbereitung der Entscheidungen von Vorständen und Geschäftsführern sollen die Auswirkungen auf das Ertrag-Risiko-Profil des Unternehmens berechnet werden, um ein Abwägen erwarteter Erträge und Risiken zu gewährleisten (z.B. über die Berechnung risikoadäquater Kapitalkosten als Anforderung an die Erwartungsrendite).

■ Risikomanagement zielt auf die Reduzierung von Risikokosten und insbesondere auf die Sicherung des Bestands des Unternehmens. Den jeweiligen „Grad der Bestandsbedrohung" kann man durch die Insolvenzwahrscheinlichkeit (also eine Rating-Note) ausdrücken.

■ Der Autor

Prof. Dr. Werner Gleißner, Vorstand der FutureValue Group AG und Honorarprofessor für Betriebswirtschaft, insb. Risikomanagement, an der Technischen Universität Dresden. Er ist Autor zahlreicher Bücher und Fachartikel.

1 Anforderungen, Aufgaben und Nutzen

Ein Risiko ist die aus einer nicht sicher vorhersehbaren Zukunft resultierende Möglichkeit von Plan– bzw. Prognosewerten abzuweichen. Risiko ist damit der Überbegriff zu Chance (Möglichkeit einer positiven Abweichung) und Gefahr (Möglichkeit einer negativen Abweichung).

Risikomanagement umfasst alle Aktivitäten eines Unternehmens, die sich auf die Analyse und den Umgang mit Chancen und Gefahren beziehen.

1.1 Rechtliche Anforderungen im Aktiengesetz

Bei einer nicht sicher vorhersehbaren Zukunft ist jedes Unternehmen Chancen und Gefahren (Risiken) ausgesetzt, die Planabweichungen auslösen können. Die Fähigkeit im Umgang mit diesen Risiken ist ein wichtiger Erfolgsfaktor von Unternehmen. Wegen des Kontroll- und Transparenzgesetzes (KonTraG) und seiner „Ausstrahlwirkung" auf mittelständische Unternehmen ist davon auszugehen, dass das Fehlen eines Risikomanagementsystems auch bei einer Kapitalgesellschaft persönliche Haftungsrisiken für Vorstände und Geschäftsführer mit sich bringen kann.

Zentraler Bestandteil des KonTraG und Katalysator für das Risikomanagement war und ist § 91 Abs. 2 AktG:

„Der Vorstand hat geeignete Maßnahmen zu treffen, insbesondere ein Überwachungssystem einzurichten, damit den Fortbestand gefährdende Entwicklungen früh erkannt werden."

In der Begründung des Deutschen Bundestags zum § 91 Abs. 2 AktG heißt es, dass die Verpflichtung des Vorstands durch das Gesetz besonders hervorgehoben werden soll. Diese Verpflichtung umfasst dabei die Einrichtung eines angemessenen Risikomanagements, einer angemessenen internen Revision bzw. internen Überwachung. Nach § 91 Abs. 2 AktG sollen somit bestandsgefährdende Entwicklungen früh erkannt werden. Eine Verletzung der Sorgfaltspflichten durch den Vorstand kann zum Schadenersatz führen, stellt also ein persönliches Haftungsrisiko dar.[1]

Bestandsgefährdende Entwicklungen sollen früh erkannt werden

Dabei ist interessant, dass das Gesetz Risikomanagement oder Risiken nicht direkt anspricht, sondern von bestandsgefährdenden Entwicklungen spricht. Als den Fortbestand gefährdende Entwicklungen werden in der Begründung genannt: Risikobehaftete Geschäfte, Unrichtigkeiten der Rechnungslegung und sonstige Verstöße gegen gesetzliche Vorschriften, die sich auf die wirtschaftliche Lage der Gesellschaft wesentlich auswirken.

---

[1] Für eine weiter gehende Darstellung der Kollektivhaftung und der Organisationspflichten s. Lorenz, 2006.

Zu beachten ist, dass es im Allgemeinen nicht Einzelrisiken sind, sondern Kombinationseffekte von Risiken, die bestandsgefährdende Entwicklungen im Sinne von § 91 Aktiengesetz auslösen. Infolgedessen ist zur Erfüllung der gesetzlichen Anforderungen eine Risikoaggregation erforderlich, die diese Kombinationseffekte auswertet.[2] Eine Risikoaggregation zur Bestimmung des Gesamtrisikoumfangs (Eigenkapitalbedarf) ist entsprechend auch eine wesentliche Anforderung des IDW Prüfungsstandards 340 für Risikofrüherkennungssysteme.

1.2 Persönliche Haftung bei Schadenersatzforderungen möglich

Vorstände von Aktiengesellschaften, die ihre Organisationspflicht in diesem Punkt ignorieren und gegen diese Vorschrift verstoßen, müssen mit Schadenersatzforderungen rechnen, die ihre private Vermögenssphäre betreffen (§ 93 Abs. 2 AktG). Im Klartext: Die Nichteinrichtung eines Risikofrüherkennungssystems kann für die Verantwortlichen zur persönlichen Haftung führen (Lorenz 2006).

Die durch § 93 AktG spezifizierte sog. „Business Judgement Rule" fordert vom Vorstand insbesondere, dass bei einer Entscheidung „angemessene Informationen" vorliegen müssen.[3] Bei Entscheidungen unter Unsicherheit bedeutet dies insbesondere, dass schon vor der Entscheidung gezeigt werden muss, welche Veränderung des Risikoumfangs und des Ratings durch diese Entscheidung zu erwarten ist. Es sind also gerade die Risikoinformationen, die den wesentlichen Teil der vom Gesetz genannten „angemessenen Informationen" darstellen. Eine Risikoanalyse ist entsprechend entscheidungsvorbereitend erforderlich.

1.3 Anforderungen durch Kapitalgeber

Neben gesetzlichen Anforderungen ist es insbesondere der ökonomische Nutzen, der den Ausbau der Fähigkeiten im Umgang mit Chancen und Gefahren (Risiken) wichtig erscheinen lässt. So resultiert auch aus der veränderten Kreditvergabepraxis von Banken und Sparkassen infolge Basel II und Basel III das Erfordernis, sich konsequenter mit Risiken auseinander zu setzen. Die Wirkung eingetretener Risiken (z. B. des Verlusts eines Großkunden oder des unerwarteten Anstiegs von Materialkosten) zeigt sich nämlich im Jahresabschluss und den daraus abgeleiteten Finanzkennzahlen (z. B. Eigenkapitalquote oder Gesamtkapitalrendite). Da diese Finanzkennzahlen im Rahmen der üblichen Ratingverfahren den eingeräumten Kreditrahmen und die Zinskondition bestimmen, haben Risiken

---

[2] S. zur Methodik der Monte-Carlo-Simulation Gleißner, 2005, 2017a und b.

[3] S. Graumann, 2014; Gleißner 2017a.

somit erhebliche Auswirkungen auf die Finanzierung eines Unternehmens. So kann durch eine zufällige Kombination mehrerer Risiken recht schnell eine Situation eintreten, in der die Finanzierung eines Unternehmens aufgrund eines unbefriedigenden Ratings nicht mehr sichergestellt ist, obwohl das Unternehmen an sich gute langfristige Zukunftsperspektiven aufweist. Dieses Problem ist insbesondere bei Unternehmen zu befürchten, die ein niedriges Risikodeckungspotenzial (speziell Eigenkapital) aufweisen – unabhängig von möglicherweise sonst hervorragenden Erfolgspotenzialen. Insgesamt erfordern die aktuellen Entwicklungen eine intensivere Auseinandersetzung mit dem Thema Risikomanagement. Dabei müssen die Voraussetzungen geschaffen werden, um bestandsgefährdenden Risiken adäquat zu begegnen und bei wesentlichen unternehmerischen Entscheidungen (z. B. Investitionen) die dort erwarteten Erträge und die damit verbundenen Risiken gegeneinander abwägen zu können.

Ein derartiges Risikomanagement sollte in die Arbeitsprozess- und Organisationsstruktur eines Unternehmens integriert sein, was zur Etablierung eines „Risikomanagementsystems" führt.

Risikomanagement ist dabei weit mehr als das (selbstverständliche) Einhalten gesetzlicher Vorschriften (z. B. im Arbeits- und Umweltrecht), das Abschließen von Versicherungen und das Erstellen von Notfallplänen. Risikomanagement ist ein umfassender Prozess der Identifikation, Bewertung, Aggregation, Überwachung und gezielten Steuerung aller Risiken, die Abweichungen von den gesetzten Zielen auslösen können.

2 Risikoidentifikation

Risikomanagement beginnt meist mit einer systematischen und strukturierten Identifikation der Risiken. Für die Identifikation der Risiken können Arbeitsprozessanalysen, Workshops, Benchmarks oder Checklisten genutzt werden.

In der Praxis haben sich folgende Quellen für die Identifikation von Risiken als besonders wesentlich herausgestellt:[4]

Quellen für die Identifikation von Risiken

1. Strategische Erfolgspotenziale: Im Kontext der strategischen Unternehmensplanung muss sich ein Unternehmen über seine maßgeblichen Erfolgspotenziale (Kernkompetenzen, interne Stärken und für den Kunden wahrnehmbare Wettbewerbsvorteile) Klarheit verschaffen. Die wichtigen „strategischen Risiken" lassen sich identifizieren, indem die für das Unternehmen wichtigsten Erfolgspotenziale systematisch dahingehend untersucht werden, welchen Bedrohungen diese ausgesetzt sind.

---

[4] Vgl. Beitrag von Vanini, „Instrumente für eine systematische Identifikation von Risiken" im vorliegenden Band.

2. Controlling, operative Planung und Budgetierung: Im Rahmen von Controlling, Unternehmensplanung oder Budgetierung werden bestimmte Annahmen getroffen (z. B. bezüglich Konjunktur, Wechselkursen und Erfolgen bei Vertriebsaktivitäten). Alle unsicheren Planannahmen zeigen ein Risiko, weil hier Planabweichungen auftreten können.

3. Leistungserstellungsprozesse: Bestimmte Arten von Risiken lassen sich am besten im Rahmen eines Workshops (Risk Assessment) durch kritische Diskussionen erfassen. Hierzu gehören insbesondere die Risiken aus den Leistungserstellungsprozessen (operative Risiken), rechtliche und politische Risiken sowie Risiken aus Unterstützungsprozessen (z. B. IT: Cyberrisk). Bei operativen Risiken der Wertschöpfungsketten bietet es sich bspw. an, diese Arbeitsprozesse zunächst (einschließlich der wesentlichen Schnittstellen) zu beschreiben und anschließend Schritt für Schritt zu überprüfen, durch welche Risiken eine Abweichung des tatsächlichen vom geplanten Prozessablauf eintreten kann.

Risiko	Risikofeld	Wirkung	Bewältigung	Relevanz
Neuer Wettbewerber	*S/M*	*U/EP*	*weitere Intensivierung des Vertriebs*	*4*
Absatzmenge	*L*	*U*	*Frühwarn- und Prognosesystem für Umsatz*	*4*
Zinsänderungen	*F*	*FBE*	*Vereinbarung Zins*	*3*
Personalkosten	*M*	*Kfix*	*Selbst tragen*	*3*
Maschinenschaden	*L*	*U*	*Redundante Auslegung*	*3*
Absatzpreisschwankung	*M*	*U*	*Selbst tragen*	*3*
Abhängigkeit von MusterAG	M	U	Vertragsgestaltung, Intensivierung des Vertriebs	2
Kalkulationsfehler	L	U/K	Organisatorische Maßnahmen	2
Haftpflichtschäden bei Kunden	L	AoE	Optimierung des Versicherungsschutzes	2
Wachstumsbedingter EKmangel	S	EP	Thesaurierung von Gewinnen	2
Übernahme Muster GmbH	F	FBE	Due Diligence	2
Fehlende Kompetenz in Musterland	S	EP	Verkauf des Geschäftsfeldes	2
Motivationsprobleme im Vertrieb	G	EP/U	stärker erfolgsabhängige Entlohnung	1

Risikofelder:		Wirkung:			
S = Strategisches R.	**L** = Leistungsrisiko	**EP** = Erfolgspotential	**Kfix** = Fixe Kosten		
M = Marktrisiko	**G** = R. aus Corporate Governance	**U** = Umsatz	**FBE** = Finanz- u. Beteiligungsergebn.		
F = Finanzmarktrisiko	**R** = Rechtl./gesellschaftl./polit. Risiko	**Kvar** = Variable Kosten	**AoE** = Außerordentliches Ergebnis		
Skala: 4 = hoch; 1 = gering					

Abb. 1: Risikoinventar

Die nach erster Einschätzung wichtigsten Risiken werden dann in einem Risikoinventar, einer Art Hitliste der Risiken, zusammengefasst. Um die Risiken zu priorisieren, kann eine Ersteinschätzung der Risiken anhand einer „Relevanzskala" vorgenommen werden, wobei bspw. die Relevanzen von „1" (unbedeutend) bis hin zu „5"(bestandsgefährdend) genutzt werden können (vgl. Abb. 1).

3 Risikoquantifizierung: quantitative Beschreibung von Risiken

Mit der Quantifizierung wird ein Risiko zunächst durch eine geeignete (mathematische) Verteilungsfunktion[5] beschrieben. Häufig werden „ergebnisorientierte" Risiken dabei noch durch Eintrittswahrscheinlichkeit und Schadenshöhe quantifiziert, was einer sog. Binomialverteilung (digitale Verteilung) entspricht.

Risikoquantifizierung

Viele Risiken, wie Abweichungen bei Investitionsausgaben oder Rohstoffpreisen, die mit unterschiedlicher Wahrscheinlichkeit verschiedene Höhen erreichen können, werden dagegen durch andere Verteilungsfunktionen (z.B. eine Dreiecksverteilung mit Mindestwert, wahrscheinlichstem Wert und Maximalwert oder eine Normalverteilung mit Erwartungswert und Standardabweichung) beschrieben (s. Abb. 2).

Verteilungsfunktionen

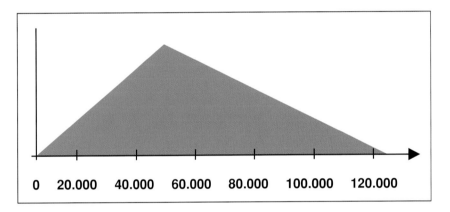

Abb. 2: Dreiecksverteilung

Für die Quantifizierung eines Risikos kann man sich an tatsächlich in der Vergangenheit eingetretenen Risikowirkungen (Schäden) orientieren, an Benchmark-Werten aus der Branche oder an selbst erstellten (realistischen) Schadensszenarien, die dann präzise zu beschreiben und hinsichtlich einer möglichen quantitativen Auswirkung auf das Unternehmensergebnis zu erläutern sind.

Risikomaße

Um alle Risiken miteinander hinsichtlich ihrer Bedeutung vergleichen zu können, bietet sich die Definition eines einheitlichen Risikomaßes an (z.B. der Value-at-Risk oder Expected Shortfall). Der Value-at-Risk ist ein realistischer Höchstschaden, der mit einer bestimmten vorgegebenen

---

[5] Oder ein „stochastischer Prozess", der die Entwicklung von Risiken über die Zeit beschreibt.

Wahrscheinlichkeit innerhalb einer Planperiode nicht überschritten wird. Er kann als Eigenkapitalbedarf interpretiert werden.

4 Risikoaggregation: Gesamtrisikoumfang und Eigenkapitalbedarf berechnen[6]

Der Gesamtrisikoumfang wird durch eine Risikoaggregation bestimmt

Aus dem Risikoinventar kann nur abgeleitet werden, welche Risiken für sich alleine den Bestand eines Unternehmens gefährden. Um zu beurteilen, wie groß der Gesamtrisikoumfang ist (und damit der Grad an Bestandsgefährdung durch die Menge aller Risiken), wird eine sog. Risikoaggregation erforderlich, die auch Kombinationseffekte mehrerer Einzelrisiken betrachtet. Bei dieser Risikoaggregation werden die quantifizierten Risiken in den Kontext der Unternehmensplanung gestellt, d.h., es wird jeweils aufgezeigt, welches Risiko an welcher Position der Planung (Erfolgsplanung) zu Abweichungen führt.

Risikosimulationsverfahren berechnen eine große repräsentative Anzahl möglicher risikobedingter Zukunftsszenarien

Mithilfe von Risikosimulationsverfahren kann dann eine große repräsentative Anzahl möglicher risikobedingter Zukunftsszenarien berechnet und analysiert werden. Damit sind Rückschlüsse auf den Gesamtrisikoumfang, die Planungssicherung und eine realistische Bandbreite z.B. des Unternehmensergebnisses möglich ("Monte-Carlo-Simulation").[7] Aus der ermittelten risikobedingten Bandbreite des Ergebnisses kann unmittelbar auf die Höhe möglicher risikobedingter Verluste und damit auf den Bedarf an Eigenkapital und Liquidität zur Risikodeckung geschlossen werden, was wiederum Rückschlüsse auf das angemessene Rating zulässt. Auf diese Weise können auch Risikokennzahlen wie die Eigenkapitaldeckung bestimmt werden, die das Verhältnis des verfügbaren Eigenkapitals zum Eigenkapitalbedarf anzeigt.[8] Der Sachverhalt, dass nicht Einzelrisiken, sondern der aggregierte Gesamtrisikoumfang für die Beurteilung der (freien) Risikotragfähigkeit und den Grad der Bestandsbedrohung eines Unternehmens maßgeblich ist, ist seit langem bekannt. Daher findet man in dem IDW Prüfungsstandard 340 folgende zentrale Anforderung:

"Die Risikoanalyse beinhaltet eine Beurteilung der Tragweite der erkannten Risiken in Bezug auf Eintrittswahrscheinlichkeit und quantitative Auswirkungen. Hierzu gehört auch die Einschätzung, ob Einzelrisiken, die isoliert betrachtet von nachrangiger Bedeutung sind, sich in ihrem Zusammenwirken oder durch Kumulation im Zeitablauf zu einem bestandsgefährdenden Risiko aggregieren können."

---

[6] In enger Anlehnung an Gleißner, 2016a.
[7] Vgl. Füser/Gleißner/Meier, 1999 und Gleißner, 2016a.
[8] Vgl. Beitrag von Gleißner "Quantifizierung und Aggregation von Risiken" im vorliegenden Band.

Gefordert wird also die Quantifizierung und Aggregation aller (wesentlichen) Risiken über alle Risikoarten und auch über die Zeit.[9] Durch eine Aggregation im Kontext der Planung – Chancen und Gefahren verstanden als Ursache möglicher Planabweichungen – muss untersucht werden, welche Auswirkungen diese auf den zukünftigen Ertrag, Kreditvereinbarungen (Covenants) und das Rating haben. So ist bspw. zu untersuchen, mit welcher Wahrscheinlichkeit durch den Eintritt bestehender Risiken (z.B. Konjunktureinbruch in Verbindung mit einem gescheiterten Großinvestitionsprojekt) das durch Finanzkennzahlen abschätzbare zukünftige Rating des Unternehmens unter ein für die Kapitaldienstfähigkeit notwendiges Niveau (B-Rating) abfallen könnte. Gerade die aus der Risikoaggregation ableitbaren Ratingprognosen verknüpfen Unternehmensplanung und Risikoanalyse und stellen so den wichtigsten Krisenfrühwarnindikator dar. Ohne diese gemeinsame Betrachtung, also der Risikoaggregation, ist eine mögliche Bestandsbedrohung des Unternehmens nicht erkennbar.

5 Risikosteuerung und Risikobewältigung

Aus der Kenntnis über die relative Bedeutung der einzelnen Risiken und den Gesamtumfang der Bedrohung, die z.B. durch die Eigenkapitaldeckung ausgedrückt wird, lässt sich Handlungsbedarf für eine gezielte Risikobewältigung ableiten. Risikobewältigungsstrategien können dabei sowohl auf das Vermeiden von Risiken, als auch auf die Begrenzung der Schadenshöhe oder die Verminderung der Eintrittswahrscheinlichkeit abzielen. Eine hohe Bedeutung im Rahmen der Risikobewältigung hat der Risikotransfer auf Dritte, mit dem wichtigen Spezialfall der Versicherung gegenüber den Auswirkungen bestimmter Risiken. Die Verbesserung der Risikobewältigung kann Risikokosten und Eigenkapitalbedarf senken und die Planungssicherheit verbessern.

6 Risikoüberwachung und Risikoreporting

Da sich die Risiken im Zeitverlauf ständig verändern, ist eine kontinuierliche Überwachung der wesentlichen Risiken ökonomisch sinnvoll und gesetzlich gefordert. Gemäß den Anforderungen nach § 91 AktG muss daher die Verantwortlichkeit für die Überwachung der wesentlichen Risiken, einschließlich Angaben zu Überwachungsturnus und Überwachungsumfang, klar zugeordnet und dokumentiert werden.

---

[9] Vgl. Beitrag von Gleißner „Quantifizierung und Aggregation von Risiken" im vorliegenden Band.

Zudem sollte die Unternehmensführung eine Risikopolitik formulieren, die grundsätzliche Anforderungen an den Umgang mit Risiken fixiert. Auch Limits und der Berichtsweg für die Risiken sind hier zu dokumentieren. Möglichst viele Basisaufgaben für das Risikomanagement sollten durch existierende Managementsysteme abgedeckt werden. So kann z.B. durch die systematische Erfassung unsicherer Planannahmen (Risiken) in Planung, Budgetierung und Controlling zu einer effizienten Integration des Risikomanagements beigetragen werden, insbesondere mit dem Controlling[10] Die Unternehmensführung wird wesentliche Aufgaben, speziell die Koordination aller Risikomanagementprozesse, i.d.R einem „Risikomanager" oder „Risikocontroller" übertragen, der auch für die Verdichtung aller Risikoinformationen in einem Risikobericht verantwortlich ist und Methoden für das Risikomanagement vorgibt.

Software für Risikomanagement

Meist wird das Risikomanagement durch eine geeignete IT-Lösung unterstützt. Software unterstützt z.B. checklistenbasiert die Identifikation von Risiken, erlaubt die Quantifizierung und die Aggregation (mittels Simulation).

Meist ist diese Risikomanagement-Software auch die wesentliche Basis für das Risikoreporting. Zum Risikoreporting gehören zunächst die Meldungen über neu identifizierte Risiken und Veränderung der quantitativen Bedeutung eines schon bekannten Risikos von einem für das Risikofeld zuständigen Risikobeauftragten an den zentralen Risikomanager (oder Risiko-Controller). Dieser verdichtet die Risikoinformationen und führt eine Risikoaggregation zur Bestimmung des Gesamtrisikoumfangs und der Ermittlung des „Grads der Bestandsbedrohung" durch (Anforderung des KonTraG). Im Rahmen des Risikoreportings an Vorstand und Geschäftsführung (ggf. auch Aufsichtsrat) informiert der Risiko-Controller oder Risikomanager dann über

- den aggregierten Gesamtrisikoumfang (z.B. ausgedrückt im Eigenkapitalbedarf und der durch eine Ratingnote ausgedrückten Insolvenzwahrscheinlichkeit),
- die wesentlichen Einzelrisiken und ihrer Veränderungen gegenüber der Vorperiode sowie
- initiierte und geplante Risikobewältigungsmaßnahmen.

Das Risikoreporting an Geschäftsführung und Vorstand findet turnusmäßig statt, meist einmal im Quartal. Darüber hinaus ist ein außerordentliches Reporting über mögliche Veränderungen des Risikoumfangs erforderlich, wenn wesentliche unternehmerische Entscheidungen (z.B.

---

[10] Vgl. Beitrag von Gleißner/Kalweit „Integration von Risikomanagement und Controlling: Plädoyer für einen neuen Umgang mit Planungsunsicherheit im Controlling" im vorliegenden Band.

Investitionsentscheidungen) anstehen (vgl. Abschnitt 7). In diesem Fall wird das Risikoreporting um eine „Was-wäre-wenn-Analyse" erweitert. Entscheidungsvorbereitend wird gezeigt, welche Veränderungen des Risikoprofils des Unternehmens sich durch die Entscheidungen ergeben würde (s. dazu § 93 AktG und die nachfolgenden Erläuterungen).

7 Entscheidungsvorbereitung: Bewertung von Strategien und Projekten

Die Fähigkeiten im Risikomanagement sind bei einer unvorhersehbaren Entwicklung des Unternehmensumfeldes ein zentraler Erfolgsfaktor[11] Sie tragen zur Krisenvermeidung bei, sichern Rating und Finanzierung und helfen Investitionsalternativen oder Projekte risikogerecht zu beurteilen. Insgesamt unterstützt Risikomanagement die zentrale unternehmerische Aufgabe eines fundierten Abwägens von erwarteten Erträgen und Risiken bei wichtigen Entscheidungen („Bewertung"). Entscheidend ist, dass Risikoanalysen bei der Vorbereitung unternehmerischer Entscheidungen vorgenommen werden, die zeigen, wie sich der Risikoumfang des Unternehmens bei der Entscheidung für eine Handlungsoption verändern würde („Was-wäre-wenn-Analyse").

Risikoanalysen müssen bei der Vorbereitung unternehmerischer Entscheidungen vorgenommen werden

Es ist ein notwendiger Baustein für eine umfassende strategische, risiko- und wertorientierte Unternehmensführung. Für die Vorbereitung unternehmerischer Entscheidungen ist eine fundierte Strategie, eine darauf aufbauende operative Planung und eben eine Analyse von Chancen und Gefahren (Risiken) notwendig.[12] Bei einer klar von den „kapitalmarktorientierten" Steuerungssystemen abzugrenzenden „echten" wertorientierten Steuerung wird im Entscheidungskalkül (z.B. über den Kapitalkostensatz) das Ertragsrisiko, also z.B. die Volatilität der Cashflows, erfasst (und nicht historische Aktienrendite-Schwankungen). Und in Anbetracht der gerade in der Wirtschaftskrise deutlich gewordenen Rating- und Finanzierungsrestriktion ist die Beurteilung von Handlungsoptionen auch mit Bezug auf das zukünftige Rating erforderlich, auch für risikobedingt mögliche Stressszenarien („Stresstest"). Zunächst ist dabei die „planmäßige" Entwicklung des Ratings in der Zukunft anzugehen. Zudem empfiehlt sich die Berechnung sog. „Stressszenarien". Bei diesen wird analysiert, welche Auswirkungen auf die Finanzkennzahlen und die von diesen abhängige Ratingnote (Insolvenzwahrscheinlichkeit) sich ergeben würde, wenn sich ein oder zwei wesentliche Einzelrisiken realisieren würden. Bspw. wird also die Auswirkung der Realisierung eines „Kon-

Rating- und Finanzierungsrestriktionen sind zu beachten

---

[11] Vgl. Gleißner, 2017a, S. 417ff.
[12] Vgl. dazu die „Grundsätze ordnungsgemäßer Planung" in Gleißner/Presber, 2010; Gleißner, 2015a und Gleißner, 2017b.

junkturrisikos" (z. B. eines Umsatzrückgangs von 20 % in Verbindung mit einer Margenreduzierung um 2 %) berechnet.

Kapitalkosten-
satz kann aus
Ertragsrisiko
abgeleitet werden

Das Abwägen von Ertrag und Risiko bei der Entscheidungsvorbereitung ist nicht nur ökonomisch sinnvoll. Sie ist auch aus rechtlicher Sicht erforderlich, um der Unternehmensführung „angemessene Informationen" bei Entscheidungen unter Unsicherheit bereitzustellen (wie § 93 AktG fordert). Organisatorisch erfordert ein entscheidungsorientiertes Risikomanagement, welches eng mit dem Controlling zusammenarbeiten sollte, dass nicht nur vorhandene Risiken überwacht werden. Notwendig ist es bei der Vorbereitung von Entscheidungen Risikoanalysen durchzuführen und zu zeigen, welche Implikationen die Entscheidung für (a) zukünftigen Risikoumfang und (b) Rating bzw. Insolvenzwahrscheinlichkeit (als Maß für den „Grad der Bestandsbedrohung" des Unternehmens) hätte.[13]

	Status quo	Handlungsoption: „Strategie 202X "	
Ertrag (erwartet)	16	18,5	deutlicher Ertragsanstieg
Risiko (Variationskoeffizient Ertrag)	19 %	21 %	moderat erhöhtes Risiko
Kapitalkostensatz	5,50 %	5,70 %	
Ratingprognose (Plan)	BB+	BB+	
Rating (Stressszenario)	BB	BB-	ausreichend stabiles Rating
Wert (in Mio. EUR)	153	168	klare Wertsteigerung
Strategisches Fitting		Kompetenzen vorhanden	

Tab. 1 : Bewertung einer M&A-Strategie in der AR-Entscheidungsvorlage

Auch die Beurteilung der Auswirkungen einer Akquisition erfordert Bewertungsverfahren, die das Ertrag-Risiko-Profil der bestehenden Handlungsoptionen vergleichen. Eine Strategiebewertung zeigt die Implikationen für Eigentümer (risikogerechter fundamentaler Unternehmenswert) und Gläubiger (Ratingprognose). Die bisher in der Bewertungspraxis noch übliche Ableitung von Diskontierungszinssätzen aus historischen Aktienrenditeschwankungen (CAPM-Betafaktor) ist hier nicht sinnvoll. Die Zukunft wird – auch im Hinblick auf Chancen und Gefahren – oft deutlich anders aussehen als die Vergangenheit. Entsprechend ist es notwendig, ausgehend vom Ertragsrisiko auf die risikogerechten Kapitalkosten, die Insolvenzwahrscheinlichkeit und damit den Unternehmenswert zu schlie-

[13] Vgl. Gleißner, 2017b.

ßen. Höhere Ertragsschwankungen führen zu höherem Bedarf an Eigenkapital, um mögliche Verluste abzudecken, und zu steigenden Kapitalkosten.[14]

In der Entscheidungsvorlage, die dem Vorstand vorgelegt wird, muss ausgehend von transparent dargestellten Annahmen nachvollziehbar sein, welche Implikationen diese für das eigene Unternehmen und speziell seine Risiken hätte.

- Wie ändert sich der aggregierte Gesamtrisikoumfang (Eigenkapitalbedarf) des eigenen Unternehmens nach der Übernahme – und ist diese Erhöhung des Risikoumfangs beim Abwägen mit den zukünftig erwarteten Erträgen angemessen?
- Ergeben sich durch die Handlungsoption in Verbindung mit bereits vorhandenen Risiken „bestandsgefährdender Entwicklungen" i. S. v § 91 Abs. 2 AktG?
- Welche Implikationen hat die Entscheidung für das zukünftige Rating (die eigene Insolvenzwahrscheinlichkeit) und die Fremdkapitalkosten?

8 Zusammenfassung: 10 Eckpunkte einer risikoorientierten Unternehmensführung

Das Wichtigste, was man über Risikomanagement und allgemein eine risiko- und wertorientierte Unternehmensführung wissen sollte, ist in den folgenden Kernaussagen zusammenfasst:[15]

1. Risiken sind die aus der Unvorhersehbarkeit der Zukunft resultierenden Möglichkeiten, dass Planabweichungen auftreten können. Risiko ist der Oberbegriff zu Chance und Gefahr (d.h. möglichen positiven und negativen Planabweichungen).

2. Besonders wesentliche Risiken sind die „strategischen Risiken" (insbesondere Bedrohungen der Erfolgspotenziale) und die Unsicherheiten bezüglich wesentlicher Planannahmen (z.B. bezüglich der Entwicklung von Nachfrage, Rohstoffpreisen oder Wechselkursen).

3. Risikomanagement beschäftigt sich als Querschnittsfunktion im Unternehmen mit der systematischen Identifikation, Quantifizierung, Aggregation, Bewältigung (Steuerung) und Überwachung von Risiken. Zielsetzung ist es, Transparenz zu schaffen über den Risikoumfang, um insbesondere mögliche bestandsbedrohende Entwicklungen rechtzeitig zu erkennen. Ein ökonomischer Mehrwert entsteht insbesondere, wenn

---

[14] Vgl. Tab. 1 und zur Herleitung der Kapitalkosten Gleißner, 2016b und der Beitrag von Gleißner „Quantifizierung und Aggregation von Risiken" im vorliegenden Band.

[15] In enger Anlehnung an Gleißner, 2017a, S. 525f.

schon bei der Vorbereitung unternehmerischer Entscheidungen deren Implikationen für die zukünftigen Erträge einerseits sowie Risiko und Rating andererseits beurteilt werden.

4. Der Grad der Bestandsbedrohung eines Unternehmens in der Zukunft wird durch das zukünftige Rating ausgedrückt, das ein Maß für die Insolvenzwahrscheinlichkeit ist. Die Berechnung der Implikationen bestehender Risiken für das zukünftige Rating, also die Beurteilung eines Unternehmens aus Gläubigerperspektive, ist notwendig, um bestandsbedrohende Entwicklungen einschätzen zu können.

5. Alle wesentlichen Risiken des Unternehmens sollen und können – adäquate Fachkompetenz vorausgesetzt – durch geeignete Wahrscheinlichkeitsverteilungen beschrieben werden (z. B. durch Angabe von Mindestwert, wahrscheinlichstem Wert und Maximalwert einer Planungsposition).

6. Da normalerweise nicht Einzelrisiken, sondern Kombinationseffekte mehrerer Risiken zu Krisen und „bestandsgefährdenden Entwicklungen" (im Sinne § 91 Abs. 2 AktG) führen, ist die Risikoaggregation die Schlüsseltechnologie im Risikomanagement. Risikoaggregation bestimmt den Gesamtrisikoumfang durch die Berechnung einer großen repräsentativen Anzahl risikobedingt möglicher Zukunftsszenarien (Monte-Carlo-Simulation).

7. Das Abwägen erwarteter Erträge und Risiken über einen Erfolgsmaßstab ist möglich durch die Kennzahl „Unternehmenswert". Diesen kann man, ausgehend vom aggregierten Ertragsrisiko über risikogerechte Kapitalkosten, berechnen und so z. B. verschiedene strategische Handlungsoptionen vergleichen („Strategiebewertung"). Risikoanalysen sind damit eine notwendige Grundlage für ein wertorientiertes Management, weil man aufgrund von Kapitalmarktunvollkommenheiten aus „historischen Aktienrenditeschwankungen" (Betafaktor des CAPM) nicht auf die bewertungsrelevanten zukünftigen Ertragsrisiken des Unternehmens schließen kann.

8. Das Risikomanagement eines Unternehmens sollte, soweit möglich, für die Erfüllung seiner Aufgaben bestehende und bewährte Managementsysteme – wie Controlling, Qualitätsmanagement oder Projektmanagement – nutzen und, oft im Zusammenspiel mit der Weiterentwicklung des Controllings, zu einem integrierten „wertorientierten Unternehmenssteuerungsansatz" weiterentwickelt werden. Ziel ist es, die Unternehmensführung in die Lage zu versetzen, bei einer nicht sicher vorsehbaren Zukunft deren Unwägbarkeiten besser im Entscheidungskalkül berücksichtigen zu können (und so den Unternehmenserfolg nachhaltig zu fördern).

9. Risikobewältigungsmaßnahmen tragen zur Optimierung des Ertrag-Risiko-Profils bei und sind unter Beachtung ihrer Kosten und der Wirkungen auf den Gesamtrisikoumfang zu beurteilen (Optimierung der Risikokosten). Eine grundlegende Verbesserung des Ertrag-Risiko-Profils erfordert meist eine Änderung der Strategie auf dem Weg zu einem „robusten Unternehmen". Dieses meidet kritische Abhängigkeiten, hat ein hohes Risikodeckungspotenzial, hohe Flexibilität und baut auf Kernkompetenzen, die auf möglichst vielen attraktiven Märkten Wettbewerbsvorteile (Preissetzungsmacht) nachhaltig absichern.

10. Bei einer nicht sicher vorhersehbaren Zukunft sollten alle Mitarbeiter – und insbesondere die Unternehmensführung – jedes Management auch als Risikomanagement auffassen. Chancen und Gefahren, auch aus der unsicheren Wirkung der eigenen Aktivitäten und Entscheidungen, sollten grundsätzlich auch im üblichen Tagesgeschäft adäquat beachtet werden.

9 Literaturhinweise

Füser/Gleißner/Meier, Risikomanagement (KonTraG) – Erfahrungen aus der Praxis, in Der Betrieb, 15/1999, S. 753–758.

Gleißner, Kapitalkosten: Der Schwachpunkt bei der Unternehmensbewertung und im wertorientierten Management, in Finanz Betrieb, 4/2005, S. 217–229.

Gleißner, Risikoanalyse und Replikation für Unternehmensbewertung und wertorientierte Unternehmenssteuerung, in WiSt 7/2011, S. 345–352.

Gleißner, Kapitalmarktorientierte Unternehmensbewertung: Erkenntnisse der empirischen Kapitalmarktforschung und alternative Bewertungsmethoden, in Corporate Finance, 4/2014, S. 151–167.

Gleißner, Controlling und Risikoanalyse bei der Vorbereitung von Top-Management-Entscheidungen – Von der Optimierung der Risikobewältigungsmaßnahmen zur Beurteilung des Ertrag-Risiko-Profils aller Maßnahmen, in Controller Magazin, 4/2015, S. 4–12.

Gleißner, Die Risikoaggregation: Früherkennung „bestandsbedrohender Entwicklungen", in Der Aufsichtsrat, 4/2016a, S. 53–55.

Gleißner, Unternehmenswert, Ertragsrisiko, Kapitalkosten und fundamentales Beta – Studie zu DAX und MDAX, in BewertungsPraktiker, 2/2016b, S. 60–70.

Gleißner, Grundlagen des Risikomanagements, 3. Aufl. 2017a.

Gleißner, Risikomanagement, KonTraG und IDW PS 340, in WPg, 3/2017b , S. 158–164.

Gleißner/Presber, Die Grundsätze ordnungsgemäßer Planung – GOP 2.1 des BDU: Nutzen für die betriebswirtschaftliche Steuerung, in Controller Magazin, 6/2010, S. 82–86.

Graumann, Die angemessene Informationsgrundlage bei Entscheidung, in WISU, 3/2014, S. 317–320.

Lorenz, Rechtliche Grundlagen des Risikomanagements, in: ZRFG Zeitschrift Risk, Fraud & Governance, 1/2006, S. 5–10.

Integration von Risikomanagement und Controlling: Plädoyer für einen neuen Umgang mit Planungsunsicherheit im Controlling

- Die primäre Aufgabe des Controllings ist die Vorbereitung und „betriebswirtschaftliche Rationalitätssicherung" unternehmerischer Entscheidungen. Die große Herausforderung besteht dabei in einer nicht sicher vorhersehbaren Zukunft (Entscheidung unter Risiko/ Unsicherheit). Ein Controllingsystem ohne fundierte quantitative Informationen über bestehende Risiken kann seinen wesentlichen Aufgaben nicht gerecht werden.

- Entscheidungsgrundlage müssen „erwartungstreue" Planwerte sein, die sich „im Mittel" realisieren lassen (und nicht etwa z.B. ambitionierte Zielwerte). Die Berechnung von Erwartungswerten erfordert die Analyse bestehender Chancen und Gefahren (Risiken) sowie deren Aggregation.

- Ein entscheidungsorientiertes Controlling muss daher Methoden der quantitativen Risikoanalyse und Risikoaggregation bei der Erstellung von Entscheidungsvorlagen an-wenden und/oder entsprechende Analysen des Risikomanagements nutzen. Notwendig ist damit eine enge Verknüpfung oder gar Integration von Risikomanagement und Controlling.

- Um bei Vorbereitung von Entscheidungen erwartete Erträge und Risiken gegeneinander abwägen zu können, benötigt man ebenfalls eine Quantifizierung des Umfangs möglicher Planabweichungen (Planungssicherheit), wie es bspw. auch die „Grundsätze ordnungs- gemäßer Planung" fordern.

- Eine enge Abstimmung und Integration von Risikomanagement und Controlling ermöglicht vielfältige Synergien, z.B. wenn durch das Aufdecken unsicherer Planannahmen oder bei Abweichungsanalysen unmittelbar Risiken identifiziert (und quantifiziert) werden.

■ **Die Autoren**

Prof. Dr. Werner Gleißner, Vorstand der FutureValue Group AG und Honorarprofessor für Betriebswirtschaft, insb. Risikomanagement, an der Technischen Universität Dresden. Er ist Autor zahlreicher Bücher und Fachartikel.

Prof. Dr. Rainer Kalwait, Beirat der Risk Management Association e.V. (RMA). Bis zu seiner Emeritierung lehrte er an der Fachhochschule Coburg sowie an ausländischen Universitäten Controlling und Internationales Management.

1 Einführung: Controlling und Risikomanagement

Wenngleich das Controlling in Unternehmen durchaus recht vielfältige Aufgaben wahrnimmt, sollte man doch die primäre Aufgabe nicht aus dem Auge verlieren: Das Controlling dient der betriebswirtschaftlichen Rationalitätssicherung durch Entscheidungsvorbereitungen. Der zu erwartende Erfolg eines Unternehmens hängt maßgeblich von der Qualität der Entscheidungen ab, die Vorstand bzw. Geschäftsführung treffen. Entscheidungen zu treffen, ist die primäre Aufgabe der Unternehmensführung und die Vorbereitung dieser Entscheidungen ist die primäre Aufgabe des Controllings. Dieses sollte zur Vorbereitung anstehender Entscheidungen der Unternehmensführung eine adäquate Methodik auswählen, die für diese notwendigen Informationen beschaffen und damit einen transparenten und fundierten Entscheidungsvorschlag unterbreiten. Mindestanforderungen dazu regelt sogar der Gesetzgeber durch § 93 Aktiengesetz, wo die angemessenen Informationen als Entscheidungsgrundlage gefordert werden. Es ist erwähnenswert, dass bei einer derartig entscheidungsorientierten Ausrichtung des Controllings viel mehr erwartet wird als das Reporting „irgendwelcher" Informationen. Es sollten eigentlich genau die für eine bestimmte Entscheidung relevanten Informationen bereitgestellt und durch die entscheidungsunterstützenden Methoden ausgewertet werden.

> Zielorientierte Unternehmenssteuerung auf unterschiedlichen Ebenen gewährleisten

Die Aufgabe des Controllings, die Entscheidungsvorbereitung für die Unternehmensführung zu unterstützen, wäre ziemlich einfach, wenn man die Zukunft sicher vorhersehen könnte. Es sind die aus einer nicht sicher vorhersehbaren Zukunft resultierenden Chancen und Gefahren (beides zusammen ist das Risiko), die zu einer großen Bandbreite möglicher Zukunftsszenarien führen (und Abweichungen von jeder Planung verursachen können). Diese Aufgabe des Controllings ist damit nicht lösbar, wenn man nicht Chancen und Gefahren explizit betrachtet und deren Implikationen beurteilt. Deterministische (einwertige) Planungen, Scheingenauigkeit und die von den Psychologen regelmäßig festgestellte Kontrollillusion, helfen nicht weiter. Ein entscheidungsorientiertes Controlling muss geeignete Methoden haben (und diese anwenden), die

- systematisch Chancen und Gefahren (Risiken) identifizieren und quantifizieren helfen,
- quantifizierte Einzelrisiken zum Gesamtrisikoumfang aggregieren und
- die Implikationen der Planung und der Risiken, die Planabweichungen auslösen können, für (a) Eigentümer (Performancemaß) und (b) Gläubiger (Rating) beurteilen können.

Man sieht unmittelbar, dass hier genau die Werkzeuge des Risikomanagements geforert sind. Es geht darum systematisch unsichere Planannahmen und exogene Risiken (z. B. durch die unsicheren Auswirkungen technologischer Trends oder Veränderungen der Wettbewerbskräfte) zu erfassen. Diese müssen durch geeignete Wahrscheinlichkeitsverteilungen beschrieben werden (im einfachsten Fall durch Angabe von Mindestwert, wahrscheinlichstem Wert und Maximalwert einer Planungsposition). Und da die Risiken nicht addierbar sind, benötigt man eine Monte-Carlo-Simulation zur Risikoaggregation, d.h., es ist erforderlich eine große repräsentative Anzahl von Zukunftsszenarien zu bestimmen, um so auf die Bandbreite der Zukunftsentwicklung von Cashflows und Erträgen zu schließen. Anstelle einer einwertigen Planung, von der niemand weiß, wie weit man abweichen kann, tritt eine Bandbreitenplanung. Der Risikogehalt wird ausgedrückt durch ein Risikomaß (wie z. B. Standardabweichungen der Erträge oder den Value-at-Risk), das wiederum ein einfaches „Rechnen mit Risiken" ermöglicht. So können bei der Entscheidungsvorbereitung erwartete Erträge und Risiken gegeneinander abgewogen werden. Dies geschieht über die Methoden einer risikogerechten Bewertung[1] und zur Erfüllung der Anforderungen des Kontroll- und Transparenzgesetzes wird untersucht, ob sich durch Kombinationseffekte von Risiken bestandsgefährdende Entwicklungen ergeben könnten (z. B. wenn die Mindestanforderungen an das Rating oder Covenants verletzt werden). Controlling muss Methoden der Risikoanalyse nutzen; eine stochastische Planung ist die gemeinsame Grundlage.

Aber wie sieht die Situation in der Praxis aus? Eine Vielzahl empirischer Studien belegt leider, dass die notwendige Zusammenarbeit zwischen Risikomanagement und Controlling – oder einfach die Nutzung von Risikomanagementmethoden im Controlling – weiter unterentwickelt ist.[2]

Controlling ist damit nicht in der Lage seine wichtigste Aufgabe adäquat zu erfüllen. Entscheidungsvorbereitung ohne Beachtung von Risiken ist schlicht unsinnig. Selbst die gesetzlichen Mindestanforderungen der Business Judgement Rule (§ 93 AktG)[3] werden dann nicht erfüllt. Natürlich sind es bei einer nicht sicher vorhersehbaren Zukunft gerade die Informationen über die Risiken, die den Kern der vom Gesetz geforderten „angemessenen Informationen" darstellen.

Gewöhnlich kümmert man sich im unternehmerischen Controlling eher weniger um die Tatsache, dass – wegen der Unsicherheit der Zukunft –

---

[1] Z. B. durch die Ableitung von Kapitalkostensätzen bei der Investitionsrechnung aus den aggregierten Ertragsrisiken; s. Gleißner, 2017a.

[2] S. hierzu z. B. Angermüller/Gleißner, 2011, S. 308–316 und der Beitrag von Vanini „Reifegrade der Integration von Risikomanagement und Controlling" im vorliegenden Band.

[3] Vgl. Gleißner, 2017c, S. 54–56, und Graumann, 2014, S. 317–320.

die Planwerte anstelle eindimensionaler Werte weit eher Verteilungen mit entsprechenden Erwartungswerten und Varianzen darstellen. Erweitert man das Controlling um diese fehlenden Aspekte, wird es einem umfassenden Risikomanagement immer ähnlicher.

Im eher partiell angelegten Risikomanagement hingegen arbeitet man seit jeher mit den genannten Verteilungen und weiteren Werkzeugen aus Statistik und Wahrscheinlichkeitsrechnung. Dies manifestiert sich dann auch organisatorisch in zum Controlling bzw. zum Rechnungswesen parallelen Planungs- und Reportingsträngen. Innerhalb des weiten Feldes von Risikomanagement sind Bestrebungen erkennbar, Planung und Reporting auf andere Unternehmensbereiche auszudehnen und dort die hier entwickelten Instrumente und Erfahrungen einzusetzen. Ein derart umfassendes Risikomanagement wird einem umfassenden Controlling ziemlich ähnlich. Hier wird ganz konkret gezeigt, wie ein beide Teile integrierendes Steuerungssystem aufzubauen ist.

2 Planung und Risiko

Im Umgang mit der Unsicherheit, die sich zwangsläufig aus der Unvorhersehbarkeit der Zukunft ergibt, lassen sich zwei Teilaufgaben unterscheiden:

- Zum einen gilt es, möglichst erwartungstreue (und präzise) Planungen (Prognosen) zu erstellen (kleiner Konfidenzbereich) und
- zum anderen die Chancen und Gefahren (Risiken) zu identifizieren und zu quantifizieren, die in der Zukunft Abweichungen von dieser Planung verursachen können.

Die Anforderung an erwartungstreue Planwerte (Schätzungen) bedeutet, dass mit Hilfe geeigneter Planungs- und Prognosesysteme bestmögliche und unverzerrte Vorhersagen getroffen werden, und sich diese im Mittel aus vielen Planungsfällen und Planungsperioden als richtig herausstellen. In der Praxis zeigt sich jedoch, dass Planwerte vielfach weder erwartungstreu sind, noch will man wirklich erwartungstreue Planwerte erzeugen. Dies liegt nicht nur an methodischen Defiziten, sondern an einem Denkfehler.

Häufig wird absichtlich erst eine „konservative Planung" erstellt, deren Planwerte mit hoher Wahrscheinlichkeit zumindest erreicht werden. Umgekehrt findet man ebenfalls häufig „anspruchsvolle" oder „fordernde" Planungen, bei denen ambitionierte Planwerte als Ziele vorgeben werden, die nur bei größter Anstrengung und günstigen Rahmenbedingungen erreichbar sind. Ebenfalls sehr häufig sind Kombinationen beider Verfahren in unterschiedlichen Ebenen oder in unterschiedlichen Bereichen des gleichen Unternehmens mangels einheitlicher und/oder

Planungsansätze beeinflussen Risikovolumen

eindeutiger Vorgaben bei der Unternehmensplanung bzw. im Controlling (Planungshandbuch, Controllinghandbuch).

Alle genannten Planungsansätze erlauben keinerlei Prognose über die tatsächlich zu erwartende Entwicklung des Unternehmens, die jedoch maßgebliche Grundlage für unternehmerische Entscheidungen (z.B. in der Investitionsrechnung) sein muss. Die systematischen Abweichungen führen zudem zu einer erhöhten Risikoposition, weil der Umfang von Planabweichungen (Prognoseresiduen) zunimmt (s. Abb. 1).

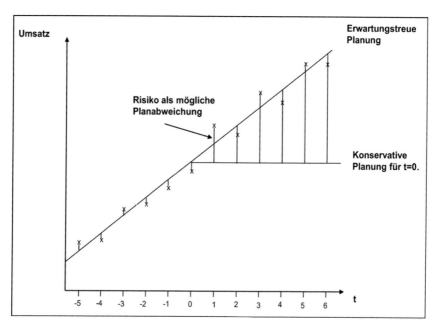

Abb. 1: Quantifizierung eines Risikos auf Basis von Residuen einer Regression[4]

Die (erwartungstreuen) Planwerte, die die zu erwartende Entwicklung eines Unternehmens beschreiben, unterscheiden sich deutlich von den (oft auch als Planwerte bezeichneten) Zielwerten (für Unternehmenssteuerung und evtl. auch für Entlohnungssysteme). In Planung und Controlling ist es gefährlich, wenn man diesen Unterschied nicht kennt, nicht wahrnimmt und ggf. nicht nachvollziehen kann, ob Planwerte tatsächlich (zumindest intendiert) erwartungstreu sind. Um die einzelnen Planinformationen interpretieren zu können, muss ausdrücklich angegeben werden, wie die Planwerte zu interpretieren sind.

Wenn eine erwartungstreue Planung gefordert wird, müssten Planüber- und Planunterschreitungen in etwa gleichem Umfang auftreten. Wir sind

---

4   Gleißner, 2017a.

davon überzeugt, dass kaum ein Controller oder Unternehmensplaner jemals eine derartige Analyse in seinem Unternehmen durchgeführt und entsprechende Konsequenzen gezogen hat. Für eine fordernde Unternehmenssteuerung, die die Potenziale des Unternehmens möglichst gut ausschöpft, müssten demzufolge neben den erwartungstreuen Planwerten zusätzlich anspruchsvollere Zielwerte vorgegeben werden.

2.1   Planwerte: Ohne Risikoinformationen nicht aussagekräftig

Häufig werden Planwerte (meist gebraucht i.S.v. „wahrscheinlichsten Werten"), ambitionierte Zielwerte und Erwartungswerte miteinander verwechselt. Der Erwartungswert zeigt, was (gemäß verfügbarer Informationen) im Mittel passieren wird und nur er ist eine sinnvolle Grundlage für unternehmerische Entscheidungen, z.B. Investitionsentscheidungen.

Beispiel: Unterschied zwischen Planwert und Erwartungswert

Den Unterschied zwischen „traditionellem Planwert" (wahrscheinlichstem Wert, Modus) und Erwartungswert zeigt ein einfaches Beispiel:

Die Geschäftsführung möchte über die wirtschaftliche Sinnhaftigkeit einer Investition entscheiden, die mit einem Investitionsvolumen von 10 Mio. EUR verbunden ist. Die Beurteilung mit Hilfe der Investitionsrechenverfahren (Barwertmethode) erfordert einen risikogerechten Diskontierungszinssatz (Kapitalkostensatz), der hier zunächst mit 10 % angenommen wird. Die Verantwortlichen für die Projektplanung halten es für am wahrscheinlichsten, dass am Projektende, hier nach einem Jahr, eine Rückzahlung in Höhe von 12 Mio. EUR erfolgt und setzen diese als Planwert an. Damit führen sie folgende einfache Rechnung durch:

$$Netto\text{-}Barwert = -Investition + \frac{Plan\text{-}R\ddot{u}ckfluss}{(1 + Diskontierungszins)}$$

$$= -10\ Mio.€ + \frac{12\ Mio.€}{1 + 10\%} = 0{,}91\ Mio.€ \geq 0$$

Die Investitionsrechnung zeigt, dass ein positiver Barwert von ca. 0,9 Mio. EUR auftritt. Das Projekt ist also wirtschaftlich und wird durchgeführt. Für eine fundierte Investitionsentscheidung ist es allerdings notwendig, sich bewusst zu machen, dass jede Prognose in die Zukunft unsicher ist und entsprechend Planabweichungen auftreten können. Mit einer Risikobeurteilung kann man bspw. zu dem Resultat kommen, dass zwar 12 Mio. EUR Rückfluss der wahrscheinlichste Wert ist (Eintrittswahrscheinlichkeit 60 %), aber mit 20 %iger Wahrscheinlichkeit sogar 13 Mio. EUR bei günstigem Konjunkturverlauf zu erlösen sind (Chance), schlimmstenfalls aber das Projekt auch komplett scheitert und der Rückfluss lediglich 1 Mio. EUR beträgt (Gefahr). Für die Investitionsentscheidung ist nur der Erwartungswert („erwartete Rückzahlung") relevant, der sich aus den drei genannten Szenarien leicht ermitteln lässt als:

Erwartete Rückzahlung = 60 % x 12 Mio. EUR + 20 % x 13 Mio. EUR + 20 % x 1 Mio. EUR = 10,0 Mio. EUR

Die korrekte Berechnung des Investitionswerts beträgt entsprechend:

$$Netto\text{-}Barwert = -Investition + \frac{erwartete\ Rückzahlung}{(1 + Diskontierungszinssatz)}$$

$$= -10\ Mio.€ + \frac{10\ Mio.€}{(1+10\%)} = -0,91\ Mio.€$$

Liegen keine Informationen über die Wahrscheinlichkeiten der Szenarien vor, wird der Erwartungswert berechnet als

$$EW' = \frac{13\ Mio.€ + 12\ Mio.€ + 1\ Mio.€}{3} = 8,67\ Mio.€$$

Hier ist bei korrekter Berücksichtigung des Erwartungswerts die Investition nicht sinnvoll, da der Barwert kleiner null ist. Zudem ist auch der Diskontierungszinssatz risikoabhängig anzupassen (s. weiter unten). Beachten wir eine Struktur der Rückflüsse mit 60 %iger Wahrscheinlichkeit für 12 Mio. sowie je 20 % für 14 Mio. und 0 Mio. EUR. Der Erwartungswert ist identisch (10 Mio. EUR), aber das Risiko hat zugenommen.

Fazit: Bei der Unternehmensplanung (hier Investitionsplanung) müssen grundsätzlich die für Entscheidungen relevanten Planwerte demzufolge Erwartungswerte (arithmetische Mittelwerte) sein – und eben nicht die wahrscheinlichsten Werte, wie dies bis heute durchgängig der Fall zu sein scheint. Die potenziellen Chancen und Gefahren müssen auf irgendeine Weise im Zusammenhang mit Planwerten berücksichtigt werden, da ansonsten – wie das Beispiel zeigt – leicht Fehlentscheidungen auftreten können.

2.2 Risikoorientierte, stochastische Planungsmethoden

Die bis heute praktisch flächendeckend im Controlling, im Rechnungswesen und in der Unternehmensplanung benutzten „nackten" Planwerte ohne ergänzende Informationen über die Planungssicherheit (z.B. Standardabweichung von Planabweichungen) sind damit praktisch ohne jegliche Relevanz. Theoretisch und praktisch können sich dahinter beliebig große Planabweichungen mit relevanter Wahrscheinlichkeit verbergen, ohne dass dies weder den Fachleuten wie Controllern, Unternehmensplanern, Rechnungswesenspezialisten bzw. den Entscheidern wie Linienmanagern, Vorständen, Geschäftsführern und ggf. Aufsichtsräten noch den Prüfern im weitesten Sinne, den internen Revisoren, dem Prüfungsausschuss sowie Wirtschaftsprüfern und Steuerberatern auch nur annähernd bewusst ist.

Daraus folgt zwingend der Übergang von der bisher weitgehend deterministischen zu einer realitätsnäheren stochastischen Planung aller unternehmerischen Zielwerte unabhängig von den jeweiligen Zielinhalten (Unternehmenswertmaximierung, Umsatzmaximierung u.v.a.). Mit der Verknüpfung von Erwartungswert und Streuung (z.B. Quantile oder höhere Momente der Verteilung) für jede (wichtige) Planzahl kann erstmals gewährleistet werden, dass im gesamten Planungs- und Controllingsystem die mit der Planung verbundenen Risiken simultan und konsistent analysiert werden. Das ist bekanntlich bisher auch mit (willkürlich gewählten) Best-Case- und Worst-Case-Szenarien nicht möglich.

Beim Aufbau stochastischer Planungs- und Steuerungssysteme werden zunächst die erheblich risikobehafteten Planannahmen identifiziert, bevor sämtliche im Rahmen des Risikomanagements („Risk Audit") identifizierte Risiken in den Kontext der Unternehmensplanung gesetzt werden. Es muss sich dann jedes Risiko bei einer Realisation in einer Planabweichung zeigen. Anschließend werden alle identifizierten Risiken quantifiziert, d.h. durch eine geeignete Wahrscheinlichkeitsverteilungsfunktion beschrieben. In Abb. 2 sind dies vier Variablen mit folgenden Ausprägungsmöglichkeiten:

- Absatzmenge: unverändert / + 4 % / − 4 %
- Großkundenverlust: nein / ja (= Umsatzverlust 600)
- Maschinenausfall: nein / ja (= Zusatzaufwand 130)
- Haftpflichtschaden: nein / ja (= Zusatzaufwand 80)

Der Planer bzw. Controller ermittelt im Rahmen des normalen Planungs- und Budgetierungsprozesses nicht mehr nur seinen „Planwert", sondern spezifiziert auch den Risikoumfang. Im einfachsten Falle einer Dreiecksverteilung wird er somit drei Werte angeben müssen, nämlich den „Mindestwert", den „wahrscheinlichsten Wert" (Modus) und den „Maximalwert".

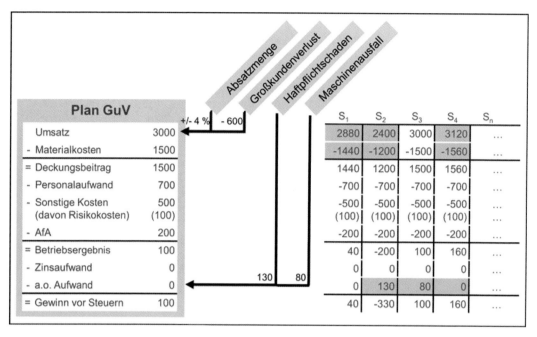

Abb. 2: Einsatz der Monte-Carlo-Simulation zur Beurteilung der Planungssicherheit[5]

Anders als bei den Best-Case- und Worst-Case-Szenarioanalysen, bei denen nur zwei oder drei weitgehend willkürliche Szenarien betrachtet werden, generiert der Computer bei einer Monte-Carlo-Simulation unter Beachtung der Korrelationen eine hinreichend große, repräsentative Stichprobe möglicher (risikobedingter) Zukunftsszenarien, um so realistische Bandbreiten für die risikobedingte Entwicklung aller interessierenden Zielgrößen anzugeben.[6] In Abb. 2 sind das die Szenarien S_1 bis S_n.

Mit Hilfe solcher stochastischen Controllingtechniken kann gezeigt werden,

- in welcher Bandbreite sich der Gewinn einer Folgeperiode bewegen wird (d.h. also, welche Planabweichungen – für ein vorgegebenes Konfidenzniveau – realistisch sind; s. Abb. 3),
- in welchem Umfang (risikobedingte) Verluste möglich sind (bzw. welcher Bedarf an Eigenkapital als Risikodeckungspotenzial somit erforderlich ist) und

---

[5] Gleißner, 2017a, S. 256.

[6] Vgl. zur Risikoaggregation Gleißner, in Gleißner/Meier, 2001, S. 111-137, und der Beitrag von Gleißner „Quantifizierung und Aggregation von Risiken" im vorliegenden Band.

- welcher Wert oder Economic Value Added (EVA) in Anbetracht der Risiken gemäß Planung, unabhängig von der Risikoschätzung des Kapitalmarkts (wie im CAPM), angemessen ist.

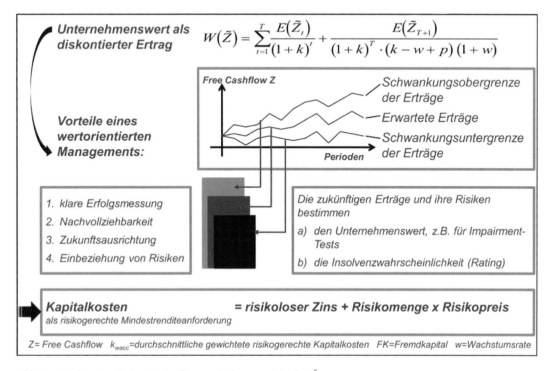

Abb. 3: Risikoorientiertes Controlling und Planungssicherheit[7]

3 Risikoüberwachung und Organisation des Risikomanagements

3.1 Grundsätze

Das Planungsumfeld und die damit aufs engste verbundenen Risiken ändern sich im Zeitverlauf kontinuierlich oder sprunghaft. Die regelmäßige Überwachung der wichtigen Risiken ist ökonomisch sinnvoll und notwendig und wurde erstmals durch das KonTraG explizit eingefordert, später durch zahlreiche Ergänzungen und Änderungen von HGB, AktG und GmbHG und zuletzt durch das BilMoG im Jahre 2009 ausdrücklich und umfassend erweitert.[8]

---

[7] Gleißner, 2017a, S. 344.
[8] Vgl. Kalwait, 2008, S. 93 ff.

Gemäß den Anforderungen des KonTraG (bzw. des IDW PS 340) muss daher die Verantwortlichkeit für die Überwachung der wesentlichen Risiken, einschließlich Angaben zu Überwachungsturnus und Überwachungsumfang, klar zugeordnet und dokumentiert werden. Zudem muss die Unternehmensführung eine Risikopolitik formulieren, die grundsätzliche Anforderungen im Umfang mit Risiken fixiert (vgl. Abschnitt 2.1). Auch die Vorgabe von Limits und die Definition eines Berichtsweges für die Risiken sind hier zu dokumentieren. Aus Effizienzgründen wird das Risikomanagement meist durch eine geeignete IT-Lösung unterstützt (vgl. Abschnitt 3.2).

Die Gesamtheit aller Dokumentationen zum Risikomanagementsystem wird als Risikohandbuch bezeichnet. Typische Inhalte sind:

- Risikopolitik (risikopolitische Grundsätze des Unternehmens),
- Aufbau- und Ablauforganisation (Verantwortlichkeiten und Vorgehensweise bei der Risikoanalyse, der Risikoaggregation, der Risikoüberwachung sowie der Berichterstattung),
- Erläuterungen und Verfahrensanweisungen (verwendete Werkzeuge wie Risikofelder, Musterberichte, Überwachungsmeldungen und dergleichen) und
- Limits, d.h. Grenze für die Akzeptanz von Risiken.

Die anfänglich durchaus berechtigten Bedenken der Unternehmen, dass ein hoher zusätzlicher bürokratischer Aufwand für solch ein Risikomanagementsystem erforderlich wäre, konnte zwischenzeitlich durch straffe Organisation des Risikomanagementsystems deutlich reduziert werden, ohne auf die angestrebte Risikotransparenz verzichten zu müssen. Das Risikomanagement wird in der Praxis meist dem Controlling bzw. der kaufmännischen Leitung zugeordnet, wobei sich nur dann inhaltliche Einschränkungen ergeben, wenn nicht alle erforderlichen Informationen vorliegen oder nicht die nötigen Kompetenzen übertragen werden.

Einen wichtigen Teilaspekt eines Risikomanagements stellt das interne Kontrollsystem (IKS) dar[9], welches in den USA durch den Sarbanes Oxley Act und in Europa durch die sogenannte achte europäische Richtlinie[10] eingeführt und insbesondere durch das BilMoG im Jahre 2009 in die deutsche Gesetzgebung umgesetzt wurde. Das IKS entspricht wesentlich stärker dem gewachsenen deutschen internen Controllingsystem als dem System der Internen Revision.[11] Es trägt durch Auflagen

---

[9] Vgl. auch IDW PS 980 und 982.
[10] EU-Richtlinie: Richtlinie 2006/43/EG des Europäischen Parlaments und des Rates vom 17. Mai 2006 über Abschlussprüfungen von Jahresabschlüssen und konsolidierten Abschlüssen.
[11] Vgl. Kalwait, 2009; S. 30ff.

dazu bei, dass betriebliche Abläufe, Prozesse und Verantwortlichkeiten strukturiert und dokumentiert werden, und Mängel in Rechnungslegung, Controlling und Finanzen sowie Untreue oder Betrug vermieden bzw. festgestellt werden können.

Ungeachtet der Bedeutung eines internen Kontrollsystems muss aus Perspektive eines unternehmensweiten integrierten Risikomanagements jedoch auch festgehalten werden, dass gerade die bestandsbedrohenden Risiken von Unternehmen meist nicht aus Untreue oder „Fraud" entstehen, sondern durch das Wirksamwerden strategischer Risiken und Marktrisiken.

Die folgenden Überlegungen zur organisatorischen Gestaltung von unternehmensweiten Risikomanagementsystemen in Verbindung mit Planung und Controlling erläutern die beiden grundsätzlichen (kombinierbaren) Strategien für den Auf- und Ausbau von Risikomanagementsystemen.

- Zum einen wird der sog. „Risikomanagementansatz" vorgestellt, der einen zunächst eigenständigen Prozess der Identifikation, Bewertung, Aggregation, Steuerung und Überwachung der Risiken vorsieht.

- Ergänzend wird der sog. „Controllingansatz" erläutert, der den Schwerpunkt auf ein integratives Risikomanagement legt, das soweit möglich vorhandene Managementsysteme (speziell aus Controlling und Qualitätsmanagement) nutzt. Aufgrund des erheblichen Vorteils im Hinblick auf die Effizienz wird in diesem Zusammenhang vor allem erläutert, welche vielfältigen Anknüpfpunkte es gibt, Grundfunktionalitäten des Risikomanagements in bestehende Managementsysteme zu implementieren.

> **Hinweis: Elemente von Strategien können kombiniert werden**
> Die beiden grundlegenden Konzeptionen stellen keine strikten Gegenpositionen dar, sondern jedes Unternehmen kann individuell Komponenten des einen und des anderen Ansatzes bei sich umsetzen.

3.2 Eigenständiger Risikomanagementansatz

Der Risikomanagementansatz ist wesentlich geprägt durch die formalen Anforderungen an ein Risikomanagement, wie speziell im KonTraG und im IDW PS 340 beschrieben. Nach KonTraG werden häufig Risikomanagementsysteme (neu) aufgebaut, die den Anforderungen des genannten Prüfungsstandards entsprechen. Dabei wurde Risikomanagement meist als eigenständiges Managementsystem verstanden, das alle Risiken identifiziert, bewertet, aggregiert und regelmäßig überwacht.

Die Risikoidentifikation wird hierbei im Wesentlichen durch separat für diesen Zweck turnusmäßig einberufene Workshops (Risk Assessments) durchgeführt. Für die laufende Überwachung bereits bekannter Risiken werden Risk Owner benannt, die in festgelegten zeitlichen Abschnitten die Risiken betrachten, um mögliche Veränderungen des Risikoumfangs anzuzeigen – der Turnus ist dabei weitgehend losgelöst von anderen Aktivitäten der Risk Owner und anderen Managementprozessen (z. B. Budgetierung). Häufig wird für das Risikomanagement auch eine isolierte IT-Lösung implementiert, die keinerlei Bezug zur Unternehmensstrukturen wie Planung und Controlling aufweist. Selbst das Risikoreporting wird meist unabhängig und parallel zu anderen, existierenden Reportingstrukturen aufgebaut.

Als eine allgemeine Voraussetzung für die Funktionsfähigkeit eines Risikomanagementsystems kann die Schaffung einer zentralen Stelle (im Folgenden als zentrales Risikocontrolling bezeichnet) genannt werden. Darunter kann in den einzelnen Unternehmensbereichen bzw. Unterstützungsfunktionen ein dezentrales Risikomanagement (besetzt nicht nur durch die Risikoeigner bzw. Risk Owner) eingerichtet werden. Die Hauptaufgabe des zentralen Risikocontrollings besteht dann darin, das Risikomanagement zu einem konsistenten und effizienten System auszubauen und die Funktionsfähigkeit des Systems zu gewährleisten – z. B. durch Koordination und Unterstützung aller Aufgaben und beteiligten Personen. Meist kann mit einem einstufigen System eine für die zu bewältigenden Aufgaben ausreichende Struktur geschaffen werden. Einstufig meint dabei, dass das Risikomanagementsystem nur über eine zentrale Koordinationsstelle – eben das zentrale Risikocontrolling – verfügt. Direkt darunter angeordnet sind dann die Verantwortlichen für einzelne Bereiche bzw. Teilaufgaben des Systems.

Bei großen oder sehr stark verflochtenen Unternehmen mit einer entsprechend komplexen Risikolandschaft ist es empfehlenswert, ein mehrstufiges System zu gestalten. In einem solchen Unternehmen wird die Koordinationsaufgabe des zentralen Risikocontrollings durch vergleichbare dezentrale Stellen unterstützt, die für einen Teilbereich des Unternehmens die Koordination für das dort angesiedelte Subsystem des Risikomanagements übernehmen. Besonders häufig anzutreffen sind solche mehrstufigen Systeme in Holdingstrukturen oder vergleichbaren Organisationen, in denen eigenständig agierende und ausreichend bedeutsame Unterorganisationen (Tochtergesellschaften, Strategischen Geschäftseinheiten) existieren.

Vorstellbar ist natürlich auch eine vollständige oder partielle Zweistufigkeit eines Risikomanagementsystems. Dabei wird in einem Bereich ein Subsystem aufgebaut, während alle anderen Bereiche von einer Zentralstelle aus gesteuert und koordiniert werden. Ein partiell zweistufiges System würde der Aufbaustruktur in Abb. 4 entsprechen.

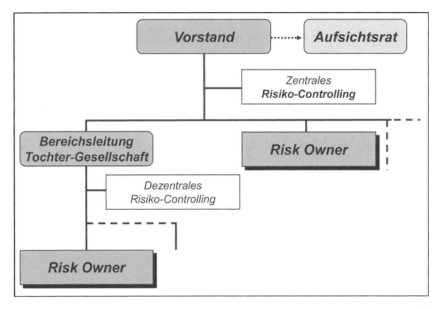

Abb. 4: Struktur der zweistufigen Risikomanagement-Organisation mit Reportingwegen[12]

Hinweis: Zielkonflikte können Konflikte verursachen
Ein häufiges Problem bei der in Abb. 4 dargestellten Struktur eines Risikomanagements besteht jedoch darin, dass hier Zielkonflikte zwischen Risikoreporting und den üblichen Projekt- und Linienverantwortlichkeiten auftreten können. I. S. e. transparenten und möglichst unverfälschten Risikoreportings wäre es sinnvoll, wenn auch ein dezentraler Risk Owner (z. B. einer Tochtergesellschaft) seine Risikoeinschätzung unmittelbar dem zentralen Risikocontrolling zur Aufbereitung für die Unternehmensführung/den Vorstand weiterleiten würde. Teilweise sind solche Ansätze inzwischen sogar regulatorisch verankert (s. z. B. die Best Practices für operationelle Risiken nach Basel II).

3.3 Controllingansatz: integriertes Risikomanagement

3.3.1 Grundidee

Die Grundidee des „Controllingansatzes" basiert auf der Erkenntnis, dass Risiken immer mögliche Planabweichungen darstellen und damit die Identifikation, Bewertung und kontinuierliche Überwachung der Risiken möglichst weitgehend in der Planung und im Controllingsystem, bzw. auch in weiteren Systemen wie dem Qualitätsmanagement des Unternehmens

---

[12] Gleißner, 2017a, S. 435.

verankert werden soll. Dann wird durchgängig nach allen Möglichkeiten gesucht, die vorhandenen Managementsysteme (Planung, Controlling, Budgetierung – aber auch Qualitätsmanagement) zu nutzen, um die Aufgaben des Risikomanagements mit abzudecken oder zu unterstützen.

Jede Planung basiert auf unsicheren Annahmen über die Zukunftsentwicklung. Diese Annahmen stellen genau diejenigen Risiken dar, die Planabweichungen auslösen können und deshalb im Rahmen des Risikomanagements erfasst, bewertet und ggf. durch geeignete Maßnahmen bewältigt werden müssen. Der „Controllingansatz des Risikomanagements" nutzt zunächst Informationen über unsichere Planannahmen und später über tatsächlich eingetretene Abweichungen, um Risiken zu identifizieren und zu bewerten und integriert damit die Aufgabe der Identifikation und Bewertung von Risiken in die Planungs-, Controlling- und Budgetierungsprozesse. Planer und Controller werden damit zugleich Risikoeigner für diejenigen Risiken, die ihr normales Tätigkeitsfeld betreffen und dort Planabweichungen auslösen können.

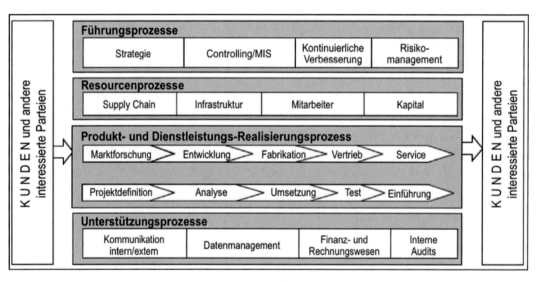

Abb. 5: Integriertes Risikomanagement nach ONR 49001[13]

Das integrierte Risikomanagement i.S.d. hier dargestellten Controllingansatzes stützt sich im Wesentlichen auf das Controlling, teilweise auch auf Treasury und Qualitätsmanagement. Derjenige Teil des Controllings, der in diesem Verständnis einen Beitrag für das Risikomanagement leistet, kann als Risikocontrolling bezeichnet werden.[14]

---

[13] Winter, 2007, S. 200 sowie Gleißner, 2017a, S. 439.
[14] Vgl. Winter, 2007, S. 200.

Auch die österreichische Risikomanagement-Norm ONR 49001 geht von einem integrierten Risikomanagementansatz aus, bei dem Risikomanagement mit Controlling, Qualitätsmanagement und anderen Managementsystemen verbunden wird.

3.3.2 Risikocontrolling und Controlling

Als Risikocontrolling wird der Teil des Controllings verstanden, der einen Beitrag zur Sicherstellung der wesentlichen Risikomanagement-Funktionen leistet.[15] Die Risikocontrolling-Aufgaben umfassen dabei insbesondere die Bereitstellung von Informationen für das Risikomanagement (z.B. bezüglich unsicherer Planannahmen oder eingetretener Planabweichungen) sowie die Sicherstellung der Risikoberichterstattung durch die Nutzung vorhandener Reportingwege.

Insgesamt kann man als ein primäres Ziel des Risikomanagements (und damit als indirektes Ziel des Risikocontrollings) die Existenzsicherung des Unternehmens auffassen.[16] Als zentrale Aufgabenfelder des Risikocontrollings ist dabei die Entwicklung (und Nutzung) geeigneter Kennzahlen (Risikomaße) und der für diese erforderlichen Verfahren (Risikomessmethoden) zu nennen.

Ein gut gelungenes Beispiel für eine tragfähige Risikomanagementkonzeption, die auf dem Gedanken eines integrierten Risikomanagement- und Risikocontrolling-Prozesses basiert, ist der in Tab. 1 abgebildete Vorschlag von Winter:[17]

Merkmal	Ausprägung
Zugrunde gelegte Sicht der Betriebswirtschaftslehre	• Untersuchung menschlichen Handelns unter dem Aspekt der Erziehung und Verwendung von Einkommen sowie der Reduktion der dabei auftretenden Unsicherheiten und hierzu dienender Institutionen (Regel- und Handlungssysteme).
Charakterisierung der Unternehmensumwelt und des Unternehmens	• Komplex und dynamisch, beschränkt-rationale und nutzenmaximierende Akteure mit kognitiven Beschränkungen, beschränkte Ressourcen, potenziell stochastische Welt, unvollständiges und ungleich verteiltes Wissen über Sachverhalte und Akteure Handlungsebenen des Unternehmens: Unternehmensführung, Führungsunterstützung, Ausführung.

---

[15] Vgl. Winter, 2007, S. 200.
[16] Vgl. Winter, 2007, S. 221.
[17] Vgl. Winter, 2007, S. 158.

Merkmal	Ausprägung
Risikobegriffe	• Möglichkeit einer Zielverfehlung, wobei die Ergebnisunsicherheit aus mangelnden Informationen über relevante Sachverhalte und/oder der mangelnden Fähigkeit, diese zu verarbeiten, resultiert. • Insbesondere die Möglichkeit des Abweichens eines realisierten Einkommens aus einer Unternehmensbeteiligung von einem angestrebten bzw. erwarteten Einkommen.
Beziehung des Risikocontrollings zur Unternehmensführung und Ansatzpunkt	• Führungsunterstützung. • Manager benötigen aufgrund kognitiver Beschränkungen und ungleich verteilten Wissens Unterstützung bei der Erfüllung der Risikomanagementaufgaben. • Monetäre Risikoquantifizierung zur Entscheidungsunterstützung und Verhaltenssteuerung ist keine triviale Aufgabe und erfordert spezielles Sach- und Handlungswissen, Arbeitsteilung u.U. wirtschaftlicher.
Ziele	• Indirekt: Beitrag zur Sicherung der Unternehmensexistenz sowie zur Sicherung der Unternehmensexistenz sowie zu Sicherung und Steigerung des aus Unternehmensaktivitäten resultierenden Zahlungsstroms für die Unternehmensbeteiligten. • Direkt: Bereitstellung monetärer Informationen und zu deren Generierung benötigter Verfahren für das Risikomanagement zum Zwecke der Entscheidungsunterstützung und Verhaltenssteuerung.
Aufgaben	• Analyse bzw. Entwicklung geeigneter monetärer risikobezogener Zielgrößen und Kennzahlen. • Analyse bzw. Entwicklung geeigneter Verfahren zur Generierung dieser Kennzahlen und hierzu benötigter risikobezogener Informationen. • Analyse bzw. Entwicklung geeigneter Verfahren zur Kommunikation und Speicherung der risikobezogenen Informationen. • Anwendung der Verfahren bzw. Unterstützung bei der Anwendung dieser Verfahren.
Instrumente	• Quantitative bzw. monetäre Risikobewertungs- und Risikoinformationssysteme sowie Steuerungssysteme (Risikorechnung), allgemeine Methoden der risikobezogenen Ziel- und Systemanalyse sowie der Bewertung.

Merkmal	Ausprägung
Institutionen	• Aufgabenzuordnung kontextabhängig, verschiedene Risikocontroller-Rollen denkbar und sinnvoll. • I.d.R. Zuordnung zu Controllingstellen sinnvoll, u.U. auch Schaffung spezialisierter Stellen zum Aufbau, zur Pflege und zum Betrieb quantitativer bzw. monetärer Risikobewertungs- und Risikoinformationssysteme sowie Steuerungssysteme (Risikorechnung).

Tab. 1: Steckbrief des Vorschlags für eine tragfähige Risikocontrolling-Konzeption[18]

Auch andere Rahmenwerke können als Leitfaden für eine operative Umsetzung genutzt werden, die ihrerseits jeweils zusätzliche Aspekte gut abdecken. Bspw. liefern sog. „Best Practices" für das Management operationeller Risiken gemäß Basel II einen interessanten Ansatz für die Interpretation verschiedener Risikoarten.

3.3.3 Verbindung von Risikomanagement, Unternehmensplanung und Controlling[19]

Wesentliche Aufgaben des Risikomanagements können hocheffizient unmittelbar im Rahmen der Controlling-, Planungs- und Budgetierungsprozesse eines Unternehmens mit abgedeckt werden. Die Entwicklung eines derartigen unternehmensweiten integrierten Risikomanagements basiert auf einer Weiterentwicklung von Struktur, Aufgaben und Arbeitsabläufen bereits vorhandener Managementsysteme:

1. **Risikoreduzierung durch Verbesserung der Planung:** Durch Verbesserung der Qualität der Planung lässt sich der Risikoumfang reduzieren. Aufgrund des Zukunftsbezugs der Planung kann durch Aufbau von Prognose- und Frühaufklärungssystemen (z.B. auf Grundlage von Regressionsanalysen) sowohl eine bessere (möglichst erwartungstreue) Vorhersage der zukünftig zu erwartenden Entwicklung des Unternehmens als auch eine Reduzierung der Planabweichungen (also der Risiken) erreicht werden. Die durch ein quantitatives Prognosesystem nicht erklärbaren Veränderungen (Prognoseresiduen) sind dabei Grundlage für die Risikoquantifizierung. Sie werden durch geeignete Wahrscheinlichkeitsverteilungen beschrieben und dann auf das gewählte Risikomaß abgebildet.

2. **Nutzung von Planung und Budgetierung für die Risikoidentifikation:** Planwert und Budget basieren auf bestimmten Annahmen (z.B.

---

[18] Gleißner, 2017a, S. 438f.
[19] In enger Anlehnung an Gleißner, 2005, S. 217-229.

Entwicklung von Rohstoffpreisen, Wechselkursen oder Erfolgswahrscheinlichkeit von Akquisitionsprojekten). Viele dieser Annahmen stellen zukunftsbezogene Schätzungen dar und sind damit nicht sicher. Immer wenn bei der Planung auf eine unsichere Annahme Bezug genommen wird, wird automatisch ein Risiko identifiziert. Für die Vollständigkeit und auch die Effizienz der im Unternehmen identifizierten und im Risikoinventar zusammengefassten bietet sich daher an, im Planungsprozess solche risikobehafteten Annahmen explizit zu erfassen und diese Informationen dem Risikomanagement (z.B. für die Risikoaggregation) zur Verfügung zu stellen. In Abstimmung zwischen Risikomanagement und Controlling muss definiert werden, wie das so identifizierte Risiko künftig überwacht werden soll. Sofern ein neues, relevantes Risiko Weg identifiziert wird, müssen die üblichen Überwachungsregelungen (wer ist verantwortlich, wer berichtet?) i.S. e. KonTraG-konformen Risikomanagements festgelegt werden.

3. **Risikoquantifizierung und Planung:** Die Quantifizierung von Risiken geschieht unmittelbar bei der Planung bzw. Budgetierung. Sobald der Planwert (z.B. für ein Kostenbudget) festgelegt ist, wird zugleich angegeben, welche Ursachen zu Planabweichungen führen (Risiken) und welchen Gesamtumfang diese Planabweichungen haben können. Implizit wird damit eine Wahrscheinlichkeitsverteilung beschrieben. Wird die bekannte Dreiecksverteilung gewählt, sind anstelle des Planwerts drei Werte anzugeben werden, nämlich Minimalwert (bzw. ein unteres Quantil), wahrscheinlichster Wert sowie Maximalwert (bzw. ein oberes Quantil).

4. **Identifikation von Risiken mittels Abweichungsanalyse:** Planabweichungen, die im Rahmen des Controllingprozesses analysiert werden, bieten weitere Ansatzpunkte für die Identifikation von Risiken. Immer, wenn eine Planabweichung auf eine Ursache zurückzuführen ist, die bisher noch nicht im Risikomanagement erfasst ist, wird automatisch ein neues Risiko identifiziert. Dazu sind die Erkenntnisse aus den Abweichungsanalysen des klassischen Controllings der neu hinzugekommenen Funktion des Risikomanagements zur Verfügung zu stellen.

5. **Quantifizierung von Risiken auf Basis von Abweichungsanalysen des Controllings:** Durch die regelmäßigen Abweichungsanalysen des Controllings, die zum Zweck der Unternehmenssteuerung, der Performance-Beurteilung und der Initiierung von Gegenmaßnahmen durchgeführt werden, entsteht eine Zeitreihe von Planabweichungen, die die quantitativen Konsequenzen des Wirksamwerdens von Risiken anschaulich darstellen. Mittels statistischer Analysen (im einfachsten Fall der Berechnung einer Standardabweichung oder eines anderen

Risikomaßes) können diese Informationen genutzt werden, um Risiken zu quantifizieren oder eine existierende quantitative Risikoeinschätzung zu überprüfen.

6. **Integration von Risikobewältigungsmaßnahmen in die allgemeine Unternehmenssteuerung:** Die bei der Bestimmung von Planwerten identifizierten Risiken können unmittelbar aufgegriffen werden, um (sofern realistisch möglich) Maßnahmen zu initiieren, die zukünftigen Planabweichungen in ihrer Eintrittswahrscheinlichkeit oder ihrem quantitativen Umfang entgegenwirken. Derartige Maßnahmen sind Risikobewältigungsmaßnahmen, die gemeinsam mit dem Risikomanagement entwickelt werden sollten. Während viele operative und strategische Maßnahmen (z. B. der Kostenreduzierung) darauf ausgerichtet sind, bestimmte Planwerte (z. B. den Umsatz) „im Mittel" zu erreichen, helfen die Risikobewältigungsmaßnahmen, Planabweichungen zu reduzieren.

7. **Risikomanagement im Strategischen Controlling mit Balanced Scorecard:** Strategische Management- und Controllingsysteme (z. B. die Balanced Scorecard) werden genutzt, um die Unternehmensstrategie durch eine klare Beschreibung anhand von strategischen Zielen (Kennzahlen) sowie die Zuordnung von Maßnahmen und Verantwortlichkeiten operativ umzusetzen. Mit der Zuordnung von Risiken zu Kennzahlen, bei denen diese Planabweichungen auslösen können, wird eine Weiterentwicklung des traditionellen Balanced Scorecard-Ansatzes hin zu einer „RiskScorecard" möglich. Der Vorteil einer derartigen Verbindung besteht einerseits in der höheren Effizienz, weil die Verantwortlichen für eine bestimmte Kennzahl zugleich Risk Owner der zugeordneten Risiken sind. Andererseits wird durch die Abweichungsanalyse eine verursachungsgerechte Zuordnung der Verantwortlichkeit für Abweichungen möglich, die durch „exogene" Risiken verursacht worden sind. Sie können i. d. R. den Verantwortlichen für die Kennzahl bei der Performance-Beurteilung nicht angelastet werden. Die Übertragung der Verantwortung für die Risiken der Kennzahl an den Kennzahlverantwortlichen erhöht die Anreize konsequent, die relevanten Risiken zu identifizieren. Insgesamt erhöht ein derartiger Ansatz (der Integration von Risiken in das strategische Controlling) die Akzeptanz von Balanced Scorecard-Ansätzen und damit eine konsequente Ausrichtung des Unternehmens auf die von der Unternehmensführung eingeschlagene Strategie.

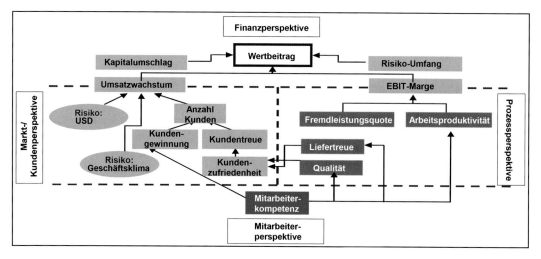

Abb. 6: Kennzahlensystem der FutureValue Scorecard mit zugeordneten Risiken[20]

8. **Nutzung von Risikoinformationen aus Treasury, Qualitätsmanagement und Sitzungen der Unternehmensleitung:** In vielen Managementfunktionen und Unternehmensbereichen existieren implizit Informationen über Risiken. So verfügt das Qualitätsmanagement über Informationen bezüglich Risiken, die zu Abweichungen von der vorgesehenen Qualität führen können (z.B. durch die FMEA). Diese Informationen sind regelmäßig dem zentralen Risikocontrolling zur Verfügung zu stellen, wenn die hier identifizierten Risiken eine ausreichende Relevanz aufweisen. Dies kann bspw. immer dann geschehen, wenn die turnusmäßige FMEA im Rahmen der Qualitätsmanagementprozesse gemäß ISO 90001ff. durchgeführt wird.[21]

Analog verfügt das Treasury eines Unternehmens über umfangreiche Informationen über Zins- und Währungsrisiken.

9. Geschäftsführungsbesprechungen: Implizit beschäftigen sich auch die regelmäßigen Geschäftsführungs- und Vorstandssitzungen zu einem erheblichen Teil mit Unternehmensrisiken. Gerade in diesen Sitzungen wird über die langfristige Zukunftsentwicklung des Unternehmens diskutiert, zukünftige Herausforderungen betrachtet, Handlungsalternativen abgewogen und potenzielle Aktivitäten der Wettbewerber sowie Markttrends eingeschätzt. Da bei allen diesen zukunftsorientierten Fragen implizit Risiken diskutiert werden bietet es sich an, am Ende jeder Geschäftsführungs- bzw. Vorstandssitzung grundsätzlich einen Tagungsordnungspunkt vorzusehen, bei dem alle Risiken zusammen gefasst und im Hinblick auf ihre Relevanz eingeschätzt werden. Sofern

---

[20] Gleißner, FutureValue, 2004, S. 36.
[21] Vgl. Beitrag von Vogel/Erben „Integration von Qualitäts- und Risikomanagement in der ISO 9001 Rev. 2015" im vorliegenden Band.

hier neue Risiken identifiziert wurden, die bisher im Rahmen der Risikoüberwachung nicht betrachtet werden, sollten diese Informationen dem zentralen Risikocontrolling übergeben werden, so dass hier die erforderlichen Prozesse implementiert werden, die eine kontinuierliche Überwachung dieser Risiken in der Zukunft gewährleisten.

Die genauen Ansatzpunkte zeigen, dass ein unternehmensweites Risikomanagement prinzipiell alle Stellen und Systeme umfassen kann – und sollte.

3.3.4 Integration der Prozesse von Controlling und Risikomanagement

Wie an den Beispielen deutlich wurde, lassen sich wesentliche Teilaufgaben des Risikomanagements unmittelbar in die Controllingprozesse, aber auch in andere Prozesse wie das Qualitätsmanagement integrieren. Dadurch wird eine hocheffiziente Übernahme von Basisaufgaben für das Risikomanagement (z.B. der Identifikation und der Bewertung) durch Controlling möglich, was dort kaum zusätzlichen Arbeitsaufwand auslöst. Zudem wird sichergestellt, dass gerade die im Controlling implizit sowieso vorhandenen Informationen über Risiken konsequent genutzt werden. Mit dem Controlling wird damit (ähnlich wie dies auch für das Qualitätsmanagement möglich ist) ein sowieso im Unternehmen etabliertes Managementsystem für die Aufgabenstellung des Risikomanagements genutzt, was einen erheblichen Rationalisierungsbeitrag im Unternehmen auslöst.

Durch die Übernahme wesentlicher Aufgaben des Risikomanagements durch das Controlling wird hocheffizient und unbürokratisch ein leistungsfähiges Risikomanagement etabliert. Der zentralen Stabsfunktion des „Risikocontrollers" bleiben in diesem Zusammenhang vor allem die Koordination und die Methodenentwicklung für das Risikomanagement sowie i.d.R. sehr risikospezifische Aufgaben, wie die Ableitung von Gesamtrisikoumfang und Eigenkapitalbedarf mit Hilfe der Risikoaggregation (Monte-Carlo-Simulation).

Neben der Effizienzsteigerung des Risikomanagements profitiert auch das operative und strategische Controlling von dieser engeren Verbindung mit dem Risikomanagement. In Planungs- und Budgetierungsprozessen können nämlich neue Risiken identifiziert werden, die dem Risikomanagement mitgeteilt werden. Umgekehrt sollten natürlich auch Erkenntnisse des Risikomanagements über Risiken, die z.B. im Rahmen von Risk-Assessments oder Prozessanalysen identifiziert wurden, dem Controlling mitgeteilt werden. Denn auch diese Risiken können Planabweichungen verursachen, die für das Controlling interessant sind.

Zudem erhält das Controlling mit den zusätzlichen Erkenntnissen des Risikomanagements über den aggregierten Gesamtrisikoumfang erstmalig die Chance, die tatsächlich erreichbare Planungssicherheit realistisch einzuschätzen, zufallsbedingte und statistisch signifikante Abweichungen (orientiert an ihrem Umfang) zu unterscheiden und Risiken und Erträge gegeneinander abzuwägen. Die so verfügbaren zusätzlichen Informationen über den aggregierten Risikoumfang können dann weiterführend z.B. im Rahmen wertorientierter Steuerungssysteme genutzt werden, indem über den Risikoumfang auf den Bedarf an Eigenkapital zur Abdeckung möglicher Verluste und damit den Kapitalkostensatz (Diskontierungszinssatz) als zentralen Werttreiber geschlossen wird.

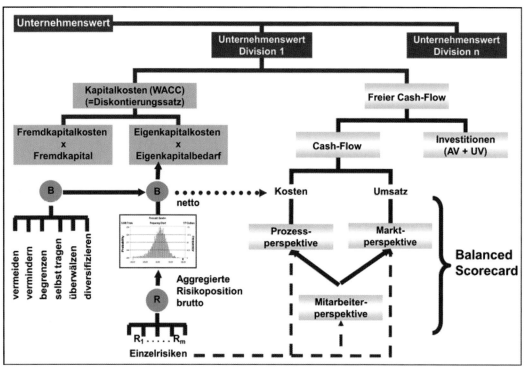

Abb. 7: Integrierte Unternehmenssteuerung mit Balanced Scorecard[22]

Das Zusammenspiel von Risikomanagement und Controlling führt zu einer Übernahme wesentlicher Risikomanagement-Basisaufgaben für das vorhandene Managementsysteme des Unternehmens, was zu einer hohen Effizienz der Erfüllung von Risikomanagement-Aufgaben bei gleichzeitig erhöhter Aussagefähigkeit der Risikoinformation insgesamt beiträgt. Dies erhöht zugleich die Akzeptanz des Risikomanagements. Die Zukunft von Controlling und Risikomanagements werden integrierte Managementsysteme sein, die Risikomanagement im Wesentlichen als Aufgabe und weniger als eigenständige Organisationseinheit verstehen.

---

[22] Gleißner, 2017a, S. 415.

4   Fazit

Durch die Übernahme von Risikomanagementfunktionen wird die Controllingfunktion um eine von den Controllern bisher zu wenig beachtete Dimension erweitert. Dies bedeutet selbstverständlich auch die Abkehr von den bisher „einwertigen" Planzahlen. Damit ist auch eine inhaltliche Erweiterung der bisherigen Abweichungsanalyse verbunden, die künftig eher eine Analyse der Istwerte und deren Position innerhalb einer als wahrscheinlich angenommenen Streuung hinauslaufen wird und damit eine völlig andere unternehmerische Bedeutung erhalten wird.

Es wird Transparenz geschaffen über Planungssicherheit und die Voraussetzung, Planabweichungen zu reduzieren. Risikoinformationen tragen zudem dazu bei, ein wertorientiertes Controlling umzusetzen, mit dem u.a. risikogerechte Kapitalkostensätze berechnet werden können – und ein unbefriedigender Rückgriff auf historische Kursbewegungen („ß-Faktor") unnötig wird.[23] Damit ist auch eine Erweiterung des Anforderungsprofils an künftige Controllergenerationen verbunden, die sich deutlich stärker als bisher mit den Fachgebieten Wahrscheinlichkeitsrechnung, Statistik und Mathematik auseinandersetzen müssen. Dies könnte auch zu einer Verschiebung im Ausbildungsprofil für Controller führen.

Eine weitere Änderung wird sich bei den Empfängern von Controllingservices einstellen, wenn diese Empfänger künftig nicht mehr nur eindimensionale Planzahlen erhalten, sondern mit Bandbreiten, mit Erwartungswerten und Streuungsmaße operieren müssen. Diese Anforderungen werden zu Bewusstseins- und Verhaltensänderungen bei allen Empfängern von Controllingservices und Planzahlen bis hinauf in die Geschäftsführungs- und Vorstandsebene führen. Soweit der Aufsichtsrat solche Berichte auf direktem oder indirektem Wege (z.B. über den Prüfungsausschuss) erhalten sollte, werden die Auswirkungen dann auch dort feststellbar sein.

Risikomanagement und Controllingverfahren sind notwendig, um wesentliche unternehmerische Entscheidungen (z.B. bezüglich Investitionen oder Akquisitionen) vorzubereiten. Ohne eine quantitative Risikoanalyse, Risikoaggregation und die Beurteilung von Planungssicherheit ist eine fundierte Entscheidungsvorbereitung, wie sie auch entsprechend den Anforderungen aus § 93 Aktiengesetz (Business Judgement Rule) zu empfehlen ist, nicht möglich. Dabei sind insbesondere die zum Vergleich mit den „traditionellen" Controllingfunktionen noch relativ schwach entwickelten Fähigkeiten im Bereich Risikoanalyse und Risikosimulation besonders zu verstärken. Möglich ist hier ein Ausbau des Fähigkeitsprofils

---

[23]   Vgl. Beitrag von Gleißner „Controlling und Risikoanalyse bei der Vorbereitung von Top-Management-Entscheidungen" im vorliegenden Band.

und der Kompetenzen im Controlling selbst, so dass diese die Aufgaben eines „Risikocontrollings" mit übernimmt.[24] Alternativ kann man eine mit ausreichenden Ressourcen und Kompetenzen ausgestattete Risikomanagement-Abteilung aufbauen. Auch in diesem Fall ist ein enges Zusammenspiel zwischen Controlling und Risikomanagement notwendig. Die enge Zusammenarbeit hilft vielfältige Synergien zu realisieren und die Qualität der Entscheidungsvorlagen, die Vorstände und Geschäftsführer halten, zu verbessern. Ein Controlling ohne adäquaten Zugriff auf Methoden der quantitativen Risikoanalyse und Risikoaggregation ist unzureichend.

5 Literaturhinweise

Angermüller/Gleißner, Verbindung von Controlling und Risikomanagement: Eine empirische Studie der Gegebenheiten bei H-DAX Unternehmen, in Controlling, 6/2011, S. 308–316.

Gleißner, Risikopolitik und strategische Unternehmensführung, in Der Betrieb, 33/2000, S. 1625–1629.

Gleißner, Identifikation, Messung und Aggregation von Risiken, in Gleißner/Meier (Hrsg.), Wertorientiertes Risikomanagement für Industrie und Handel, 2001, S. 111–137.

Gleißner, Future Value, 2004.

Gleißner, Kapitalkostensätze: Der Schwachpunkt bei der Unternehmensbewertung und im wertorientierten Management, in Finanz Betrieb, 4/2005, S. 217-229.

Gleißner, Erwartungstreue Planung und Planungssicherheit – Mit einem Anwendungsbeispiel zur risikoorientierten Budgetierung, in Controlling, 02/2008, S. 81–87.

Gleißner, Planungssicherheit – der Schlüssel zum Erfolg. Mit einfachen Mitteln zuverlässige Planwerte bestimmen und sinnvoll einsetzen, in BBB – BeraterBrief Betriebswirtschaft, 2/2009, S. 58–61.

Gleißner, Risikoanalyse und Replikation für Unternehmensbewertung und wertorientierte Unternehmenssteuerung, in WiSt, 7/2011, S. 345–352.

Gleißner, Controlling und Risikoanalyse bei der Vorbereitung von Top-Management-Entscheidungen – Von der Optimierung der Risikobewältigungsmaßnahmen zur Beurteilung des Ertrag-Risiko-Profils aller Maßnahmen, in Controller Magazin, 4/2015, S. 4–12.

---

[24] Vgl. Beitrag von Heller-Herold „Controlling und Risikomanagement: organisatorische und personelle Aspekte der Harmonisierung" im vorliegenden Band.

Gleißner, Grundlagen des Risikomanagements im Unternehmen, 3. Aufl. 2017a.

Gleißner, Was bringt ein Controlling ohne Risikomanagement? Wenig!, in Controller Magazin, 3/2017b, S. 24–25.

Gleißner, Entscheidungsvorlagen für den Aufsichtsrat: Fallbeispiel Akquisition, in Der Aufsichtsrat, 4/2017c, S. 54–56.

Gleißner/Wolfrum, Eigenkapitalkosten und die Bewertung nicht börsenorientierter Unternehmen: Relevanz von Diversifikationsgrad und Risikomaß, in Finanz Betrieb, 9/2008, S. 602–614.

Graumann, Die angemessene Informationsgrundlage bei Entscheidung, in WISU, 3/2014, S. 317–320.

Kalwait, Rechtliche Grundlagen im Risikomanagement, in Kalwait (Hrsg.), Risikomanagement in der Unternehmensführung, 2008, S. 93 ff.

Kalwait, SOX, Euro-SOX und mitteleuropäisches Controlling, in Risk, Compliance and Audit, 4/2009; S. 30 ff.

Mott, Organisatorischer Aufbau von Risikomanagementsystemen, in Gleißner/Meier (Hrsg.), Wertorientiertes Risiko-Management für Industrie und Handel, 2001, S. 199–232.

Winter, Risikocontrolling in Nicht-Finanzunternehmen. Entwicklung einer tragfähigen Risikocontrolling-Konzeption und Vorschlag zur Gestaltung einer Risikorechnung, 2007.

Instrumente für eine systematische Identifikation von Risiken

■ Für die Risikoidentifikation stehen zahlreiche Instrumente und Methoden zur Verfügung, die nach ihrer Systematik, dem Aggregationsgrad der untersuchten Risiken, der Vorgehensweise und der Informationsgrundlage systematisiert werden.

■ Da kein Instrument zur Identifikation aller Risiken geeignet ist, müssen immer mehrere Instrumente und Methoden kombiniert werden.

■ Zu den Problemen der Risikoidentifikation zählen neben einem fehlenden Methodenwissen, eine unzureichende Risikokultur und die Gefahr, wesentliche Risiken zu übersehen oder doppelt zu erfassen. Zudem lassen sich Risikoidentifikation und -bewertung nicht immer voneinander trennen.

■ Bei der Risikoidentifikation unterstützt der Controller die operativen Unternehmensbereiche mit seiner Fach- und Methodenkompetenz.

■ Die Autorin

Prof. Dr. Ute Vanini, Professorin für Controlling und Risikomanagement an der Fachhochschule Kiel und Sprecherin des Arbeitskreises Controlling an Fachhochschulen und Hochschulen für angewandte Wissenschaften.

1 Begriff und Ziele der Risikoidentifikation

Die Risikoidentifikation bildet die Grundlage des operativen Risikomanagementprozesses und bestimmt dessen Effektivität und Effizienz. Das Ziel ist die aktuelle, systematische, vollständige und wirtschaftliche **Erfassung aller Gefahrenquellen, Schadensursachen, Störpotenziale und Chancen** sowie deren **Abhängigkeiten** und wechselseitigen **Beziehungen**. Im Gegensatz zur jährlichen Risikoinventur erfolgt die Risikoidentifikation laufend.[1]

Voraussetzung für eine erfolgreiche Risikoidentifikation ist die Existenz eines **Risikokatalogs**, der die möglichen Risikofelder und Risikokategorien eines Unternehmens systematisch abbildet. Außerdem sind zahlreiche **interne und externe Informationen erforderlich**, so dass laufend Informationen gesammelt, gefiltert und verarbeitet werden müssen. Dabei werden folgende **Methoden** der Gewinnung von Risikoinformationen unterschieden:[2]

Grundlagen der Risikoidentifikation

- Besichtigungen und Begehungen bei innerbetrieblichen bzw. technischen Risiken als Möglichkeit der visuellen Risikoidentifikation,
- Dokumentenanalysen in Abhängigkeit vom Ausbaustand der betrieblichen Informationssysteme,
- Organisations-/Prozessanalysen zu Risiken in der betrieblichen Aufbau- und Ablauforganisation,
- (Mitarbeiter- und Experten-)Befragungen und Workshops sowie
- Indikatoren- und Kennzahlenerhebungen.

Zudem lassen sich durch den Einsatz von Business-Analytics-Methoden unstrukturierte Daten und Informationen z.B. aus sozialen Medien für die Risikoidentifikation nutzbar machen.

2 Instrumente und Methoden der Risikoidentifikation

Zur Risikoidentifikation kann sich ein Unternehmen verschiedener Methoden und Instrumente bedienen, die sich nach folgenden **Kriterien** systematisieren lassen.

Systematisierung nach Kriterien

---

[1] Vgl. Vanini, 2012, S. 125 f.
[2] Vgl. Burger/Buchhart, 2002, S. 68 f.

Kriterien	Ausprägungen					
Systematik der Identifikation	Instrumente zur unsystematischen Risikoidentifikation z.B. Brainstorming			Instrumente zur systematischen Risikoidentifikation, z.B. Checklisten, Früherkennungssysteme		
Aggregation der identifizierten Risiken	Instrumente zur Identifikation von Einzelrisiken, z.B. Checklisten			Instrumente zur Identifikation von aggregierten Risiken, z.B. Systemanalysen		
Vorgehensweise	Progressive Methoden			Retrograde Methoden		
Informationsquelle	Besichtigungen und Begehungen	Dokumente	Organisations- und Prozessanalysen	Befragungen und Workshops	Kennzahlen	Unstrukturierte Daten und Informationen
Informationsverarbeitung	Analysemethoden	Prognosemethoden		Kollektionsmethoden		Suchmethoden

Abb. 1: Systematisierung von Instrumenten und Methoden der Risikoidentifikation[3]

Aufgrund seiner Methodenkompetenz unterstützt der Controller die Risikoidentifikation durch die Bereitstellung relevanter Informationen und geeigneter Instrumente zur systematischen Risikoidentifikation, weshalb diese im Folgenden näher erläutert werden.[4]

2.1 Analysen zur Identifikation strategischer Risiken

Unternehmens- und Umweltanalysen sind Instrumente des strategischen Managements und Controllings und können daher zur Identifikation strategischer Risiken eingesetzt werden. Beispiele sind u.a. die Analyse der Erfolgsfaktoren, SWOT-Analysen, Produkt-Lebenszyklus-Analysen, das Erfahrungskurven-Konzept sowie Wettbewerbs- und Portfolio-Analysen.[5]

Vergleich zum Wettbewerb mit SWOT-Analysen

In SWOT-Analysen werden die Stärken (**Strengths**), Schwächen (**Weaknesses**), Chancen (**Opportunities**) und Gefahren (**Threats**) eines Unternehmens im Vergleich zum Wettbewerb analysiert und in eine Matrix eingeordnet. Bei der **Stärken-Schwächen-Analyse** werden die strategischen Potenziale des Unternehmens funktions- oder wertkettenbezogen ermittelt, durch einen Vergleich mit Wettbewerbern oder kritischen

---

[3] Vanini, 2012, S. 127.
[4] Für eine umfassende Darstellung vgl. Vanini, 2012, S. 127 ff.
[5] Für eine ausführliche Darstellung der einzelnen Instrumente vgl. Baum/Coenenberg/Günther, 2013, S. 99 f.

Erfolgsfaktoren bewertet und anschließend durch ein Stärken- und Schwächenprofil visualisiert.

Zu den externen Unternehmensanalysen gehört z.B. die **Branchenstrukturanalyse** nach Porter, die die Bedrohung des Unternehmens durch neue Konkurrenten, die Verhandlungsmacht von Abnehmern und Lieferanten, die Bedrohung durch Ersatzprodukte und die Wettbewerbsintensität in der Branche untersucht und daraus Risiken und Chancen für das Unternehmen ableitet. Die Ergebnisse der Umwelt- und Unternehmensanalysen werden durch ein internes Analyseteam bewertet und in eine SWOT-Matrix eingetragen. Problematisch ist, dass sich Informationen nicht immer eindeutig als Stärke oder Schwäche bzw. Chance oder Risiko klassifizieren lassen, sondern deren Bewertung kontextabhängig ist. Anschließend werden aus der Matrixposition Normstrategien abgeleitet.

| | | Ergebnisse der Unternehmensanalyse | |
		Stärken (Strengths)	Schwächen (Weaknesses)
Ergebnisse der Umweltanalyse	Chancen (Opportunities)	Einsatz der Stärken des Unternehmens zur Ausnutzung der Chancen (Wachstumsstrategie)	Überwindung der Schwächen des Unternehmens durch die Ausnutzung der Chancen
	Risiken (Threats)	Einsatz der Stärken des Unternehmens zur Minimierung der Risiken	Minimierung der Schwächen des Unternehmens und der Risiken (Defensivstrategie)

Abb. 2: SWOT-Matrix

Die konkrete Identifikation strategischer Risiken erfolgt in der Unternehmenspraxis häufig im Rahmen eines Workshops mit der Geschäftsführung, dem Risikomanagement, dem Controlling sowie Mitarbeitern aus den relevanten operativen Unternehmensbereichen. Dabei ist es erforderlich, nach einer Erläuterung zentraler Grundbegriffe wie z.B. strategisches Risiko die Unternehmensstrategie mit ihren Kerninhalten und Erfolgsfaktoren umfassend zu beschreiben sowie die Ergebnisse im Vorfeld durchgeführter Umweltanalysen zu diskutieren, bevor über deren Wirkungen auf das Geschäftsmodell des Unternehmens nachgedacht wird.[6]

2.2 Instrumente zur Identifikation neuartiger Risiken

Zur Identifikation neuartiger Risiken können externe Experten oder Mitarbeiter befragt werden. **Expertenbefragungen** sind vor allem bei der

---

[6] Vgl. Gleißner, 2017, S. 109 ff.

Identifizierung unternehmensexterner Risiken hilfreich. Expertenwissen kann entweder durch das Studium einschlägiger Fachliteratur oder direkte Befragung gewonnen werden. Zur Unterstützung einer systematischen Expertenbefragung ist eine strukturierte Vorbereitung, z.B. durch die Auswahl geeigneter Fachbücher und Fachzeitschriften bzw. Experten erforderlich. Zudem muss ein Fragenkatalog erstellt werden, mit dessen Hilfe die einzelnen Quellen analysiert bzw. Experten werden. Die **Delphi-Methode** ist eine Spezialform der direkten Expertenbefragung. Sie dient der Darstellung komplexer, unstrukturierter, langfristiger Sachverhalte und neuartiger Entwicklungen mit großem Zeithorizont. Durch die Delphi-Methode werden Expertenmeinungen kombiniert und zu einem Konsens verdichtet.[7]

Wegen interner Risiken Mitarbeiter befragen

Mitarbeiterbefragungen können zur Erfassung interner Risiken beitragen. Sie beziehen neben den Führungskräften **alle Mitarbeiter**, die risikorelevante Informationen aus den operativen Bereichen einbringen können, ein. Die Informationen können durch Interviews, Workshops oder schriftliche Befragungen mittels **Risikoidentifikationsbögen** eingeholt werden. Die Mitarbeiterbefragung bietet die Möglichkeit, eine große Zahl von Personen in die Risikoidentifikation einzubinden. Allerdings wird durch Mitarbeiterbefragungen häufig eine **große Anzahl an identifizierten Risiken** produziert. Außerdem werden aufgrund einer systematischen Verzerrung der Risikowahrnehmung vor allem aktuell erscheinende Risiken diskutiert, die nicht immer für das Unternehmen wichtig sind. Auch werden identische Risiken von den Mitarbeitern oft unterschiedlich benannt und daher doppelt erfasst.[8]

Soll die Mitarbeiterbefragung in Form eines **Workshops** durchgeführt werden, müssen zunächst die beteiligten Abteilungen, Funktionen und Prozesse sowie die zu analysierenden Risikofelder ausgewählt und die Workshop-Teams zusammengestellt werden. Die Zahl und die Dauer der Workshops sind abhängig von der Unternehmensgröße und dem Umfang der analysierten Risiken. Die Risikoidentifikation sollte im Workshop auf der Grundlage eines **Risikokatalogs** in Form eines Orientierungs- und Dokumentationsrasters erfolgen. Die Vorgaben sollten dabei nicht zu detailliert sein, damit auch neue Risiken identifiziert werden. Neben der reinen Nennung sollte bereits eine erste **Relevanzabschätzung der Risiken** durch die Mitarbeiter z.B. anhand der Höchstschadenswerte auf einer Skala von „1" (unbedeutend) bis „5" (bestandsbedrohend) erfolgen.[9]

---

[7] Vgl. Schneck, 2010, S. 124f.
[8] Vgl. Gleißner, 2017, S. 113ff.
[9] Vgl. Gleißner, 2017, S. 116ff.

Relevanzskala			
Relevanz-klasse	Bedeutung	Geschätzte Wirkung in % EBIT	Erläuterung
1	Unbedeutendes Risiko	< 5 %	Beeinflussen weder den Jahresüberschuss noch den Unternehmenswert spürbar
2	Mittleres Risiko	< 20 %	Spürbare Beeinträchtigung des Jahresüberschusses
3	Bedeutendes Risiko	< 100 %	Starke Beeinträchtigung des Jahresüberschusses oder spürbare Reduktion des Unternehmenswerts
4	Schwerwiegendes Risiko	>= 100 %	Führen zu Jahresfehlbetrag oder erheblicher Reduktion des Unternehmenswerts
5	Bestandsgefährdendes Risiko	> 500 %	Gefährden mit einer wesentlichen Wahrscheinlichkeit den Fortbestand des Unternehmens

Abb. 3: Relevanzskala[10]

2.3 Prozess- und Systemanalysen für technischer Risiken

Zur Identifizierung von Risiken komplexer technischer Systeme werden Methoden der Prozess- und Systemanalyse eingesetzt. Zu diesen Methoden gehören die Fehler-Möglichkeits- und Einflussanalyse (FMEA), die Fehlerbaumanalyse (Fault Tree Analysis FTA) und die Störfallanalyse.[11] In einer **Fehler-Möglichkeits- und Einflussanalyse (FMEA)**wird untersucht, wie ein technisches System beim Ausfall einzelner Komponenten reagiert (Bottom-up approach). Dabei wird zunächst das intakte und störungsfreie System beschrieben und in seine Teilkomponenten zerlegt. Für jede Komponente wird dann analysiert, welche Fehler zu einer Fehlfunktion dieser Komponente führen können, mit welcher Wahrscheinlichkeit diese eintreten und welche Auswirkungen sie auf das Gesamtsystem haben. In Arbeitsblättern werden detailliert mögliche Fehlerursachen, Fehlerwirkungen, bedrohte Objekte sowie eine Risikobewertung hinsichtlich Eintrittswahrscheinlichkeit und Schadensausmaß dokumentiert.

---

[10] In starker Anlehnung an Gleißner, 2017, S. 118.
[11] Vgl. auch im Folgenden Burger/Buchhart, 2002, S. 89 ff.; Gleißner, 2017, S. 119 ff.; Vanini, 2012, S. 140 ff.

Ausgangspunkt von **Fehlerbaumanalysen (Fault Tree Analysis FTA)** sind potenzielle Störungen eines technischen Systems. Das Ziel der FTA ist, durch deduktives Vorgehen alle möglichen Ursachen dieser Abweichungen zu ermitteln, die in ihrem Zusammenwirken den angenommenen Schaden verursachen können (Top-down approach). Dabei werden in einem ersten Schritt sekundäre Ursachen der Störung des Gesamtsystems dargestellt, die in einem zweiten Schritt in ihre primären Störungsursachen aufgegliedert werden. Die Untergliederung wird fortgesetzt, bis keine weitere Differenzierung der Störungen möglich ist. **Störfallanalysen** versuchen alle Zielabweichungen eines technischen Systems zu systematisieren, die auf eine gemeinsame Ursache zurückgeführt werden können. Ausgangspunkt ist somit ein unerwünschtes Ereignis (Störfall), das Folgeereignisse nach sich zieht, die wiederum zu Zielabweichungen führen können. Auf diese Weise kann das vielfältige Reaktionsverhalten komplexer technischer Systeme untersucht werden. Systemzusammenhänge werden grafisch durch Störfallablaufdiagramme veranschaulicht. Die Störfall- und die Fehlerbaumanalyse lassen sich mit der FMEA kombinieren.

2.4 Früherkennungssysteme für eine kennzahlenbasierte Risikoidentifikation

Früherkennungssysteme sind **Informationssysteme**, die anhand von Indikatoren, Kennzahlen oder qualitativen Informationen über die Unternehmens- und Umweltentwicklung Risiken frühzeitig identifizieren sollen. Es gibt unterschiedliche Arten von Früherkennungssystemen. Nach ihrem Umfang werden Frühwarn-, Früherkennungs- und Frühaufklärungssysteme unterschieden: Frühwarnsysteme befassen sich mit der frühzeitigen Identifikation von Risiken i. e. S., durch Früherkennungssysteme i. e. S. sollen auch Chancen identifiziert werden und im Rahmen von Frühaufklärungssystemen werden außerdem Maßnahmen zur Chancennutzung bzw. Risikobewältigung abgeleitet.[12] Die Früherkennung ist somit sowohl Oberbegriff für alle drei Ansätze (Früherkennungssystem i. w. S.) als auch Bezeichnung für einen speziellen Systemtyp (Früherkennungssystem i. e. S.).

---

[12] Vgl. hier und im Folgenden Hahn/Krystek, 2000, S. 76.

Frühaufklärung	Frühzeitige Ortung von Bedrohungen/ Risiken und Chancen sowie Sicherstellung der Einleitung von (Gegen)-Strategien und Maßnahmen
Früherkennung i. e. S.	Frühzeitige Ortung von Bedrohungen/ Risiken und Chancen
Frühwarnung Frühzeitige Ortung von Bedrohungen/Risiken	

Abb. 4: Arten der Früherkennung i. w. S.[13]

Frühwarnsysteme basieren auf Kennzahlen des externen Rechnungswesens, die mithilfe von Prognoseverfahren auf das Jahresende hochgerechnet werden. Durch Soll-Ist-Abweichungsanalysen von liquiditäts- und ertragsorientierten Kennzahlen sollen kurzfristige finanzielle Risiken identifiziert werden. Durch eine Über- bzw. Unterschreitung zuvor festgelegter Toleranz- oder Schwellenwerte werden Warnmeldungen ausgelöst. Problematisch ist, dass Frühwarnsysteme häufig einen ungenügenden zeitlichen Vorlauf haben und auch nicht Ursachenanalysen für die identifizierten finanziellen Risiken unterstützen.[14]

Frühwarnsysteme

Früherkennungssysteme i. e. S. beziehen unternehmensexterne Bereiche durch die Überwachung von Frühwarnindikatoren (lead indicators) in die Risikoidentifikation ein. Beispielsweise kündigen sich zukünftige Umsatzeinbußen eines Anlagenherstellers bereits in einem Rückgang der Auftragseingänge an. Früherkennungssysteme i. e. S. haben einen mittelfristigen Prognosehorizont. Das Problem liegt in der Zusammenstellung eines umfassenden, eindeutigen, rechtzeitig verfügbaren und effizienten Indikatorenkatalogs.[15]

Früherkennungssysteme

---

[13] Hahn/Krystek, 2000, S. 78.
[14] Vgl. Baum/Coenenberg/Günther, 2013, S. 371 ff.; Diederichs, 2012, S. 74 f.
[15] Vgl. Baum/Coenenberg/Günther, 2013, S. 332 ff.; Diederichs, 2012, S. 76 ff.

Beobachtungsbereich		Frühwarnindikatoren
Unternehmensexterner Bereich	Gesamtwirtschaftlicher/ Makroökonomischer Beobachtungsbereich	Zinsen, Wechselkurse, Inflationsraten, industrielle Nettoproduktion, Tariflohnniveau, Außenhandel, Geldvolumen, Konjunkturindizes, Geschäftsklima, Investitionstendenzen, Marktwachstum
	Sozio-kultureller Beobachtungsbereich	Bevölkerungswachstum, Bevölkerungsstruktur, Arbeitslosenzahl, Zahl offener Stellen auf dem Arbeitsmarkt, Gewerkschaftsforderungen, Konsumneigung, Einkommensentwicklung, Bildungsstand, Lebensstil, Wertvorstellungen, Wanderungsbewegungen, Haushaltsgröße
	Technologischer Beobachtungsbereich	Innovationen, Werkstoffentwicklung, Veränderungstendenzen der Produktions- und Verfahrenstechnologie bei Wettbewerbern und Forschungsinstituten, Unterbrechung technologischer Trendlinien, Lizenzvergabe von Wettbewerbern
	Politisch-rechtlicher Beobachtungsbereich	Gesetzesvorbereitungen/-vorlagen, Stabilität des politischen Systems, Regierungswechsel, Parteienverhältnisse, außen-/innenpolitische Ereignisse/Tendenzen, politische Krisen, Rechtssicherheit, politische Organisationen

Abb. 5: Beispiele für externe Frühwarnindikatoren[16]

Frühaufklärungs-
systeme

Frühaufklärungssysteme sollen eine rechtzeitige Ortung und Signalisierung potenzieller Bedrohungen, Risiken und Chancen und die Ableitung entsprechender Strategien und Maßnahmen zur Risikobewältigung und Chancennutzung ermöglichen. Methodisch basieren sie auf dem Konzept der schwachen Signale von Ansoff sowie der Diffusionstheorie. Nach Ansoff ereignen sich exogene Strukturbrüche nicht plötzlich und überraschend, sondern kündigen sich durch sog. schwache Signale an. **Schwache Signale** sind relativ unstrukturierte und qualitative Informationen, z.B. das Auftreten neuer Bedürfnisse, die Ablehnung traditioneller Gewohnheiten, die Veränderung von Grundeinstellungen oder auch radikale technologische Innovationen. Mögliche Quellen für schwache Signale sind das Internet, Social Media Communities und Diskussions- bzw. Expertenforen, Publikationen in Fachzeitschriften, Rechtsprechungstendenzen, Ankündigungen zu Änderungen in der Gesetzgebung, Patente, Tagungs- und Konferenzbeiträge etc. Schwache Signale sind hinsichtlich ihrer Auswirkungen auf das Unternehmen zunächst nicht eindeutig, verdichten sich jedoch im Zeitablauf. Je früher die Relevanz

---

[16] In Anlehnung an Diederichs, 2012, S. 77.

schwacher Signale erkannt wird, desto mehr Handlungsmöglichkeiten hat ein Unternehmen.[17]

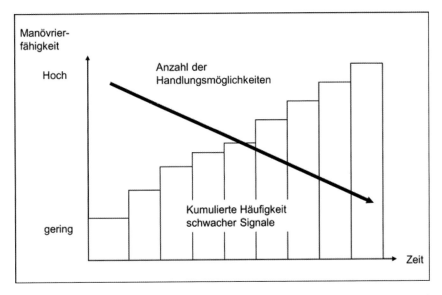

Abb. 6: Zusammenhang zwischen der kumulierten Häufigkeit schwacher Signale und der Zahl der Handlungsmöglichkeiten[18]

Schwache Signale werden durch ein sog. 360°-Radar identifiziert. Ziele sind das Erkennen von Strukturbrüchen in der Umweltentwicklung (Diskontinuitäten) und die Abschätzung ihrer Auswirkungen auf das Unternehmen. **Scanning** bezeichnet dabei den Prozess des ungerichteten Abtastens der Unternehmensumwelt nach schwachen Signalen. Verdichten sich schwache Signale zu einem Trend, müssen diese durch ein **Monitoring** laufend überwacht werden.[19]

Ein retrograder Ansatz zur ganzheitlichen Risikoidentifikation ist die Analyse der Annahmen der operativen Planung und Budgetierung. Die geplante Gewinnentwicklung eines Unternehmens ist das Ergebnis eines auf zahlreichen Annahmen beruhenden Planungs- und Budgetierungsprozesses. Allerdings sind die Planannahmen vielfach unsicher und bergen somit Risiken für das Unternehmen, da hier Abweichungen von der geplanten Gewinnentwicklung auftreten können. So hängt z.B. die zukünftige Umsatzentwicklung stark von der prognostizierten Marktentwicklung und dem Verhalten der Wettbewerber in Bezug auf die

Annahmenanalysen zur Identifikation von Erfolgsrisiken

[17] Vgl. Krystek, 2007, S. 53 ff.; Baum/Coenenberg/Günther, 2013, S. 379 ff.; Diederichs, 2012, S. 80 f.

[18] Hahn/Krystek, 2000, S. 87.

[19] Vgl. Burger/Buchhart, 2002, S. 78 f; Krystek, 2007, S. 54 f.; Diederichs, 2012, S. 74 ff.

Absatzpreis- und Absatzmengenfestlegung ab. Durch systematische Variation der Planungsannahmen und einer detaillierten Abweichungsanalyse lassen sich somit die maßgeblichen Risikofaktoren in Bezug auf die zukünftige Gewinnentwicklung identifizieren und ggf. überwachen. Eine derartige Risikoidentifikation kann dann im Rahmen der quantitativen Risikoanalyse zur Risikobewertung genutzt werden, in dem die Abweichungen monetär bewertet und ihre Eintrittswahrscheinlichkeit geschätzt werden.[20]

2.5 Sonstige Instrumente zur Risikoidentifikation

Risikochecklisten zählen zu den **Kollektionsmethoden** und sind Fragebögen zur **systematischen Erfassung** von Einzelrisiken und deren Einflussfaktoren. Fragebögen mit geschlossenen Fragen sind für die Risikoidentifikation besonders geeignet, da sie standardisiert und damit schnell ausgewertet werden können. Checklisten werden auf der Grundlage von **bereits in der Vergangenheit identifizierten Risiken** erstellt, z.B. aus Statistiken über eingetretene Schadensfälle, und sind daher vor allem für die systematische und einheitliche Überprüfung bereits bekannter Risiken geeignet. Risikochecklisten können nach den betrieblichen Wertschöpfungsbereichen, der Risikoquelle, den gefährdeten Unternehmenszielen oder Risikoarten strukturiert sein. Sie müssen einfach und flexibel sein und regelmäßig aktualisiert werden. Häufig beinhalten Risikochecklisten bereits eine erste quantitative oder qualitative Bewertung der identifizierten Risiken.[21]

Dokumentenanalyse zählen zu den **Analysemethoden**. Dabei werden innerbetriebliche Dokumente und Aufzeichnungen, z.B. interne Statistiken über eingetretene Schadensfälle oder Schadensprotokolle, ausgewertet, um interne Prozess-, Personal- und Sicherheitsrisiken zu identifizieren. Ergänzend können Organisationspläne, Stellenbeschreibungen, Funktionsdiagramme und Stellvertretungspläne untersucht werden. Ein wesentlicher Erfolgsfaktor ist das Vorliegen eines geeigneten **Auswertungsrasters** z.B. in Form einer Checkliste.[22]

---

[20] Vgl. Gleißner, 2017, S. 111 ff.
[21] Vgl. Vanini, 2012, S. 130; Burger/Buchhart, 2002, S. 82 ff.
[22] Vgl. Vanini, 2012, S. 130 f.

Prozess	Schritt	Ziel	Risiko-Nr.	Beschreibung	Interdependenz	Verantwortlichkeit
Beschaffung	Bearbeitung und Prüfung Bestellanforderung	Prüfung und ggf. Einleitung Bestellvorgang	R1 Bestellrisiko	Noch Lagerbestände vorhanden	Vermeidbarer Aufbau von Beständen und Reduktion von Lagerkapazität	Einkauf, Lager
Beschaffung	Ermittlung Lieferant und Bestellmenge	Auswahl Lieferanten nach definierten Kriterien	R2 Lieferantenausfallrisiko	Ausfall des Lieferanten durch Streik etc.	Bei fehlenden Lagerbeständen Produktionsausfall	Einkauf
Beschaffung	Bestellüberwachung	Richtige Güter zum richtigen Zeitpunkt mit der richtigen Menge und Qualität am richtigen Ort	R 3 Lieferrisiko	Keine, verspätete oder fehlerhafte Lieferung	Bei fehlenden Lagerbeständen Produktionsausfall	Einkauf

Abb. 7: Beispielbericht zu erhobenen Prozessrisiken (Risiko-Kontrollmatrix)[23]

Schließlich werden die erhobenen Risiken um Überschneidungen und Mehrfachnennungen bereinigt, aggregiert, den einzelnen Unternehmensbereichen zugeordnet und in einem **Risikoinventar** dokumentiert. Im Risikoinventar werden nur noch die relevanten Risiken und eine erste Bewertung übersichtlich und komprimiert dargestellt. Wichtig ist eine eindeutige Zuordnung der erfassten Risiken zu spezifischen Risikofeldern und Risikokategorien. Dem Risikoinventar kann eine Übersicht über tatsächlich eingetretene Schäden der vergangenen Periode hinzugefügt werden, die über die Höhe der Schäden, ihre Ursachen und Maßnahmen zu ihrer Steuerung informiert. Ein vollständiges Risikoinventar wird i.d.R. einmal jährlich erstellt.[24]

Risikoaggregation

---

[23] In starker Anlehnung an Diederichs, 2012, S. 66.
[24] Vgl. Burger/Buchhart, 2002, S. 92f.; Schneck, 2010, S. 134ff.

3 Eignung der Instrumente zur Risikoidentifikation

Anschließend wird diskutiert, inwieweit die einzelnen Instrumente geeignet sind, eine systematische, vollständige und wirtschaftliche Risikoidentifikation zu unterstützen.

Instrument	Systematik	Vollständigkeit	Wirtschaftlichkeit
Risikochecklisten	hohe Systematik durch strukturiertes Vorgehen	bei laufender Anpassung vollständig, zur Identifikation neuer Risiken eher ungeeignet	günstiges Kosten-Nutzen-Verhältnis
Dokumentenanalyse	abhängig von konkreter Ausgestaltung	unvollständig, da vergangenheitsorientiert, nur Identifikation dokumentierter Risiken	je nach Dokumentation zeitaufwändig
Expertenbefragung	abhängig von konkreter Ausgestaltung, Delphi-Methode eher systematisch	unvollständig, da primär für externe Risiken geeignet, Identifizierung neuer Risiken möglich	je nach Ausgestaltung zeitaufwändig, ggf. Honorar für Experten
Mitarbeiterbefragung	abhängig von konkreter Ausgestaltung	unvollständig, da primär für interne Risiken geeignet	je nach Anzahl der Mitarbeiter zeitaufwändig
SWOT-Analysen	hohe Systematik durch Integration der Ergebnisse anderer Analysen	unvollständig, da primär für strategische Risiken geeignet	zeitaufwändig, da Ergebnisse anderer Analysen notwendig
Früherkennungssysteme i. w. S.	hohe Systematik durch Auswertung festgelegter Kennzahlen, Indikatoren und schwacher Signale	vollständig, auch Identifizierung neuer Risiken möglich	je nach Anzahl der Kennzahlen, Indikatoren und schwachen Signale sehr zeitaufwändig
Prozess-/Systemanalysen	hohe Systematik durch Zerlegung der Prozesse bzw. Systeme	unvollständig, da primär für technische Risiken geeignet	je nach Komplexität der Prozesse bzw. Systeme aufwändig
Annahmenanalyse der operativen Planung	hohe Systematik durch Variation der Planungsannahmen	unvollständig, da sehr aggregierte Risikoidentifikation	günstiges Kosten-Nutzen-Verhältnis

Abb. 8: Evaluation der Instrumente zur Risikoidentifikation[25]

---

[25] In Erweiterung von Vanini, 2012, S. 146.

Die Übersicht zeigt, dass alle Instrumente Stärken und Schwächen aufweisen. Bei der Mehrzahl der Instrumente besteht das größte Problem in der **unvollständigen Erfassung** aller Risiken. Mit Ausnahme der Risikochecklisten und der Früherkennungssysteme i.w.S. erlauben die Instrumente vielfach nur die Identifizierung bestimmter Risikoarten. So ist eine Mitarbeiterbefragung i.d.R. auf unternehmensinterne Risiken beschränkt und birgt die Gefahr der Betriebsblindheit. Zum Erkennen neuer, externer Risiken sind Expertenbefragungen und Früherkennungssysteme i.e.S. geeignet. Dagegen können durch Risikochecklisten vor allem bekannte Risiken regelmäßig überprüft werden. Gerade der Vollständigkeit kommt in der Risikoidentifikation eine zentrale Bedeutung zu, da nicht erkannte Risiken im Risikomanagement-Prozess nicht bewertet und gesteuert werden können. Die Systematik und die Wirtschaftlichkeit werden dagegen von der konkreten Ausgestaltung der Instrumente in der Praxis beeinflusst. Um möglichst viele Risiken zu erfassen, sollten verschiedene Instrumente kombiniert werden. Dadurch können Vorteile einzelner Instrumente genutzt und Schwächen kompensiert werden.[26]

In der Praxis dominiert das Kriterium der Wirtschaftlichkeit. Nach den Ergebnissen der regelmäßig durchgeführten PwC-Benchmarkingstudien zum Risikomanagement werden vor allem Risikokataloge, Erhebungsbögen und IT-Eingabetools zur Risikoidentifikation eingesetzt. Interviews und Workshops werden von ca. 30 % bzw. 20 % der Unternehmen zur Risikoidentifikation eingesetzt. Allerdings werden die Risikokataloge in einem Drittel der Unternehmen nicht regelmäßig aktualisiert. Maximal 10 % der befragten Unternehmen haben zur Identifikation aller wesentlichen Risiken Frühwarnindikatoren und Toleranzgrenzen für diese definiert. Fast die Hälfte der Unternehmen identifiziert ihre Risiken nur quartalsweise. Insgesamt besteht die Gefahr, dass insbesondere neuartige Risiken nicht rechtzeitig identifiziert werden.[27]

Risikoidentifikation in der Praxis

4 Probleme der Risikoidentifikation

Insgesamt ist die Risikoidentifikation mit vielen Problemen behaftet:[28]

- Eine erfolgreiche Risikoidentifikation hängt maßgeblich von der **Fach- und Methodenkompetenz** der Mitarbeiter in den operativen Bereichen ab, die entsprechend ihrer Kompetenzdefizite vom Controller unterstützt werden müssen. Insbesondere wenn moderne Business-Analytics-Instrumente zur Risikoidentifikation eingesetzt werden

---

[26] Vgl. die umfassende Diskussion bei Vanini, 2012, S. 144 ff.
[27] Vgl. Herre/Sandmann/Wehking/Winefeld, 2012, S. 25 ff.; Tilch/Lenz/Scheffler/Andreas/Obersdorf/Yilmaz, 2015, S. 26 ff.
[28] Vgl. Diederichs, 2012, S. 86 ff.; Vanini, 2012, S. 149 f.

sollen, ist ein zusätzlicher Kompetenzerwerb sowohl im Controlling wie auch in den operativen Bereichen notwendig.

- Das Risikobewusstsein der Mitarbeiter und ihre Bereitschaft zur Risikokommunikation werden maßgeblich durch die **Risikokultur** des Unternehmens geprägt, so dass eine fehlervermeidende Risikokultur dazu führen kann, dass die Mitarbeiter Risiken nicht erkennen oder nicht melden. Insgesamt müssen die Mitarbeiter Anreize für eine möglichst offene Risikoidentifikation und –kommunikation erhalten.

- Ohne einen einheitlichen und konsistenten Risikokatalog besteht die **Gefahr der Doppelerhebung von Risiken** und von **Risikoüberschneidungen**. Diese Gefahr wird durch den notwendigen Einsatz mehrerer Identifikationsinstrumente noch verstärkt. Andererseits besteht bei der Risikoidentifikation die Gefahr, dass wesentliche, insbesondere neuartige Risiken nicht erkannt werden (**Meta-Risiko**).

- Es besteht ein **Zielkonflikt** zwischen einer vollständigen und einer wirtschaftlichen Risikoidentifikation. Eine vollständige Identifikation aller Risiken ist sehr aufwändig. Zudem erschwert die Vielfalt der identifizierten Risiken die Ermittlung von Risikointerdependenzen und die anschließende Risikobewertung.

- Zur Begrenzung der Risikovielfalt wird vielfach gefordert, nur wirtschaftlich relevante Risiken zu ermitteln. Um die **wirtschaftliche Relevanz** von Risiken abzuschätzen, müssen diese allerdings zuvor identifiziert werden.

- Außerdem lässt sich die Risikoidentifikation nicht vollständig von der **Risikobewertung** trennen, so dass es hier zu Überschneidungen bei der Nutzung der Instrumente und bei den Verantwortlichkeiten kommt.

5 Literaturhinweise

Baum/Coenenberg/Günther, Strategisches Controlling, 5. Aufl. 2013.

Burger/Buchhart, Risiko-Controlling, 2002.

Diederichs, Risikomanagement und Risikocontrolling, 3. Aufl. 2012.

Gleißner, Grundlage des Risikomanagements im Unternehmen – Controlling, Unternehmensstrategie und wertorientiertes Management, 3. Aufl. 2017.

Hahn/Krystek, Früherkennungssysteme und KonTraG. In Dörner/Horvàth/Kagermann (Hrsg.), Praxis des Risikomanagements: Grundlagen, Kategorien, branchenspezifische und strukturelle Aspekte, 2000, S. 73–97.

Herre/Sandmann/Wehking/Winefeld, PwC: Risk-Management-Benchmarking 2011/12, 2012, http://www.pwc.de/de_DE/de/risiko-management/assets/PwC_Risk_Management_Benchmarking_2011_2012.pdf, Abrufdatum 17.3.2014.

Krystek, Strategische Früherkennung, in Zeitschrift für Controlling & Management, 2/2007, S. 50–58.

Schneck, Risikomanagement – Grundlagen, Instrumente, Fallbeispiele, 2010.

Tilch/Lenz/Scheffler/Andreas/Obersdorf/Yilmaz, Risk-Management-Benchmarking 2015, PwC AG Wirtschaftsprüfungsgesellschaft, 2015.

Vanini, Risikomanagement, 2012.

Quantifizierung und Aggregation von Risiken

- Risiken zu quantifizieren ist nötig, um Erträge und Risiken bei Entscheidungen abwägen zu können.

- Risikoquantifizierung ist die Beschreibung durch Wahrscheinlichkeitsverteilungen und die Berechnung von Risikomaßen wie zum Beispiel der Eigenkapitalbedarf (Value at Risk).

- Schlüsseltechnologie ist die Aggregation von Risiken mittels einer Simulation, die Transparenz schafft über die Planungssicherheit. Hierfür eignet sich die Monte-Carlo-Simulation.

- Der Beitrag erläutert die wesentlichen Methoden im Kontext der Quantifizierung von Risiken.

■ **Der Autor**

Prof. Dr. Werner Gleißner, Vorstand der FutureValue Group AG und Honorarprofessor für Betriebswirtschaft, insb. Risikomanagement, an der Technischen Universität Dresden. Er ist Autor zahlreicher Bücher und Fachartikel.

1 Grundlagen der Risikoquantifizierung

1.1 Einführung

Risiko ist die Möglichkeit einer positiven oder negativen Planabweichung (Chancen und/oder Gefahren). Den Umfang bzw. die „Höhe" der Risiken eines Projekts, Geschäftsbereichs oder Unternehmens bestimmt

- die risikogerechte Finanzierungsstruktur (Eigenkapitalbedarf),
- die Ausfallwahrscheinlichkeit (Rating),
- Mindestanforderungen an die zu erwartende Rendite (Kapitalkosten) und
- der Wert, als Erfolgsmaßstab, der Ertrag und Risiko in einer Kennzahl verbindet.

Ebenfalls durch den Risikoumfang bestimmt werden Obergrenzen für die Kosten von Risikobewältigungsmaßnahmen (z.B. Versicherungsprämien). Letztlich wird bei allen diesen Anwendungsfeldern der Risikoumfang immer ausgedrückt in

- einer Zahl,
- einem Geldbetrag (in EUR) oder
- einer Rendite.

Risiken müssen also quantifiziert werden. Es ist eine wesentliche Herausforderung für die Risikoanalyse und das Risikomanagement, Risiken quantitativ durch geeignete „Wahrscheinlichkeitsverteilungen" oder „stochastische Prozesse" zu beschreiben.

Risiken müssen quantifiziert werden

Als Risiko gilt dabei grundsätzlich die Möglichkeit, von einem (möglichst erwartungstreuen) Planwert abzuweichen. Die quantitative Beschreibung eines Risikos erfordert die Verwendung von Häufigkeits- oder Wahrscheinlichkeitsverteilungen (bzw. im Mehrperiodenfall von stochastischen Prozessen[1]).

Risiko ist die Möglichkeit einer Planabweichung

Risiko beschäftigt sich also mit den aufgrund der nicht sicher vorhersehbaren Zukunft unvermeidlichen Möglichkeiten von Planabweichungen, was Chancen (mögliche positive Planabweichungen) und Gefahren (mögliche negative Planabweichungen) einschließt. Um mit Risiken einfach rechnen zu können, ist es erforderlich, unterschiedliche Risiken wieder durch einfach interpretierbare (positive, reelle) Zahlen – sog. Risikomaße – auszudrücken, die es ermöglichen, die Risiken zu priorisieren.

---

[1] S. Abschnitt 3.

1.2 Notwendige Quantifizierung von Risiken

IDW PS 340   Die Quantifizierung von Risiken ist insbesondere notwendig, um die Qualität unternehmerischer Entscheidungen durch ein Abwägen erwarteter Erträge und Risiken zu verbessern. In dieser Hinsicht ist es nur konsequent, dass der IDW Prüfungsstandard 340 die Quantifizierung und Aggregation der wesentlichen Unternehmensrisiken fordert.[2]

In diesem Beitrag werden die wesentlichen Methoden im Kontext der Quantifizierung von Risiken erläutert:

- In Abschnitt 2 wird einführend die Notwendigkeit erläutert, Risiken zu quantifizieren – bzw. die Unmöglichkeit, Risiken nicht zu quantifizieren.
- In Abschnitt 3 wird verdeutlicht, dass (nur) nicht prognostizierbare positive oder negative Planabweichungen (Chancen und Gefahren) Grundlage der Risikoquantifizierung sein sollten und damit Risikoquantifizierung und Prognosesysteme eng miteinander verknüpft sind.
- In Abschnitt 4 werden kurz die wichtigsten Wahrscheinlichkeitsverteilungen vorgestellt, die zur quantitativen Beschreibung von Risiken geeignet sind.
- Abschnitt 5 beschäftigt sich mit der für das Risikomanagement zentralen Technik der simulationsbasierten Risikoaggregation, also der Bestimmung des Gesamtrisikoumfangs (z. B. Eigenkapitalbedarf), ausgehend von quantifizierten Einzelrisiken.
- In Abschnitt 6 wird darauf aufbauend erläutert, durch welche Risikomaße der Gesamtrisikoumfang ausgedrückt werden kann. Mit den Risikomaßen werden dabei die wichtigsten Risikokennzahlen vorgestellt und es wird ergänzend auf Maße für die Risikotragfähigkeit (wie die Eigenkapitalquote) Bezug genommen.
- Abschnitt 7 schließlich beschäftigt sich mit Performancemaßen, also mit Erfolgsmaßstäben, die konstruiert werden durch die Kombination von einem Risikomaß und einem Ertragsmaßstab (Erwartungswert) – wie beispielsweise Unternehmenswert (Discounted Cashflow) oder einen „risikoadjustierten" Economic Value Added (Risk Adjusted Value Added – RAVA).

2 Quantifizierung von Risiken ist notwendig

Oft hört man in Unternehmen, dass auf eine quantitative Beschreibung des Risikos verzichtet wird, weil über die quantitativen Auswirkungen und die Eintrittswahrscheinlichkeit eines Risikos keine adäquaten (histori-

---

[2]   S. Gleißner, 2017, S. 165.

schen) Daten vorlägen. Das Risiko wird dann nicht quantifiziert und nur als „verbale Merkposition" im Risikomanagement verwaltet. Es fließt entsprechend nicht ein in

- die Beurteilung der Bestandsgefährdung des Unternehmens,
- die Berechnung des Eigenkapitalbedarfs mittels Aggregation oder
- die Ableitung risikogerechter Kapitalkostensätze für die Unternehmenssteuerung.

Ein scheinbar nicht quantifizierbares Risiko ist implizit mit „null" quantifiziert

Rechtfertigt eine schlechte Datenqualität einen derartigen Umgang mit einem Risiko? Sicher nicht. Es sollte bewusst werden, dass mit der hier beschriebenen Vernachlässigung eines Risikos eine echte „Nichtquantifizierung" überhaupt nicht erreicht wird. Tatsächlich erreicht worden ist, dass das Risiko in allen genannten Berechnungen nicht berücksichtigt wurde, d.h., es wurde faktisch mit null quantifiziert (d.h. null Eintrittswahrscheinlichkeit oder null Schadenshöhe).

Fazit: Eine Nichtquantifizierung von Risiken gibt es nicht; eine sog. Nichtquantifizierung bedeutet faktisch Quantifizierung mit null. Und dies ist sicherlich häufig nicht die beste Abschätzung eines Risikos. Statt einer derartigen „Nullquantifizierung" eines Risikos bietet es sich an, eine Quantifizierung mit den bestverfügbaren Informationen vorzunehmen. Dies könnten – wenn weder historische Daten noch Benchmark-Werte oder andere Informationen vorliegen – z.B. subjektive Schätzungen der quantitativen Höhe des Risikos durch Experten des Unternehmens sein. Eine akzeptable Qualität solcher Schätzungen lässt sich durch geeignete Verfahren, z.B. eine Verpflichtung zu einer nachvollziehbaren Herleitung, durchaus sicherstellen.[3]

Es gibt keine Nichtquantifizierung von Risiken

Auch Risiken subjektiv zu schätzen und sie im Risikomanagement zu verwenden ist methodisch zulässig und notwendig, was *Sinn*[4] gezeigt hat. Auch subjektiv geschätzte Risiken können genauso verarbeitet werden, wie (vermeintlich) objektiv quantifizierte.

Risiken subjektiv schätzen

Man muss sich hier immer über die Alternativen klar sein:

- Die quantitativen Auswirkungen eines Risikos mit den bestverfügbaren Kenntnissen (notfalls subjektiv) zu schätzen oder
- die quantitativen Auswirkungen implizit auf null zu setzen und damit den Risikoumfang zu unterschätzen.

Eine „Schlechte Datenlage" ist ein Indiz für ein hohes Risiko und kein Argument, ein Risiko nicht zu quantifizieren.

---

[3] Vgl. Gleißner, 2017.
[4] Sinn, 1980.

3 Prognosemodelle, Erwartungswerte und Zeitreihenanalysen: Zusammenhänge

Schon aus der Definition von Risiko als Möglichkeit einer Planabweichung wird deutlich, dass Risiken mit Bezug auf einen bestimmten, möglichst explizit zu nennenden Planwert zu quantifizieren sind.

Risiken sind das Resultat von Prognosen

Risiken sind das Resultat der nicht sicher vorhersehbaren Zukunft und Planwerte damit das Resultat von Prognosen. Damit sind Planungs-, Prognose- und Risikomanagementsysteme zwangsläufig miteinander verknüpft. Es ist jedoch nicht Aufgabe des Risikomanagements (wie gelegentlich zu lesen), eine zukünftige Entwicklung vorherzusehen oder zu prognostizieren. Dies ist die Aufgabe eines Prognosesystems. Und die Risikoquantifizierung befasst sich mit der Frage, in welchem Umfang Abweichungen von einer (bestmöglichen) Prognose eintreten können: Risiko ist die Möglichkeit einer Planabweichung.

Bei sog. „stochastischen" Planungs- oder Prognosemodellen (z. B. einer „stochastischen Unternehmensplanung") werden alle wichtigen Plangrößen durch Zufallsvariablenbeschrieben, sodass aus einer einheitlichen Grundlage Erwartungswert und Risikomaß abgeleitet werden können. Erstere drückt aus, was „im Mittel" passieren wird, und das Risikomaß beschreibt den Umfang möglicher Planabweichungen.[5]

Erwartungstreue Planwerte

Sog. „erwartungstreue" Planwerte, also Planwerte, die „im Mittel" eintreten werden, lassen sich i. d. R. ohne Kenntnis über Chancen und Gefahren (Risiken) gar nicht ermitteln.[6] Im Gegensatz zu „wahrscheinlichsten Werten" werden dabei auch die weniger wahrscheinlichen Szenarien, mögliche positive und negative Abweichungen, berücksichtigt.

Wesentlich ist, dass unternehmerische Entscheidungen (z. B. Investitionsrechnungen) auf Grundlage von Erwartungswerten zu beurteilen sind – und eben nicht auf Basis von einem wahrscheinlichsten Wert (oder Median). Bevor der Umfang eines Risikos quantifiziert wird, sollte ein möglichst aussagefähiger, d. h. erwartungstreuer Plan- oder Prognosewert ermittelt werden, was gute Prognosen erfordert – „schlechte" (z. B. nicht erwartungstreue) Prognosen führen zu einer Überschätzung des tatsächlichen Risikoumfangs.

Für die Quantifizierung von Risiken ist es deshalb sinnvoll, die Veränderungen von Variablen in eine erwartete und eine unerwartete Komponente zu trennen, die den Risikoumfang darstellt (s. Abb. 1).

---

[5] S. Abschnitt 6 und Gleißner, 2017a zur Methodik der „stochastischen Unternehmensplanung".

[6] Die „Grundsätze ordnungsgemäßer Planung" (GoP 2.1, www.bdu.de) empfehlen die klare Operationalisierung von Planwerten als Erwartungswerte, was die Kenntnisse von Chancen und Gefahren (Risiken) erfordert, siehe Gleißner/Presber, 2010.

Nicht der Umfang der Veränderung einer Variablen, sondern nur der Umfang unerwarteter Änderung einer Variablen bestimmt das Risiko.

Für die Berechnung der erwarteten Variablenkomponente benötigt man ein Prognosemodell. In der Unternehmenspraxis kann angenommen werden, dass nur zeitreihenanalytische Verfahren (z.B. ARIMA-Modelle) zur Prognose eingesetzt werden. Bei diesen Prognoseverfahren wird die zukünftige Realisation einer Variablen (z.B. Absatzmenge) in Abhängigkeit der eigenen früheren Realisationen prognostiziert.[7]

Auch wenn leistungsfähige ökonometrische und zeitreihenanalytische Verfahren potenziell die besten Prognosen liefern, sind auch schon recht einfache und leicht umsetzbare Prognoseverfahren hilfreich. Das einfachste Prognoseverfahren ist natürlich die schlichte Fortschreibung der Vergangenheit, z.B. des Umsatzes (sog. „naive Prognose"). Etwas aufwändiger, aber auch leistungsfähiger, ist die Methode der „gleitenden Durchschnitte" und eine (möglicherweise ergänzende) Berücksichtigung langfristiger Trends.

Beispiel: Risikobetrachtungen über mehrere Jahre

Eine einfache Anwendung dieses Prognoseverfahrens zeigt folgendes Beispiel: Die Unternehmensführung stützt sich bei der Prognose auf Studien über das langfristige Nachfragewachstum der Branche, die eine mittlere jährliche Wachstumsrate von 3 % über die nächsten 5–10 Jahre vorhersagen. Zudem orientiert man sich bei der Prognose des Umsatzes des nächsten Jahres an den Umsatzerlösen, die in den letzten 3 Jahren tatsächlich erreicht wurden. Zum Ausgleich von Zufallsschwankungen berechnet die Unternehmensführung für die Prognose damit zunächst einmal den Durchschnitt des Umsatzes aus den letzten 3 Jahren. Dieser Durchschnittswert wird dann entsprechend der langfristigen Umsatzwachstumsrate von 3 % pro Jahr in einen Prognosewert für das Folgejahr umgesetzt. Dabei ist zu beachten, dass die 3 Jahre der Vergangenheit über 3, 2 bzw. 1 Jahr durch diese Wachstumsrate in die Zukunft hochgerechnet werden sollten.

Da sich Risiken grundsätzlich auf Planungs- bzw. Prognosewerte beziehen, sollte das zugrunde gelegte Prognoseverfahren transparent dargestellt werden – und natürlich möglichst gut fundiert sein.

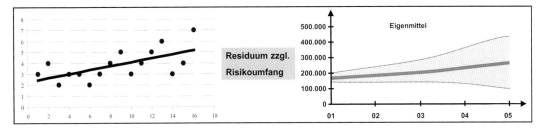

Abb. 1: Risiko und Planungssicherheit

---

[7] Vgl. weiterführend Gleißner, 2017 sowie Gleißner/Füser, 2000.

Nach der Risikoquantifizierung werden nur noch die möglichen Abweichungen von Prognosen (Residuen, Zeitreiheninnovationen) betrachtet und durch eine geeignete Wahrscheinlichkeitsverteilung beschrieben (s. Abschnitt 4). Entsprechend beziehen sich auch die Risikomaße (wie die Standardabweichung) auf nicht prognostizierbare Abweichungen. Was vorhersehbar ist, ist kein Risiko.

4 Quantitative Beschreibung von Risiken durch Wahrscheinlichkeitsverteilungen

Unter Risikoquantifizierung versteht man die quantitative Beschreibung eines Risikos und – als nächsten Schritt – die Ableitung eines Risikomaßes (einer Kennzahl), das die Risiken vergleichbar macht.

Wahrscheinlichkeitsverteilungen

Grundsätzlich sollte ein Risiko zunächst durch eine geeignete (mathematische) Verteilungsfunktion beschrieben werden. Häufig werden Risiken dabei durch Eintrittswahrscheinlichkeit und Schadenshöhe beschreibbar. Das entspricht einer sog. Binomialverteilung (digitale Verteilung).

Manche Risiken, wie Abweichung bei Instandhaltungskosten oder Zinsaufwendungen, die mit unterschiedlicher Wahrscheinlichkeit verschiedene Höhen erreichen können, werden dagegen durch andere Verteilungsfunktionen (z.B. eine Normalverteilung mit Erwartungswert und Standardabweichung) beschrieben. Die wichtigsten Verteilungsfunktionen im Rahmen des praktischen Risikomanagements sind

- die Dreiecksverteilung,
- die Normalverteilung und
- die Binomialverteilung.[8]

4.1 Dreiecksverteilung

Die Dreiecksverteilung erlaubt – auch für Anwender ohne tiefgehende statistische Vorkenntnisse – eine intuitiv einfache quantitative Beschreibung des Risikos einer Planvariablen, wie z.B. einer Kostenposition. Es müssen lediglich drei Werte für die risikobehaftete Variable angegeben werden:

- der Minimalwert a,
- der wahrscheinlichste Wert b und
- der Maximalwert c.

---

[8] Albrecht/Maurer, 2005 und Gleißner, 2011.

Dies bedeutet, dass von einem Anwender nicht gefordert wird, eine Wahrscheinlichkeit abzuschätzen. Dies geschieht implizit durch die angegebenen drei Werte und die Art der Verteilung. Die Beschreibung eines Risikos mit diesen drei Werten ähnelt der in der Praxis gebräuchlichen Art der Szenariotechnik. Hierbei wird jedoch die Wahrscheinlichkeitsdichte für alle möglichen Werte zwischen dem Minimum und dem Maximum berechnet. Abb. 2 zeigt eine Dreiecksverteilung am Beispiel des Ausfalls von Schlüsselpersonen.

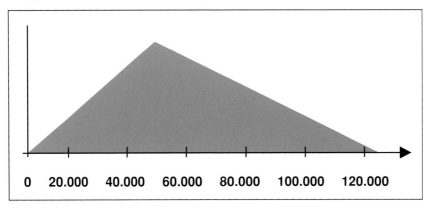

Abb. 2: Dreiecksverteilung für Schlüsselpersonen-Ausfall

Die Risikoquantifizierung zeigt in diesem Fall einen Schaden von maximal 125.000 EUR, falls eine Schlüsselperson ausfallen würde. Es kann jedoch auch sein, dass keine erhöhten Kosten entstehen. 50.000 EUR sind die wahrscheinlichsten Kosten. Der Erwartungswert einer Dreiecksverteilung berechnet sich durch $\frac{a+b+c}{3}$, die Standardabweichung durch

$$\sqrt{\frac{a^2 + b^2 + c^2 - ab - ac - bc}{18}}$$

4.2 Normalverteilung

Die Normalverteilung kommt in der Praxis häufig vor. Dies ergibt sich aus dem sog. zentralen Grenzwertsatz. Dieser besagt, dass eine Zufallsvariable annähernd normalverteilt ist, wenn diese Zufallsvariable als Summe einer großen Anzahl voneinander unabhängiger, kleiner Einzelrisiken aufgefasst werden kann.

Hat ein Unternehmen beispielsweise eine Vielzahl von etwa gleich bedeutenden Kunden, deren Kaufverhalten nicht voneinander abhängig ist, kann man annehmen, dass Abweichungen vom geplanten Umsatz annähernd normalverteilt sein werden. Es ist in einem solchen Fall also unnötig, jeden Kunden einzeln zu betrachten. Vielmehr kann der Gesamtumsatz analysiert werden.

Die Normalverteilung wird beschrieben durch

- den Erwartungswert (μ), der anzeigt, was „im Mittel" passiert, und
- die Standardabweichung (σ) als Maß für die Streuung um den Erwartungswert.

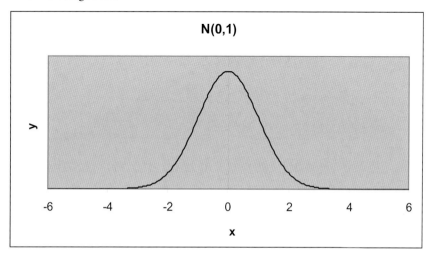

Abb. 3: Dichtefunktion der Standardnormalverteilung

4.3 Binomialverteilung

Die Binomialverteilung beschreibt die Wahrscheinlichkeit, dass bei n-maliger Wiederholung eines sog. Bernoulli-Experiments das Ereignis A genau k-mal eintritt. Ein Bernoulli-Experiment ist dadurch gekennzeichnet, dass genau zwei Ereignisse A und B mit Wahrscheinlichkeit p bzw. 1−p auftreten, diese Wahrscheinlichkeiten sich bei den Versuchswiederholungen nicht verändern und die einzelnen Versuche unabhängig voneinander sind. Ein Beispiel für das Auftreten dieser Wahrscheinlichkeitsverteilung ist das mehrmalige Werfen einer Münze.

Ein Spezialfall der Binomialverteilung ist die „digitale Verteilung". Hier bestehen die zwei möglichen Ereignisse aus den Werten null und eins. In der Praxis wird hier oft ein Risiko beschrieben durch

- Schadenshöhe und
- Eintrittswahrscheinlichkeit (innerhalb einer vorgegebenen Periode).

Das Ereignis A hat in diesem Beispiel also den Wert 0, Ereignis B den Wert 1.

Beispiel: Ausfall einer Produktionsmaschine
Ein typisches Praxisbeispiel ist der Ausfall einer Produktionsmaschine, die im Unternehmen nur einmal verfügbar ist. Es wird zudem angenommen, dass die Maschine auch tatsächlich nur genau einmal im Jahr ausfallen kann. Angegeben wird also die Wahrscheinlichkeit p, dass die Maschine innerhalb eines Jahres ausfällt. Die Schadenshöhe gibt die Auswirkung für den Fall an, dass die Maschine tatsächlich ausgefallen ist. Vereinfachend wird hier angenommen, dass diese Schadenshöhe sicher ist (siehe zu den praxisnäheren kombinierten Verteilungen, die z.B. Unsicherheit über die Schadenshöhe berücksichtigen können, die weiteren Ausführungen in Abschnitt 4.4).

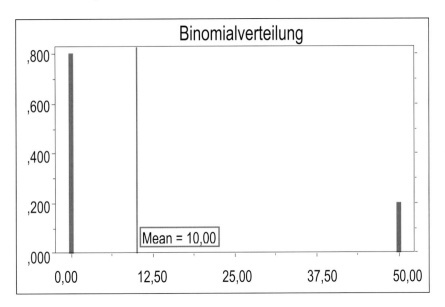

Abb. 4: Binomialverteilung

4.4 Weitere Verteilungsfunktionen und kombinierte Verteilungen

Neben den genannten und in der Praxis des Risikomanagements besonders wichtigen Wahrscheinlichkeitsverteilungen gibt es eine ganze Reihe weiterer. Für die quantitative Beschreibung von „Extremrisiken" (wie „Crashs" oder Naturkatastrophen) kommt beispielsweise die (verallgemeinerte) Pareto-Verteilung zum Einsatz.[9]

---

[9] Siehe hierfür weiterführend Zeder, 2007.

Kombinierte Verteilungen

Anstelle der unmittelbaren Beschreibung eines Risikos durch die (monetären) Auswirkungen innerhalb einer Planperiode (z.B. eines Jahres) kann auch die Beschreibung durch zwei Wahrscheinlichkeitsverteilungen erfolgen, die dann erst zu aggregieren sind: eine Wahrscheinlichkeitsverteilung für die Häufigkeit eines Schadens und eine zweite für die ebenfalls unsichere Schadenshöhe je Schadensfall. Das ist bei versicherbaren Risiken üblich.[10]

Um komplexere Problemstellungen abzubilden, kann auch die Kombination von zwei Verteilungen angemessen sein. So kann man beispielsweise das Risiko aus einem Haftpflichtprozess beschreiben durch eine Kombination der Binomialverteilung mit der Dreiecksverteilung. Zunächst wird angegeben, mit welcher Wahrscheinlichkeit der Prozess verloren wird (Binomialverteilung). Anschließend wird durch die Angabe von Mindestwert, wahrscheinlichstem Wert und Maximalwert die mögliche Schadenssumme spezifiziert.

Beispiel: Quantitative Beschreibung eines Risikos

Betrachtet wird das Risiko möglicher Schäden durch einen Produkthaftpflicht-Prozess. Hier werden zwei Wahrscheinlichkeitsverteilungen kombiniert. Zunächst wird die Wahrscheinlichkeit geschätzt, dass der juristische Prozess überhaupt verloren geht (Binomialverteilung). Gestützt auf eine Expertenbefragung schätzt die Geschäftsführung die Wahrscheinlichkeit einer Niederlage vor Gericht auf 30 % ein. Die Höhe der Schadensersatzzahlung im Falle der Niederlage ist auch unsicher. Diese wird abgeschätzt durch

(a) Mindestwert 1 Mio.,

(b) wahrscheinlichsten Wert 2 Mio. und

(c) Maximalwert 5 Mio. (Dreiecksverteilung).

Bei der Bestimmung von Wahrscheinlichkeiten und Bandbreiten können unterschiedliche Informationsquellen (verschiedene Experteneinschätzungen) genutzt werden, da gerade die Heterogenität der Experteneinschätzung viel über den Umfang eines Risikos verrät. Auch ist es möglich (und oft sinnvoll), die Unsicherheit über die Eintrittswahrscheinlichkeit selbst darzustellen (Parameterunsicherheit). So könnte man beispielsweise die Wahrscheinlichkeit, dass der Prozess verloren geht, auch durch die Bandbreite 20 % bis 40 % beschreiben.

Im Allgemeinen lassen sich „kombinierte Verteilungen" nicht mehr durch eine einfache Verteilungsfunktion beschreiben. So ist z.B. die Summe von zwei dreiecksverteilten Größen nicht mehr selbst dreiecks-

---

[10] Beispiel: Bei vielen versicherbaren Risiken nimmt die Versicherungsgesellschaft an, dass sich die Anzahl der Risiken durch eine (hier nicht näher betrachtete) Poisson-Verteilung beschreiben lässt. Die Schadenshöhe wird beispielsweise beschrieben durch eine Log-Normalverteilung (logarithmierte Normalverteilung).

verteilt. Aber zumindest der Erwartungswert kombinierter Verteilungen lässt sich im Allgemeinen leicht berechnen. Im Fallbeispiel ist der Erwartungswert des Schadens im Falle einer Niederlage vor Gericht gerade $\frac{(1+2+5)}{3} = \frac{8}{3} = 2{,}67$ Millionen. Die Wahrscheinlichkeit den Prozess zu verlieren, beträgt 30 %. Insgesamt ist damit der Erwartungswert des Schadens 30 % × 2,67 Mio. = 0,8 Mio.

Für die Bewertung eines Risikos kann man sich orientieren an

- tatsächlich in der Vergangenheit eingetretenen Risikowirkungen (Schäden),
- an Benchmark-Werten aus der Branche oder
- an selbst erstellten (realistischen) Schadensszenarien, die dann präzise zu beschreiben und hinsichtlich einer möglichen quantitativen Auswirkung auf das Unternehmensergebnis zu erläutern sind.

Hierbei sind grundsätzlich die Konsequenzen für die Umsatz- und die Kostenentwicklung zu betrachten.

Die bisher im Kontext der quantitativen Beschreibung eines Risikos betrachteten Wahrscheinlichkeitsverteilungen beschreiben die Risikowirkung zu einem Zeitpunkt oder in einer Periode. Die Wirkung vieler Risiken ist allerdings nicht auf einen Zeitpunkt oder eine Periode beschränkt.

Um beispielsweise das Wechselkursrisiko adäquat zu erfassen, sollte die gesamte unsichere zukünftige Entwicklung des zugrunde liegenden (exogenen) Risikofaktors, z.B. des Dollarkurses, betrachtet werden. Dabei sind Abhängigkeiten der Risikoauswirkung von Periode zu Periode zu berücksichtigen. So wirkt sich beispielsweise eine (unerwartete) Veränderung des Dollarkurses im Jahr 2017 auch auf das Folgejahr 2018 aus: Der Dollarkurs Ende 2017 ist nämlich der Startkurs 2018.

Um die zeitliche Entwicklung unsicherer Plangrößen oder exogener Risikofaktoren zu beschreiben, sind daher sog. stochastische Prozesse notwendig, die man als mehrperiodige Wahrscheinlichkeitsverteilungen umschreiben könnte.[11]

Stochastische Prozesse zur mehrperiodigen Betrachtung

4.5 Unsicherheit der Risikoquantifizierung

Gerade bei ungünstigen und unzureichenden Datengrundlagen oder der Notwendigkeit, subjektive Schätzungen zu verwenden (siehe Abschnitt 2), besteht oft das Problem, die Risikoquantifizierung selbst als unsicher

Risiken zweiten Grades

---

[11] Weiterführend zu stochastischen Prozessen siehe beispielsweise Albrecht/Maurer, 2005.

einschätzen zu müssen. Damit besteht ein „Risiko zweiten Grades" („Metarisiko").[12]

Insgesamt ist festzuhalten, dass es sehr flexible Möglichkeiten gibt, jedes Risiko durch eine adäquate Wahrscheinlichkeitsverteilung zu beschreiben. Die A-priori-Festlegung auf einen Wahrscheinlichkeitstyp ist nicht sachgerecht.

4.6 Grundsätze der Risikoquantifizierung

Für die Quantifizierung eines Risikos kann man sich an tatsächlich in der Vergangenheit eingetretenen Risikowirkungen (Schäden), an Benchmarkwerten aus der Branche oder an selbst erstellten (realistischen) Schadensszenarien orientieren, die dann präzise zu beschreiben und hinsichtlich einer möglichen quantitativen Auswirkung auf das Unternehmensergebnis zu erläutern sind.[13]

Bei der Risikoquantifizierung ist zudem wichtig, explizit zwischen „Bruttowirkungen" und „Nettowirkungen" eines Risikos zu unterscheiden.[14] Für die Risikoquantifizierung sind letztlich die Nettowirkungen relevant, bei denen sämtliche momentan realisierte Risikobewältigungsverfahren (z. B. Versicherungen) bereits berücksichtigt sind. Für die Herleitung der bewertungsrelevanten Nettorisiken kann es jedoch sinnvoll sein, zunächst die Bruttorisiken aufzuzeigen, also eine Risikoquantifizierung ohne Berücksichtigung von Risikobewältigungsmaßnahmen durchzuführen. Dies ist insbesondere sinnvoll und möglich, wenn klar abgrenzbare Risikobewältigungsverfahren betrachtet werden (z. B. Mitarbeiterschulungen oder Versicherungen). In vielen Fällen ist eine Berechnung der Bruttorisiken jedoch kaum möglich, da es weitgehend willkürlich ist, welche Arten von Risikobewältigung „herausgerechnet" werden sollen. Soll z. B. die adäquate Ausbildung der Mitarbeiter bei der Quantifizierung von technischen Risiken vernachlässigt werden?

Man sieht an diesem Beispiel, dass eine sinnvolle Angabe eines „Bruttorisikos" oft nicht möglich ist. Man wird nämlich kaum – um dieses Beispiel zu betrachten – den Risikoumfang quantifizieren wollen unter der realitätsfernen Annahme, dass im Unternehmen nur unqualifizierte Mitarbeiter tätig wären. Ebenfalls ist es für die Risikoquantifizierung wichtig, grundsätzlich lediglich unvorhersehbare Veränderungen oder Planabwei-

---

[12] S. Gleißner, 2009; Gleißner, 2011 und Sinn, 1980.

[13] Die Wahrscheinlichkeitstheorie ist die mathematische Basis für die Kombination subjektiver und objektiv ermittelter Daten: Probability = degree of belief (vgl. Sinn, 1980 und Abschnitt 4 zum Wahrscheinlichkeitsbegriff).

[14] Hierbei sind grundsätzlich auch die Konsequenzen für die Umsatz- und die Kostenentwicklung zu betrachten, um Ergebniswirkungen zu vergleichen.

chungen bei der Berechnung zu berücksichtigen. Wenn die Erstellung der Planwerte auf einem quantitativen Prognosemodell, beispielsweise einer Regressionsgleichung, basiert, sind die notwendigen Input-Daten für die Schätzung der Wahrscheinlichkeitsverteilung genau die Prognose-Residuen, also der Anteil der Veränderung, der nicht prognostizierbar war.[15]

Grundsätze der Risikoquantifizierung	1	**Wahl der Wahrscheinlich-keitsverteilung**	Für jedes Risiko eine passende Wahrscheinlichkeitsverteilung wählen (z.B. Normalverteilung oder Dreiecksverteilung). Ggf. auch Kombinationen von Verteilungen
	2	**Dokumentation**	Herleitung und Datengrundlage der Risikoquantifizierung begründen und dokumentieren
	3	**Quantifizierung der Risiken**	Quantifiziert werden Netto-Risiken, also das „Rest-Risiko" unter Berücksichtigung der Risikobewältigungsmaßnahmen
	4	**Erfassung von Veränderungen/ Schwankungen**	Nur unplanmäßige und unprognostizierbare Veränderungen/ Schwankungen sind bei der Risikoquantifizierung zu erfassen (Abweichungen vom Erwartungswert)
	5	**Einbindung von Informationen**	Die besten verfügbaren Informationen fließen bei der Risikoquantifizierung ein, was auch „subjektive Expertenschätzungen" sein können (deren „Schätzsicherheit" erfassbar ist – Meta-Risiko)

Abb. 5: Grundsätze der Risikoquantifizierung

5 Stochastische Planung und Risikoaggregation mittels Monte-Carlo-Simulation

5.1 Grundlagen

Zielsetzung der Risikoaggregation ist nun, die Gesamtrisikoposition eines Projekts oder Unternehmens zu bestimmen. Dazu werden die Wahrscheinlichkeitsverteilungen einzelner Risiken zu einer Wahrscheinlichkeitsverteilung der Zielgröße des Unternehmens (z.B. Gewinn oder Cashflow) zusammengeführt. Aus dieser können dann Risikomaße für das Gesamtunternehmen berechnet werden, die den Gesamtrisikoumfang ausdrücken (vgl. Abschnitt 6).

Gesamtrisiko-position bestimmen

Die Beurteilung des Gesamtrisikoumfangs ermöglicht eine Aussage darüber, ob die Risikotragfähigkeit eines Unternehmens ausreichend ist, um den Risikoumfang des Unternehmens tatsächlich zu tragen und damit den Bestand des Unternehmens langfristig zu gewährleisten. Sollte

Risikoaggregation bestimmt den Gesamtrisi-koumfang mittels Monte-Carlo-Simulation

---

[15] Vgl. Gleißner, 2001a und Gleißner/Füser, 2000.

der vorhandene Risikoumfang eines Unternehmens gemessen an der Risikotragfähigkeit zu hoch sein, werden zusätzliche Maßnahmen der Risikobewältigung erforderlich.

5.2 Risikoaggregation mittels Monte-Carlo-Simulation

Bei der Risikoaggregation werden mittels Simulation die durch Wahrscheinlichkeitsverteilungen beschriebenen Risiken in den Kontext der Unternehmensplanung gestellt, d.h., es wird jeweils gezeigt, welches Risiko an welcher Position der Planung (Erfolgsplanung) zu Abweichungen führen kann (s. Abb. 6). Mithilfe von Risikosimulationsverfahren (Monte-Carlo-Simulation) kann dann eine große repräsentative Anzahl möglicher risikobedingter Zukunftsszenarien berechnet und analysiert werden. Damit sind Rückschlüsse auf den Gesamtrisikoumfang, die Planungssicherung und die realistische Bandbreite, z.B. des Unternehmensergebnisses, möglich.

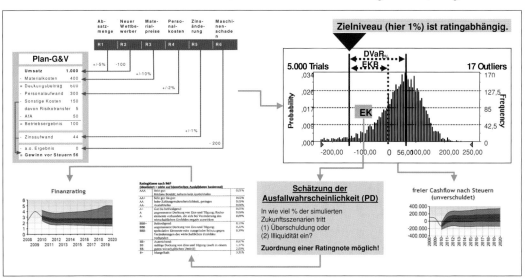

Abb. 6: Ablauf der Risikosimulation

Stichprobe der möglichen Szenarien

Die Monte-Carlo-Simulation liefert eine große „repräsentative Stichprobe" der risikobedingt möglichen Zukunftsszenarien des Unternehmens, die dann analysiert wird. Aus den ermittelten Realisationen der Zielgröße (z.B. Gewinn) ergeben sich aggregierte Häufigkeitsverteilungen.[16] Ausgehend von der Häufigkeitsverteilung der Gewinne kann man

---

[16] Im Unterschied zur Kapitalmarkttheorie für vollkommene Märkte (z.B. Capital-Asset-Pricing-Modell) sind hier systematische und nicht diversifizierte unsystematische Risiken relevant, was z.B. durch Konkurskosten zu begründen ist; vgl. auch z.B. Baule/Ammann/Tallau, 2006 und Gleißner, 2010.

unmittelbar auf die Risikomaße schließen, z.B. den Eigenkapitalbedarf (RAC) oder Variationskoeffizient des Unternehmens. Um eine Überschuldung zu vermeiden, wird nämlich zumindest so viel Eigenkapital benötigt, wie auch Verluste auftreten können, die dieses aufzehren.

Bei bisher beschriebenen Risikoaggregationsmodellen wird immer zunächst von der Unternehmensplanung ausgegangen. Dabei existieren zwei (kombinierbare) Varianten der Risikoerfassung, nämlich

Varianten zur Risikoerfassung

- die unmittelbare Berücksichtigung der Planungsunsicherheit bei den einzelnen Planungspositionen (d.h. das Beschreiben einer Planungsposition durch eine Verteilung, z.B. eine Normalverteilung) oder
- die separate quantitative Beschreibung eines Risikos durch eine geeignete Verteilungsfunktion (z.B. durch Schadenshöhe und Eintrittswahrscheinlichkeit bei ereignisorientierten Risiken) und die Zuordnung dieses Risikos in einem zweiten Schritt zu der Planungsposition, wo es Planabweichungen auslösen kann.

6 Risikomaße zum „Rechnen mit Risiken"

6.1 Grundlagen

Sollen Entscheidungen unter Unsicherheit (Risiko) getroffen werden, müssen die Handlungsalternativen auch hinsichtlich ihres Risikogehalts bewertet werden. Risikomaße ermöglichen den Vergleich unterschiedlicher Risiken mit unterschiedlichen Charakteristika, Verteilungstypen, Verteilungsparametern (wie beispielsweise Schadenshöhe).[17] Sie bilden eine Häufigkcits- oder Wahrscheinlichkeitsverteilung auf eine (reelle) Zahl ab, mit der man leicht rechnen kann.

Handlungsalternativen bewerten

Das traditionelle Risikomaß der Kapitalmarkttheorie (CAPM, Markowitz-Portfolio) stellt die Varianz bzw. die Standardabweichung – als Wurzel der Varianz – dar. (Die Standardabweichung $\sigma(x)$ berechnet sich mit dem Erwartungswert $E(x)$ wie folgt: $\sigma(x) = \sqrt{E(x - E(x))^2}$.) Varianz und Standardabweichung sind Volatilitätsmaße, d.h., sie quantifizieren das Ausmaß der Schwankungen einer risikobehafteten Größe um die mittlere Entwicklung (Erwartungswert). Der Variationskoeffizient ist das Verhältnis von Standardabweichung zum Erwartungswert und drückt die Planungssicherheit aus.

Varianz bzw. Standardabweichung sind relativ einfach zu berechnen und leicht verständlich. Allerdings berücksichtigen sie sowohl die negativen als auch die positiven Abweichungen vom erwarteten Wert. Investoren sind meistens aber eher an den negativen Abweichungen interessiert.

Varianz und Standardabweichung

---

[17] Vgl. Gleißner, 2006 sowie Albrecht/Maurer, 2002.

Sogenannte Downside-Risikomaße beruhen dagegen auf der Idee, dass das (bewertungsrelevante) Risiko als mögliche negative Abweichung von einem erwarteten Wert angesehen wird, und berücksichtigen somit lediglich diese. Hierzu gehören beispielsweise der Value at Risk, der Conditional Value at Risk oder die untere Semivarianz (s. Abschnitt 6.2).

Lageabhängigkeit Risikomaße lassen sich auf verschiedene Art und Weise klassifizieren, beispielsweise nach der Lageabhängigkeit. Lageunabhängige Risikomaße (wie beispielsweise die Standardabweichung) quantifizieren das Risiko als Ausmaß der Abweichungen von einer Zielgröße. Lageabhängige Risikomaße, wie beispielsweise der Value at Risk, hingegen sind von der Höhe des Erwartungswerts abhängig. Häufig kann ein solches Risikomaß als „notwendiges Eigenkapital" bzw. „notwendige Prämie" zur Risikodeckung angesehen werden.

Dabei können die beiden Arten ineinander umgeformt werden. Wendet man beispielsweise ein lageabhängiges Risikomaß nicht auf eine Zufallsgröße X (z. B. Gewinn), sondern auf eine zentrierte Zufallsgröße $X - E(X)$ an, so ergibt sich ein lageunabhängiges Risikomaß.[18] Da in die Berechnung von lageabhängigen Risikomaßen auch die Höhe des Erwartungswerts einfließt, können diese auch als eine Art risikoadjustierter Performancemaße interpretiert werden.

Der wesentliche Vorteil eines lageunabhängigen Risikomaßes besteht darin, dass hier die „Höheninformation" (erwartetes Ergebnis) und die „Risikoinformation" (Abweichung) klar getrennt werden, sodass die Achsen in einem Rendite-Risiko-Portfolio unabhängig voneinander sind. Lageabhängige Risikomaße entsprechen dagegen mehr dem intuitiven Risikoverständnis, da hier bei ausreichend hohen „erwarteten Renditen" die möglichen Abweichungen an Bedeutung verlieren, da sie nicht mehr so stark zu einem möglichen Unterschreiten der Zielgröße (z. B. erwartete Mindestrendite) führen.

6.2 Weitere spezielle Risikomaße

Value at Risk (VaR) Der Value at Risk (VaR) als lageabhängiges Risikomaß berücksichtigt explizit die Konsequenzen einer besonders ungünstigen Entwicklung für das Unternehmen. Er ist definiert als Schadenshöhe, die in einem bestimmten Zeitraum („Halteperiode", z. B. ein Jahr) mit einer festgelegten Wahrscheinlichkeit p (z. B. aus vorgegebenem Zielrating) nicht

---

[18] Vgl. hierzu auch die Axiomensysteme zu Risikomaßen von Artzner/Delbaen/Eber/ Heath, 1999, Pedersen/Satchell, 1998 sowie Rockafellar/Uryasev/Zabarankin, 2002.

unterschritten wird.[19] Formal gesehen ist ein Value at Risk somit das negative Quantil Q einer Verteilung:[20]

$$VaR_{1-p}(X) = -Q_p(X)$$

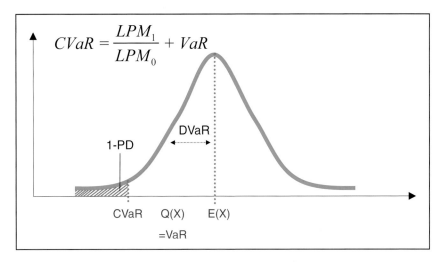

Abb. 7: Value at Risk, Deviation Value at Risk und Conditional Value at Risk

Das lageunabhängige Gegenstück zum Value at Risk ist der Deviation Value at Risk (DVaR oder auch relativer VaR), der sich als Value at Risk von X – E(X) ergibt.

$$DVaR_{1-p}(X) = VaR_{1-p}(X - E(X)) = E(X) + VaR_{1-p}(X)$$

Der Value at Risk – und der Eigenkapitalbedarf EKB, der als VaR bezogen auf den Unternehmensgewinn aufgefasst werden kann[21] – ist ein Risikomaß, das nicht die gesamten Informationen der Wahrscheinlichkeitsdichte berücksichtigt. Welchen Verlauf die Dichte unterhalb des gesuchten Quantils (Q_p) nimmt, also im Bereich der Extremwirkungen (Schäden),

Eigenkapital-bedarf

---

[19] Mit Wahrscheinlichkeit $\alpha = 1 - p$ (dem sog. Konfidenzniveau) wird diese Schadenshöhe somit nicht überschritten.

[20] Der risikobedingte Eigenkapitalbedarf (Risk Adjusted Capital – RAC) ist ein mit dem VaR verwandtes Risikomaß, das angibt, wie viel Eigenkapital zur Risikodeckung vorhanden sein muss. Im Gegensatz zum Value at Risk wird der Eigenkapitalbedarf aber auf 0 minimiert, kann also keine negativen Werte annehmen.

[21] Ergänzend ist anzumerken, dass der sog. Cashflow at Risk (CfaR) nichts anderes ist als das Risikomaß Value at Risk angewandt auf den Cashflow, analog gilt dies auch für den Earning at Risk.

ist für den Eigenkapitalbedarf unerheblich. Damit werden aber Informationen vernachlässigt, die von erheblicher Bedeutung sein können.[22, 23]

Shortfall-Risikomaße

Im Gegensatz dazu berücksichtigen die Shortfall-Risikomaße – und insbesondere die sog. Lower Partial Moments (LPMs) – gerade die oft zur Risikomessung interessanten Teile der Wahrscheinlichkeitsdichte von minus unendlich bis zu einer gegebenen Zielgröße (Schranke c). Das Risikoverständnis entspricht der Sichtweise eines Bewerters, der die Gefahr des Shortfalls, der Unterschreitung eines von ihm festgelegten Ziels (z.B. geforderte Mindestrendite), in den Vordergrund stellt. Allgemein berechnet sich ein LPM-Maß der Ordnung m durch

$$LPM_m(c;X) = E\left(max(c - X,0)^m\right).$$

Spezialfälle

Üblicherweise werden in der Praxis drei Spezialfälle betrachtet, nämlich

- die Shortfall-Wahrscheinlichkeit (Ausfallwahrscheinlichkeit), d.h. m = 0,
- der Shortfall-Erwartungswert (m = 1) und
- die Shortfall-Varianz (m = 2).

Die Ausfallwahrscheinlichkeit p (Probability of Default – PD), ein LPM-Maß der Ordnung 0, gibt die Wahrscheinlichkeit an, dass eine Variable (wie beispielsweise das Eigenkapital) einen vorgegebenen Grenzwert (hier meist null) unterschreitet und charakterisiert damit ein Rating.[24]

Während unbedingte Risikomaße (wie der Shortfall-Erwartungswert oder die Shortfall-Wahrscheinlichkeit) die Wahrscheinlichkeit für die Unterschreitung der Schranke außer Acht lassen, fließt diese in die Berechnung der bedingten Shortfall-Risikomaße (wie beispielsweise das Conditional Value at Risk) mit ein. Der Conditional Value at Risk (CVaR)[25] entspricht dem Erwartungswert der Werte einer risikobehafteten Größe, die unterhalb des Value at Risk (VaR$_{1-p}$) liegen.

Während der Value at Risk die Abweichung misst, die innerhalb einer bestimmten Planperiode mit einer vorgegebenen Wahrscheinlichkeit nicht überschritten wird, gibt der Conditional Value at Risk an, welche Auswirkung bei Eintritt dieses Extremfalls, d.h. bei Überschreitung des Value at Risk, zu erwarten ist. Der Conditional Value at Risk berück-

---

[22] Vgl. z.B. Zeder, 2007.

[23] Der Value-at-Risk ist zudem kein subadditives und damit kein kohärentes Risikomaß. Es lassen sich damit Konstellationen konstruieren, in denen der Value at Risk einer aus zwei Einzelpositionen kombinierten Finanzposition höher ist als die Summe der Value-at-Risks der Einzelpositionen (vgl. Artzner/Eber/Heath (1999)). Dies widerspricht einer von dem Diversifikationsgedanken geprägten Intuition.

[24] Vgl. Gleißner, 2011a.

[25] Ähnlich: Expected Shortfall.

sichtigt somit nicht nur die Wahrscheinlichkeit einer „großen" Abweichung, sondern auch die Höhe der darüber hinausgehenden Abweichung.

Insgesamt zeigt sich damit, dass eine Vielzahl von Risikomaßen abhängig
ist von einer vorgegebenen Restriktion in Form einer (z.B. durch die
Gläubiger) maximal akzeptierten Insolvenzwahrscheinlichkeit p. Der
Risikoumfang, ausgedrückt durch Risikomaße wie Value at Risk, Conditional Value at Risk, relativer Value at Risk (Deviation Value at Risk), ist
damit abhängig vom vorgegebenen Rating, also einem speziellen
LPM_0-Risikomaß.

Risikoumfang abhängig vom Rating

Risikomaße mit VaR und CVaR kann man ökonomisch einfach interpretieren als „risikobedingten Eigenkapitalbedarf".

7 Berücksichtigung von Risiko in Performancemaßen, Bewertungen und Entscheidungen

Es ist das zentrale Anliegen einer wertorientierten Unternehmensführung, dass bei der Vorbereitung unternehmerischer Entscheidungen die
zu erwartenden Erträge und Risiken gegeneinander abgewogen werden.
Abb. 6 verdeutlicht diese Grundidee.

Erträge und Risiken abwägen

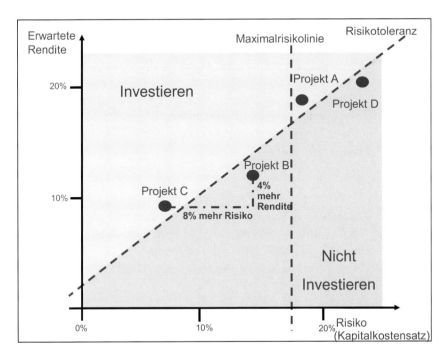

Abb. 6: Ertrag und Risiko abwägen

Vom Risikomaß zum Performancemaß

Durch die Identifikation, quantitative Beschreibung und Aggregation der Risiken eines Projekts kann der Gesamtrisikoumfang (auf der x-Achse), z.B. ausgedrückt im Eigenkapitalbedarf (VaR), den erwarteten Erträgen des Projekts gegenübergestellt werden. Diese Quantifizierung der Risiken ermöglicht es zunächst zu überprüfen, ob der mit dem Projekt verbundene aggregierte Gesamtrisikoumfang vom Unternehmen getragen werden kann (Maximalrisikolinie, abgeleitet aus Eigenkapital- und Liquiditätsreserven, d.h. Risikodeckungspotenzial[26]). Zudem erfordert ein höherer Risikoumfang einen höheren zu erwartenden Gewinn (oder höhere Rendite), d.h., die Projekte sollten ein günstiges Ertrags-Risiko-Profil aufweisen, um die Durchführung bzw. Investition zu rechtfertigen.

Will man die Positionierung eines Projekts oder Unternehmens aus dem Rendite-Risiko-Diagramm, wie in Abb. 6 dargestellt, durch eine Kennzahl ausdrücken, gelangt man unmittelbar zu den Performancemaßen. Ein Performancemaß ergibt sich durch die Kombination des Erwartungswerts des Ergebnisses (z.B. des Gewinns) mit einem zugehörigen Risikomaß.

Ex-ante- oder Ex-post-Performancemessung

Eine Performancemessung kann ex ante oder ex post durchgeführt werden. Ein Ex-ante-Performancemaß dient dabei als prognostizierter Erfolgsmaßstab der Entscheidungsvorbereitung für (oder gegen) eine unternehmerische Aktivität, z.B. eine Investition. Dabei wird der Unsicherheit jeder Zukunftsprognose (über eine Zielgröße X) explizit Rechnung getragen, die Grundlage der ökonomischen Entscheidung ist.

Solche Performancemaße sind daher Kennzahlen, die sich aus der Kombination (operationalisiert durch eine Funktion f) des erwarteten Ergebnisses E(X) (z.B. erwarteter Gewinn) mit einem geeigneten Risikomaß R(X) wie Standardabweichung oder Value at Risk ergeben. Das Risikomaß zeigt dabei den Umfang möglicher Planabweichungen.

$$P^{ea}(X) = f(E(X), R(X))$$

Arten von Performancemaßen

Im einfachsten Fall ergibt sich das Performancemaß $P(X)$ für den unsicheren Gewinn X, indem man den Erwartungswert $E(X)$ durch einen Risikoabschlag reduziert, der unmittelbar abhängig ist vom Risikomaß $R(X)$, also z.B. vom Value at Risk (des Ertrags) bzw. des Eigenkapitalbedarfs oder der Standardabweichung.

$$P(X) = E(X) - \lambda \cdot R(X)$$

Das Abziehen des Risikoabschlags ($\lambda \cdot R(x)$) vom Erwartungswert entspricht dem Vorgehen beim Bestimmen sog. „Sicherheitsäquivalente", die

---

[26] Vgl. zu Risikotragfähigkeit und Risikodeckungspotenzial auch IDW PS 981 und Gleißner, 2017, S. 273 f.

ausdrücken, welches sichere Ergebnis aus Sicht des Bewertenden äquivalent ist zum unsicheren Ertrag X. Wählt man als Risikomaß beispielsweise den Eigenkapitalbedarf, kann man die Größe λ, den „Preis des Risikos", als kalkulatorische (Zusatz-)Kosten für das Eigenkapital interpretieren. Damit entspricht der Risikoabschlag gerade den kalkulatorischen Eigenkapitalkosten oder Wagniskosten.[27]

Zu den Performancemaßstäben gehören also Unternehmenswert (Kapitalwert), aber auch Wertbeitrag (Economic Value Added – EVA) und Return on Risk Adjusted Capital (RoRAC).[28]

$$RoRAC = \frac{E(X)}{R_{1-p}(X)}$$

Ein weiteres Performancemaß ist das Sharpe Ratio (SR).

$$SR_A = \frac{E(r_A) - r_f}{\sigma(r_A)}$$

mit $\quad r_A \quad$ = Rendite der Anlage A

$\quad\quad r_f \quad$ = risikoloser Zinssatz

$\quad\quad \sigma(r_A) \quad$ = Standardabweichung der Rendite der Anlage A als Risikomaß

Ein weiteres Performancemaß, das sich auch als lageunabhängiges Risikomaß auffassen lässt, ist der RAVA. RAVA steht für Risk Adjusted Value Added. Im Gegensatz zu den heute üblichen Performancemaßen wie EVA (Economic Value Added) werden bei diesem Performancemaß Risiken tatsächlich adäquat und planungskonsistent erfasst.[29]

$$RAVA = E(X) - r_f \cdot CE - \lambda_{1-p} \cdot EKB_{1-p}$$

Der RAVA reduziert also den erwarteten Gewinn (erwartetes Betriebsergebnis $E(X)$ abzüglich risikoloser Verzinsung des eingesetzten Kapitals CE) um einen Risikoabschlag. Als Risikomaß wird hier üblicherweise der Eigenkapitalbedarf herangezogen:

$$R_{1-p}(x) = EKB_{1-p}$$

---

[27] Weiterführend zur risikogerechten Bewertung siehe Gleißner, 2011a, 2017a und 2017b.

[28] Bei RoRAC wird der erwartete Gewinn (oder Übergewinn) ins Verhältnis gesetzt zu einem ratingabhängigen Risikomaß wie VaR, CVaR oder DVaR. Üblicherweise wird auf den Eigenkapitalbedarf (und damit den VaR) zurückgegriffen.

[29] Gleißner, 2011a.

8 Fazit und Umsetzungsempfehlungen

Nur die Quantifizierung von Risiken schafft einen erheblichen Teil des ökonomischen Nutzens einer risikoorientierten Unternehmensführung, speziell bei der Unterstützung von Entscheidungen unter Unsicherheit. Die scheinbare Alternative einer Nichtquantifizierung von Risiken existiert faktisch nicht, da nicht quantifizierte Risiken kaum etwas anderes sind als mit null quantifizierte Risiken.

Die Quantifizierung von Risiken beginnt mit der quantitativen Beschreibung der Risiken durch eine geeignete Wahrscheinlichkeitsverteilung. Da Geschäftsfelder, Projekte oder ganze Unternehmen i.d.R. eine Vielzahl von Risiken aufweisen, müssen diese aggregiert werden, um den Gesamtrisikoumfang bestimmen zu können. Dies erfordert den Einsatz der Monte-Carlo-Simulation, bei der eine große repräsentative Stichprobe risikobedingt möglicher Zukunftsszenarien berechnet wird. Dazu wird die „traditionelle" einwertige Unternehmens- oder Investitionsplanung um Risikoinformationen ergänzt. Um mit dem Gesamtrisikoumfang wieder einfach rechnen zu können, werden die Häufigkeits- oder Wahrscheinlichkeitsverteilungen abgebildet auf Risikomaße, wie die Standardabweichung, den Variationskoeffizient oder den Value at Risk.

In der Praxis ist es insbesondere leicht möglich (in Anlehnung an den Value at Risk), den Gesamtumfang der Risiken auszudrücken durch den Eigenkapitalbedarf, also die Menge an Eigenkapital, die durch die Risiken „im Feuer" steht. Auf diese Weise kann unmittelbar eine risikogerechte Finanzierungsstruktur eines Projekts oder Unternehmens berechnet werden. Auch die Ableitung des Ratings (zur Beurteilung der Bestandsbedrohung des Unternehmens) oder risikogerechter Kapitalkosten (als Anforderungen an die Rendite) ist leicht möglich.

Der zentrale Nutzen der quantitativen Verfahren im Risikomanagement ist darin zu sehen, dass durch diese ein Abwägen erwarteter Erträge und Risiken bei unternehmerischen Entscheidungen möglich wird. Und da die Qualität unternehmerischer Entscheidungen gerade in einer nicht sicher vorhersehbaren Zukunft den Unternehmenserfolg maßgeblich bestimmt, sind die quantitativen Verfahren des Risikomanagements ein zentraler Erfolgsfaktor von Unternehmen.

9 Literaturhinweise

Albrecht/Maurer, Investment- und Risikomanagement, 2005.

Amit/Wernerfelt, Why do Firms Reduce Business Risk?, Academy of Management Journal, Vol. 33, 3/1990 S. 520–533.

Artzner/Delbaen/Eber/Heath, Coherent Measures of Risk, Mathematical Finance, Vol. 9, 1999, S. 203–228.

Bartram, Corporate Risk Management, 1999.

Baule/Ammann/Tallau, Zum Wertbeitrag des finanziellen Risikomanagements, WiSt, 2/2006, S. 62–65.

Brandtner, Risikomessung mit kohärenten, spektralen und konvexen Risikomaßen – Konzeption, entscheidungstheoretische Implikationen und finanzwirtschaftliche Anwendungen, Gabler Springer, 2012.

Cottin/Döhler, Risikoanalyse, 2009.

Fleischer/Gleißner, Der Variationskoeffizient als Risikokennzahl in wertorientiertem Controlling und in Krisenfrühwarnsystemen, Teil 1, in: KRP – Kredit & Rating Praxis, 6/2016, S. 15–19.

Fleischer/Gleißner, Der Variationskoeffizient als Risikokennzahl in wertorientiertem Controlling und in Krisenfrühwarnsystemen, Teil 2, in: Kredit & Rating Praxis, 1/2017, S. 11–13.

Gleißner, Die Aggregation von Risiken im Kontext der Unternehmensplanung, ZfCM – Zeitschrift für Controlling & Management, 5/2004, S. 350–359.

Gleißner, Metarisiken in der Praxis: Parameter- und Modellrisiken in Risikoquantifizierungsmodellen, Risiko Manager, 20/2009, S. 14–22.

Gleißner, Notwendigkeit, Charakteristika und Wirksamkeit einer Heuristischen Geldpolitik, Dissertation, 2. Aufl. 1999.

Gleißner, Risikomaße und Bewertung, Risikomanager, 12, 13, 14, 2006 (RiskNET eLibrary: www.risknet.de/typo3conf/ext/bx_elibrary/elibrary-download.php?&downloaddata= 215).

Gleißner, Unternehmenswert, Rating und Risiko, WPg 14/2010, S. 735–743.

Gleißner, Risikomanagement: Datenprobleme und unsichere Wahrscheinlichkeitsverteilungen, in Klein (Hrsg.), Risikomanagement und Risikocontrolling, 2011.

Gleißner [2011a], Risikoanalyse und Replikation für Unternehmensbewertung und wertorientierte Unternehmenssteuerung, in WiSt, 7/11, S. 345–352.

Gleißner [2011b], Wertorientierte Unternehmensführung und risikogerechte Kapitalkosten: Risikoanalyse statt Kapitalmarktdaten als Informationsgrundlage, Controlling, 3/2011, S. 165–171.

Gleißner, Quantifizierung komplexer Risiken – Fallbeispiel Projektrisiken, in Risiko Manager, 22/2014, S. 1, 7–10.

Gleißner, Bandbreitenplanung, Planungssicherheit und Monte-Carlo-Simulation mehrerer Planjahre, in Controller Magazin, Ausgabe 4, Juli/August 2016, S. 16–23.

Gleißner [2017a], Grundlagen des Risikomanagements, 3. Aufl. 2017.

Gleißner [2017b], Stochastische Simulation als Grundlage für Unternehmensbewertung und M&A-Entscheidungen, in M&A Review, 4/2017, S. 90–95.

Gleißner/Füser, Innovative Prognoseverfahren für Unternehmensplanung auf Basis des Risikomanagements, in Der Betrieb, 19/2000, S. 933–941.

Gleißner/Presber, Die Grundsätze ordnungsgemäßer Planung – GOP 2.1 des BDU: Nutzen für die betriebswirtschaftliche Steuerung, Controller Magazin, 6/2010, S. 82–86.

Gleißner/Romeike, Die größte anzunehmende Dummheit im Risikomanagement – Berechnung der Summe von Schadenserwartungen als Maß für den Gesamtrisikoumfang, Risk, Compliance & Audit, 1/2011, S. 21–26.

Metzler, von, Risikoaggregation im industriellen Controlling, 2004.

Pedersen/Satchell, An extended family of financial risk measures, Geneva Papers on Risk and Insurance Theory, 23/1998, S. 89–117.

Rockafellar/Uryasev/Zabarankin, Deviation measure in risk analysis and optimization, in: Research report, Risk Management and Financial Engineering Lab/Center for Applied Optimization, University of Florida, 2002.

Sinn, Ökonomische Entscheidungen bei Ungewissheit, 1980.

Zeder, Extreme Value Theory im Risikomanagement, 2007.

Bandbreitenplanung über mehrere Jahre: Planungssicherheit mit der Monte-Carlo-Simulation

- Die gesetzliche Mindestanforderung an das Risikofrüherkennungssystem besteht in der frühen Erkennung „bestandsgefährdender Entwicklungen". Diese Kernanforderungen haben gemäß der Gesetzesbegründung auch mittelständische Unternehmen zu erfüllen (sog. „Ausstrahlwirkung").

- Die im Gesetz genannten „bestandsgefährdenden Entwicklungen" ergeben sich meist nicht durch Einzelrisiken, sondern durch Kombinationseffekte mehrerer Einzelrisiken. Entsprechend ist die Risikoaggregation, die solche Kombinationseffekte von Einzelrisiken bei der Bestimmung des Gesamtrisikoumfangs auswertet, die Schlüsseltechnologie im Risikomanagement.

- Eine Aggregation von Risiken mit Bezug auf die Unternehmensplanung und unterschiedlichen Wahrscheinlichkeitsverteilungen ist nur durch ein Verfahren möglich: Die Monte-Carlo-Simulation. Bei diesem computergestützten Stichproben-Verfahren wird eine große repräsentative Anzahl risikobedingt möglicher Zukunftsszenarien des Unternehmens berechnet (z. B. mittels Excel und einer Simulationssoftware wie Crystal Ball oder @Risk).

- Zur Früherkennung bestandsgefährdender Entwicklungen ist es insbesondere notwendig zu untersuchen, ob Mindestanforderungen an das Rating in der Zukunft (B-Rating) nicht mehr erreicht oder Covenants verletzt werden.

- Zudem sollte eine leicht zu kommunizierende Kennzahl für den aggregierten Gesamtrisikoumfang angegeben werden, wie z. B. der Eigenkapitalbedarf (Value-at-Risk) als risikobedingt möglicher Umfang von Verlusten, der mit einer vorgegebenen Wahrscheinlichkeit nicht überschritten wird.

- Wie auch der IDW PS 340 fordert, muss die Risikoaggregation mehrere Planjahre umfassen (Aggregation über die Zeit), was zu einer sog. „Bandbreitenplanung" führt. Meist können nämlich risikobedingt mögliche Verluste in einem ersten Jahr vom Unternehmen noch getragen werden. Die durch diese reduzierten Risikodeckungspotenziale und Kreditrahmen führen aber zu einer deutlich erhöhten Wahrscheinlichkeit im Folgejahr durch weitere risikobedingt mögliche Verluste eine Insolvenz zu erleiden.

Inhalt		Seite

■ **Der Autor**

Prof. Dr. Werner Gleißner, Vorstand der FutureValue Group AG und Honorarprofessor für Betriebswirtschaft, insb. Risikomanagement, an der Technischen Universität Dresden. Er ist Autor zahlreicher Bücher und Fachartikel.

1 Überblick

Die Beschäftigung mit Chancen und Gefahren (Risiken) gehört zum Tagesgeschäft und auch die Risikoaggregation sollte in deutschen Unternehmen längst etabliert sein.[1] Die Risikoaggregation ist insbesondere notwendig, um „bestandsbedrohende Entwicklungen" durch die Kombination mehrerer Einzelrisiken zu erkennen, wie es § 91 Abs. 2 AktG fordert (Kontroll- und Transparenzgesetz, KonTraG). Der auf dem KonTraG basierende IDW-Prüfungsstandard 340 zu Risikofrüherkennungssystemen fordert entsprechend eine Risikoaggregation, was eine Monte-Carlo-Simulation notwendig macht, weil Risiken nicht addierbar sind.

Gefordert wird aber nicht nur die Aggregation über die Einzelrisiken, sondern zusätzlich eine Aggregation über die Zeit.

Die Risikoaggregation muss mehrere Jahre[2] umfassen, wobei in den einzelnen Szenarien jeweils die gesamte betrachtete Zukunft zu simulieren ist („Pfadsimulation"). Dabei sind die Verknüpfungen von Jahr zu Jahr abzubilden. Eine separate Monte-Carlo-Simulation der einzelnen Jahre und eine anschließende Zusammenfassung der Jahresergebnisse greift zu kurz. So ist z.B. der simulierte Dollarkurs Ende 2016 der Startpunkt für den Dollarkurs 2017. Wenn bereits 2016 in einem simulierten Szenario Verluste aufgetreten sind, reduziert dies Eigenkapital und Kreditrahmen für 2017, also das Risikodeckungspotenzial. Dies ist wichtig zu berücksichtigen, um „bestandsbedrohende Entwicklungen" i.S. § 91 Abs. 2 AktG zu erkennen. Diese sind nämlich oft das Resultat schwer negativer Risikoauswirkungen in zwei oder drei Folgejahren. Die Aggregation der Risiken auch über die Zeit führt zu einer „Bandbreitenplanung" (s. Abb. 1).

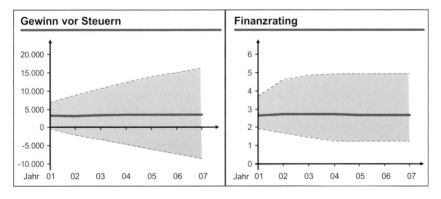

Abb. 1: Bandbreiten aus der Simulation mehrerer Jahre

---

[1] Nur dies wird hier vereinfachend als Insolvenzursache angenommen.
[2] Vgl. diesbezügliche Forderung im IDW PS 340.

In diesem Beitrag wird erläutert, dass die Aggregation von Risiken über mehrere Planjahre – und damit eine Bandbreitenplanung – zwingend notwendig ist, um die gesetzlichen Anforderungen gerecht werden. Es wird zudem verdeutlicht, dass die aggregierten Risiken ein enges Zusammenspiel zwischen Controlling und Risikomanagement erfordern und das Risikoaggregationsmodell – die stochastische Planung – so zu einer gemeinsamen Plattform wird, mit dem bei der Vorbereitung wesentlicher Entscheidungen deren Implikationen für Ertrag und Risiko abgewogen werden können. Genau dies ist wiederum eine Anforderung aus § 93 AktG (Business Judgement Rule), der eine angemessene Informationsgrundlage der Entscheidungsvorbereitung fordert – insbesondere also Informationen über die aus den Entscheidungen entstehenden zusätzlichen Risiken.[3] Die Beurteilung der Implikationen von Strategieänderung, Investitionen oder Akquisitionen für das zukünftige Ertrag-Risiko-Profil ist zudem gerade die Kernaufgabe eines Controllings, das sich als Instrument der betriebswirtschaftlichen Rationalitätssicherung und Entscheidungsvorbereitung verstehen sollte.[4]

2 Risikoaggregation als Pflicht und wichtigste Implikation des KonTraG

Der Sachverhalt, dass nicht identifizierte Einzelrisiken, sondern der aggregierte Gesamtrisikoumfang für die Beurteilung der (freien) Risikotragfähigkeit und des Grads der Bestandsbedrohung eines Unternehmens maßgeblich sind, war schon 1998 mit der Inkraftsetzung des Kontroll- und Transparenzgesetzes (KonTraG) bekannt.[5] Entsprechend findet man eben auf dem KonTraG aufbauender Prüfungsstandard 340 des Instituts der deutschen Wirtschaftsprüfer folgende zentrale Anforderung an ein leistungsfähiges Risikofrüherkennungssystem:

„Die Risikoanalyse beinhaltet eine Beurteilung der Tragweite der erkannten Risiken in Bezug auf Eintrittswahrscheinlichkeit und quantitative Auswirkungen. Hierzu gehört auch die Einschätzung, ob Einzelrisiken, die isoliert betrachtet von nachrangiger Bedeutung sind, sich in ihrem Zusammenwirken oder durch Kumulation im Zeitablauf zu einem bestandsgefährdenden Risiko aggregieren können."

Aggregation über alle Einzelrisiken und im Zeitablauf gefordert

Gefordert wird also die Aggregation über alle Einzelrisiken und auch über die Zeit. Da nur quantifizierte Risiken auch aggregiert werden können, ist das Gebot der Quantifizierung sämtlicher Risiken nur konsequent. Durch

---

[3] Siehe Graumann, 2014 und Graumann/Grundei, 2015.
[4] Siehe dazu Schäffer/Weber, 2001.
[5] Vgl. Gleißner, 2016.

eine Aggregation der quantifizierten Risiken im Kontext der Planung – Chancen und Gefahren verstanden als Ursache möglicher Planabweichungen – muss untersucht werden, welche Auswirkungen diese auf den zukünftigen Ertrag, die wesentlichen Finanzkennzahlen, Kreditvereinbarungen (Covenants) und das Rating haben.

Die Aggregation von Risiken im Kontext der Unternehmensplanung erfordert zwingend den Einsatz von Simulationsverfahren (Monte-Carlo-Simulation), weil Risiken – anders als Kosten und Umsätze – nicht addierbar sind. Diese Simulationsverfahren sind die Weiterentwicklung bekannter Szenario-Analyse-Techniken. Mittels Computersimulation wird bei der Risikoaggregation eine große repräsentative Anzahl risikobedingt möglicher Zukunftsszenarien (Planungsszenarien) analysiert.[6] Auf diese Weise wird eine realistische Bandbreite der zukünftigen Erträge und Liquiditätsentwicklung aufgezeigt, also die Planungssicherheit bzw. Umfang möglicher negativer Planabweichungen dargestellt.[7] Unmittelbar ableiten kann man die Wahrscheinlichkeit, dass Covenants verletzt oder ein notwendiges Ziel-Rating zukünftig nicht mehr erreicht wird. Die Verletzung von Covenants ist meist eine „bestandsbedrohende Entwicklung".

Aggregation von Risiken erfordert die Monte-Carlo-Simulation

Analog dem Eigenkapitalbedarf lässt sich auch der Bedarf an Liquiditätsreserven unter Nutzung der simulierten Verteilung der Zahlungsflüsse (freie Cashflows) ermitteln. Das Eigenkapital und die Liquiditätsreserven sind das Risikodeckungspotenzial eines Unternehmens, weil sie sämtliche risikobedingten Verluste zu tragen haben.[8] Der Eigenkapitalbedarf und der Variationskoeffizient der Erträge stehen zudem als Kennzahl (Risikomaß) für die Ableitung von Kapitalkostensätzen[9] und anderen wertorientierten Kennzahlen zur Verfügung (s. Fallbeispiel). Die Risikoaggregation kann für verschiedene Strategievarianten (Handlungsoptionen) eines Unternehmens durchgeführt werden, um diese zu vergleichen und zu bewerten. Risikogerechte Bewertung bedeutet damit ein Vergleich der Risikoprofile verschiedener Handlungsoptionen (Strategien).

Die Risikoaggregation ist auch notwendige Grundlage für die Vorbereitung unternehmerischer Entscheidungen, z.B. eine risikogerechte Bewertung strategischer Handlungsoptionen (Investitionen), sowie wesentliche Basis für die Risikotragfähigkeitskonzepte (die der neue IDW Prüfungsstandard 981 seit April 2017 empfiehlt).

---

[6] Vgl. Beitrag von Gleißner „Quantifizierung und Aggregation von Risiken" sowie Wolfrum/Kamarás „Software für Risikoaggregation: Gängige Lösungen und Fallbeispiel" im vorliegenden Band.

[7] Vgl. Gleißner, 2008.

[8] In enger Anlehnung an Gleißner, 2017.

[9] Vgl. Gleißner, 2011.

3 Bedeutung einer Aggregation von Risiken über die Zeit: mehrjährige Bandbreitensimulation

3.1 Grundlagen

„Grundsätze ordnungsgemäßer Planung" (GOP) fordern eine Risikoaggregation

Viele Unternehmen, die (oft erst vor relativ kurzer Zeit) Risikoaggregationsverfahren eingeführt haben, beschränken sich auf eine Aggregation der Risiken des nächsten Planjahres. Dass dies unzureichend ist, stellt der IDW Prüfungsstandard 340 klar (s. Zitat oben). Auch die „Grundsätze ordnungsgemäßer Planung" fordern eine Risikoaggregation, um die Planungssicherheit anzugeben, und gehen von mindestens 3 Planjahren aus. Es ist wesentlich, dass die Aggregation von Risiken über die Zeit nicht etwa bedeutet eine Risikoaggregation z.B. einfach separat in den nächsten 3 Jahren durchzuführen. Die Aggregation über die Zeit erfordert ein integriertes Planungsmodell mit intertemporalen Verknüpfungen, um

- die Auswirkungen in einem Jahr t eingetretener Planabweichungen auch für das Folgejahr t+1 darzustellen und
- die zeitliche Entwicklung der Risiken selbst zu erfassen.

Die Notwendigkeit der Aggregation der Risiken (im integrierten Planungsmodell) auch über mehrere Jahre hinweg lässt sich leicht erkennen. Schwerwiegende Krisen, „bestandsbedrohende Entwicklungen" oder gar Insolvenzen entstehen nämlich meist nicht schon, wenn Risiken in einem einzelnen Jahr schwerwiegende negative Planabweichungen (Verluste) auslösen. I.d.R. ist das Risikodeckungspotenzial (Eigenkapital und Liquiditätsreserven) ausreichend, um ein sich dadurch ergebendes „temporäres Stressszenario" zu überleben. Die Realisierung risikobedingter Verluste z.B. im Geschäftsjahr 01 führt aber dazu, dass sich das Risikodeckungspotenzial für das folgende Geschäftsjahr 02 vermindert.

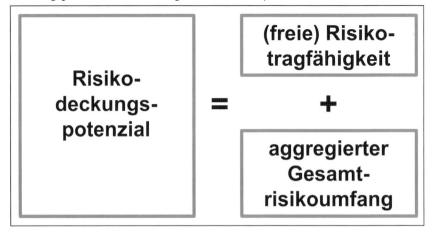

Abb. 2: Risikodeckungspotenzial und Risikotragfähigkeit (eigene Darstellung)

Die Verluste reduzieren das Eigenkapital und vorhandene Liquiditäts-reserven werden abgebaut. Noch gravierender ist meist, dass mit der Reduzierung der Ertragskraft in einem Jahr und der damit einhergehenden Verschlechterung des Ratings auch der Kreditrahmen des Folgejahres reduziert wird. Eingetretene Risiken führen damit potenziell nicht nur zu einem höheren Liquiditätsbedarf, sondern zugleich auch zu einer Abnahme der verfügbaren Liquiditätsreserve (einem Refinanzierungsrisiko).[10] Bestandsbedrohende Entwicklungen und Insolvenzen sind in einer überwiegenden Anzahl der Fälle auf Illiquidität[11] zurückzuführen und diese tritt oft gerade dann ein, wenn bestehende Kreditlinien reduziert oder gekündigt werden – oder Kredite oder emittierte Anleihen refinanziert werden müssen. Zu beachten ist zudem, dass mit einer Reduzierung der Eigenkapitalquote und der Rentabilität des Unternehmens es auch zu einem Anstieg der durch das Rating ausgedrückten Insolvenzwahrscheinlichkeit kommt, die die Banken wahrnehmen.[12] Ein damit einhergehender Anstieg der Fremdkapitalzinssätze (bei oft zugleich erhöhten Fremdkapitalbestand) führt zu einem überproportionalen Anstieg des Zinsaufwands im Folgejahr, was die Ertragskraft weiter schwächt und das Entstehen „bestandsbedrohender Entwicklungen" begünstigt.[13]

Ergänzend zum beschriebenen Effekt der Reduzierung der Risikotragfähigkeit ist der Sachverhalt zu beachten, dass viele Risiken selbst „intertemporale Abhängigkeiten" aufweisen, d.h. die Wahrscheinlichkeit und die Höhe der Risikoauswirkungen in einem Jahr t beeinflusst die Risikohöhe im Folgejahr (t+1). Wenn bspw. Wechselkursrisiken im Geschäftsjahr 01 zu negativen Planabweichungen geführt haben, ist das eingetretene, ungünstige Niveau dieses Wechselkurses am Ende 01 gerade der Startpunkt für das Geschäftsjahr 02. Bezogen auf die ursprüngliche Planung (z.B. am Anfang 01) startet man also in 02 schon mit ungünstigeren Voraussetzungen. Die Bandbreite der unsicheren Entwicklung dieses exogenen Risikofaktors nimmt mit der Zeit zu. Für die adäquate Abbildung des zeitlichen Verlaufs von Risiken benötigt man sog. „stochastische Prozesse"[14], die man sich als „mehrperiodige Wahrscheinlichkeitsverteilungen" vorstellen kann.

Der einfachste dieser Prozesse ist der bekannte „Random Walk".[15]

---

[10] S. Gleißner, 2017a.

[11] Vgl. Nickert/Lamberti, 2011 zu Insolvenzen.

[12] S. Gleißner/Füser, 2014 zu den entsprechenden Modellen.

[13] Um diesem Sachverhalt im Rahmen der Unternehmensplanung gerecht zu werden, fordern entsprechend die „Grundsätze ordnungsgemäßer Planung" Ratingprognosen und zum prognostizierten Rating konsistente Annahmen über die Entwicklung der zukünftigen Fremdkapitalzinssätze (unsicheren) und des davon abhängigen Zinsaufwands.

[14] Vgl. z.B. Schlittgen/Streitberg, 2001.

[15] S. Steinke/Löhr, 2014 zur Nutzung stochastischer Prozesse bei der Lufthansa AG.

Wie auch intuitiv zu erwarten, steigt der Risikoumfang bei vielen Risiken mit der Zeit an. Die nähere Zukunft ist besser prognostizierbar als die fernere Entwicklung. Auch hier wird also deutlich, dass man sich bei der Risikoquantifizierung auch über den zeitlichen Verlauf von Risiken Gedanken machen sollte.

3.2 Risikofaktormodelle und Simulation von Zeitpfaden

Risikofak-
tormodelle
werden durch
exogene Faktoren
beschrieben

Mit dem „Risikofaktorenansatz" gibt es eine Variante zur Berücksichtigung von Risiken im Kontext der Planung, die die übliche „direkte" Beschreibung von Planungspositionen durch eine Wahrscheinlichkeitsverteilung ergänzt. Neben der Unternehmensplanung wird dabei ein Modell der Unternehmensumwelt mit den für das Unternehmen interessanten Variablen aufgebaut. Die Unternehmensumwelt wird dabei bspw. beschrieben durch exogene Faktoren wie Wechselkurse, Zinssätze (für verschiedene Währungen und Laufzeiten), Rohstoffpreise, Konjunktur (z.B. mittels Produktionsindizes zur Beschreibung der Nachfrage), Tariflohnindizes etc. Für alle diese exogenen Faktoren des Unternehmensumfeldes werden Prognosen erstellt, so dass ein „Plan-Umfeldszenario" entsteht. Die quantitative Beschreibung der unsicheren zeitlichen Entwicklung exogener Risikofaktoren erfolgt durch stochastische Prozesse.[16] Die Abhängigkeit der Planvariablen des Unternehmens von exogenen Faktoren wird z.B. durch Elastizitäten[17] erfasst. Diese zeigen, welche Konsequenzen eine Änderung des Risikofaktors für die Plan-Variable (z.B. Umsatz) hat. Eine Weiterentwicklung solcher Ansätze, bei der ein Unternehmen auch prozessnah in die Umwelt eingebunden wird und die Ergebnisse formalisierter Gefährdungsanalysen einbezogen werden, ist denkbar.

Die Verwendung eines Risikofaktorenmodells bringt gleich mehrere Vorteile. Zum einen vereinfacht sie wesentlich die oft schwierige Schätzung der Korrelationen (statistischen Abhängigkeiten) zwischen den betrachteten unsicheren (risikobehafteten) Planungsvariablen der Erfolgsrechnung eines Unternehmens. Wenn nämlich bspw. 2 unsichere Kostenarten, $\tilde{K}_1$ und $\tilde{K}_2$ jeweils (mit unterschiedlicher Elastizität) von gemeinsamen (exogenen) Risikofaktoren, z.B. $\tilde{R}_1$ und $\tilde{R}_2$, abhängen, sind diese beiden Kostengrößen damit auch korreliert. Korrelationen zwischen einzelnen Risiken bzw. risikobehafteten Planungspositionen ergeben sich damit zu einem erheblichen Teil implizit durch die Beschreibung der

---

[16] Um so die Risikofaktoren in der Monte-Carlo-Simulation verarbeiten zu können, werden diese also durch Wahrscheinlichkeitsverteilungen (oft Normalverteilung) oder stochastische Prozesse beschrieben.

[17] Die Elastizität der Zielgröße Z bezüglich des exogenen Einflussfaktors X drückt aus, wie viel Prozent sich Z verändert, wenn X um 1 % verändert wird.

Abhängigkeit von exogenen Risikofaktoren des Unternehmensumfelds, wie z. B. Konjunktur, Wechselkurse und Rohstoffpreise.

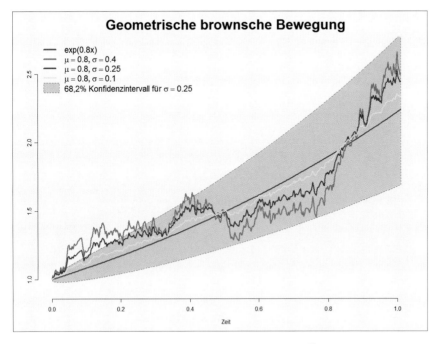

Abb. 3: Beispielgrafik für Geometrische Brownsche Bewegung[18]

Bekanntlich ist die Aggregation von Risiken, die durch unterschiedliche Wahrscheinlichkeitsverteilungen so beschrieben sind, im Kontext der Planung nur mittels Monte-Carlo-Simulation möglich.[19] Auch für die Aggregation von Risiken über mehrere Jahre bleibt nur die Monte-Carlo-Simulation als Lösungsmethode. Dabei ist jedoch sicherzustellen, dass eine Simulation von „Zukunftspfaden" erfolgt. In jedem risikobedingt möglichen Zukunftsszenario, das berechnet und analysiert wird, sind also konsistent die Auswirkungen der Risiken auf sämtliche betrachteten Planjahre in der Zukunft (also z. B. in einem Szenario für 2016–2020) konsistent zu berechnen. Wie oben erläutert, sind es gerade die Folgewirkungen eingetretener Risiken im Jahr t auf das Folgejahr t+1, die für den Gesamtrisikoumfang und eine mögliche „bestandsbedrohende Entwicklung" maßgeblich ist. Die separate Durchführung von Monte-Carlo-Simulationsrechnungen zur Risikoaggregation in einzelnen Planjahren hilft nicht weiter. Sie unterschätzt den Gesamtrisikoum-

---

[18] Quelle: Wikipedia, http://de.wikipedia.org/wiki/Geometrische_Brownsche_Bewegung.
[19] Vgl. Grisar/Meyer, 2015 mit einer Übersicht zu Veröffentlichungen zur Anwendung von Simulationsverfahren in Controlling und Risikomanagement.

fang erheblich und es besteht die Gefahr, dass tatsächlich vorhandene „bestandsbedrohende Entwicklungen" übersehen werden. Nur durch die Aggregation von Risiken über die Zeit (pfadabhängige Monte-Carlo-Simulation) können die Anforderungen aus § 91 Abs. 2 AktG erfüllt werden, da sich bestandsbedrohende Entwicklungen im Allgemeinen durch Kombinationseffekte mehrerer Risiken ergeben, die zudem oft auf zwei oder drei Jahre verteilt sind.

3.3 Zwischenfazit

Die im IDW Prüfungsstandard 340 als Konkretisierung der Anforderung von § 91 Abs. 2 AktG geforderte Aggregation von Risiken über die Zeit impliziert also zwei wesentliche Aufgaben:

- Zum einen benötigt man ein integriertes Planungsmodell (mit Erfolgsrechnung und Bilanz), bei dem die einzelnen Planperioden miteinander verknüpft sind (also z.B. die Auswirkungen der Verluste im Planjahr 01 für den Eigenkapitalbestand in 02 berücksichtigt sind).
- Zudem muss man sich über den zeitlichen Verlauf der Risiken Gedanken machen. Bei vielen exogenen Risikofaktoren – wie Wechselkurse, Rohstoffpreise oder Zinssätze – ist durch eine geeignete Modellierung (stochastischen Prozess) insbesondere sicherzustellen, dass die unsichere Ausprägung am Ende eines Planjahres (t) der Startpunkt der unsicheren Entwicklung im Folgejahr darstellt.

4 Risikoaggregation und Insolvenzwahrscheinlichkeit (Fallbeispiel)

Ein kleines Fallbeispiel verdeutlicht die Bedeutung der Aggregation von Risiken über mehrere Planjahre. Angenommen die Stettner Muster AG erwartet im Geschäftsjahr 01 im Mittel einen Gewinn von 20 Mio. EUR. Aus Risikoanalyse und Risikoaggregation mittels Monte-Carlo-Simulation ergibt sich ein aggregierter Gesamtrisikoumfang, der (hier vereinfachend) als näherungsweise normalverteilt aufgefasst werden kann und eine Standardabweichung des Gewinns von ebenfalls 20 Mio. EUR zeigt.[20] Als Risikodeckungspotenzial betrachten wir nachfolgend vereinfachend nur das Eigenkapital in Höhe von 50 Mio. EUR.[21]

Aus der Monte-Carlo-Simulation ergibt sich unmittelbar, dass die Wahrscheinlichkeit von Verlusten, die das Eigenkapital verzehren, bei

---

[20] Schwankung um den Gewinn des Vorjahrs (t − 1), der als Planwert verwendet wird.

[21] Es wird angenommen, dass Gewinne ausgeschüttet werden und der erwartete Gewinn in 02 dem realisierten Gewinn in 01 entspricht („Random Walk").

unter 0,1 % liegt im Jahr 01. Durch die risikobedingt mögliche Belastung des Risikodeckungspotenzials im Jahr 01 erhöht sich die Insolvenzwahrscheinlichkeit im Jahr 02 (ceteris paribus) allerdings schon auf ca. 2,3 % (BB-Rating). Betrachtet man – anders als in diesem einfachen didaktischen Beispiel – auch die Liquiditätswirkungen der Risiken und die Implikation einer möglichen Verschlechterung des Ratings in 01[22], ist der tatsächliche Anstieg der Insolvenzwahrscheinlichkeit im zweiten Planjahr noch deutlich ausgeprägter. Um diese Zahl nachzurechnen, benötigt man ein Simulationsmodell.

Schon dieses einfache Beispiel zeigt, dass die im IDW PS 340 geforderte Aggregation der Risiken auch über die Zeit notwendig ist, um mit der Zukunft liegende „bestandsbedrohende Entwicklungen" zu erkennen. Die Aggregation über die Zeit ist also keine Kür, sondern notwendige Pflicht zur Erfüllung der gesetzlichen Anforderungen.

Die mit der Risikoaggregation abgeleiteten Ertragsrisiken sind Grundlage für eine wertorientierte Unternehmensführung und die Beurteilung des Ertrag-Risiko-Profils von bestehenden Handlungsmöglichkeiten (z.B. Investitionsprojekten). Aus der Risikoaggregation ergibt sich z.B. Erwartungswert und Standardabweichung der Erträge oder Cashflows. Das Verhältnis der Standardabweichung zum Erwartungswert ist der Variationskoeffizient, die zentrale Kennzahl für die Planungssicherheit. Ein höherer Variationskoeffizient führt zu höheren Anforderungen an die erwartete Rendite (Kapitalkosten).[23]

5 Von der mehrjährigen Risikoaggregation zur wertorientierten Unternehmenssteuerung: ein weiteres Fallbeispiel

Die Aggregation von Risiken (über die Zeit) ist auch notwendig für eine tatsächlich wertorientierte Unternehmenssteuerung, d.h. eine Beurteilung des Ertrag-Risiko-Profils von Geschäftseinheiten oder Projekten durch den Erfolgsmaßstab „Unternehmenswert".

Wer ein Unternehmen (als Ganzes) bewerten möchte, muss sich (wieder) mit den Risiken des Unternehmens (seiner Erträge oder Cash-Flows) befassen. Aus historischen Aktienkursschwankungen (Beta-Faktor) kann man nicht die bewertungsrelevanten Risiken der Cash-Flows schließen, da

Erfassung des Ertragsrisikos ist möglich über den Variationskoeffizienten der Erträge

---

[22] Und die Auswirkungen auf den Kreditrahmen in 02.

[23] S. dazu Abschnitt 1.6 im Beitrag von Gleißner, „Risikomanagement: Ziele und Teilaufgaben im Überblick" im vorliegenden Band. Weiterführend Dorfleitner/Gleißner, 2017 und Gleißner, 2011.

Kapitalmärkte unvollkommen sind.[24] Eine Erfassung des Ertragsrisikos ist möglich über den Variationskoeffizienten der Erträge, also das Verhältnis der Standardabweichung zum Erwartungswert. Dieser ergibt sich aus der Risikoaggregation.

Kapitalkostensatz als risikogerechte Anforderung an die Rendite

Der Kapitalkostensatz zeigt die Anforderung an eine risikogerechte Rendite. Er ist abhängig vom Variationskoeffizient des Ertrags (V) als Risikomaß (und vom risikolosen Basiszinssatz r_f).

$$k = \frac{1 + r_f}{1 - \lambda \cdot \dfrac{\sigma_{\text{Ertrag}}}{E^e} \cdot d} - 1 = \frac{1 + r_f}{1 - \lambda \cdot V \cdot d} - 1 \approx r_f + \lambda \cdot V \cdot d$$

Das Verhältnis von Ertragsrisiko σ_{Ertrag} zum erwarteten Ertrag E^e ist der Variationskoeffizient V. Er ist eine Kennzahl für die Planungssicherheit und das Ertragsrisiko und resultiert aus der Risikoaggregation.

Der Risikodiversifikationsfaktor (*d*) zeigt den Anteil der Risiken, den der Eigentümer zu tragen hat, also bewertungsrelevant ist. Im CAPM ist *d* gerade die Korrelation ρ zum Marktportfolio. Man kann zeigen, dass bei Verwendung der Standardabweichung als Risikomaß λ, der „Marktpreis des Risikos", gerade dem bekannten Sharpe-Ratio entspricht, das etwa bei 0,25 liegt.[25]

Auch die weiterführende Ableitung risikogerechter Kapitalkostensätze als Anforderung an die erwartete Rendite einzelner Projekte und Geschäftsfelder ist möglich, ohne dass man auf historische Kapitalmarktdaten (wie beim Beta-Faktor des Capital Asset Pricing Models (CAPM) zurückgreifen müsste.

Aus der Risikoaggregation in einer „stochastischen Planung" werden zudem die Wirkungen von Risiken auch auf die Fremdkapitalkosten und den oft vergessenen Werttreiber „Insolvenzwahrscheinlichkeit" deutlich, der weitgehend wie eine negative Wachstumsrate wirkt[26] (vgl. Abb. 4).

---

[24] Vgl. Gleißner, 2014.

[25] Gleißner, 2011 und Gleißner/Wolfrum, 2008 zur Herleitung mittels „unvollständiger Replikation" sowie Rubinstein, 1973 und Spremann, 2004. Für die übliche Diskontierung über die Zeit t mit $(1+k)^t$ benötigt man weitere Annahmen über die zeitliche Entwicklung des Risikos. S. auch Gleißner „Controlling und Risikoanalyse bei der Vorbereitung von Top-Management-Entscheidungen" im vorliegenden Band.

[26] Vgl. Gleißner, 2017b.

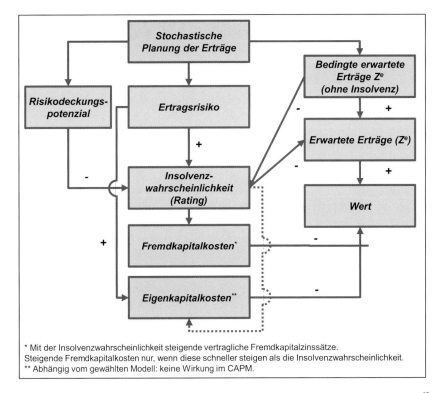

Abb. 4: Risiko, Rating und Wert: Zusammenhänge im wertorientierten Management[27]

Beispiel: Risikogerechte Bewertung eines Investitionsprojekts auf Basis unsicherer Cashflows

Die oben hergeleitete Bewertungsmethode lässt sich leicht anwenden, um das Ertrag-Risiko-Profil eines Unternehmens durch eine Kenngröße, den Unternehmenswert, auszudrücken. Dies verdeutlicht nachfolgendes kleines Beispiel.

Angenommen die Rüsselsheimer Spritzguss GmbH plant für das GJ 01 einen Ertrag von E^e = 50 Mio. EUR, der aufgrund kaum vorhandener Wachstumspotenziale auch als repräsentativ für die gesamte Zukunft angesehen werden kann.[28] Dieser Wert ist ein „erwartungstreuer" Planwert, d.h., unter Berücksichtigung von Chancen und Gefahren (Risiken) aus der Risikoanalyse und

---

[27] In Anlehnung an Gleißner, 2015, S. 918.

[28] Der Ertrag ist der ausschüttbare Anteil des Gewinns (Dividende oder Flow to Equity). Ausgehend von den Cashflows werden dabei die Zinszahlungen an die Fremdkapitalgeber und die Steuerzahlungen abgezogen und auch die Notwendigkeit der Thesaurierung von Gewinnen für die Finanzierung des Wachstums berücksichtigt. Für die Stabilisierung des Unternehmens muss im Allgemeinen das Eigenkapital genauso stark wachen wie Umsatz bzw. Kapitalbindung. Im Fallbeispiel mit der Wachstumsrate w = 0 gibt es keinen Bedarf an Nettoinvestitionen, d.h., die Abschreibungen entsprechen gerade den Brutto-Investitionen.

Risikoaggregation lässt sich dieser Wert „im Mittel" über alle Jahre erreichen. Die Risikoaggregation hat neben dem Eigenkapitalbedarf als zweites Risikomaß eine Standardabweichung des Ertrags von 20 Mio. EUR ergeben. Der Variationskoeffizient (V) beträgt damit gerade 0,4 (20 Mio. bezogen auf 50 Mio. Erwartungswert des Ertrags). Mit üblichen Annahmen zu den Parametern des Umfelds[29] ergibt sich für den risikogerechten Kapitalkostensatz

$$k = \frac{1+r_f}{1-\lambda \cdot V \cdot d} - 1 = \frac{1+3\%}{1-0,25 \cdot 0,4 \cdot 0,5} = 8,4\%$$

Den so berechneten Kapitalkostensatz kann man für eine Unternehmensbewertung (Discounted Cashflow Rechnung (DCF)) wie gewohnt verwenden. Will man zwei Strategien eines Unternehmens vergleichen, berechnet man in Abhängigkeit der jeweils spezifischen Risiken zwei Kapitalkostensätze (k_1 und k_2) für die Strategiebewertung.[30] Analog ist die risikogerechte Bewertung von Investitionsprojekten im Rahmen der Entscheidungsvorbereitung durch das Controlling möglich.

Da aufgrund des sehr guten Ratings (A) die Insolvenzwahrscheinlichkeit im Bewertungskalkül mit näherungsweise 0 % vernachlässigt werden kann, ergibt sich der Unternehmenswert über die „Rentenformel" einfach als

$$W = \frac{E^e}{k} = \frac{50}{8,4\%} = 595$$

Der so berechnete Unternehmenswert ist Ausdruck des Ertrag-Risiko-Profils des Unternehmens. Er fasst die Erkenntnisse aus Planung sowie Risikoanalyse und Risikoaggregation auf eine Kennzahl als Performancemaß oder Erfolgsmaßstab zusammen. Änderungen des (aggregierten) Risikoumfangs beeinflussen über den Kapitalkostensatz (k) den Unternehmenswert. Damit ist es möglich verschiedene Handlungsmöglichkeiten (z. B. Investitionen) in ihrem Ertrag-Risiko-Profil zu vergleichen, indem man die Implikationen auf den Unternehmenswert berechnet.

Fazit: Es ist zu beachten, dass die Grundlage der Bewertung eines Unternehmens die Risiken des Ertrags (oder des Cashflows) sind und nicht

---

[29] Risikoloser Zinssatz r_f = 3 % (nachhaltig für eine Inflationsrate von 2 %), ein „Marktpreis des Risikos" λ = 0,25 und ein durchschnittlicher Risikodiversifikationsfaktor d = 0,5 (d.h., die Hälfte der Risiken des Unternehmens sind aus Sicht der Eigentümer nach den persönlichen Diversifikationsmöglichkeiten noch bewertungsrelevant).

[30] Vgl. Gleißner/Ihlau, 2017.

seine Aktienkursschwankungen. Die Verwendung von historischer Kapitalmarktinformationen über das zu bewertende Unternehmen oder gar eine Peer Group (wie Beta-Faktor) ist problematisch, wenn – wie empirisch belegt – unvollkommene Kapitalmärkte sich nicht so verhalten, wie im CAPM unterstellt, und die zukünftigen Risiken der Cashflows nicht aus historischen Aktienkursschwankungen ableitbar sind.

6 Fazit und Implikationen für die Praxis von Controlling und Risikomanagement

Die Aggregation von Risiken im Kontext der Unternehmensplanung ist eine betriebswirtschaftliche Aufgabe von besonders hoher Bedeutung, bei der Controlling und Risikomanagement zusammenwirken sollten. Bei der Risikoaggregation werden „stochastische Planungsmodelle" aufgebaut, die eine traditionelle (einwertige) Unternehmensplanung mit den Chancen und Gefahren (Risiken) verbindet, die Planabweichungen auslösen können.

Zur Risikoaggregation, der Bestimmung des Gesamtrisikoumfangs (Eigenkapital- und Liquiditätsbedarf) ist eine Monte-Carlo-Simulation erforderlich, da Risiken nicht einfach addierbar sind. Mit den in der Zwischenzeit verfügbaren Tools und der Leistung der Computer ist die erforderliche Berechnung einer großen repräsentativen Anzahl risikobedingt möglicher Zukunftsszenarien eines Unternehmens (basierend auf transparent dargestellten Annahmen) in der Zwischenzeit recht einfach umsetzbar. Als Ergebnis erhält das Controlling Informationen über die Planungssicherheit, d.h. den risikobedingt möglichen Umfang von Planabweichungen (Bandbreitenplanung). Es werden zudem die Voraussetzungen geschaffen für eine risikoorientierte Bewertung strategischer Handlungsoptionen, weil im Rahmen von „Was-wäre-wenn-Analysen" deren Ertrag-Risiko-Profile verglichen werden können (z.B. über die Ableitung vom Ertrag risikoabhängiger Kapitalkostensätze).[31]

Für das Risikomanagement des Unternehmens ist die Risikoaggregation die wichtigste Aufgabe überhaupt. Die gesetzliche Kernaufgabe des Risikomanagements besteht nämlich gerade darin, „bestandsbedrohende Entwicklungen" des Unternehmens früh zu erkennen (s. § 91 Abs. 2 AktG).

Risikoaggregation ist die wichtigste Aufgabe überhaupt

Solche bestandsbedrohenden Entwicklungen sind jedoch nur selten das Resultat von bestandsbedrohenden Einzelrisiken. Fast immer sind sie die Konsequenz der Kombinationseffekte mehrerer Risiken, die schwerwiegende Verluste und eine deutliche Verschlechterung des Ratings auslösen. Bei einem Unternehmen mit einem überdurchschnittlichen Rating reicht dabei das vorhandene Risikodeckungspotenzial (Eigenkapital und Liqui-

Bestandsbedrohende Entwicklungen sind die Konsequenz der Kombinationseffekte mehrerer Risiken

---

[31] S. Gleißner, 2011, 2014.

ditätsreserve) meist aus, risikobedingt mögliche Verluste eines Jahres zu tragen. Durch die Risikoauswirkungen in einem Planjahr (t) wird aber das Risikodeckungspotenzial des Folgejahres (t+1) reduziert. Um mögliche Krisen oder gar Insolvenzen frühzeitig zu erkennen, ist es daher notwendig, eine Aggregation von Risiken über mehrere Planjahre vorzunehmen. Durch den zeitlichen Verlauf der Risiken selbst und die Verknüpfung der Planungsposition zwischen einzelnen Planjahren reicht dabei eine separate Monte-Carlo-Simulation in jedem Planjahr nicht aus. Die Aggregation von Risiken über die Zeit erfordert integrierte Planungsmodelle mit einer pfadabhängigen Monte-Carlo-Simulation über die Zeit.

Die auch im IDW PS 340 geforderte Aggregation von Risiken über die Zeit (und die entsprechenden Anforderungen aus den „Grundsätzen ordnungsgemäßer Planung") ist also eine Pflicht, um die gesetzlichen Anforderungen der Früherkennung bestandsbedrohender Entwicklungen Genüge zu tun.

7 Literaturhinweise

Dorfleitner/Gleißner, Valuing Streams of Risky Cash Flows with Risk-Value Models, in: Journal of Risk (erscheint 2018), abrufbar auf SSRN: https://ssrn.com/abstract=2967282, Abrufdatum 30.6.2017.

Flath/Biederstedt/Herlitz, Mit Simulationen Mehrwerte schaffen, in Controlling & Management Review, 1/2015, S. 82–89.

Füser/Gleißner/Meier, Risikomanagement (KonTraG) – Erfahrungen aus der Praxis, in Der Betrieb, 15/1999, S. 753–758.

Gleißner, Erwartungstreue Planung und Planungssicherheit – Mit einem Anwendungsbeispiel zur risikoorientierten Budgetierung, in Controlling, 2/2008, S. 81–87.

Gleißner, Risikoanalyse und Replikation für Unternehmensbewertung und wertorientierte Unternehmenssteuerung, in WiSt, 7/2011, S. 345–352.

Gleißner, Unsicherheit, Risiko und Unternehmenswert, in Petersen/Zwirner/Brösel (Hrsg.), Handbuch Unternehmensbewertung, 2013, S. 691–721.

Gleißner, Kapitalmarktorientierte Unternehmensbewertung: Erkenntnisse der empirischen Kapitalmarktforschung und alternative Bewertungsmethoden, in Corporate Finance, 4/2014, S. 151–167.

Gleißner, Ermittlung eines objektivierten Unternehmenswerts von KMU – Anregungen unter besonderer Berücksichtigung von Rating und Insolvenzwahrscheinlichkeit, in WPg, 17/2015, S. 908–919.

Gleißner, Die Risikoaggregation: Früherkennung „bestandsbedrohender Entwicklungen", in Der Aufsichtsrat, 4/2016, S. 53–55.

Gleißner, Grundlagen des Risikomanagements, 3. Aufl. 2017a.

Gleißner, Das Insolvenzrisiko beeinflusst den Unternehmenswert: Eine Klarstellung in 10 Punkten, in BewertungsPraktiker, 2/2017b, S. 42-51.

Gleißner/Füser, Praxishandbuch Rating und Finanzierung, 3. Aufl. 2014.

Gleißner/Ihlau, Anwendung von Unternehmensbewertungsmethoden bei der Strategiebeurteilung, in BetriebsBerater, 26/2017, S. 1387–1391.

Gleißner/Wolfrum, Eigenkapitalkosten und die Bewertung nicht börsennotierter Unternehmen: Relevanz von Diversifikationsgrad und Risikomaß, in Finanz Betrieb, 9/2008, S. 602–614.

Graumann, Die angemessene Informationsgrundlage bei Entscheidung, WISU, 3/2014, S. 317-320.

Graumann/Grundei, Nachweis einer „angemessenen Information" im Sinne der Business Judgement Rule, in ZCG 5/2015, S. 197–204.

Graumann/Linderhaus/Grundei, Wann haften Manager für Fehlentscheidungen. Ein Überblick über die Rechtslage zivilrechtlicher Innenhaftung, in WiSt 7/2010, S. 325–330.

Grisar/Meyer, Use of simulation in controlling research: a systematic literature review for German-speaking countries, in Management Review Quarterly, 26.10.2015a, S 1–41.

Grisar/Meyer, Use of Monte Carlo simulation: an empirical study of German, Austrian and Swiss controlling departments, in Journal of Management Control, 2-3/2015b, S. 249–273.

Klein, Monte-Carlo-Simulation und Fuzzyfizierung qualitativer Informationen bei der Unternehmensbewertung, Dissertation, Universität Erlangen-Nürnberg, 2011.

Nickert/Lamberti, Überschuldungs- und Zahlungsunfähigkeitsprüfung im Insolvenzrecht, 2. Aufl. 2011.

Rubinstein, The Fundamental Theorem of Parameter Preference security valuation, in Journal of Financial and Quantitative Analysis. 1/1973, S. 61-69.

Schäffer/Weber, Controlling als Rationalitätssicherung der Führung – Zum Stand unserer Forschung, in Weber/Schäffer (Hrsg.), Rationalitätssicherung der Führung, 2001, S. 1–6.

Spremann, Valuation: Grundlagen moderner Unternehmensbewertung, 2004.

Steinke/Löhr, Bandbreitenplanung als Instrument des Risikocontrollings: ein Beispiel aus der Praxis bei der Deutschen Lufthansa AG, in Controlling, 26/2014, S. 616–623.

Schlittgen/Streitberg, Zeitreihenanalyse, 9. Aufl. 2001.

Weber/Schäffer, Einführung in das Controlling, 14. Aufl. 2014.

Controlling und Risikoanalyse bei der Vorbereitung von Top-Management-Entscheidungen

- Das Risikomanagement vieler Unternehmen ist heute lediglich noch ausgerichtet auf die Schaffung von Transparenz und die Überwachung bestehender (Einzel-)Risiken. Dies ist unzureichend und erfüllt auch die gesetzlichen Anforderungen nicht.

- Aus § 91 AktG und insbesondere § 93 AktG („Business Judgement Rule") ergibt sich auch eine gesetzliche Anforderung: Die Geschäftsführung eines Unternehmens benötigt vor ihrer Entscheidung „angemessene Informationen", was bei Entscheidung unter Unsicherheit insbesondere adäquate Risikoinformationen bedeutet.

- In der Konsequenz muss das Risikomanagement entscheidungsorientiert ausgerichtet werden: Vor einer wesentlichen Entscheidung ist eine Risikoanalyse („Was-wäre-wenn-Analyse") vorzunehmen um zu zeigen, welche Veränderungen für Risikoprofil (und Rating) sich durch diese Entscheidung ergeben würde.

- Organisatorisch impliziert dies, dass das Risikomanagement in den Prozess der Entscheidungsvorbereitung einzubeziehen ist und hier eng mit dem Controlling zusammenarbeiten muss (oder das Controlling die Aufgaben von Risikoanalyse und Risikoaggregation mit übernimmt).

- Um ein entscheidungsvorbereitendes Abwägen von Ertrag und Risiko in der Praxis umzusetzen, empfiehlt es sich die Implikationen der Entscheidung für (a) Rating, als Messgröße für den „Grad der Bestandsgefährdung" und (b) die Kapitalkosten als risikogerechte Anforderung an die Rendite (und abhängig vom Ertragsrisiko (Cash-Flow-Volatilität) zu berechnen.

■ Der Autor

Prof. Dr. Werner Gleißner, Vorstand der FutureValue Group AG und Honorarprofessor für Betriebswirtschaft, insb. Risikomanagement, an der Technischen Universität Dresden. Er ist Autor zahlreicher Bücher und Fachartikel.

1 „10 Gebote" für gute unternehmerische Entscheidungen und die Bedeutung der Risiken

Die Qualität einer unternehmerischen Entscheidung z. B. bezüglich einer Produktentwicklung, Akquisition oder eines Strategiewechsels lässt sich nicht anhand des später feststellbaren Ergebnisses beurteilen. Dies liegt daran, dass das Ergebnis der Entscheidung auch von Zufällen beeinflusst wird. Auch mit einer „dummen" Entscheidung, die eigentlich eine niedrige Erfolgschance hat, kann man mit Glück zu einem guten Resultat kommen. Leider beurteilt man oft die Qualität eines Unternehmers oder Managers ausgehend vom Ergebnis, ohne sich mit der (nicht leicht zu beantwortenden) relevanten Frage überhaupt zu befassen: Welches wäre bei den zum Entscheidungszeitpunkt verfügbaren Informationen die richtige Entscheidung gewesen?

Qualität einer unternehmerischen Entscheidung als Erfolgsfaktor

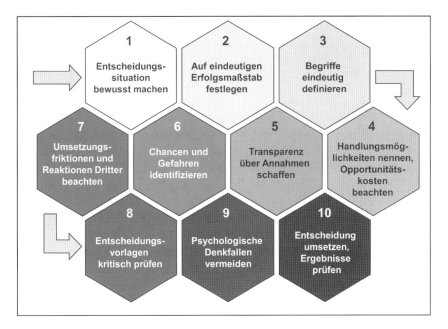

Abb. 1: Die „10 Gebote" guter unternehmerischer Entscheidungen

Heuristische „Bauchentscheidungen" helfen bei vielen ökonomischen Entscheidungssituationen, zu denen es kaum vergleichbare Erfahrungen gibt, meist auch nicht weiter – zumal so oft simple Denkfehler unterlaufen. (Heuristische Bauchentscheidungen können bei einigen anderen Problemstellungen, z. B. wo primär Menschenkenntnis gefragt ist oder evoluierte Fähigkeiten genutzt werden, nützlich sein.) Welchen Grundprinzipien sollte ein fundierter Prozess der Entscheidungsvorbereitung und der Entscheidungsfindung genügen? Nachfolgend sind in Abb. 1 die wichtigsten „Gebote" einer erfolgreichen Entscheidungsfindung knapp zusammengefasst, die auch Anregungen für die Entscheidungsvorbereitung durch das Controlling bieten. Einige Aspekte, speziell zur Bedeutung von Risikoinformationen, werden nachfolgend knapp erläutert.[1]

Risiko-management erfordert Transparenz über Chancen und Gefahren (Risiken)

Mit den Risikomanagementfähigkeiten eines Unternehmens, egal ob in einer Risikomanagementabteilung, dem Controlling oder in operativen Bereichen angesiedelt, soll das Ertrags-Risiko-Profil des Unternehmens verbessert werden. Der ökonomische Mehrwert des Risikomanagements in einer nicht sicher vorhersehbaren Zukunft erfordert zwar zunächst Transparenz über Chancen und Gefahren (Risiken), wie dies durch das KonTraG gefordert wird. Transparenz ist jedoch nur eine notwendige Voraussetzung, aber nicht hinreichend für einen ökonomischen Mehrwert. Dieser entsteht erst, wenn durch risikogerechte Entscheidungen Handlungsoptionen oder Maßnahmen durchgeführt werden, die tatsächlich zu einer Verbesserung des Verhältnisses der erwarteten Erträge zum Risikoumfang eines Unternehmens beitragen.

Zusammenspiel von Controlling mit Risiko-management vor der Entscheidung notwendig

Notwendig ist daher ein Zusammenspiel von Controlling und Unternehmensplanung mit dem Risikomanagement <u>vor</u> einer Top-Management-Entscheidung. Das notwendige Abwägen erwarteter Erträge und Risiken[2] bei der Vorbereitung von Entscheidungen kann unterstützt werden durch den Einsatz von Performancemaßen als Erfolgsmaßstab (Entscheidungskriterium), die die durch eine Handlungsoption einhergehende Veränderung der zu erwartenden Erträge und des aggregierten Risikoumfangs auf eine Kennzahl verdichtet darstellen. Ein besonders geeignetes Performancemaß ist ein modellbasiert berechneter Unternehmenswert. Er drückt den sicheren Geldbetrag aus, der äquivalent ist zu dem gesamten unsicheren Zahlungsstrom eines Unternehmens (oder Unternehmensteils oder Projekts). Aufgrund von Kapitalmarktunvollkommenheiten sollte für die Diskontierung der erwarteten Erträge (finanzielle Überschüsse, Cashflows) der Kapitalisierungszinssatz aus den aggregierten Ertragsrisiken[3] abgeleitet werden, und nicht etwa aus historischen Aktienrenditeschwankungen.[4]

---

[1] Vgl. vertiefend Gleißner, 2014a.

[2] S. Gleißner, 2014a und Gleißner, 2011a.

[3] Z.B. Variationskoeffizient der Gewinne, s. Gleißner, 2011a, Gleißner, 2013a und Gleißner, 2013b.

[4] S. Gleißner, 2014b und Walkshäusl, 2013 zu den schwerwiegenden Kapitalmarkt-Anomalien, der fehlenden Prognosefähigkeit, speziell des Capital Asset Pricing Modells (CAPM) für die zukünftigen Aktienrenditen und zur sogenannten „Volatilitätsanomalie", der zufolge gerade risikoarme Unternehmen überdurchschnittliche Renditen zeigen.

2 Der richtige Fokus des Risikomanagements: Entscheidungen statt Risiken

Bei einer nicht sicher vorhersehbaren Zukunft ist die Optimierung des Ertrags-Risiko-Profils des Unternehmens, das Abwägen von Erträgen und Risiken, die zentrale Herausforderung bei der Vorbereitung unternehmerischer Entscheidungen. Aus dieser Perspektive wird offensichtlich, dass der traditionelle Fokus des Risikomanagements eines Unternehmens, nämlich sich neben Risikoanalyse und Risikoüberwachung mit den Risikobewältigungsmaßnahmen zu befassen, viel zu kurz greift. Risikobewältigungsmaßnahmen stellen – naheliegenderweise – Risiken in den Mittelpunkt und in den Fokus des Risikomanagements kommen eben gerade diejenigen Maßnahmen, die traditionell primär auf die Veränderungen des Risikoumfangs ausgerichtet sind. Zu nennen sind Versicherungen (Risikotransfer) sowie diverse Strategien zur Risikovermeidung, Risikoverminderung oder Risikobegrenzung.

Abwägen von Erträgen und Risiken ist die zentrale Herausforderung

Tatsächlich sollte das Risikomanagement eines Unternehmens sich jedoch mit *allen* geplanten Maßnahmen bzw. Handlungsoptionen der Unternehmensführung befassen. Und zwar *bevor* die Entscheidungen für eine solche Handlungsoption getroffen wird. Der Grund dafür ist einfach: Prinzipiell können nämlich alle Handlungsoptionen und Maßnahmen des Unternehmens, wie z.B. Investitionen, Akquisitionen, Strategieveränderungen oder Großprojekte, Ertrag und Risiko eines Unternehmens beeinflussen. Und im Allgemeinen haben sie auch Auswirkungen auf den Risikoumfang.

Risikomanagement muss sich mit allen Handlungsoptionen befassen

Gegenstand von Risikoanalysen und einer risikogerechten Bewertung müssen damit alle wesentlichen, insbesondere strategischen Handlungsalternativen (Maßnahmen-Bündel) des Unternehmens sein. Und eine risiko- und wertorientierte Unternehmenssteuerung muss sich – im Zusammenspiel zwischen Controlling und Risikomanagement – damit primär mit anstehenden wichtigen Entscheidungen und nicht nur mit bestehenden Risiken befassen: Es sind nämlich die Entscheidungen, z.B. über Investitionen oder andere Groß-Projekte, die den Risikoumfang stark beeinflussen – und diese Entscheidungen beziehen sich auf Handlungsoptionen und Maßnahmenbündel, die typischerweise mehrere Risikoarten beeinflussen, was wiederum eine gemeinsame Betrachtung und Aggregation der Auswirkungen für Marktrisiken, Leistungsrisiken und Finanzrisiken erfordert (und keine „Silobetrachtung" einzelner Risikoarten und der diesen zuordenbaren Risikobewältigungsmaßnahmen).

3 Vom Risikomanagement zum risikoorientierten Controlling

3.1 Ablauf des traditionellen Risikomanagements

Die hier umrissenen grundlegenden Überlegungen werden nachfolgend ausgebaut und in den Implikationen für eine risiko- und wertorientierte Unternehmenssteuerung, und damit für Controlling und ein modernes Risikomanagement[5], diskutiert. Ausgangspunkt der Betrachtung ist die in Abb. 2 dargestellte „traditionelle" Risikomanagement-Sichtweise.[6]

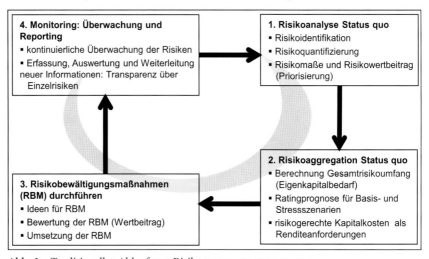

Abb. 2: Traditioneller Ablauf von Risikomanagementprozessen

1. Ein an die Anforderungen von KonTraG und IDW PS 340 ausgerichtetes Risikomanagement[7] umfasst zunächst die Identifikation und Quantifizierung der Risiken (Risikoanalyse), um die wesentlichen Einzelrisiken zu erkennen und z.B. in Form eines Risikoinventars priorisiert zusammenzufassen.

2. Ein leistungsfähiges Risikomanagement aggregiert anschließend diese Risiken zur Bestimmung des Gesamtrisikoumfangs, z.B. ausgedrückt im Eigenkapitalbedarf, was eine Monte-Carlo-Simulation erfordert.[8], Nur durch die Aggregation der Risiken, also der Berechnung einer gro-

---

[5]   S. Berger/Gleißner, 2013 und Gleißner/Kalwait, „Integration von Risikomanagement und Controlling: Plädoyer für einen neuen Umgang mit Planungsunsicherheit im Controlling" im vorliegenden Band.

[6]   S. eine ähnlich gelagerte Darstellung z.B. Brühwiler, 2011 und Vanini, 2012.

[7]   S. dazu z.B. Füser/Gleißner/Meier, 1999 und Romeike, 2008.

[8]   S. Gleißner, 2004. In der Praxis gibt es aber gerade bei der Risikoaggregation und der dafür notwendigen Verknüpfung von Risiken mit Planungspositionen noch erhebliche Defizite, s. Henschel/Busch, 2015 sowie Crasselt/Pellens/Schmidt, 2010 und Angermüller/Gleißner, 2011.

ßen risikobedingt möglichen Anzahl von Zukunftsszenarien, können die Kombinationseffekte von Risiken ausgewertet werden. Und gerade solche Kombinationen von Risiken – und nicht Einzelrisiken – sind es, die Unternehmenskrisen oder Insolvenzen auslösen.

3. Bei der Initiierung von Risikobewältigungsmaßnahmen werden typischerweise die bestehenden Risiken betrachtet und Maßnahmen initiiert, die auf die Vermeidung, Verminderung der Eintrittswahrscheinlichkeit, Begrenzung der Schadenshöhe oder den Transfer der Risiken ausgerichtet sind (z. B. Versicherungen oder das redundante Auslegen von Produktionsanlagen).

Hier wird deutlich: Der Fokus der nun gerade durch das Risikomanagement initiierten Aktivitäten sind meist die bekannten Einzelrisiken und nicht etwa Veränderungen der Gesamtrisikoposition, ausgelöst durch die Entscheidung bezüglich neuer Aktivitäten (wie Investitionen). Andere wesentliche Handlungsoptionen und Maßnahmenbündel, über die die Unternehmensführung in der Vorbereitung einer Entscheidung nachdenkt, werden oft nicht konsequent daraufhin untersucht, welche Veränderungen des aggregierten Risikoumfangs diese zur Konsequenz haben würden. Stattdessen wird versucht durch traditionelle Risikobewältigungsmaßnahmen die Risikoposition zu verändern – und hier wird oft sogar durch die singuläre Betrachtung von „Sicherheits-Zielen" angestrebt, den Risikoumfang zu minimieren. Dies ist natürlich nicht sinnvoll, da Unternehmertum mit dem Eingehen von Chancen und Gefahren (Risiken) verbunden ist und eine „optimale Risikoposition" eine Optimierung des Ertrag-Risiko-Profils, also des risikogerechten Unternehmenswerts, anstreben sollte.

Die laufende Risikoüberwachung wird flankiert durch eine kontinuierliche oder regelmäßige Überprüfung des Gesamtrisikoprofils, also Risikoidentifikationsaktivitäten, sowie eine Überarbeitung der Risikoquantifizierung (Risikoanalyse). Traditionell wird in einem isolierten Risikomanagement-Ansatz[9] viel Energie aufgewendet, um geeignete Prozesse und (Software-) Tools vorzuhalten, um diese Risiken kontinuierlich zu überwachen. Eine Veränderung des Risikoumfangs sollte durch eine Überwachung natürlich erkannt werden. Allerdings erfährt das Risikomanagement oft von Veränderungen des Risikoumfangs erst im Detail, wenn risikopositionsverändernde Entscheidungen der Unternehmensführung bereits getroffen sind.

Risiko-überwachung

3.2 Auswirkungen auf Ertrag und Risikoumfang sichtbar machen

Wie man sieht, ist der traditionelle Fokus des Risikomanagements ausgerichtet auf Einzelrisiken und Risikoarten und eben nicht auf anste-

---

[9] S. dazu auch Gleißner/Pflaum, 2008 für Alternativen.

hende Entscheidungen bezüglich Handlungsoptionen oder Maßnahmen, die den Risikoumfang beeinflussen. Der ökonomische Mehrwert des Risikomanagements ergibt sich jedoch im erheblichen Teil gerade dadurch, dass bei der Vorbereitung wesentlicher (strategischer) unternehmerischer Entscheidungen Risikoanalysen vorgenommen werden, um aufzuzeigen, welcher Risikoumfang sich ergeben wird, falls eine zu beurteilende Entscheidung getroffen würde (Was-wäre-wenn-Analyse).

Diese Denkweise einer integrierten, an Entscheidungen orientierten „risiko- und wertorientierten Unternehmensführung", die das traditionelle Risikomanagement als Baustein einbezieht, zeigt Abb. 3.[10]

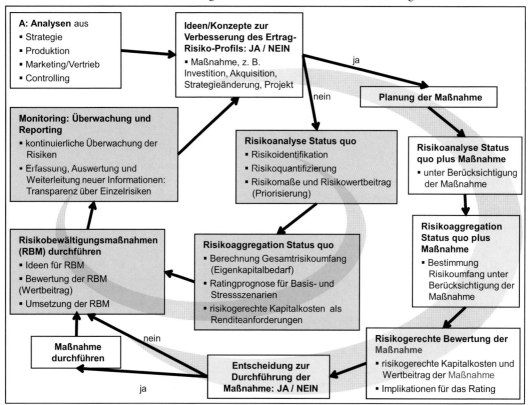

Abb. 3: Risikoanalyse und Bewertung zur Entscheidungsvorbereitung

In Abb. 3 findet man wieder den „traditionellen" Risikomanagement-Kreis. In dem hier erläuterten ganzheitlichen, entscheidungsorientierten

---

[10] S. Gleißner/Kalwait „Integration von Risikomanagement und Controlling: Plädoyer für einen neuen Umgang mit Planungsunsicherheit im Controlling" im vorliegenden Band für einen integrierten Ansatz und die entsprechende Sichtweise einer Verknüpfung von Planung und Risikomanagement in den neuen „Grundsätzen ordnungsgemäßer Planung", z.B. Gleißner/Romeike, 2012.

Ansatz leisten die Managementsysteme jedoch mehr. Es wird der Beitrag von Risikomanagementfähigkeiten, unabhängig von der Zuordnung auf eine spezifische Abteilung, bei der fundierten Vorbereitung wichtiger unternehmerischer Entscheidungen erwartet.

Wie man am Einstiegspunkt A sehen kann, sind zunächst „Ideen" für mögliche wesentliche Handlungsoptionen und Maßnahmenbündel der Unternehmensführung aus allen Themenfeldern – Strategie, Investition und Finanzierung, Produktentwicklung etc. – systematisch zu erfassen. Nun ist es die Aufgabe von Controlling und Risikomanagement im Zusammenspiel aufzuzeigen, welche Implikationen eine Entscheidung für die zukünftige Entwicklung des Ertrags und des Risikoumfangs haben würde. Es ist also insbesondere eine Risikoanalyse bezogen auf die geplante Handlungsoption vorzunehmen.

Man erkennt den Unterschied: Fokus der Analyse ist nicht der aktuelle Status quo des Unternehmens oder eines laufenden Projekts. Fokus ist nun die Analyse einer möglichen Handlungsoption, um aufzuzeigen, wie sich die Ertragslage und der aggregierte Gesamtrisikoumfang des Unternehmens verändern würden, wenn die Unternehmensführung sich für diese Handlungsoption entscheiden würde. Eine solche Vergleichsrechnung kann man in Abb. 4 sehen, die die Implikationen einer Handlungsoption – Investition in einen neuen Ausgangsmarkt – auf Ertrag, aggregierten Gesamtrisikoumfang (Eigenkapitalbedarf), Rating (für Basis- und Stressszenarien) und eben den Unternehmenswert als Performancemaß zeigt.

	Status quo	Handlungsoption: Auslandsexpansion	
Ertrag (EBIT, Plan 2017)	16	18,5	deutlicher Ertragsanstieg
Risiko (Variationskoeffizient FCFnSt)	19 %	21 %	moderat erhöhtes Risiko
Kapitalkostensatz	5,50 %	5,70 %	
Ratingprognose (Plan)	BB+	BB+	
Rating (Stressszenario)	BB	BB-	ausreichend stabiles Rating
Wert (in Mio. EUR)	153	168	klare Wertsteigerung
Strategisches Fitting		Kompetenzen vorhanden	

Abb. 4: Bewertung einer strategischen Handlungsoption (Fallbeispiel)

Die notwendigen Berechnungen zur Beurteilung des Ertrag-Risiko-Profils einer Entscheidungsvorlage, wie in Abb. 4 gezeigt, werden in Abschnitt 7 „Anhang 2: Exkurs für Spezialisten – Risikogerechte Bewertung von Strategien, Maßnahmen und Handlungsoptionen" erläutert.

3.3 Controlling, Planung und Risikomanagement im Zusammenspiel

Die praktische Umsetzung von Risikoanalyse und Bewertung zur Entscheidungsvorbereitung erfordert ein Zusammenspiel zwischen Controlling, Planung und Risikomanagement. Notwendig ist offenkundig ein interdisziplinäres Herangehen. Man benötigt Kenntnisse über unterschiedliche Disziplinen und Sachkenntnisse über bestehende Abhängigkeiten, insbesondere zu Planung, Risikoanalyse, Risikoaggregation (Monte-Carlo-Simulation), Rating und Methoden einer risikogerechten Bewertung (Ableitung risikogerechter Kapitalkosten). Der Vorteil eines integrierten, konsistenten und klar entscheidungsorientierten betriebswirtschaftlichen Ansatzes steht in der betrieblichen Praxis allerdings heute noch oft ein Problem entgegen: Viele Controller und kaufmännische Leiter haben – trotz oft sehr ausgeprägter Kompetenz in ihren traditionellen Kerntätigkeitsfeldern – nur relativ wenig fundiertes Wissen über Rating, Bewertungsverfahren, Wahrscheinlichkeitsverteilung und Simulationsverfahren. In der realen Welt mit einer nicht sicher vorhersehbaren Zukunft, bestehenden Rating- und Finanzierungsrestriktionen und einer Vielzahl von Handlungsalternativen, deren Ertrag-Risiko-Profile zu vergleichen sind, sind diese betriebswirtschaftlichen und formalen Methoden allerdings von grundlegender Bedeutung. Ihr sachgerechter Einsatz führt zu entscheidenden Wettbewerbsvorteilen, weil z. B. sonst übersehene „bestandsgefährdende Entwicklungen" aus Kombinationseffekten von Risiken übersieht oder suboptimale Entscheidungen getroffen werden. Eine höhere Leistungsfähigkeit des betriebswirtschaftlichen Instrumentariums einer „risikoorientierten Unternehmensführung speziell in der Verknüpfung von Controlling und Risikomanagement" führt potenziell zu besser vorbereiteten unternehmerischen Entscheidungen – und damit mehr Unternehmenserfolg. Ein adäquater Ausbau der betriebswirtschaftlich-methodischen Kompetenz ist hier dringend zu empfehlen. Alleine die Kenntnis der „traditionellen Controllingliteratur" ist unzureichend, wenn sich das Controlling des Unternehmens als die Stelle sieht, die die Unternehmensführung bei der Vorbereitung von Entscheidungen unter Unsicherheit fundiert unterstützen möchte. Für die Erfüllung dieser sinnvollen Aufgabenstellung ist die Verbindung von Controlling-, Risikomanagement, Rating- und Bewertungs-Know-how erforderlich.

Hinweis: Checkliste zur Qualitätssicherung von Entscheidungsvorlagen
Eine Checkliste zur Qualitätssicherung von Entscheidungsvorlagen finden Sie im Anhang dieses Artikels.

4 Haftungsrisiken durch fehlende Risikoanalysen und Ratingprognosen

Es ergeben sich potenziell erhebliche Haftungsrisiken für die Unternehmensführung, wenn nicht bereits vor der Durchführung wesentlicher (strategischer) Entscheidungen die Auswirkungen für den aggregierten Risikoumfang und das zukünftige Rating als Maßstab für die Bedrohungslage des Unternehmens betrachtet und bei der Entscheidungsfindung nachvollziehbar berücksichtigt werden.[11] Hier zeigen sich bei den in der Praxis aufgebauten traditionellen, „silo-orientierten" Risikomanagementsystemen gravierende Schwächen. Oft findet nicht einmal die geforderte Risikoaggregation statt. Häufig werden die Implikationen der kombinierten Wirkung verschiedener Einzelrisiken für das zukünftige Rating (Ratingprognosen) nicht beurteilt und so potenziell bestandsbedrohende Entwicklungen übersehen. Besonders problematisch ist es potenziell, wenn das Risikomanagement – mit Risikoanalyse und Risikoüberwachung – immer nur die aktuelle Situation des Unternehmens betrachtet und eben nicht präventiv aktiv wird, also bei der Vorbereitung unternehmerischer Entscheidungen deren mögliche Auswirkungen auf die zukünftige Risikosituation anzeigt. Gerade daher ist der in obiger Abb. 3 dargestellte Managementansatz notwendig, der die Einbeziehung von quantitativen Risikoanalysen – des Risikomanagements oder auch des Controllings – bei der Vorbereitung aller wesentlichen unternehmerischen Entscheidungen gewährleistet.

5 Konsequenzen für die Praxis von Controlling und Risikomanagement

Traditionelle Risikomanagement-Ansätze haben oft schwerwiegende Konstruktionsfehler, die einen praktischen Nutzen in Frage stellen und potenziell sogar schwerwiegende persönliche Haftungsrisiken für die Unternehmensführung implizieren können. Es ist unzureichend, wenn das Risikomanagement (im Zusammenspiel mit Controlling, Qualitätsmanagement oder Treasury) lediglich die in einem Unternehmen bereits vorhandenen Risiken überwacht und in Risikoreports für die Unternehmensführung (und den Aufsichtsrat) turnusmäßig zusammenfasst.

Risikomanagement und Controlling müssen bei Entscheidungsvorbereitung zusammenarbeiten

Sichergestellt werden muss, dass das Risikomanagement sich nicht nur mit den bestehenden Risiken beschäftigt, sondern insbesondere auch mit Handlungsoptionen sowie geplanten Projekten und Maßnahmen. Es ist auch wenig hilfreich erst nach einer Entscheidung festzustellen, welche Implikationen diese für das Unternehmen – speziell für Risiken und

---

[11] Vgl. Romeike, 2008.

Rating – nun gehabt hat. Bereits vor einer Entscheidung für eine solche Handlungsoption (wie Investition) ist aufzuzeigen, wie sich durch diese der aggregierte Gesamtrisikoumfang eines Unternehmens verändern und welche Implikationen diese Veränderungen für den Grad der Bestandsbedrohung eines Unternehmens haben würde, ausgedrückt durch eine Ratingprognose. Eine risiko- und wertorientierte Unternehmensführung erfordert ein Abwägen erwarteter Erträge und Risiken bei der Vorbereitung von Entscheidungen.

Quantitative Risikoanalyse und Risikoaggregation sind Grundlage für risikoorientierte Bewertung

Quantitative Risikoanalyse und Risikoaggregation sind Grundlage für eine tatsächlich risikoorientierte Bewertung mit risikoadäquaten Kapitalkosten, da aufgrund der empirisch vielfach belegten Kapitalmarktunvollkommenheiten traditionelle „kapitalmarktorientierte" Bewertungsverfahren (wie z.B. das CAPM) unzureichend sind. Durch die Risikoanalyse erhält man auch erst die für die Bewertung nötigen „erwartungstreuen" Schätzer der Erträge, die von den Planwerten abweichen, wenn z.B. Gefahren gegenüber Chancen dominieren.

Unabhängig davon, wie die Aufgaben für Risikoanalyse und risikogerechte Bewertung in einem Unternehmen auf Controlling und Risikomanagement verteilt sind, ist das wichtigste Einsatzfeld der Risikoanalysen die Vorbereitung von Entscheidungen, insbesondere des Top-Managements.

6 Anhang 1: Checkliste zur Qualitätssicherung von Entscheidungsvorlagen

		Keine Informationen verfügbar: Rückfrage nötig!	Informationen zeigen kritische Probleme: keine Zustimmung!	Probleme legen tiefere Analyse nah!	Informationen zeigen keine kritischen Probleme: OK!
a)	Sind die notwendigen Ressourcen und Erfolgsfaktoren sowie die strategischen Risiken, also die Bedrohung dieser Erfolgsfaktoren des Unternehmens oder Projekts usw. bekannt?				
b)	Sind die verwendeten Begriffe und Kennzahlen in Strategie und Planung klar und eindeutig definiert?				

		Keine Informationen verfügbar: Rückfrage nötig!	Informationen zeigen kritische Probleme: keine Zustimmung!	Probleme legen tiefere Analyse nah!	Informationen zeigen keine kritischen Probleme: OK!
c)	Liegt eine nachvollziehbare operative Planung (mit Erfolgsrechnung und Bilanz) vor und sind deren wesentliche Annahmen bekannt?				
d)	Sind die unsicheren Planannahmen und Risiken, die Planabweichungen auslösen können, bekannt?				
e)	Basieren die Planungen auf Erwartungswerten, werden also Chancen und Gefahren (Risiken) berücksichtigt?				
f)	Existiert ein geeigneter Erfolgsmaßstab, also ein Bewertungskriterium, das insbesondere erwartete Auswirkungen auf das Ergebnis und die Risiken berücksichtigt?				
g)	Werden der sich durch die mögliche Entscheidung ergebende Finanzierungsbedarf und die zusätzliche Inanspruchnahme der Risikotragfähigkeit des Unternehmens (Eigenkapital) angegeben?				
h)	Werden die Konsequenzen für das zukünftige Rating berechnet?				
i)	Wurden in der Planung mögliche Umsetzungsfriktionen und Gegenreaktionen (z. B. von Wettbewerbern) berücksichtigt?				

		Keine Informationen verfügbar: Rückfrage nötig!	Informationen zeigen kritische Probleme: keine Zustimmung!	Probleme legen tiefere Analyse nah!	Informationen zeigen keine kritischen Probleme: OK!
j)	Ist der Entscheidungsvorschlag robust und wurden mögliche Gegenargumente aufgezeigt?				
k)	Ist das als Grundlage für die Entscheidung gewählte Modell (Entscheidungsverfahren, Investitionsrechenverfahren, etc.) grundsätzlich geeignet und wurden alle für dieses Entscheidungsmodell wesentlichen Informationen erhoben?				
© FutureValue Group AG, Leinfelden-Echterdingen					

Tab. 1: Checkliste: Bewertung einer Entscheidungsvorlage[12]

7 Anhang 2: Exkurs für Spezialisten – Risikogerechte Bewertung von Strategien, Projekten, Maßnahmen und Handlungsoptionen

Für jede Handlungsoption wird ein Kapitalkostensatz berechnet

Grundlage der Berechnung des Wertbeitrags einer analysierten Handlungsoption ist die Veränderung des Ertragsrisikos des Unternehmens, womit Risikodiversifikationseffekte im Unternehmenskontext berücksichtigt werden. Im Gegensatz zur traditionellen „kapitalmarktorientierten" Bewertung wird bei der Bewertung von Handlungsoptionen (Projekten) der Kapitalkostensatz unmittelbar aus dem Ertragsrisiko abgeleitet, und nicht etwa aus historischen Aktienrendite-Schwankungen

---

[12] S. auch Gleißner, 2010a.

142

(wie üblicherweise beim Beta-Faktor des CAPM).[13] Auf diese Weise werden die Insiderinformationen der Unternehmensführung, speziell auch über die Risiken eines Projektes, im Entscheidungskalkül berücksichtigt. So wird für jede Handlungsoption ein dazu passender Kapitalkostensatz für die Bewertung berechnet, der die risikogerechte Anforderung an die Rendite zeigt (vgl. **Abb. 4**).[14]

Ein Kapitalkostensatz (Diskontierungszinssatz) k kann also ausgehend vom „Ertragsrisiko" σ_{Ertrag}, z.B. der Standardabweichung des Ertrags, als Ergebnis der Risikoaggregation berechnet werden. Mit diesen können die „traditionellen" Ertragswert- oder Discounted-Cashflow-Formeln für die Bewertung von Handlungsoptionen genutzt werden. Dabei wird z.B. vereinfachend nur für ein „repräsentatives" Jahr der Sachverhalt genutzt, dass man den Wert W auf zwei Wegen berechnen kann: Durch Diskontierung mittels risikoadjustiertem Zinssatz k oder über einen Risikoabschlag vom erwarteten Ergebnis (Ertrag (E^e)). Mit einem von der Risikomenge der Erträge oder der freien Cashflows – z.B. σ_{Ertrag} – abhängigen Risikoabschlag werden Sicherheitsäquivalente berechnet, die sich aus der Replikation ergeben. Sicherheitsäquivalente sind mit dem risikolosen Zinssatz (Basiszinssatz) r_f zu diskontieren.[15]

$$W\left(E^e\right) = \frac{E^e}{1+k} = \frac{E^e - \lambda \cdot \sigma_{Ertrag} \cdot d}{1+r_f}$$

Da die Eigentümer nicht unbedingt alle Risiken des Unternehmens σ_{Ertrag} tragen, muss der Risikodiversifikationsfaktor (d) berücksichtigt werden. (Oft wird angenommen, dass die Korrelation des Ergebnisses zur Rendite des Marktportfolios genauso hoch ist wie die Korrelation zwischen den Aktien des Unternehmens und dem Marktportfolio.[16] Er zeigt den Anteil der Risiken, den der Eigentümer zu tragen hätte, also bewertungsrelevant ist. Im CAPM ist d gerade die Korrelation ρ zum

w zeigt die Mindestanforderungen an Renditen, λ zeigt das Rendite-Risiko-Profil vor Alternativanlage

---

[13] Die empirischen Resultate der letzten rund 25 Jahre zeigen, dass der Beta-Faktor einen geringen oder gar keinen Beitrag zur Erklärung von Aktienrenditen leistet, aber eine Vielzahl anderer Einflüsse empirisch belegt sind. Das Drei-Faktoren-Modell (Fama/French, 2008), das Vier-Faktoren-Modell (Carhart, 1997) und das „fundamentale" Q-Theorie-Modell von Chen, Novy-Marx und Zhang, (Chen/Novy-Marx/Zhang, 2011) zeigen sich in praktisch allen Untersuchungen leistungsfähiger als das CAPM. Interessant ist, dass recht simple (und in der Praxis übliche) Kennzahlen, wie das EBITDA-Multiple, einen recht hohen Erklärungsbeitrag bei den Aktienrenditen bieten, möglicherweise einfach deshalb, weil sie eine korrekturbedürftige Über- oder Unterbewertung einer Aktie auf einem unvollkommenen Kapitalmarkt operationalisieren (Loughran/Wellman, 2011).

[14] Krüger/Landier/Thesmar, 2011 zeigen, dass unternehmenseinheitliche Kapitalkosten zu schwerwiegenden Fehlentscheidungen führen können.

[15] Vgl. auch Kapitel 1.6 im Beitrag von Gleißner, „Risikomanagement: Ziele und Teilaufgaben im Überblick" im vorliegenden Band.

[16] Vgl. auch das Fallbeispiel in Gleißner, 2013b wo d statistisch aus historischen Ergebnisschwankungen abgeleitet wird.

Marktportfolio. Man kann zeigen, dass bei Verwendung der Standardabweichung als Risikomaß λ, der „Marktpreis des Risikos" gerade der bekannten Sharpe-Ratio entspricht.[17] Er ist abhängig von der erwarteten Rendite des Marktindex r_m^e, deren Standardabweichung σ_{r_m} und dem risikolosen Basiszins r_f

$$\lambda = \frac{Marktrisikopr\ddot{a}mie}{\sigma_{r_m}} = \frac{r_m^e - r_f}{\sigma_{r_m}}$$

λ ist mit plausiblen Werten etwa 0,25. Es wird deutlich, dass mit diesem Wert nichts ausgesagt wird über den Anteil der Risiken, die nach Diversifikation vom Entscheider in der Bewertung zu berücksichtigen sind (dies drückt der Risikodiversifikationsfaktor d aus). Der Wert von λ ist eine Kennzahl für das Rendite-Risiko-Profil der Alternativinvestition (Opportunitätskosten-Kalkül) und sagt, welche zusätzliche Rendite pro zusätzliche Einheit an Risiko (z.B. gemessen in der Standardabweichung als Risikomaß) zu fordern ist. Mit dem Erwartungswert des „Ertrags" E^e ergibt sich durch Auflösen von (1) folgende Gleichung für den risikogerechten Kapitalkostensatz (als Anforderung an die Rendite):

$$k = \frac{1+r_f}{1 - \lambda \cdot \frac{\sigma_{Ertrag}}{E^e} \cdot d} - 1$$

für $\lambda \cdot \frac{\sigma_{Ertrag}}{E^e} \cdot d < 1$.

Verhältnis von Ertragsrisiko σ_{Ertrag} zum erwarteten Ertrag E^e nennt man Variationskoeffizient

Das Verhältnis von Ertragsrisiko σ_{Ertrag} zum erwarteten Ertrag E^e, die beide von Chancen und Gefahren abhängig sind, nennt man Variationskoeffizient. Er ist eine Kennzahl für die Planungssicherheit. Diese sogenannte „semi-investitionstheoretische Bewertung"[18] ist nicht aufwändiger als die kapitalmarktorientierte Bewertung, unterstellt (sofern gewünscht) die gleichen Alternativinvestments, hat aber den zentralen Vorteil: die Bewertung ist unmittelbar abhängig vom Risikoumfang des Bewertungsobjekts bzw. der zu beurteilenden Handlungsoptionen (Ertragsrisiko) und nicht von historischen Aktienrenditeschwankungen. Damit sind Kapitalmarktunvollkommenheiten, soweit sie die Aktien des

[17] Gleißner, 2011a und Gleißner/Wolfrum, 2008 zur Herleitung mittels unvollständiger „Replikation" sowie Rubinstein, 1973 und Spremann, 2004. Für die übliche Diskontierung über die Zeit t mit $(1+k)^t$ benötigt man weitere Annahmen über die zeitliche Entwicklung des Risikos.

[18] S. als Spezialform der semi-investitionstheoretischen Bewertung unter Berücksichtigung von Rating- und Finanzierungsrestriktionen den sogenannten „Risikodeckungsansatz" gemäß Gleißner, 2005 und 2006.

zu bewertenden Unternehmens betreffen, irrelevant.[19] Will man – trotz aller Probleme – den Annahmen des CAPM treu bleiben, kann die „Risikoabschlagvariante des CAPM" genutzt werden, bei der der Risikoumfang ebenfalls über das Ertragsrisiko (Standardabweichung der Gewinne bzw. finanzielle Überschüsse) erfasst wird.[20]

Über die Berechnung der Kapitalkosten mit Gleichung (3) werden somit die Risiken in der Beurteilung von Handlungsoptionen erfasst. Ebenfalls und zusätzlich berücksichtigt werden schon bei der Vorbereitung einer Entscheidung (und nicht erst ex post im Rahmen des Risikoreporting) die möglichen Auswirkungen der Handlungsoption für das zukünftige Rating, das die Insolvenzwahrscheinlichkeit eines Unternehmens beschreibt. Zu beachten ist, dass die Insolvenzwahrscheinlichkeit p (Rating) auch einen Werttreiber darstellt und wie eine negative Wachstumsrate (in der Fortführungsphase eines Bewertungsmodells) wirkt.[21]

> Insolvenzwahrscheinlichkeit p (Rating) wirkt wie eine negative Wachstumsrate

Die risikoabhängige Insolvenzwahrscheinlichkeit lässt sich recht einfach in der DCF-Bewertung oder im Ertragswertverfahren erfassen.[22] In der Detailplanungsphase ist die Insolvenzwahrscheinlichkeit unmittelbar bei der Bestimmung der Erwartungswerte zu berücksichtigen (als Szenario mit i.d.R. keinem Rückfluss an die Eigentümer). Grundsätzlich empfiehlt es sich, auch in der Fortführungsphase Insolvenzszenarien in einem „Zustandsbaum" oder in Pfaden eines Simulationsmodells im Detail abzubilden.[23] Neben der Betrachtung des Insolvenzszenarios in der Detailplanung ist zu beachten, dass auch in jedem Jahr der Fortführungsphase eine Insolvenz eintreten kann. Nimmt man für die Fortführungsphase bei der Bestimmung des Terminal Value an, dass die Insolvenzwahrscheinlichkeit[24] im „gleichgewichtigen" Rentenmodell – konstant bleibt, führt sie (unter sonst gleichen Bedingungen) im Zeitablauf zu kontinuierlich sinkenden Erwartungswerten der finanziellen Überschüsse und wirkt damit quasi wie eine „negative Wachstumsrate".[25] Dies gilt

> Rating drückt Insolvenzwahrscheinlichkeit aus

---

[19] Will man – trotz aller Probleme – den Annahmen des CAPM treu bleiben, kann die „Risikoabschlagvariante des CAPM" genutzt werden, bei der der Risikoumfang ebenfalls über das Ertragsrisiko (Standardabweichung der Gewinne bzw. finanzielle Überschüsse) erfasst wird. S. z.B. Rubinstein, 1973. Spremann, 2004 und weiterführend Gleißner/Wolfrum, 2008 zeigen, dass diese CAPM-Variante unter den spezifischen CAPM-Annahmen mit den Bewertungsgleichungen gemäß „unvollkommener Replikationen" übereinstimmt.

[20] S. z.B. Rubinstein, 1973. Spremann, 2004 und weiterführend Gleißner/Wolfrum, 2008 zeigen, dass diese CAPM-Variante unter den spezifischen CAPM-Annahmen mit den Bewertungsgleichungen gemäß „unvollkommener Replikationen" übereinstimmt.

[21] Sie ist jedoch nicht als Komponente von k zu verstehen (vgl. Knabe, 2012).

[22] Vgl. auch Gleißner/Ihlau, 2017 mit einem Fallbeispiel zur Strategiebewertung.

[23] Vgl. auch Gleißner, 2017c und Friedrich, 2015.

[24] Wie andere Eckwerte des Unternehmens, z.B. die Rentabilität und Kapitalkosten.

[25] Vgl. Gleißner, 2010b; Metz, 2007; Knabe, 2012; Saha/Malkiel, 2012; Arbeitskreis des EACVA e.V., 2011; Ihlau/Duscha/Gödecke, 2013.

auch, wenn Kapitalkosten bzw. Diskontierungszinssätze (k) nach dem CAPM berechnet werden.

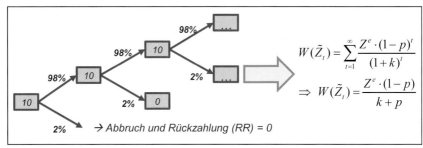

Abb. 5: Ertragsstrom bei einer möglichen Insolvenz (Insolvenzwahrscheinlichkeit p = 2 %)

Bei einer Wachstumsrate w der (bedingten) Erwartungswerte der Erträge Z^{e}[26] und einem Diskontierungszins k ergibt sich folgende Gleichung für den Unternehmenswert W in der Fortführungsphase (Terminal Value) in Abhängigkeit von der Insolvenzwahrscheinlichkeit p.

$$W = \sum_{t=1}^{\infty} \frac{Z^e \cdot (1-p)^t \cdot (1+w)^t}{(1+k)^t} = \frac{Z^e \cdot (1-p) \cdot (1+w)}{k - w + p \cdot (1+w)} \ (1)$$

Dabei gilt: $Z^e(1-p) = Z_{T+1}^e$[27]

Speziell der Wert eines Unternehmens (bzw. seines Terminal Value) mit w = 0 ist dann:

$$W = \frac{Z^e \cdot (1-p)}{k+p}. \ (2)$$

Die Wirkung der Insolvenzwahrscheinlichkeit in jeder Periode führt jedoch dazu, dass die Insolvenzwahrscheinlichkeit (wie auch die Wachstumsrate) mathematisch in den Nenner „wandert". Dies bedeutet jedoch nicht, dass sich eine Doppelerfassung ergeben oder die Insolvenzwahrscheinlichkeit zu einer Komponente des Diskontierungszinssatzes würde. (Bei einer mehrwertigen simulationsbasierten Planung wird die Insolvenzwahrscheinlichkeit in der Detailplanungsphase automatisch erfasst. Sicherzustellen ist nur, dass bei einer Insolvenz (durch Überschuldung oder Illiquidität) die Simulation der künftigen Perioden aus der Perspektive des Eigentümers tatsächlich „abgebrochen" wird. Diese Erfassung allein ist jedoch unzureichend, weil zumindest bei der Betrachtung des Terminal Value (ausgehend von einer „repräsentativen Startperiode") eben keine mehrwertige Planung

---

[26] Ohne Insolvenz (bedingter Erwartungswert) sowie periodeninvarianter Insolvenzwahrscheinlichkeit.

[27] Zu einer Erweiterung der Gleichung für die Recovery Rate (RR) s. Gleißner, 2015b.

mehr vorliegt.) In der Fortführungsphase wirkt die Insolvenzwahrscheinlichkeit also weitgehend wie eine „negative Wachstumsrate" – ist aber nicht Teil der Kapitalkosten, d.h. keine „Risikoprämie" für ein Liquiditätsrisiko (die es im CAPM auch nicht ergänzend zum Beta-Faktor geben kann). Es ist dabei notwendig, dass sich im Erwartungswert der Zahlungen in der letzten Periode der Detailplanungsphase die Auswirkung einer möglichen Insolvenz in der Detailplanungsphase bereits berücksichtigt ist. Es ist also ein „unbedingter" Erwartungswert notwendig.

Fazit: Zu beurteilende Handlungsoptionen haben potenziell Wirkung auf (1) erwartete Erträge, (2) aggregiertes Ertragsrisiko und ggf. auch (3) Risikodeckungspotenzial (Eigenkapital- und Liquiditätsreserven) – und damit insgesamt auf Rating (Gläubigerperspektive) und Wert (Eigentümerperspektive), was Abb. 5 zusammenfassend zeigt.

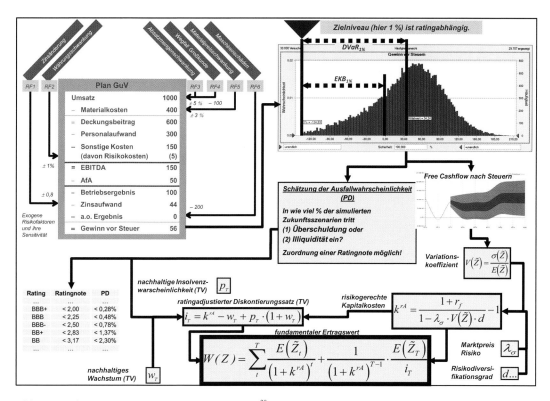

Abb. 6: Risiko, Rating und Wert: Zusammenhänge[28]

---

[28] Die in der Grafik zusätzlich dargestellte Größe w ist die langfristige Ertragswachstumsrate, die Bedeutung der Insolvenzwahrscheinlichkeit (p) für den Unternehmenswert wurde oben erläutert.

Durch die Berechnung von Ratingprognosen für ein Basis- sowie ein risikoabhängiges Stressszenario und eine ergänzende Risikosimulation kann untersucht werden, ob bzw. in welchem Umfang durch die Maßnahmen, über die das Top-Management entscheiden will, die Krisenanfälligkeit des Unternehmens zunehmen würde. Es erfolgt also eine klare Beurteilung der Implikationen von angedachten Maßnahmen – bevor über diese entschieden und sie durchgeführt werden – auf den Grad der Bestandsbedrohung des Unternehmens. Und gerade diese Beurteilung möglicher bestandsbedrohender Auswirkungen, also Gefährdungen des zukünftigen Ratings, sind der Kern der gesetzlichen Anforderung aus dem Kontroll- und Transparenzgesetz (KonTraG), was auch in den Anforderungen des IDW Prüfungsstandards 340 deutlich wird.

8 Literaturhinweise

Angermüller/Gleißner, Verbindung von Controlling und Risikomanagement: Eine empirische Studie der Gegebenheiten bei H-DAX Unternehmen, in Controlling, 6/2011, S. 308–316.

Arbeitskreis des EACVA e.V., Bewertung nicht börsennotierter Unternehmen – die Berücksichtigung von Insolvenzwahrscheinlichkeiten, in BewertungsPraktiker, 1/2011, S. 12–22.

Berger/Gleißner, Modernes Risikomanagement, in wisu, 4/2013, S. 525–530.

Brühwiler, Risikomanagement als Führungsaufgabe: ISO 31000 mit ONR 49000 wirksam umsetzen, 2011.

Carhart, On Persistence in Mutual Fund Performance, in Journal of Finance 52/1997, S. 57–82.

Chen/Novy-Marx/Zhang, An Alternative Three-Factor Model. Working paper, Washington University St. Louis, 2011, http://ssrn.com/abstract=1418117, Abrufdatum 24.5.2017.

Crasselt/Pellens/Schmidt, Zusammenhang zwischen Wert- und Risikomanagement – Ergebnisse einer empirischen Untersuchung, in Controlling, 2010, S. 405–410.

Drefke, Der Fortführungswert in der Unternehmensbewertung – Ansätze zur Operationalisierung des Gleichgewichtszustandes, 2016.

Fama/French, Common Risk Factors in the Returns on Stocks and Bonds, in Journal of Financial Economics, 1/1993, S. 3–56.

Fama/French, Dissecting Anomalies, in Journal of Finance, 4/2008, S. 1653–1678.

Friedrich, Unternehmensbewertung bei Insolvenzrisiko, 2015.

Füser/Gleißner/Meier, Risikomanagement (KonTraG) – Erfahrungen aus der Praxis, in Der Betrieb, 15/1999, S. 753–758.

Gleißner, Die Aggregation von Risiken im Kontext der Unternehmensplanung, in ZfCM – Zeitschrift für Controlling & Management, 5/2004, S. 350–359.

Gleißner, Kapitalkosten: Der Schwachpunkt bei der Unternehmensbewertung und im wertorientierten Management, in FINANZ BETRIEB, 4/2005, S. 217–229.

Gleißner, Risikogerechte Kapitalkostensätze als Werttreiber bei Investitionen, in ZfCI – Zeitschrift für Controlling und Innovationsmanagement, 4/2006, S. 54–60.

Gleißner, Zur kritischen Prüfung von Entscheidungsvorlagen und Gutachten: Elf Fragen und Empfehlungen, in Der Aufsichtsrat, 5/2010a, S. 69–71.

Gleißner, Unternehmenswert, Rating und Risiko, in WPg, 14/2010b, S. 735–743.

Gleißner, Risikoanalyse und Replikation für Unternehmensbewertung und wertorientierte Unternehmenssteuerung, in WiSt, 7/2011a, S. 345–352.

Gleißner, Unsicherheit, Risiko und Unternehmenswert, in Petersen/Zwirner/Brösel (Hrsg.), Handbuch Unternehmensbewertung, 2013a, S. 691–721.

Gleißner, Die risikogerechte Bewertung alternativer Unternehmensstrategien: ein Fallbeispiel jenseits CAPM, in Bewertungspraktiker, 3/2013b, S. 82–89.

Gleißner, 10 Gebote für gute unternehmerische Entscheidungen, in Controller Magazin, 4/2014a, S. 34–41.

Gleißner, Kapitalmarktorientierte Unternehmensbewertung: Erkenntnisse der empirischen Kapitalmarktforschung und alternative Bewertungsmethoden, in Corporate Finance, 4/2014b, S. 151–167.

Gleißner, Der Vorstand und sein Risikomanager. Dreamteam im Kampf gegen die Wirtschaftskrise, 2015a.

Gleißner, Ermittlung eines objektivierten Unternehmenswerts von KMU – Anregungen unter besonderer Berücksichtigung von Rating und Insolvenzwahrscheinlichkeit, in WPg, 17/2015b, S. 908–919.

Gleißner, Grundlagen des Risikomanagements, 3. Aufl. 2017a.

Gleißner, Risikomanagement, KonTraG und IDW PS 340, in WPg, 3/2017b, S. 158–164.

Gleißner, Das Insolvenzrisiko beeinflusst den Unternehmenswert: Eine Klarstellung in 10 Punkten, in BewertungsPraktiker 02/2017c, S. 42–51.

Gleißner/Ihlau, Anwendung von Unternehmensbewertungsmethoden bei der Strategiebeurteilung, in BetriebsBerater, 26/2017, S. 1387–1391.

Gleißner/Pflaum, Risiken konzernweit managen – Die organisatorische Verankerung des Risikomanagements bei EnBW, in Roselieb/Dreher (Hrsg.), Krisenmanagement in der Praxis. Von erfolgreichen Krisenmanagern lernen, 2008, S. 181–208.

Gleißner/Romeike, Gute Frage: Was sind die „Grundsätze ordnungsgemäßer Planung (GoP)"?, in Risk, Compliance & Audit, 1/2012, S. 14–16.

Gleißner/Wolfrum, Eigenkapitalkosten und die Bewertung nicht börsennotierter Unternehmen: Relevanz von Diversifikationsgrad und Risikomaß, in Finanz Betrieb, 9/2008, S. 602–614.

Günther, Planungs- und Kontrollinstrumente zur unternehmenswertorientierten Führung in mittelständischen Unternehmen, in Controlling, 4-5/2014, S. 220–227.

Henschel/Busch, Benchmarkstudie zum Stand und zu Perspektiven des Risikomanagements in deutschen KMU, in Controller Magazin, 1/2015, S. 66–73.

Ihlau/Duscha/Gödecke, Besonderheiten bei der Bewertung von KMU, 2013.

Knabe, Die Berücksichtigung von Insolvenzrisiken in der Unternehmensbewertung, 2012.

Knoll/Tartler, Alles hat ein Ende… – Anmerkungen zu einer mehrstufigen Diskussion in FB und CF biz, in Corporate Finance biz, 7/2011, S. 409–413.

Krüger/Landier/Thesmar, The WACC Fallacy: The Real Effects of Using a Unique Discount Rate, in IDEI Working Papers 629, Institut d'Économie Industrielle (IDEI), 2011.

Loughran/Wellman, New Evidence on the Relation between the Enterprise Multiple and Average Stock Returns, in Journal of Financial and Quantitative Analysis, 6/2011, S. 1629–1650.

Mai, Mehrperiodige Bewertung mit dem Tax-CAPM Kapitalkostenkonzept, in Zeitschrift für Betriebswirtschaft (ZfB), 12/2006, S. 1225–1253.

Metz, Der Kapitalisierungszinssatz bei der Unternehmensbewertung – Basiszinssatz und Risikozuschlag aus betriebswirtschaftlicher Sicht und aus Sicht der Rechtsprechung, 2007.

Romeike, Rechtliche Grundlagen des Risikomanagement Haftungs- und Straf-vermeidung für Corporate Compliance, 2008.

Romeike/Hager, Erfolgsfaktor Risikomanagement 3.0: Lessons learned, Methoden, Checklisten und Implementierung, 2013.

Rubinstein, A Mean-Variance Synthesis of Corporate Financial Theory, in The Journal of Finance, 1/1973, S. 167–181.

Saha/Malkiel, DCF Valuation with Cash Flow Cessation Risk, in Journal of Applied Finance, 1/2012, S. 175–185.

Spremann, Valuation: Grundlagen moderner Unternehmensbewertung, 2004.

Vanini, Risikomanagement – Grundlagen, Instrumente, Unternehmens-praxis, 2012.

Walkshäusl, Fundamentalrisiken und Aktienrenditen – Auch hier gilt, mit weniger Risiko zu einer besseren Performance, in Corporate Finance biz, 3/2013, S. 119–123.

Integration von Qualitäts- und Risikomanagement in der ISO 9001 Rev. 2015

■ Normen und Standards sind wertvolle Hilfen zur optimalen Gestaltung von Managementprozessen. Während sich im Bereich des Qualitätsmanagements die ISO 9000 ff. schon vor Jahren fest etabliert hat, gewinnt für das Risikomanagement die ISO 31000 ff. zunehmend an Bedeutung.

■ Durch die aktuelle Revision der ISO 9001 werden die Zusammenhänge zwischen Qualitäts- und Risikomanagement stärker betont als bisher.

■ Viele Instrumente, die bisher v. a. im Rahmen des Qualitätsmanagements genutzt werden, können auch sinnvoll für das Risikomanagement genutzt werden und vice versa.

■ Dies gilt in besonderem Maße für die FMEA, deren Vorgehensweise und Einsatz im Risikomanagementprozess anhand eines Beispiels dargestellt wird.

▪ Die Autoren

Prof. Dr. Dirk Vogel, Professor im Studiengang Betriebswirtschaftslehre an der Hochschule für Technik (HFT) Stuttgart sowie Leiter des Zentrums für Qualität und wissenschaftlicher Leiter Qualitätsmanagement der Hochschule.

Prof. Dr. Roland Franz Erben, Professor im Studiengang Wirtschaftspsychologie an der Hochschule für Technik (HFT) Stuttgart. Seine Schwerpunkte in Forschung und Lehre sind Risikomanagement, Controlling und Corporate Finance.

1 Integration von Risiko- und Qualitätsmanagement

Nicht erst durch die Finanz- und Wirtschaftskrise, die zahlreichen Naturkatastrophen[1] oder spektakuläre Unternehmenspleiten in den letzten Jahren erkennen immer mehr Unternehmen die überragende Bedeutung eines ganzheitlichen Chancen- und Risikomanagements zur Sicherung und Steigerung des Unternehmenswerts. Folgerichtig wurde dieser Funktionsbereich in den letzten Jahren in vielen Fällen stark ausgebaut und professionalisiert. Hierbei entstanden jedoch oftmals „Insellösungen", bei denen zwar ein Risikomanagementsystem eingeführt, dieses aber nicht bzw. nicht ausreichend mit den bereits vorhandenen Management(sub-)systemen vernetzt wurde. Gerade im Falle einer klassischen Querschnittsfunktion wie dem Risikomanagement, das praktisch alle betrieblichen Bereiche tangiert, stellt eine solche Integration jedoch einen entscheidenden Erfolgsfaktor dar. Dementsprechend erscheint es sinnvoll, dass sich nicht nur das Risikomanagement auf andere betriebliche Funktionen zubewegt, sondern dass auch die übrigen Management(sub-)systeme geeignete „Andockstellen" für das Risikomanagement schaffen.

Das Risikomanagement steht oftmals isoliert

Geradezu prädestiniert für solche Integrationsschritte erscheint das Qualitätsmanagement, da es zahlreiche inhaltliche und methodische Überlappungen mit dem Risikomanagement aufweist. Erfreulicherweise wird diese Thematik auch in der aktuellen Revision des Qualitätsmanagementstandards ISO 9001 aufgegriffen. Die weite Verbreitung dieses Standards lässt erwarten, dass sich Qualitätsmanager künftig intensiver mit dem Thema Risikomanagement auseinandersetzen. Gleichzeitig kann die aktuelle ISO 9001-Revision auch einen willkommenen Anlass für Risikomanager, Controller oder Revisoren darstellen, sich näher mit den Ansätzen des Qualitätsmanagements zu beschäftigen. Hierbei werden beide Gruppen merken, dass sich viele der von ihnen verwendeten Ansätze und Methoden auch im Bereich des jeweils anderen sinnvoll einsetzen lassen.

Ziel: Engere Verzahnung zwischen RM und QM

2 Standardisierungslandschaft im Risiko- und Qualitätsmanagement

Beim Umgang mit Standards bzw. Regelwerken könnte die Situation in den Bereichen „Qualitätsmanagement" (QM) einerseits und „Risikomanagement" (RM) andererseits kaum unterschiedlicher sein: So herrschte im RM-Bereich lange Zeit ein ausgeprägter „Wildwuchs" an Standards, Frameworks, Guidelines etc.: Ende der 1990er Jahre sollen bspw. rund

Lange gab es keinen einheitlichen RM-Standard

---

[1] Beispielhaft seien an dieser Stelle nur der Taifun Haiyan auf den Philippinen (2013), die Hochwasserflut in weiten Teilen Deutschlands und Osteuropas (2013), der Hurrikan „Sandy" in den USA (2012) oder der Reaktorunfall von Fukushima (2011) erwähnt.

80 derartige Rahmenwerke existiert haben, die sich stark bezüglich Geltungsbereich, adressierte Branchen bzw. Zielgruppen, Inhalt, betrachtetes Risikospektrum, Detaillierungsgrad etc. unterschieden haben.[2] Erst mit der Vorstellung des ISO 31000 im Jahr 2009 kam es in diesem Bereich zu einer Konsolidierungswelle, so dass inzwischen bspw. die OECD die Ansicht vertritt, die ISO 31000 „has ... *de facto* become the world standard".[3]

Die ISO 31000 entwickelt sich zum wichtigsten Standard

Einen weiteren Hinweis auf die Bedeutung, welche das Regelwerk inzwischen erlangt hat, gibt die auf der Homepage der ISO veröffentlichten Rangliste der „Popular Standards", in der die ISO 31000 aktuell auf dem sechsten Platz rangiert.[4] Zudem scheint das Regelwerk mittlerweile auch in der Praxis „angekommen" zu sein: So gaben laut einer Studie der US-amerikanischen Risk and Insurance Management Society (RMIS) aus dem Jahr 2013 bereits 23 % der rund 1.500 befragten Unternehmen an, ihr Risikomanagement primär an der ISO 31000 auszurichten – ein Ergebnis, das umso bemerkenswerter erscheint, als dass der in den USA lange Zeit klar dominierende COSO-Standard hierbei nur von 22 % der Befragten genannt wurde.

Im QM dominiert die ISO 9001

Im Gegensatz zum historisch gewachsenen „RM-Standardisierungs-Wirrwarr", hat sich im Bereich des QM mit der ISO 9001 schon seit den 1990er Jahren ein unangefochtener und allgemein akzeptierter Leitstandard etabliert. Eine ISO-9001-Zertifizierung wird in vielen Fällen quasi als „conditio sine qua non" für die Aufnahme von Geschäftsbeziehungen vorausgesetzt. Dementsprechend sind weltweit bereits über eine Millionen Organisationen nach ISO 9001 zertifiziert und folgerichtig steht die Norm bei der ISO seit langem auf Platz 1 der „Popular Standards".[5]

3 Bedeutung des Risikomanagements im Kontext der ISO 9001

Die ISO 9001 als Treiber der Integration?

Aufgrund der weiten Verbreitung der ISO 9001 und ihrer großen Bedeutung für die wirtschaftliche Tätigkeit vieler Unternehmen dürfte die nun erfolgte prominente Platzierung des Themas Risikomanagement innerhalb der ISO 9001 zu einer intensiveren Auseinandersetzung der Qualitätsmanager mit dem Thema Risikomanagement führen. Um diesen Prozess zu unterstützen, werden zunächst exemplarisch wesentliche Neuerungen der ISO 9001 dargestellt, wobei die Inhalte der neuen Revision zum Thema Risikomanagement priorisiert werden. Da eine stärkere

---

[2] Shortread et al., 2003.
[3] OECD, 2014, S. 16.
[4] Vgl. www.iso.org; Stand: 15.9.2015.
[5] Vgl. www.iso.org; Stand: 15.9.2015.

Integration von RM und QM in der Praxis nicht zuletzt über den Einsatz gemeinsamer Instrumente erfolgen dürfte, schließt sich eine kurze Darstellung eines ausgewählten attraktiven Risikomanagementwerkzeugs an.

3.1 Neuerungen durch die Revision 2015 der ISO 9001

Bei der Revision von 2015 handelt es sich um eine so genannte „große" Revision, welche die Version von 2008 ersetzt. Die neue Revision ist im September 2016 erschienen. Ziel der Überarbeitung war u. a. die Anpassung der Norm an die so genannte „High Level Structure", eine einheitliche Grundstruktur, die von den ISO Direktiven für Managementsystemnormen vorgesehen ist. Hierfür wurde zum einen die Abschnittsreihenfolge geändert. Zum anderen soll die zusammenhängende Darstellung von Qualitätspolitik, Qualitätszielen und Prozessen verbessert werden.

Strukturelle Änderungen der ISO 9001

Des Weiteren sind weder die Ernennung eines Qualitätsmanagementbeauftragten noch die Erstellung eines Qualitätsmanagementhandbuches nun mehr zwingend vorgeschrieben. Die Unterscheidung der alten Revision zwischen „Dokumenten" einerseits und „Aufzeichnungen" andererseits war schwer vermittelbar und wird nun zu Gunsten einer pragmatischeren Lösung aufgehoben, indem statt Dokumenten und Aufzeichnungen nun generell „dokumentierte Informationen" gefordert werden.[6]

Vereinfachungen durch die neue Revision

Eine andere Neuerung besteht darin, dass die Revision nun stets von „Produkten und Dienstleistungen" spricht. Eine zentrale Besonderheit von Dienstleistungen, dass nämlich ihre Konformität erst gänzlich mit Dienstleistungserbringung beim Kunden und nicht bereits im Vorfeld geprüft werden kann, wird somit besser berücksichtigt.[7]

ISO 9001 umfasst Produkte und Dienstleistungen

Zur Erfolgsgeschichte der DIN EN ISO 9001 gehört es, dass sie von sehr unterschiedlichen Organisationen angewendet werden kann. Im Fertigungssektor reicht die Spanne der Zertifizierungen von den größten Industrieunternehmen bis hin zu kleinen Handwerksbetrieben und auch im Dienstleistungssektor sind Organisationen der verschiedensten Branchen und Organisationsgrößen zertifiziert. Diesen verschiedenen Spezifika gilt es gerecht zu werden. Vorschreibende Anforderungen werden daher in der Revision 2015 zurückgefahren und durch einen verstärkt risiko- und leistungsbasierten Ansatz ersetzt.[8] Wie in zahlreichen anderen Regulierungsfeldern (etwa dem Bereich der Banken- und Versicherungsregulierung) werden somit prinzipienbasierte gegenüber regelbasierten Ansätzen stärker betont.[9]

---

[6]   Vgl. A6 DIN EN ISO 9001:2015.
[7]   Vgl. A2 DIN EN ISO 9001:2015.
[8]   Vgl. A4 DIN EN ISO 9001:2015.
[9]   Siehe hierzu auch Cunningham, 2007.

Risiko =
Auswirkung von
Ungewissheit

In weitgehender Übereinstimmung mit der ISO 31000 wird in der ISO 9000 Normenreihe der Begriff „Risiko" als „Auswirkung von Ungewissheit" beschrieben.[10] Entgegen der gängigen Verwendung des Risikobegriffs im deutschsprachigen Raum werden unter dieser Auswirkung also nicht nur Abweichungen in negativer, sondern auch Abweichungen in positiver Hinsicht subsumiert.

Zahlreiche
Bezüge der ISO
9001 zum RM

Auf den Risikobegriff selbst wird in mehreren Kapiteln der Norm eingegangen, bevor er in dem Planungskapitel 6 zentral betrachtet wird.

So postuliert Kapitel 0.3.1, dass „unerwünschte Ergebnisse" durch „risikobasiertes Denken" verhindert werden sollen.

- Kapitel 0.3.3 trägt den Begriff „risikobasiertes Denken" als Überschrift. Risikomanagement wird als essentiell angesehen, um ein effektives Qualitätsmanagementsystem zu erreichen.[11]
- Kapitel 4.1 fordert, externe und interne Themen zu bestimmen, die sich auf die Fähigkeit auswirken, mit dem Qualitätsmanagementsystem geplante Ergebnisse zu erzielen.[12]
- Kapitel 4.4 legt dar, dass Risiken und Chancen bei der Planung und Einführung des Qualitätsmanagementsystems bestimmt werden müssen. Abhängig davon variiert auch der Umfang der zu dokumentierenden Informationen.[13]
- Im Rahmen der Einführung in die Struktur, Terminologie und Konzepte der Rev. 2015 greift der Anhang A4 den risikobasierten Ansatz auf.
- Die Übertragung des risikobasierten Ansatzes auch auf extern bereitgestellte Produkte und Dienstleistungen wird nochmals explizit im Anhang A8 thematisiert.
- Auf die ISO 31000 wird im Literaturverzeichnis im Anhang E verwiesen.

Prävention als
Kernaufgabe

Die Kernaufgabe des Risikomanagements – das mit dem Qualitätsmanagement verknüpft ist – besteht darin, vorbeugend zu wirken. Deswegen fordert die Norm in ihrem Kapitel 6, in dem es um das Thema Planung geht, Maßnahmen für den Umgang mit Risiken zu definieren. Da die vorbeugende Arbeitsweise als zentrales Thema eines risikobasierten Qualitätsmanagementsystems gilt, entfällt im Gegenzug das Kapitel 8.5.3 zu den vorbeugenden Maßnahmen der Rev. 2008.

---

[10] Vgl. 3.7.9 ISO 9000:2015.
[11] Vgl. 0.3.3 DIN EN ISO 9001:2015.
[12] Vgl. Kap 4.1 DIN EN ISO 9001:2015.
[13] Vgl. Kap 4.4 DIN EN ISO 9001:2015.

Risiken und Chancen sollen betrachtet werden, um die beabsichtigen Ergebnisse des Qualitätsmanagements zu erzielen, unerwünschte Auswirkungen zu verhindern und eine fortlaufende Verbesserung zu erzielen. Der Gedanke des unterschiedlichen Risikogrades wird mit der folgenden Forderung betont: „Maßnahmen zum Umgang mit Risiken und Chancen müssen proportional zum möglichen Einfluss auf die Konformität von Produkten und Dienstleistungen sein."[14] Zu Strategien für den Umgang mit erkannten Risiken kann es nach Kapitel 6.1.2 zählen, Risikoquellen zu beseitigen oder Risikoeintrittswahrscheinlichkeiten und Risikokonsequenzen zu verringern, aber auch Risiken bewusst einzugehen, um Chancen wahrzunehmen.

RM muss angemessen sein

Auffällig ist, dass die Revision 2015 der Norm zwar in vielen Kapiteln auf das Thema „Risiko" eingeht, allerdings kein formelles Risikomanagement und auch kein dokumentierter Risikomanagementprozess eingefordert werden.[15] Ebenfalls werden keine konkreten Hilfestellungen in Form von Methoden und Werkzeugen zum Risikomanagement gegeben. Hier können allerdings die in der Norm referenzierten Guidelines ISO 31000 sowie ISO 31010 Abhilfe schaffen, was im folgenden Abschnitt weiter ausgeführt wird.

Die ISO 9001 fordert kein Risikomanagement

3.2 Die ISO 31010 als „Werkzeugkasten" für das Risikomanagement gemäß ISO 9001

3.2.1 ISO 31000 und ergänzende Regelwerke

Bekanntermaßen erhob die ISO 31000 von Beginn an den Anspruch eines universell anwendbaren Rahmenwerks für das Risikomanagement. Dies kommt bereits deutlich in der Formulierung der Aufgabenstellung zum Ausdruck, welche die entsprechende Working Group zu Beginn des Entwicklungsprozesses der ISO 31000 definiert hat. Demnach sei der neu zu schaffende Standard „… applicable to all organizations, regardless of type, size, activities and location and should apply to all type of risk."[16]

ISO 31000 als generisches Rahmenwerk

Da ein solch weit gefasster Anspruch im Hinblick auf den angestrebten Geltungsbereich zwangsläufig mit dem Wunsch nach praktischer Umsetzbarkeit kollidiert, wurde die ISO 31000 schon sehr bald um zusätzliche Regelwerke ergänzt, mit deren Hilfe insbesondere die Operationalisierbarkeit der Vorgaben unterstützt werden sollte. Zunächst wurde zu diesem Zweck die ISO 31010 („Risk management – Risk assessment techniques") entwickelt, in der insgesamt 31 Methoden bzw. Instrumente für die Risikoidentifikation und -bewertung dargestellt werden.[17]

Die ISO 31010 beschreibt konkrete Methoden

---

[14] Zit. 6.1.2 DIN EN ISO 9001:2015.
[15] Vgl. A4 DIN EN ISO 9001:2015.
[16] ISO/WG, 2005.
[17] Vgl. Erben/Offerhaus/Sitt, 2010, S. 32-38.

3.2.2 Klassifikation der Instrumente in der ISO 31010

Neben einer Einordnung der Methoden in die einzelnen Phasen des Risikomanagement-Kreislaufs klassifiziert die ISO 31010 einige Werkzeuge nach den Kriterien:[18]

- Complexity, d.h. welchen Komplexitätsgrad weist die betreffende Methode auf?
- Nature and Degree of Uncertainty, d.h. welche Arten von Unsicherheit lassen sich mit Hilfe der betreffenden Methode behandeln bzw. wie „schlecht strukturiert" dürfen die Fragestellungen sein? und
- Resources & Capabilities. d.h. wie aufwändig ist die Durchführung der Methode und wie umfangreich müssen die Fähigkeit und Erfahrungen der Anwender sein?

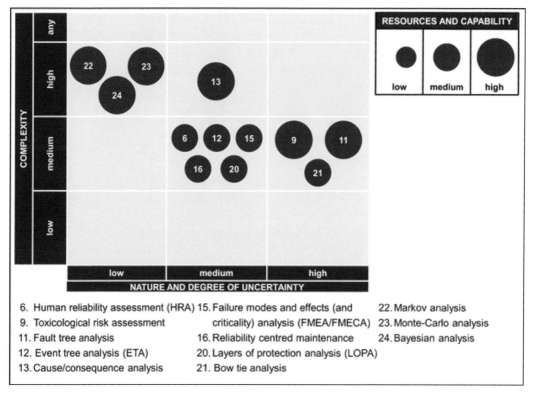

Abb. 1: Klassifikation quantitativer Methoden zur Risikoidentifikation und -bewertung gemäß der ISO 31010

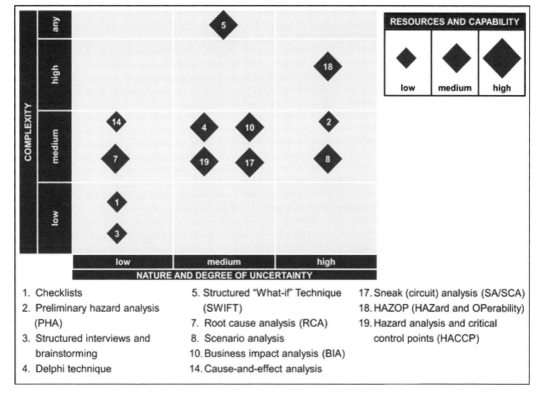

Abb. 2: Klassifikation qualitativer Methoden zur Risikoidentifikation und -bewertung gemäß der ISO 31010

Die Abbildungen 1 und 2 vermitteln einen Überblick dieses Klassifikationsansatzes. Hierbei wird u.a. ersichtlich, dass die in Abbildung 01 dargestellten quantitativ orientierten Instrumente aufgrund ihrer tendenziell höheren Komplexität (Dimension „Complexity") auch einen größeren Aufwand bei der Anwendung verursachen und daher ein höheres Maß an Erfahrung bzw. Kompetenz der Anwender erfordern als die in Abbildung 2 dargestellten qualitativ orientierte Werkzeuge. Während bei ersteren die Ausprägung des oben erläuterten Kriteriums „Resources & Capabilities" zwischen „medium" und „high" schwankt, bewegt es sich bei letzteren auf den niedrigeren Niveaus „low" oder „medium". Der für die beiden Abbildungen getroffene Entscheidung, ob es sich bei den jeweiligen Instrumenten um „quantitativ" oder „qualitativ" orientierte Instrumente handelt, wurde aus der ISO 31010 abgeleitet. Diese klassifiziert die beschriebenen Werkzeuge u.a. danach, ob als Ergebnis in quantitativer (d.h. als Zahl) oder qualitativer (d.h. als verbale Beschreibung oder Klassifizierung) Form vorliegen kann.[19]

Quantitative Instrumente sind i.A. komplexer als qualitative

---

[19] Vgl. ISO 31010, Table A.2.

Schnittmenge aus RM- und QM-MethodenInteressant an der Metho-
denzusammenstellung in der ISO 31010 erscheint nicht zuletzt die
Tatsache, dass in dem Pool auch einige Ansätze zu finden sind, die eine
hohe Affinität zum QM aufweisen bzw. sogar ursprünglich aus diesem
Bereich stammen – als Paradebeispiel hierfür kann sicher die Fehler-
möglichkeits- und Einflussanalyse (Failure modes and effects analysis,
FMEA) genannt werden.

4 Die FMEA als klassisches Risikomanagementtool des Qualitätsmanagements

4.1 Anwendungsgebiete der FMEA

Die FMEA ist in
der Industrie weit
verbreitet

Die FMEA ist eine Methode, die von vielen Qualitätsmanagern als vertraut
und sicher beherrscht wahrgenommen wird, und daher – natürlich immer
abhängig von der konkreten Fragestellung – am ehesten dafür prädestiniert ist, den angestrebten „Brückenschlag" zwischen Risiko- und
Qualitätsmanagement zu vollziehen. Allerdings bleibt anzumerken, dass
die FMEA einen relativ hohen Komplexitätsgrad aufweist und primär für
die Anwendung im industriellen Bereich geeignet ist. Kleinere Unternehmen aus dem Dienstleistungsbereich dürften aufgrund der schlechteren
Passung zu ihren spezifischen Fragestellungen im Risikomanagement
und/oder den unzureichenden Anwendungserfahrungen und -kompeten-
zen dagegen eher zu einfacheren Instrumenten greifen.

FMEA als
Instrument des
präventiven RM

Bei der FMEA handelt sich um ein vorbeugendes Risikomanagementwerkzeug. Nach der obigen Klassifikation der ISO 31010 handelt es sich
um eine komplexe Methode, die dazu geeignet ist, Themen mit einem
mittleren Unsicherheitsgrad zu begegnen. Zudem kann die FMEA lt. der
ISO 31010 die Prozessphasen der Risikoidentifikation, der Risikoanalyse
und der Risikobewertung unterstützen.[20]

4.2 Entwicklung und Arten der FMEA

Lange Historie
und breite
Anwendung

Erstmals niedergeschrieben wurden die prinzipiellen Überlegungen zur
FMEA als United States Military Procedure MIL-P-1629 1949. Ende der
1970er Jahre überträgt zunächst Ford die FMEA-Ansätze in die Automobilindustrie. Heute ist die FMEA als Risikomanagementwerkzeug in
der gesamten Automobilindustrie verbreitet. Wichtige Quellen bieten
der europäische VDAmit seinem Band 4 zur Sicherung der Qualität vor
Serieneinsatz sowie die amerikanische AIAG mit ihrem FMEA Hand-

---

[20] Vgl. ISO 31010, Table A.2.

buch. Hilfreich ist es, dass diese beiden Automobilverbände dabei sind, ihre FMEA Forderungen zu harmonisieren.[21] Weitere Anwendung findet die FMEA bspw. in der Medizintechnik, in der Luft- und Raumfahrt sowie im Maschinenbau. Am weitesten verbreitet sind die Produkt (oder Design-) FMEA sowie die Prozess-FMEA.[22]

Die Produkt-FMEA entsteht in der Produktentwicklungsphase und dient dazu, Produktrisiken frühzeitig zu ermitteln. Das Ziel der Prozess-FMEA liegt in der Absicherung des Fertigungsprozesses. Sie wird in der Prozessentwicklungsphase durchgeführt. Nach der so genannten „10er Regel" der Fehlerkosten (diese besagt, dass Fehlerkosten mit jeder weiteren Projektphase in der Größenordnung des Faktors 10 ansteigen) können durch eine frühzeitige Fehlererkennung, Risikobewertung und Maßnahmeneinleitung erhebliche Kosten eingespart werden. FMEAs sind lebende Dokumente, d.h. mit wachsendem Erfahrungsstand sind sie zu aktualisieren. Die FMEA wird von einem interdisziplinären Team erstellt, bspw. bestehend aus einem Projektleiter, einem Produktentwickler, einem Fertigungsplaner, einem Qualitätsmitarbeiter und einem technischen Einkäufer. Somit werden alle Perspektiven berücksichtigt.

Produkt- vs. Prozess-FMEA

4.3 Vorgehensweise der FMEA

Die FMEA folgt einer sechsstufigen Vorgehensweise, wobei zu erwarten ist, dass sich die im Folgenden dargestellte Systematik auch durch die anstehende Harmonisierung der Vorgehensweisen von VDA und AIAG (siehe oben) nicht wesentlich ändern wird.

Produkt- vs. Prozess-FMEA

1. Im ersten Schritt der Betrachtungsumfang definiert.

2. Im zweiten Schritt wird die FMEA-Struktur festgelegt. Diese gliedert sich bei einer Produkt-FMEA nach Unterbaugruppen, eine Prozess-FMEA folgt der Fertigungsprozessschrittreihenfolge.

3. Im dritten Schritt wird die Funktionsanalyse durchgeführt.

4. Im vierten Schritt vier, der Fehleranalyse, werden dann potenzielle Fehler, Fehlerursachen und Fehlerauswirkungen in die geschaffene Struktur eingetragen.[23]

5. Im fünften Schritt gilt es, die Bedeutung, die Auftretenswahrscheinlichkeit und die Entdeckungswahrscheinlichkeit der potenziellen Fehler jeweils auf einer Skala von 1 bis 10 zu bewerten. Indem man

---

[21] Der zunächst angekündigte Veröffentlichungstermin für den Gelbdruck hat sich verschoben.

[22] Daneben gibt es weitere FMEA Typen wie die System-FMEA, die Software- und die Hardware-FMEA.

[23] Oft werden auch gleich standardmäßig eingesetzte Vorbeuge- und Prüfmaßnahmen zugeordnet.

diese drei Risikofaktoren multiplikativ verknüpft, kommt man zu der Risikoprioritätszahl (RPZ).[24]

6. Im sechsten Schritt werden ab einer definierten Eingriffsgrenze (z.B. ab einer RPZ von 80) Maßnahmen zur Optimierung, Fehlervermeidung oder Prüfung definiert, um die erkannten Risiken zu reduzieren.[25]

Auf diese Weise fließen Erkenntnisse aus der FMEA in das Produkt- und Prozessdesign sowie die Prüfplanung mit ein. Beispielhaft seien in diesem Zusammenhang so genannte „Poka-Yoke-Lösungen" genannt, die Fehler von vornherein vermeiden – etwa, indem durch das Anbringen von Positionssensoren an einer Presse der Bearbeitungsvorgang nur gestartet werden kann, wenn sichergestellt ist, dass ein Werkstück auch korrekt eingelegt wurde. So werden mit diesem Risikomanagementwerkzeug potenzielle Fehler von vornherein erkannt und vermieden.

4.4 Beispiel einer FMEA

Die meist für Produktionsprozesse verwendete Prozess-FMEA Vorgehensweise wird im Folgenden exemplarisch auf den stark vereinfachten Administrationsprozess „Digitalisierung von handschriftlich ausgefüllten Fragebögen" übertragen. Hierzu wird die oben beschriebene sechsstufige Vorgehensweise gewählt.

Schrittreihen-folge	Erklärung	Beispiel
Definition des Betrachtungs-umfangs	Aufgaben und Untersuchungs-umfänge werden definiert, das Betrachtungsfeld wird abgegrenzt.	Alle Faktoren, welche die Qualität des Themas „Fragebogendigitalisierung" beeinflussen sollen erfasst werden.
Strukturanalyse	Hier wird der Datenerfassungs-prozess in seine Teilschritte zerlegt und die Prozessschritte in einem Flow-Chart visualisiert. Zweck ist es, im Folgenden Fehlermöglich-keiten in jedem einzelnen Prozess-schritt zu analysieren.	

---

[24] Alternativ können auch zweidimensionale Risk Matrix Rankings erstellt werden, s. das folgende Beispiel und vertiefend die Darstellung zur Produkt- und Prozess FMEA im VDA Band 4, aktuelle Darstellung 2012.

[25] Die Höhe der Eingriffsgrenze ist von jeden Unternehmen unter Abstimmung mit den Kunden individuell festzulegen. Auch sind in vielen Bereichen unabhängig von der RPZ Höhe bei sicherheitsrelevanten Themen generell Maßnahmen zu definieren.

Schrittreihenfolge	Erklärung	Beispiel
Funktionsanalyse	Produkt- und Prozessmerkmale sowie Ursache-Wirkungs-Zusammenhänge werden hier erfasst.	Produktmerkmal kann die fehlerfreie Erfassung sein, es besteht hier eine Abhängigkeit zu Prozessparametern wie Arbeitsgeschwindigkeit und Einstellungen der Texterkennungssoftware.
Fehleranalyse	Alle möglichen Fehler und daraus resultierende mögliche Fehlerfolgen werden hier beschrieben.	Ein Fehler kann bspw. sein, dass die Handschrift in den Originalbögen nicht erkannt wird und infolgedessen nicht sinnvolle Buchstabenfolgen dargestellt werden, was u.U. wiederum aufwändige manuelle Korrekturen erforderlich macht.
Risikobewertung	Die folgenden drei Faktoren werden jeweils zwischen 1 und 10 bewertet: Bedeutung (B) Auftretenswahrscheinlichkeit (A) Entdeckungswahrscheinlichkeit (E) Nach der klassischen Vorgehensweise wird die Risikoprioritätszahl RPZ durch die Multiplikation der drei Faktoren A, B, E gebildet. Alternativ können zweidimensional die Kombinationen BA, BE, und AE in Risk Matrix Rankings (RMR) mit Ampelcode dargestellt werden. Es ist zu definieren, welche Farben für welche Bewertungszahlen verwendet werden. Das Grafenbeispiel ist lediglich eine Prinzipdarstellung ohne Zahlenbezug.	Exemplarische Bewertung des Fehlers „Handschrift nicht erkannt": Bedeutung: 3 Auftreten: 5 Entdeckung: 9 RPZ = 3 x 5 x 9 = 135 Da in diesem Beispiel die Eingriffsgrenze 80 definiert wurde, muss bei einer RPZ von 135 im nächsten Schritt eine Optimierung stattfinden.
Optimierung	Nach dem Paretoprinzip werden priorisierte Risiken mit vorbeugenden oder prüfenden Maßnahmen belegt.	Eine Verbesserungsmaßnahme für den Fehler „Handschrift nicht erkannt" könnte sein, einen weiteren Prozessschritt zu implementieren, in dem eine Kontrolle der automatischen Texterkennung durch einen Mitarbeiter erfolgt.

Abb. 3: Praxisbeispiel zur FMEA: Zusammenfassung und Ausblick

Verzahnung von
QM und RM

Die stärkere Akzentuierung des Themas Risikomanagement in der neuen Revision der ISO 9001 gibt Anlass zur Hoffnung, dass sich die Verzahnung von Risikomanagement und Qualitätsmanagement künftig weiter beschleunigen wird. Zur Erreichung der übergeordneten Zielsetzung des Unternehmens – die Sicherung und Steigerung des Unternehmenswerts – wird solch eine Integration mit Sicherheit wichtige Beiträge leisten.

Anwen-
dungsgebiete
Stärkere Nutzung
von Methoden
aus RM und QM

Hierbei sollten sich aber nicht nur „angestammte" Qualitätsmanager stärker mit dem Thema Risikomanagement beschäftigen. Vielmehr erscheint es ebenso geboten, dass sich Risikomanager, Controller oder Revisoren intensiver mit den Ansätzen des Qualitätsmanagements auseinandersetzen. In den „Werkzeugkoffern" beider Disziplinen finden sich zahlreiche Instrumente, die von allen Beteiligten sinnvoll eingesetzt werden können. Da sich die Zielsetzungen und Philosophien (insbesondere der Ansatz „Vorsorge ist besser als Heilen") beider Funktionen schon immer sehr ähnlich waren, dürften auch kulturelle Unterschiede keinen Hemmschuh für eine stärkere Integration darstellen.

5   Literaturhinweise

Cunningham, A Prescription to Retire the Rhetoric of „Principles-Based Systems", in Corporate Law, Securities Regulation and Accounting, Boston College Law Research Paper, 2007, http://papers.ssrn.com/sol3/papers.cfm?abstract_id=970646, Abrufdatum 15.9.2015.

Erben/Offerhaus/Sitt, ISO 31010 Risk Assessment – Inhalte und Nutzen des neuen internationalen Standards zur Risikoidentifikation und -bewertung (Teil 1), in Risk, Compliance & Audit (RC&A), 5/2010, S. 32–38.

ISO/WG on General Guidelines for Principles and Implementation of Risk Management [Hrsg.] (2005): Terms of Reference as adopted by the ISO/TMB, Document No. NA 095-04-02 N 0007, 2005.

OECD Risk Management and Corporate Governance, 2014, S. 16.

Shortread et al., Basic Frameworks for Risk Management, Network for Environmental risk management (Hrsg.), 2003.

Kapitel 3: Umsetzung & Praxis

Reifegrade der Integration von Risikomanagement und Controlling

■ Die zunehmende Umweltunsicherheit und die daraus resultierende höhere Volatilität unternehmerischer Erfolgsgrößen erfordern vom Management ein ständiges Abwägen von erwarteten Renditen und damit verbundenen Risiken von Entscheidungsalternativen.

■ Erfolgswirkungen unternehmerischer Entscheidungen werden vom Controlling, Risiken vom Risikomanagement analysiert und bewertet.

■ Eine strategische, organisatorische, personelle, instrumentelle und technische Integration von Risikomanagement und Controlling ist damit eine Voraussetzung für eine rendite- und risikoorientierte Unternehmenssteuerung.

■ Außerdem werden der Umsetzungsstand in der Unternehmenspraxis analysiert und Weiterentwicklungsansätze aufgezeigt.

■ **Die Autorin**

Prof. Dr. Ute Vanini, Professorin für Controlling und Risikomanagement an der Fachhochschule Kiel und Sprecherin des Arbeitskreises Controlling an Fachhochschulen und Hochschulen für angewandte Wissenschaften.

1 Notwendigkeit einer Integration von Risikomanagement und Controlling

Starke Ausrichtung auf gesetzliche Anforderungen

Bis zur Finanz- und Wirtschaftskrise 2008/2009 war die Implementierung eines betrieblichen Risikomanagements (RM) in vielen Unternehmen eine Notwendigkeit, die vor allem durch die Anforderungen des Gesetzes zur Kontrolle und Transparenz im Unternehmensbereich (KonTraG), des Bilanzrechtsmodernisierungsgesetzes (BilMoG) oder des Deutschen Corporate Governance Kodex (DCGK) getrieben wurde. Die starke Prägung durch formale gesetzliche Anforderungen führte dazu, dass in vielen Unternehmen isolierte Risikomanagementsysteme (RMS) aufgebaut wurden, die weder methodisch noch prozessual in die Unternehmenssteuerung integriert waren.[1]

Rendite- und risikoorientierten Unternehmenssteuerung notwendig

Zudem erfolgte eine Konzentration auf die nachträgliche Erfassung, Bewertung und Überwachung von bereits eingegangenen Einzelrisiken z.B. in umfangreichen Risikoinventaren, während die zukunftsgerichtete Analyse von Umweltentwicklungen Managemententscheidungen auf die Ertrags- und Risikoposition des Unternehmens vernachlässigt wurden.[2] Als Konsequenz steht das Risikomanagement z.T. im Ruf eines „Geschäftsverhinderers" und leidet unter Akzeptanzproblemen im Unternehmen. Außerdem besteht die Gefahr, dass Investitionen mit sehr hohen Renditen bevorzugt werden, ohne zuvor deren Auswirkungen auf die Risikotragfähigkeit des Unternehmens eingeschätzt zu haben. Der Nutzen eines derartigen RMS für eine über die gesetzlichen Mindestanforderungen hinausgehende Unternehmenssteuerung ist eher beschränkt.[3]

Methodische und technische Unterstützung der Integration

Parallel wurden von der Wissenschaft und der Beratung komplexe Methoden zur Risikobewertung sowie unterstützende Softwarelösungen entwickelt, die eine Weiterentwicklung des RM zu einer Risiko-Rendite-orientierten Unternehmenssteuerung grundsätzlich ermöglichen, jedoch nur teilweise in der Praxis implementiert wurden. Insbesondere kleinere und mittlere Unternehmen (KMU) weisen aufgrund ihrer eingeschränkten personellen und finanziellen Ressourcen auf die Notwendigkeit pragmatischer RM-Ansätze hin.[4]

Für die o.g. Probleme bietet die strategische, instrumentelle, organisatorische, personelle und technische Integration von Ansätzen des RM in das Controlling und dessen Weiterentwicklung zu einen rendite- und risikoorientiertem Controlling einen vielversprechenden Lösungsansatz. Hierbei können bereits im Controlling vorhandene Instrumente und

---

[1] Vgl. Appel/Hoffjan, 2014, S. 65 ff.
[2] Vgl. Gleißner, 2015, S. 6 f.
[3] Vgl. Kajüter, 2009, S. 117; Gleißner/Kalwait, 2010, S. 27 f.
[4] Vgl. Appel/Hoffjan, 2014, S. 69 f.

Berichte genutzt und deren Aussagekraft durch Risikoinformationen verbessert werden, so dass Synergieeffekte sowohl im Controlling wie auch im RM realisiert werden können. Zudem lässt sich eine Integration von RM und Controlling auch aus dem KonTraG herleiten, das das betriebliche Controlling als wesentliches Element des RM betrachtet.

Eine Integration von Ansätzen des RM in das Controlling ist insbesondere für KMU empfehlenswert, da beide Funktionsbereiche z. T. identische Methoden und Instrumente, z. B. Szenario- und Sensitivitätsanalysen, verwenden. Aber auch für größere Unternehmen ist eine zumindest partielle Integration sinnvoll, um eine integrierte rendite- und risikoorientierte Unternehmenssteuerung umzusetzen. Unklar sind jedoch die Bestimmung des optimalen Integrationsgrads und der Prozess einer sinnvollen Integration. Der Beitrag diskutiert daher Möglichkeiten und Probleme der Integration von RM und Controlling anhand eines Reifegradmodells sowie der Ergebnisse entsprechender Studien.

2 Risk Management Integration Maturity Model (RiskMIMM)

2.1 Reifegrade und Reifegradmodelle

Reifegradmodelle wurden ursprünglich vor allem im Qualitätsmanagement und der Softwareentwicklung eingesetzt. Das wohl bekannteste Reifegradmodell ist das „Capability Maturity Model Integration" (CMMI)-Modell der Carnegie Mellon Universität, das auch als Grundlage für die Entwicklung weiterer Reifegradansätze in verschiedenen Disziplinen und Branchen diente.[5] Anhand eines Reifegrades wird beurteilt, inwieweit ein Untersuchungsobjekt – hier die Integration von Risikomanagement und Controlling – definierte Anforderungen erfüllt, wobei die Anforderungen mit zunehmendem Reifegrad anspruchsvoller werden und damit schwieriger zu erfüllen sind. Reifegrade bauen somit in ihrer Abfolge aufeinander auf und können durch entsprechende Kriterien eindeutig bewertet werden. Ein höherer Reifegrad wird erreicht, wenn alle Anforderungen des jeweils vorgelagerten und der niedrigeren Reifegrade erfüllt sind.[6]

Aufbau und Ziele

Reifegradmodelle definieren somit eine standardisierte Abfolge von Schritten und Aktivitäten, durch die das Untersuchungsobjekt zunehmend höhere Anforderungen erfüllt. Sie berücksichtigen, dass eine Organisationsentwicklung schrittweise erfolgen sollte. Die Modelle verfügen über eine feste Anzahl von Reifegraden und sind nach bestimmte Dimensionen

Ausprägungen

---

[5] Vgl. Hillson, 1997, S. 36; für eine Übersicht über verschiedene Reifegradmodelle vgl. Reupke/Struck, 2014, S. 574 ff.

[6] Vgl. Reupke/Struck, 2014, S. 577.

strukturiert (z.B. Mensch, Organisation etc.). In der Literatur gibt es bislang nur Reifegradmodelle für die Gestaltung des RM oder des Controllings,[7] jedoch existiert bis jetzt kein Reifegradmodell für die Integration von Risikomanagement und Controlling.

2.2 Aufbau des RiskMIMM

Dimensionen des Modells Zur Beschreibung eines Prozesses der Integration von Risikomanagement und Controlling wurde daher das Risk Management Integration Maturity Model (RiskMIMM) entwickelt. Es basiert auf einem Selbstanalysefragebogen des Arbeitskreises „Risikomanagement und Controlling" der Risk Management Association e.V. (RMA) und des Internationalen Controllervereins e.V. (ICV)[8] und organisiert den Prozess der Integration entlang von fünf Dimensionen:[9]

- **Strategie/Steuerung:** Eine Integration beider Bereiche bedingt die Einbeziehung von erwarteter Rendite und Risiko in die Strategieformulierung, das Zielsystem sowie die Steuerungs- und Reportingsysteme einer Organisation. Rendite und Risiko sind dann gleichberechtigte Kriterien in allen Managemententscheidungen.

- **Instrumente:** Eine gemeinsame Nutzung von Instrumenten durch das RM und das Controlling verbessert die Aussagekraft und die Effizienz der Unternehmenssteuerung. So können z.B. durch Szenarioanalysen und Simulationen Risiken in die operative Unternehmensplanung integriert werden.

- **Organisation/Prozesse:** Hier geht es um die organisatorische Regelung der Zusammenarbeit von RM und Controlling und die ablauf- und aufbauorganisatorische Integration beider Bereiche. Durch eine stärkere organisatorische Integration werden Doppelarbeiten vermieden und Ineffizienzen abgebaut.

- **Personal:** Die personelle Integration erfolgt durch eine disziplinarische und fachliche Zuordnung beider Bereiche zum selben Geschäftsführungsmitglied, gemeinsame Ausbildungsinhalte von Risikomanagern und Controllern und eine systematische Jobrotation.

- **Technik/IT:** Eine Integration im Bereich Technik/IT erfordert die Möglichkeit des wechselseitigen Zugriffs auf die Instrumente und Systeme des jeweils anderen Bereichs. Zudem sollten entsprechende Schnittstellen für den Daten- und Informationsaustausch eingerichtet sein. Die Integration kann bis zu einem vollständig integriertem System reichen, das von beiden Bereichen genutzt wird.

---

[7] Vgl. z.B. Hillson, 1997.
[8] Vgl. Fabian/Heller-Herold/Fornefett/Zucker, 2014.
[9] Vgl. Vanini/Leschenko, 2017, S. 37f.

Der Integrationsstand von RM und Controlling wird durch 5 Reifegrade beschrieben.

Reifegrade der Integration

Initial (Level 1)
- In der Organisation gibt es kein Bewusstsein für die Notwendigkeit einer (teilweisen) Integration von RM und Controlling.
- Es findet keine Integration von RM und Controlling statt.

Aware (Level 2)
- Die Organisation ist sich der Bedeutung von Chancen und Risiken und der Wichtigkeit einer (teilweisen) Integration von RM und Controlling bewusst.
- Es gibt jedoch kaum strukturierte Integrationsansätze.

Defined (Level 3)
- Die Organisation hat eine erste grundlegende Infrastruktur, die die Integration von RM und Controlling unterstützt.
- Es gibt strukturierte Ansätze für eine teilweise Integration von RM und Controlling.

Managed (Level 4)
- Die Aufgaben des Risikocontrollings werden vom Controlling realisiert und beide Bereiche werden organisationsweit als eine Einheit angesehen.
- Rendite- und Risikokriterien bilden die Grundlage für Entscheidungen und Aktivitäten der Unternehmenssteuerung.

Optimising (Level 5)
- RM ist tief in der Organisation verwurzelt, in das Controlling integriert und wird kontinuierlich und selbstorganisiert weiterentwickelt.
- Rendite- und Risikokriterien bilden die Grundlage für die Managemententlohnung.

Abb. 1: Reifegrade des RiskMIMM[10]

Nachfolgend werden die Reifegrade für die einzelnen Dimensionen näher beschrieben.

2.3 Ansätze der Integration von RM und Controlling in den verschiedenen Dimensionen

Für eine zunehmende Integration von RM und Controlling muss das Management zunächst ein Bewusstsein dafür entwickeln, dass Risikoziele

Dimension „Strategie/Steuerung"

---

[10] Vgl. Vanini/Leschenko, 2017, S. 36–41.

als gleichberechtigte Kriterien neben die üblichen Erfolgs- und Renditeziele bei allen Managemententscheidungen treten. Dafür ist es zunächst notwendig, dass die Unternehmensstrategie und die vorhandenen Teilstrategien durch Risikoaspekte ergänzt, anschließend durch Risikoziele konkretisiert und durch geeignete Risikokennzahlen messbar gemacht werden. Diese messbaren Risikoziele werden schrittweise in die vorhandenen Steuerungssysteme des Unternehmens integriert, insbesondere in die strategische und operative Unternehmensplanung, die Erfolgsmessung, die Zielvereinbarungen mit dem Management und als Bemessungsgrundlage für das betriebliche Anreizsystem. Zudem bilden sie die Basis für die Berechnung der Risikotragfähigkeit des Unternehmens.[11]

Reifegrad	Anforderungen
Aware	Das Management erkennt die Bedeutung von Rendite- und Risikozielen bei allen Managemententscheidungen.
Defined	In der Unternehmens- und den Teilstrategien werden konkrete Rendite- und Risikoziele formuliert. Es gibt eine Berechnung der Risikodeckungspotenziale und Analysen zur Risikotragfähigkeit des Unternehmens.
Managed	Die Rendite- und Risikoziele werden durchgehend durch geeignete Kennzahlen gemessen. Zudem sind sie in die strategische und operative Unternehmensplanung integriert.
Optimising	Rendite- und Risikokennzahlen sind gleichberechtigte Kriterien für alle wesentlichen Managemententscheidungen. Außerdem bilden sie die Grund-lage für Zielvereinbarungen sowie das betriebliche Anreizsystem.

Abb. 2: Reifegrade und ihre Anforderungen in der Dimension „Strategie/ Steuerung"

Bei einem Reifegrad „Optimising" analysieren das Controlling und das RM z.B. die Auswirkungen einer strategischen Handlungsoption, z.B. einer Investitions- oder einer Standortentscheidung auf die Ertrags- und Risikolage des Unternehmens. Mögliche Kennzahlen sind der Ertrag (gemessen als EBIT), das Risiko (gemessen als Variationskoeffizient des freien Cash flow oder den notwendigen Eigenkapitalbedarf), die Auswirkungen der Investition auf das Rating oder die Kapitalkosten (vgl. Abb. 3).

---

[11] Vgl. Vanini, 2016, S. 291 ff.

	Status quo	Handlungsoption	
Ertrag (EBIT in Mio. EUR, Plan 2017)	16	18,5	Deutlicher Ertragsanstieg
Risiko (Variationskoeffizient)	19 %	21 %	Moderat erhöhtes Risiko
Kapitalkostensatz	5,50 %	5,70 %	Leicht erhöhte Kapitalkosten
Ratingprognose (Plan)	BB+	BB+	
Rating (Stressszenario)	BB	BB-	Ausreichend stabiles Rating
Wert (in Mio. EUR)	153	168	Klare Wertsteigerung
Strategisches Fitting			Kompetenzen vorhanden

Abb. 3: Bewertung einer strategischen Handlungsoption (Fallbeispiel)[12]

Eine Integration des RM und Controllings in Bezug auf die Dimension „Strategie/Steuerung" setzt eine umfassende Abstimmung und gemeinsame Nutzung wesentlicher Controlling-Instrumente durch beide Bereiche voraus. So können in beiden Bereichen Szenario- und Sensitivitätsanalysen eingesetzt werden, um Auswirkungen von Managemententscheidungen auf die wesentlichen Erfolgs- und Risikogrößen zu simulieren. Beispielsweise können bei einer rendite-risikoorientierten Erfolgsrechnung die risikoadjustierten Kapitalkosten einzelner Investitionsobjekte direkt aus deren Ertragsrisiko – gemessen als Streuung der Erträge um den erwarteten Ertrag – hergeleitet werden.[13]

Dimension „Instrumente"

Bei höheren Reifegraden der Integration werden wesentliche Annahmen und Parameter der gemeinsam genutzten Instrumente zwischen den beiden Funktionsbereichen abgestimmt. Zudem werden die strategische und die operative Unternehmensplanung zu einer Bandbreitenplanung oder sogar stochastischen Planung auf der Grundlage von Monte-Carlo-Simulationen ausgebaut. Die stochastische Planung erlaubt Aussagen über die Planungssicherheit, da sie die Ermittlung eines Erwartungswertes und der Streuung der Plangrößen ermöglicht, die dann mit den eher unter motivatorischen Aspekten festgelegten Zielwerten verglichen werden können. Je weiter Erwartungs- und Zielwert abweichen, desto unsicherer ist die Planung. Zudem kann durch eine stochastische Planung bestimmt werden, in welchem Umfang und mit welcher Wahrscheinlichkeit negative Werte für die Plangrößen auftreten und

---

[12] Vgl. Gleißner, 2015, S. 8.
[13] Vgl. Gleißner, 2015, S. 8.

wie viel Eigenkapital zur Abdeckung von Verlusten notwendig ist.[14] Abschließend erfolgt eine umfassende Integration von Risikokennzahlen in die Erfolgsrechnung und das Berichtswesen, z.B. als Bemessungsgrundlage für die Gewährung von Anreizen an das Management.[15]

Reifegrad	Anforderungen
Aware	Es werden z.T. identische Instrumente im RM und Controlling eingesetzt, die jedoch inhaltlich nicht abgestimmt sind.
Defined	Es werden inhaltlich abgestimmte Instrumente im RM und Controlling zur Analyse der Rendite und des Risikos von Managemententscheidungen eingesetzt.
Managed	Es gibt eine simulationsbasierte stochastischen Bilanz-, GuV- und Finanzplanung, durch die Chancen und Risiken analysiert und geplant werden.
Optimising	Es gibt eine integrierte rendite- und risikoorientierte Erfolgsrechnung sowie ein integriertes Reporting auf Organisations- und Teilbereichsebene.

Abb. 4: Reifegrade und ihre Anforderungen in der Dimension „Instrumente"

Übrige Dimensionen

Eine umfassende strategische und instrumentelle Integration von RM und Controlling erfordert ebenfalls eine organisatorische, personelle und technische Integration beider Funktionsbereiche. So sind beispielsweise beide Funktionsbereiche in die Planungs- und Berichtsprozesse systematisch einzubinden. Werden die Analyse und Bewertung von Risiken in das Controlling integriert, muss zudem sichergestellt werden, dass Controller über das notwendige Fachwissen z.B. in Bezug auf die Berechnung und Interpretation von statistischen Maßen aus dem RM und den Zugriff auf die IT-Systeme des RM verfügen, um Volatilitäten bewerten zu können.[16] In kleineren und mittleren Unternehmen kann daher das RM zumindest teilweise in das Controlling integriert werden. Dies erfordert allerdings ein umfassendes Umdenken von Controllern und Managern, so dass diese in der Lage sind, Managemententscheidungen auf der Grundlage von Erwartungswerten und Streuungsmaßen sowie Bandbreiten abzuleiten.

Die Abbildungen 5-7 zeigen die Anforderungen der Reifegrade der Integration für die Dimensionen „Organisation/Prozesse", „Personal" sowie „Technik/IT".

---

[14] Für eine umfassende Diskussion vgl. u.a. Gleißner/Kalwait, 2010, S. 23ff., sowie Vanini, 2016, S. 293ff.

[15] Vgl. Weißenberger/Löhr, 2012, S. 551ff.

[16] Vgl. Gleißner/Kalwait, 2010, S. 29ff.

Reifegrad	Anforderungen
Aware	Es gibt eine klare Abgrenzung der Aufgaben und Prozesse des RM und des Controllings, die vollständig dokumentiert und den Mitarbeitern bekannt ist.
Defined	Es gibt eine klare definierte und dokumentierte Zusammenarbeit von RM und Controlling bei Projekten und bestimmten regelmäßigen Aufgaben.
Managed	Das RM ist teilweise in das Controlling integriert.
Optimising	RM und Controlling sind vollständig in einem gemeinsamen Funktionsbereich integriert.

Abb. 5: Reifegrade und ihre Anforderungen in der Dimension „Organisation/ Prozesse"

Reifegrad	Anforderungen
Aware	RM und Controlling sind disziplinarisch und fachlich demselben Geschäfts-führungsmitglied unterstellt.
Defined	Es gibt Ansätze einer funktionsübergreifenden Ausbildung von Risikomanagern und Controllern, z. B. durch wechselseitige Hospitationen.
Managed	Es gibt eine systematische Jobrotation von Risikomanagern und Controllern.
Optimising	Es gibt keine getrennten Aufgabenbereiche. Controller bewerten sowohl den Erfolg wie auch das Risiko von Controllingobjekten und stellen diese Informationen dem Management zur Verfügung.

Abb. 6: Reifegrade und ihre Anforderungen in der Dimension „Personal"

Reifegrad	Anforderungen
Aware	RM und Controlling haben z. T. Leserechte für die IT-Systeme des jeweils anderen Bereichs. Es gibt jedoch kaum gemeinsam genutzte Systeme.
Defined	Es gibt definierte Schnittstellen zwischen den IT-Systemen des RM und des Controllings sowie wechselseitige Zugriffsrechte.
Managed	Die IT-Systeme des RM und des Controllings sind stark integriert, einige Systeme werden bereits gemeinsam genutzt.
Optimising	Es gibt nur ein gemeinsam genutztes IT-System, das laufend gemeinsam weiterentwickelt wird.

Abb. 7: Reifegrade und ihre Anforderungen in der Dimension „Technik/IT"

3 Integration des RM und Controllings in der Unternehmenspraxis

Reifegrad der Integration in der Praxis eher gering

Der Stand der Integration zwischen RM und Controlling in der Unternehmenspraxis wird von zahlreichen Studien untersucht:

- Vanini und Leschenko[17] analysieren die Reifegrade der Integration von RM und Controlling nach dem RiskRIMM in einer Studie unter den Mitgliedern der Risk Management Association e.V. (RMA). Die befragten Unternehmen weisen durchschnittlich einen eher geringen Gesamt-Reifegrad auf, gleichwohl erreichen in jeder Dimension einige Unternehmen auch den höchsten Reifegrad (vgl. Abb. 8). Der höchste Reifegrad wird für die Dimension „Instrumente", der niedrigste für die Dimension „Strategie/Steuerung" erreicht.

Reifegrad	Strategie/ Steuerung	Organisa- tion/Pro- zesse	Personal	Instru- mente	Tech- nik/IT
Initial	34,4 %	43,8 %	34,4 %	23,4 %	46,9 %
Aware	46,9 %	10,9 %	39,1 %	35,9 %	10,9 %
Defined	1,6 %	10,9 %	10,9 %	10,9 %	12,5 %
Managed	1,6 %	7,8 %	12,5 %	6,3 %	4,7 %
Optimi- sing	15 %	26,6 %	3,1 %	23,4 %	25,0 %

Abb. 8: Prozentualer Anteil der Unternehmen mit einem bestimmten Reifegrad[18]

Ergebnisse zu den einzelnen Anforderungen der Reifegrade werden im Folgenden diskutiert:

- Für die Dimension „Strategie/Steuerung" geben 66 % der Unternehmen an, dass für sie die Integration von RM und Controlling ein wichtiges Anliegen ist, allerdings haben nur 22 % auch eine gemeinsame Strategie definiert. Knapp 60 % der Unternehmen unterscheiden zwischen Chancen und Risiken, jedoch steuern nur 30 % der Unternehmen durchgehend nach Rendite- und Risikokriterien.[19] Die geringe Integration von RM und Controlling in Bezug auf die Dimension „Strategie/Steuerung" wird auch von anderen Studien unterstützt. So erfolgt in ca. 60 % der DAX- bzw. H-DAX-Unterneh-

---

[17] Vanini/Leschenko, 2017, S. 36–41.
[18] Vgl. Vanini/Leschenko, 2017, S. 39.
[19] Vgl. Vanini/Leschenko, 2017, S. 39 f.

men keine Zusammenarbeit zwischen beiden Bereichen bei wesentlichen strategischen Risiken wie Unternehmenskäufen.[20]

- In Bezug auf die instrumentelle Integration von RM und Controlling gibt es unterschiedliche Ergebnisse. Einerseits berücksichtigen 64 % der Unternehmen für ihre wichtigsten Plangrößen Szenarien; 42 % definieren Risikoziele und messen diese durch entsprechende Kennzahlen. Andererseits verfügen nur 38 % der Unternehmen über eine integrierte Berichterstattung.[21] Andere Studie finden heraus, dass nur 35 % der Unternehmen die Risiken ihrer Plangrößen regelmäßig bewerten,[22] knapp 50 % überwachen systematisch unsichere Planannahmen, analysieren Ursachen eingetretener Planabweichungen und ermitteln mögliche Bandbreiten wichtiger Planwerte z.B. auf der Grundlage von Simulationsmodellen.[23] Nur ein Viertel der Unternehmen integriert systematisch Risikoinformationen in ihre Managementberichte, weniger als 10 % berichten über ihre Risikotragfähigkeit bzw. Risikoprofitabilität.[24]

- In Bezug auf die organisatorische und prozessuale Integration geben knapp die Hälfte der Unternehmen an, dass beide Bereiche intensiv oder sehr stark in Projekten oder bei ad-hoc Themen zusammenarbeiten. In mehr als 50 % der Unternehmen sind beide Bereiche zumindest teilweise organisatorisch integriert. Für die Dimension „Personal" geben 72 % der Unternehmen an, dass beide Funktionsbereiche fachlich und disziplinarisch von demselben Geschäftsführungsmitglied geleitet werden. Eine intensive oder sehr starke fachübergreifende Ausbildung erfolgt jedoch nur bei 16 %, eine Jobrotation nur bei 19 % der Unternehmen. Die Integration in der Dimension „Technik/IT" ist sehr heterogen. In 55 % der Unternehmen können das RM und das Controlling auf die IT-Systeme des jeweils anderen Bereichs zugreifen, in 31 % der Unternehmen findet eine Integration der IT-Instrumente und Systeme beider Bereiche statt. Insgesamt verfügen zumindest 60 % der Unternehmen über entsprechende Schnittstellen in der IT-Architektur, 34 % sogar über ein gemeinsames IT-System.[25]

- Ein höherer Reifegrad der Integration von RM und Controlling führt zu einer Verbesserung der Effizienz und Effektivität beider Bereiche. So reduziert eine stärkere organisatorische und technische Integration von RM und Controlling das Ausmaß an Doppelarbeit in beiden

Integration erhöht Effektivität und Effizienz

---

[20] Vgl. Angermüller/Gleißner, 2011, S. 310 ff. Ähnliche Ergebnisse bei Tilch/Lenz/Scheffler/Andreas/Obersdorf/Yilmaz, 2015, S. 43.
[21] Vgl. Vanini/Leschenko, 2017, S. 39.
[22] Vgl. Herre/Sandmann/Wehking/Winefeld, 2012, S. 36 ff.
[23] Vgl. Angermüller/Gleißner, 2011, S. 310 ff.
[24] Vgl. Tilch/Lenz/Scheffler/Andreas/Obersdorf/Yilmaz, 2015, S. 36 f.
[25] Vgl. Vanini/Leschenko, 2017, S. 39 f.

Bereichen. Zudem wird durch eine intensivere Integration die durchgängige Steuerung von Chancen und Risiken im Unternehmen verbessert und die Rolle des Aufsichtsrats in der Unternehmenssteuerung gestärkt.[26] Außerdem kann durch eine intensivere Nutzung bestimmter Controlling-Instrumente im RM, wie z.B. kurzfristigen Ergebnisvorschauen, Frühwarnindikatoren, Szenario- oder Sensitivitätsanalysen, der Umgang mit Unsicherheiten und Volatilitäten signifikant verbessert werden.[27]

4 Fazit für die Unternehmenspraxis

Nachholbedarf bei der Integration

Die Notwendigkeit einer Integration von RM und Controlling wird insbesondere durch die ermittelten positiven Wirkungen auf die Effizienz und Effektivität der Unternehmenssteuerung unterstützt. Allerdings kann trotz der positiven Effekte für viele Unternehmen Nachholbedarf bei der Integration von RM und Controlling festgestellt werden. Dabei sind vor allem in der Dimension „Strategie/Steuerung" ein grundsätzliches Umdenken und ein Bewusstsein des Managements notwendig, damit eine durchgängige rendite- und risikoorientierte Unternehmenssteuerung überhaupt möglich und eine umfassende Integration von RM und Controlling notwendig wird. Dies setzt aber auch voraus, dass die Anteilseigner vom Management nicht nur hohe Renditen sondern eine angemessene risikoadjustierte Performance unter Berücksichtigung der Risikotragfähigkeit des Unternehmens fordern und entsprechende Zielvereinbarungen mit dem Management abschließen. Erst wenn ein derartiges grundsätzliches Umdenken bei Anteilseignern und Managern stattgefunden hat, sollte anschließend eine schrittweise instrumentelle, organisatorische, personelle und technische Integration von RM und Controlling erfolgen.

Ansätze für eine stärkere Integration

Voraussetzung für eine stärkere Integration von RM und Controlling ist ein Umdenken des Managements und eine Neuausrichtung der gesamten Unternehmenssteuerung. Die größer werdende Umweltunsicherheit und die daraus resultierende Volatilität zentraler Erfolgsgrößen vieler Unternehmen fordern vom Management ein zunehmendes Denken in Szenarien und Bandbreiten. Daher treten neben der erwarteten Rendite einer Alternative die damit verbundenen Risiken als gleichberechtigte Kriterien in den Fokus von Managemententscheidungen. Dies erfordert die Berücksichtigung von Risiken in den Planungs- und Berichtsprozessen, in Entscheidungsvorlagen sowie als Zielgrößen in Zielvereinbarungs-, Anreiz- und Vergütungssystemen und damit letztendlich eine stärkere Integration der beiden Funktionsbereiche RM und Controlling.

---

[26] Vgl. Vanini/Leschenko, 2017, S. 40f.
[27] Vgl. Schäffer/Bechtoldt/Grunwald-Delitz/Reimer, 2014, S. 65f.

Ansatzpunkte einer stärkeren Integration sind die Einbindung beider Funktionsbereiche bei der Strategieformulierung, die Definition und Operationalisierung von gleichwertigen Kennzahlen zur Messung von Rendite- und Risikozielen und deren durchgängige Berücksichtigung in der Unternehmensplanung sowie in zentralen Controllingauswertungen und Entscheidungsvorlagen für das Management. Neben den bereits umfassenden Kennzahlen und Indikatoren zur Messung des Unternehmenserfolgs gibt es ebenfalls zahlreiche Kennzahlen zur Risikobewertung und –analyse, die von Früherkennungsindikatoren mit eher vorlaufendem Charakter wie z. B. der Auftragseingang über statistische Maße wie die Volatilität von Zielgrößen zu risikoadjustierten Erfolgsgrößen wie dem Return-on-risk-adjusted Capital (RORAC) oder den Kapitalkosten reichen.[28]

Ein hoher Reifegrad der Integration von RM und Controlling erfordert eine stärker fachübergreifende Ausbildung von Risikomanagern und Controllern sowie die Verwendung einer gemeinsamen IT-Lösung oder zumindest die Implementierung entsprechender Schnittstellen und Zugriffsmöglichkeiten. Aber auch das Management muss sich von einer eher rendite-orientierten Entscheidungsfindung hin zu einem permanenten Abwägen von Erfolg und Risiko von Entscheidungsalternativen bewegen.

5 Literaturhinweise

Angermüller/Gleißner, Verbindung von Controlling und Risikomanagement: Eine empirische Studie bei H-DAX Unternehmen, in Controlling, 6/2011, S. 308–316.

Appel/Hoffjan, State-of-the-Art der empirischen Risikomanagementforschung – Zentrale Erkenntnisse aus Zeitschriftenbeiträgen seit 1998, in Wirtschaftswissenschaftliches Studium, 2/2014, S. 64–70.

Fabian/Heller-Herold/Fornefett/Zucker, Rating für Unternehmen zum Integrationsstand von Controlling und Risikomanagement, in Kredit & Rating Praxis, 4/2014, S. 9–13.

Gleißner, Controlling und Risikoanalyse bei der Vorbereitung von Top-Management-Entscheidungen – Von der Optimierung der Risikobewältigungsmaßnahme zur Beurteilung des Ertrag-Risiko-Profils aller Maßnahmen, in Controller-Magazin, 4/2015, S. 4–12.

Gleißner/Kalwait, Integration von Risikomanagement und Controlling, in Controller Magazin, 4/2010, S. 23–35.

---

[28] Vgl. Vanini, 2012, S. 169 ff. sowie Vanini, 2016, S. 292 f.

Herre/Sandmann/Wehking/Winefeld, Risk-Management-Benchmarking 2011/12, PricewaterhouseCoopers AG Wirtschaftsprüfungsgesellschaft (Hrsg.), 2012, http://www.pwc.de/de_DE/de/risiko-management/assets/ PwC_Risk_Management_Benchmarking_2011_2012.pdf, Abrufdatum 20.12.2014.

Hillson, Towards a Risk Maturity Model, in The International Journal of Project & Business Risk Management, 1/1997, S. 35–45.

Kajüter, Risikomanagement als Controllingaufgabe im Rahmen der Corporate Governance, in Wagenhofer (Hrsg.), Controlling und Corporate Governance Anforderungen: Konzepte, Maßnahmen, Umsetzung, 2009, S. 109–130.

Reupke/Struck, Reifegradmodellanalysen – Potenziale, Herausforderungen und Grenzen für die Steuerung von Prozessen und Prozessmanagement, in Controlling, 10/2014, S. 574–579.

Schäffer/Bechtoldt/Grunwald-Delitz/Reimer, Controlling-Kultur als Schlüssel im Umgang mit Volatilität, in CMR, 5/2014, S. 62–69.

Tilch/Lenz/Scheffler/Andreas/Obersdorf/Yilmaz, Risk-Management-Benchmarking 2015, PricewaterhouseCoopers AG Wirtschaftsprüfungsgesellschaft (Hrsg.), 2015.

Vanini, Risikocontrolling in der Unternehmenspraxis, in Becker/Ulrich (Hrsg.), Praxishandbuch Controlling, 2016, S. 285–302.

Vanini, Risikomanagement, 2012.

Vanini/Leschenko, Reifegrade der Integration von Risikomanagement und Controlling, in Controller Magazin, 1/2017, S. 36–41.

Weißenberger/Löhr, Risikoadjustierte Planung und Performance-Messung: Gestaltungsvorschläge für ein integriertes Risikocontrolling, in Controlling, 10/2012, S. 548–553.

Reifegradmodelle und Entwicklungsstufen des Risikomanagements: Ein Selbsttest

■ Die Leistungsfähigkeit der Risikomanagementsysteme von Unternehmen unterscheidet sich deutlich. Für einen systematischen Ausbau ist es hilfreich den aktuellen „Status" möglichst strukturiert beurteilen zu können.

■ In diesem Beitrag wird ein „Reifegradmodell" für das Risikomanagement für Unternehmen vorgestellt. Es umfasst 6 Stufen und bietet für jede Stufe konkrete Orientierungsfragen.

■ Neben einer Beurteilung des „Reifegrads" des Risikomanagements erlaubt der vorgestellte Kriterien- und Fragenkatalog eine strukturierte Prüfung des eigenen Risikomanagements. Die Fragestellungen betrachten dabei sämtliche Aktivitäten eines Unternehmens, die sich mit Chancen und Gefahren (Risiken) befassen, also z.B. auch Risikomanagementaktivitäten in den Bereichen Planung, Controlling, Treasury oder Unternehmensführung.

■ Ein besonderer Nutzen des vorgestellten Reifegradmodells besteht darin, dass durch die Beantwortung der einzelnen Fragen implizit konkrete Schwachstellen aufgezeigt werden, die eine unternehmensspezifische Liste von konkreten Verbesserungsansätzen abzuleiten hilft.

■ **Der Autor**

Prof. Dr. Werner Gleißner, Vorstand der FutureValue Group AG und Honorarprofessor für Betriebswirtschaft, insb. Risikomanagement, an der Technischen Universität Dresden. Er ist Autor zahlreicher Bücher und Fachartikel.

1 Prüfungsstandards für das Risikomanagement

Risiko-
management
ist von großer
Bedeutung für
den Unterneh-
menserfolg

Die Fähigkeiten eines Unternehmens im Umgang mit Chancen und Gefahren (Risiken) und damit das Risikomanagement sind von großer Bedeutung für den Unternehmenserfolg. Es trägt potenziell bei zur Senkung von Risikokosten, hilft die Wahrscheinlichkeit bestandsbedrohender Krisen (oder gar einer Insolvenz) zu reduzieren und stellt Risikoinformationen bereit, um bei der Vorbereitung unternehmerischer Entscheidungen erwartete Erträge und Risiken gegeneinander abzuwägen.

Schon zur Reduzierung persönlicher Haftungsrisiken für den Vorstand soll das Risikomanagement in vielen Unternehmen zunächst die zentrale Anforderung aus dem Kontroll- und Transparenzgesetz (KonTraG) erfüllen helfen, die in § 91 Abs. 2 AktG formuliert ist: „Der Vorstand hat geeignete Maßnahmen zu treffen, insbesondere ein Überwachungssystem einzurichten, damit den Fortbestand der Gesellschaft gefährdende Entwicklungen früh erkannt werden."

„Der Vorstand hat geeignete Maßnahmen zu treffen, insbesondere ein Überwachungssystem einzurichten, damit den Fortbestand der Gesellschaft gefährdende Entwicklungen früh erkannt werden."

Bedeutende
Prüfungs-
standards

Um festzustellen, inwieweit das Risikomanagement eines Unternehmens die gesetzten Anforderungen erfüllt, wurden (ergänzend zu Risikomanagement-Standards, wie COSO oder die DIN ISO 31000)[1] Risikomanagement-Prüfungsstandards entwickelt. Bedeutsam sind in Deutschland hier insbesondere

- der IDW PS 340 zur Prüfung des Risikofrüherkennungssystems, der 1998 als unmittelbare Konsequenz entwickelt wurde,
- der DIIR Nr. 2 für die Prüfung des Risikomanagements durch die interne Revision und
- der neue, im März 2017 verabschiedete IDW PS 981.

Reifegrade

Sowohl im Hinblick auf den Anspruch, den die Unternehmensführung formuliert, als auch der tatsächlich erreichten Leistungsfähigkeit unterscheiden sich die Risikomanagementsysteme deutscher Unternehmen ganz erheblich. Für die Formulierung von Zielperspektiven des Risikomanagements als auch die Beurteilung des erreichten Status sind „Reifegradmodelle" hilfreich, die eine Einordnung des eigenen Risikomanagements (Benchmarking) ermöglichen.

Reifegradmodell
von Vanini

Ein Reifegradmodell insbesondere zur Integration von Controlling und Risikomanagement wurde z.B. von Vanini entwickelt.[2] Ihre in diesem

---

[1] Vgl. Brühwiler/Romeike, 2010.
[2] Vgl. hierzu den Beitrag von Vanini, „Reifegrade der Integration von Risikomanagement und Controlling", in diesem Band sowie Eicher/Romeike, 2014.

Zusammenhang durchgeführte Befragung hat dabei gezeigt, dass insbesondere die wichtige Integration von Risikomanagement und Controlling noch in den Kinderschuhen steckt. In diesem Beitrag wird ergänzend ein Reifegradmodell vorgestellt, das insgesamt die Risikomanagementfähigkeit eines Unternehmens betrachtet, speziell im Hinblick auf (1) Erfüllung gesetzlicher Anforderungen und (2) erreichter ökonomischer Nutzen.

2 Ein Reifegradmodell für die risikoorientierte Unternehmensführung – mit Testfragen

Nachfolgend werden für das 6-Stufen-Modell des Risikomanagements jeweils die wichtigsten Kriterien in Fragenform angegeben. Sie helfen zu beurteilen, ob das eigene Risikomanagement den entsprechenden Entwicklungsgrad („Reife") bereits erreicht hat.[3]

6 Reifegrade des Risikomanagements

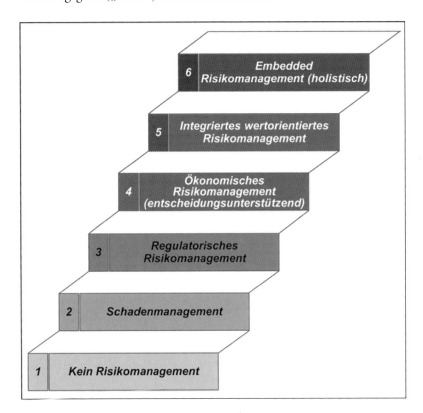

Abb. 1: Die 6 Stufen des Risikomanagements[4]

---

[3] S. Gleißner, „Controlling und Risikoanalyse bei der Vorbereitung von Top-Management-Entscheidungen" im vorliegenden Band.

[4] In Anlehnung an Gleißner, 2017a.

Stufe 1: Kein Risikomanagement

Es existieren kein ausgeprägtes Risikobewusstsein und kein formalisiertes System zum Umgang mit Risiken. Eine Berücksichtigung von Risiken im Rahmen unternehmerischer Entscheidungen findet nur sporadisch statt.

Stufe 2: Schadensmanagement

Die Unternehmensführung ist sich der Existenz bestimmter Risiken, speziell wesentlicher Gefahren, bewusst und setzt punktuell Maßnahmen zur Abwehr dieser Gefahren ein. Dabei wird auf die Einhaltung von (z.T. gesetzlich vorgegebenen) Regelungen wie Umweltschutz und Arbeitsschutz geachtet. Versicherungen werden eingesetzt, um seltene, schwerwiegende Schäden zu überwälzen. Im Rahmen unternehmerischer Entscheidungen wird eine mögliche, gravierende Gefahr diskutiert, ohne dass für dieses Abwägen ein spezifisches Instrument eingesetzt wird. Oft finden Risikomanagementaktivitäten in separaten „Silos" statt.

Stufe 3: Regulatorisches Risikomanagement („KonTraG-Risikomanagement")

KonTraG-Anforderungen erfüllen

Im Unternehmen existiert ein durchgängiges Risikomanagementsystem, das sämtliche wichtige Risiken kontinuierlich überwacht, bewertet und in einem Risikoinventar zusammenfasst. Die wesentlichen Regeln der Risikoüberwachung sind (im Sinne des KonTraG) schriftlich erfasst, sodass insbesondere Umfang, Verantwortlichkeit und Turnus der Risikoüberwachung fixiert sind. Die wesentlichen (insbesondere operativen) Risiken werden jeweils individuell im Hinblick auf geeignete Risikobewältigungsstrategien diskutiert. Bei allen wesentlichen unternehmerischen Entscheidungen wird explizit über die damit verbundenen Risiken nachgedacht und sie werden – allerdings nicht formalisiert und quantifiziert – in betriebliche Entscheidung (z.B. bei Investitionen) mit einbezogen. Risiken werden oft nur einheitlich durch Schadenshöhe und Eintrittswahrscheinlichkeit beschrieben. Eine einfache Risikoaggregation wird durchgeführt.

3	Regulatorisches Risikomanagement	erfüllt	teilweise erfüllt	nicht erfüllt
3.1	Sind Zuordnung von Aufgaben und Verantwortlichkeiten im Risikomanagement klar festgelegt?			
3.2	Werden geeignete Arten von Wahrscheinlichkeitsverteilungen für die Risikoquantifizierung genutzt (bspw. Dreiecksverteilung mit Mindestwert, wahrscheinlichstem Wert und Maximalwert)?			
3.3	Werden die existierenden Risikobewältigungsmaßnahmen im Rahmen der Risikoquantifizierung und der Risikoaggregation berücksichtigt?			
3.4	Gibt es ein geeignetes und einheitliches Risikomaß, um einzelne Risiken quantitativ vergleichen und priorisieren zu können?			
3.5	Kann beurteilt werden, ob ein Risiko „bestandsbedrohend" ist (Wirkung auf das zukünftige Rating)?			
3.6	Wird eine regelmäßige Risikoaggregation durchgeführt?			
3.7	Erfolgt die Risikoaggregation auch „über die Zeit" (also über mehrere zeitlich verknüpfte Planperioden (Pfadsimulation)?			
3.8	Werden Ergebnisse neben dem aggregierten Gesamtrisikoumfang abgeleitet bspw. hinsichtlich der Bedrohung von Rating und Covenants?			
3.9	Sind die Wege für ein effizientes internes Risikoreporting und die Risikokommunikation (mit Bezug auf geeignete Schwellenwerte) festgelegt?			
3.10	Gibt es eine adäquate Verfahrensweise bzgl. „Ad-hoc"-Meldungen zu Risiken?			
3.11	Werden Unternehmensführung und Aufsichtsrat regelmäßig über Risiken informiert			

Tab. 1: Fragen zur Beurteilung eines regulatorischen Risikomanagements

Stufe 4: Ökonomisches, entscheidungsorientiertes Risikomanagement

Risiko wird als Überbegriff über Gefahren (mögliche negative Abweichungen) und Chancen (mögliche positive Abweichungen) verstanden. Aus den Einzelrisiken wird mittels Risikoaggregation unter Bezugnahme auf die Unternehmensplanung ein Gesamtrisikoumfang berechnet, aus dem z.B. der Eigenkapitalbedarf zur Deckung möglicher risikobedingter Verluste

Mögliche „Bestandsbedrohungen" aus Kombinationen von Einzelrisiken erkennbar machen

abgeleitet werden kann. Mittels Monte-Carlo-Simulation werden mögliche „bestandsbedrohende Entwicklungen" aus Kombinationseffekten von Einzelrisiken erkennbar, wie § 91 AktG fordert. Die Konsequenzen der Risiken für wichtige Zielgrößen des Unternehmens und auch das Unternehmensrating (auch in einem Stressszenario) werden aufgezeigt. Es existiert ein ausgeprägtes Risikobewusstsein in der Unternehmensführung und das Risikomanagementsystem wird durch eine IT-Lösung unterstützt. Bei besonders wichtigen Entscheidungen der Unternehmensführung werden entscheidungsvorbereitend die Implikationen für Gesamtrisikoumfang und zukünftiges Rating betrachtet. Die Implikationen für Ertrag und Risiko werden abgewogen.

Robustes Unternehmen als strategisches Ziel

Die Unternehmensführung betrachtet Risiko – ähnlich wie Ertrag und Wachstum – explizit bei der Strategieentwicklung. Das Ziel sollte auf der vierten Entwicklungsstufe sein Risikomanagement und Strategieentwicklung zu verbinden, um ein **„Robustes Unternehmen"**[5] zu realisieren, das so flexibel und beweglich ist, sich auch an unvorhergesehene Entwicklungen anpassen zu können. Seine (messbaren) Risiken durch unsichere Marktentwicklungen sind beispielsweise so abzustimmen, dass sie vom „Sicherheitspuffer" Eigenkapital und Liquidität (Risikodeckungspotenzial) getragen werden können und ein angemessenes Rating gesichert ist, auch wenn schwerwiegende Risiken eintreten.

Ein „Robustes Unternehmen" konzentriert sich auf Kernkompetenzen, die langfristig wertvoll, schwierig kopierbar und vielfältig nutzbar sind. Es baut auf dieser Grundlage – orientiert an den Kundenwünschen – Wettbewerbsvorteile auf, die zu einer Differenzierung von Wettbewerbern und zur langfristigen Bindung von Kunden beitragen. Dies führt zur „Preissetzungsmacht" und der Möglichkeit, Kostenschwankungen zu überwälzen. Unattraktive Tätigkeitsfelder oder Kundengruppen werden gemieden. Infolge intensiven Wettbewerbs und sinkender Transaktionskosten ist die Wertschöpfungskette dahingehend optimiert, dass nur Aktivitäten im Unternehmen erbracht werden, die nicht besser zugekauft werden können, und durch deren Auslagerung das Unternehmen nicht zu sehr in Abhängigkeit gerät. Das Unternehmen gestaltet seine Arbeitsabläufe möglichst unkompliziert unter gleichzeitiger Berücksichtigung von Kosten-, Risiko-, Geschwindigkeits- und Qualitätsaspekten. Es werden, soweit möglich, Bedingungen für selbstorganisierende Strukturen geschaffen, die den Mitarbeitern Freiräume und Anreize für eigenverantwortliches Handeln bieten.

Durch eine breite Diversifikation und eine Verlust- bzw. Haftungsbeschränkung bezüglich der einzelnen Aktivitäten im Rahmen eines diversifizierten Portfolios sollte zudem sichergestellt werden, dass auch durch unerwartete negative Extremereignisse, die ein spezifisches Engagement (ein Geschäfts-

---

[5] Vgl. zu diesem strategischen Konzept Gleißner, 2004 und Gleißner 2017b.

feld oder ein Unternehmen) komplett eliminieren, nicht der Gesamtwohlstand der Eigentümer gefährdet ist. Je fokussierter das Vermögen der Eigentümer (z.B. eines mittelständischen Unternehmers) ist, desto ausgeprägter sollten daher Regelungen zur Haftungs- und Verlustbegrenzung sowie eine ausgeprägte Diversifikation im Unternehmen sein.

4	Ökonomisches Risikomanagement (entscheidungsunterstützend)	erfüllt	teilweise erfüllt	nicht erfüllt
4.1	Werden Chancen und Gefahren (Risiken) mit Bezug auf Planwerte betrachtet (Risiken als wesentliche Ursache einer Planabweichung)?			
4.2	Werden auch strategische Risiken erfasst und in der Unternehmensführung regelmäßig diskutiert, insbesondere Bedrohungen der Erfolgspotenziale?			
4.3	Sind bestehende (Management-)Systeme, beispielsweise Controlling, Treasury, QM, in die Risikoanalyse eingebunden?			
4.4	Wird die Risikoaggregation im Kontext der Planung durchgeführt, werden also Risiken den Positionen zugeordnet, bei denen sie Abweichungen auslösen können?			
4.5	Liegt eine integrierte Planung zugrunde, werden also neben einer Erfolgsrechnung auch Bilanz und Cashflow betrachtet?			
4.6	Werden Einsatz und Nutzen von Risikobewältigungsmaßnahmen beurteilt und überwacht?			
4.7	Ist eine zur Unternehmensstrategie konsistente Risikopolitik formuliert, die den Rahmen von Risikomanagement und risikoorientierter Unternehmensführung beschreibt?			
4.8	Verfügt der Risikomanager über die notwendigen Kompetenzen, Ressourcen und Rechte (beispielsweise Informationsrecht über alle potenziell risikobehafteten Vorgänge wie geplante Akquisitionen oder Investitionen)?			
4.9	Werden die Implikationen der Risikoanalysen für Finanzierungsstruktur (Eigenkapitalbedarf) und angemessene Fremdkapitalkonditionen ausgewertet?			
4.10	Wird Risiko im Rahmen der Strategiefindung als wesentlicher Aspekt bei der Auswahl strategischer Handlungsoptionen betrachtet (Ziel: Robuste Strategie)?			

Tab. 2: Fragen zur Beurteilung eines ökonomischen, entscheidungsorientierten Risikomanagements

▓ Stufe 5: Integriertes wertorientiertes Risikomanagement

Der Risikomanagement-Prozess und die unterstützenden Instrumente (z.B. IT) sind mit den operativen Systemen des Unternehmens verbunden. Planung wird im Sinne einer „stochastischen Planung" (stochastische Budgetierung) durchgeführt, d.h., alle Planungen können Risiken zugeordnet werden (als Wahrscheinlichkeitsverteilung). Damit wird die Beurteilung der Planungssicherheit aller wesentlichen Planungspositionen möglich. Risikoinformationen in Unternehmen können genutzt werden, um den Wertbeitrag (Erfolgsmaßstab aus Verdichtung von erwarteten Erträgen und Risiken) zu berechnen, was eine am Unternehmenswert orientierte Optimierung der Risikobewältigung (strategische Risikoposition) ermöglicht und sämtliche strategische Handlungsoptionen unter Berücksichtigung der Risiken beurteilen lässt.

Rating wird als Werttreiber verstanden

Bei allen wesentlichen Entscheidungen des Top-Managements wird, unterstützt durch ein geeignetes Instrumentarium, ein Abwägen von erwarteten Erträgen (Rendite) und Risiken (z.B. beschrieben als Kapitalkostensatz) ermöglicht. Die durch das Rating ausgedrückte Insolvenzwahrscheinlichkeit wird als risikoabhängiger Werttreiber verstanden, der langfristig etwa wie eine „negative Wachstumsrate" wirkt.[6]

Risikogerechte Kapitalkosten

Bewertungsverfahren auf der Hypothese eines vollkommenen Kapitalmarkts (wie CAPM) sind durchgängig durch Modelle für einen realitätsnahen unvollkommenen Kapitalmarkt ersetzt, bei dem Kapitalkosten (oder Sicherheitsäquivalente) aus unternehmensinternen Informationen über Ertragsrisiken abgeleitet werden.[7] Die Ergebnisse der Risikoaggregation führen damit zu Kapitalkosten, die als risikogerechte Anforderungen an die erwartete Rendite von Projekten oder Geschäftsbereichen einer wertorientierten Unternehmensführung dienen.

---

[6] Vgl. Gleißner, 2015, S. 908–919.
[7] Vgl. Gleißner, 2011, S. 345–352 und Gleißner, 2017a, Kap. 6.

5	Integriertes wertorientiertes Risikomanagement	erfüllt	teilweise erfüllt	nicht erfüllt
5.1	Existieren Instrumente zur quantitativen Bewertung des ökonomischen Mehrwerts von Maßnahmen der Risikobewältigung (bspw. Total Cost of Risk bei Hedging, Versicherungen)?			
5.2	Sind Risikopolitik und Risikokultur im Unternehmen erkennbar?			
5.3	Werden alle Synergien zwischen Risikomanagement und anderen Managementsystemen, beispielsweise Controlling, Planung und Qualitätsmanagement, für die Datenbeschaffung und Analyse von Risiken genutzt?			
5.4	Werden Kapitalkosten risikogerecht aus der Risikosituation (Ertragsrisiko aus Risikoaggregation) abgeleitet?			
5.5	Werden Simulationsergebnisse adressatengerecht zur Unterstützung von Managemententscheidungen aufbereitet?			

Tab. 3: Fragen zur Beurteilung eines integrierten wertorientierten Risikomanagements

Stufe 6: Embedded Risikomanagement (holistisch)

Sämtliche wichtigen strategischen und operativen Entscheidungen werden durch Bewertung am risikogerechten Ertragswert oder Risikonutzen beurteilt, was ein integrales Nachdenken über den erwarteten Ertrag und das Risiko sowie die Optimierung der Planungssicherheit ermöglicht. Unternehmerische Reaktionsmöglichkeiten (Flexibilität) in Abhängigkeit der Entwicklung von Unternehmenszielgrößen und exogener Risikofaktoren werden ex ante in die Risikoanalyse integriert. Auch die Unsicherheit der Risikoeinschätzung selbst wird in der Entscheidung berücksichtigt („Metarisiken"). Reaktionen von Wettbewerbern und andere „Verhaltensrisiken" sowie „Managementrisiken" werden konsequent analysiert und bewältigt. Die Unternehmenskultur und jegliches unternehmerisches Denken und Handeln – zentral und dezentral – beachten Ertrag sowie Gefahren und Chancen und machen Risiko so zu einer integralen Facette eines umfassenden Unternehmensführungsansatzes („Robustes Unternehmen"). Die Mitarbeiter betrachten jedes Management (wegen der i.d.R. unsicheren Wirkung) auch als Risikomanagement.

Ziel: Jedes Management als Risikomanagement verstehen

6	Embedded Risikomanagement (holistisch)	erfüllt	teilweise erfüllt	nicht erfüllt
6.1	Gehen (fast) alle Mitarbeiter in ihrer normalen Tätigkeit bewusst mit Chancen und Gefahren um?			
6.2	Werden Parameterunsicherheit und andere Metarisiken bei der Risikoquantifizierung erfasst?			
6.3	Wird jedes Management auch als Risikomanagement betrachtet, weil die Wirkung der Aktivitäten unsicher ist?			
6.4	Wird das strategische Ziel eines „Robusten Unternehmens" mit optimalem Ertrag-Risiko-Profil (weitgehend) erreicht?			

Tab. 4: Fragen zur Beurteilung eines Embedded Risikomanagements

3 Fazit

Risiko-management als Erfolgsfaktor

Die oben angesprochenen Themen zeigen zusammenfassend, welche zentrale Bedeutung das Risikomanagement potenziell als Funktion und Kompetenzbereich der Unternehmensführung hat. Risikomanagement ist weit mehr als ein formales Organisationssystem, eher ein Kompetenzfaktor und ein Erfolgsfaktor.[8] Es ist derjenige Kompetenzbereich, der – verteilt auf eine Vielzahl von Mitarbeitern und Funktionen – die Unternehmensführung in die Lage versetzt, erwartete Erträge und Risiken gegeneinander abzuwägen – und so die Grundidee eines wertorientierten Managements in der Praxis umzusetzen.

Diese Fähigkeit wird aber erst auf der vierten der oben erläuterten Stufen erreicht und auch hier gibt es noch weitere Verbesserungspotenziale.[9] Insbesondere die Unternehmensführung muss sich selbst als „Oberster Risikomanager" verstehen, da ihre Entscheidungen den Risikoumfang maßgeblich bestimmen und grundlegende Änderungen des Ertrag-Risiko-Profils meist Anpassungen der Strategie erfordern. Empfehlenswert sind „robuste" Strategien und organisatorische Regelungen und Methoden, die sicherstellen, dass schon bei der Vorbereitung unternehmerischer Entscheidungen deren Implikationen für den zukünftigen Risikoumfang bekannt sind, um mögliche „bestandsbedrohende Entwicklungen" (§ 91 Abs. 2 AktG) früh zu erkennen. Der Risikoumfang wird als Werttreiber verstanden, der Rating und Kapitalkosten bestimmt.

---

[8] Vgl. Romeike/Finke, 2003.
[9] Vgl. Füser/Gleißner, 2013.

Die nächste Entwicklungsstufe nach Integration des Risikomanagements und Ausrichtung auf Entscheidungsunterstützung für die Unternehmensführung ist dann offensichtlich: auch alle anderen Mitarbeiter sollten sich bewusst sein, dass ihre Tätigkeit mit Chancen und Gefahren verbunden ist. Jedes Management sollte so auch als Risikomanagement aufgefasst werden („Embedded Risikomanagement").[10]

4 Literaturhinweise

Berger, Risikokultur das informelle Fundament des Risikomanagements, in Gleißner/Romeike (Hrsg.), Praxishandbuch Risikomanagement, 2015.

Brühwiler/Romeike, Praxisleitfaden Risikomanagement. ISO 31000 und ONR 49000 sicher anwenden, 2010.

Eicher/Romeike, Risikomanagement: Wenn der Reifegrad entscheidet, RiskNET, 24.2.2014, https://www.risknet.de/themen/risknews/risikomanagement-wenn-der-reifegrad-entscheidet/dd9965f10d279123f3bac3b254ec6493/, Abrufdatum 7.9.2016.

Füser/Gleißner, Planung, Rating, wertorientierte Steuerung und Risikomanagement: Die Herausforderungen, in Controller Magazin, 2013, S. 24–27.

Gleißner, FutureValue – 12 Module für eine wertorientierte strategische Unternehmensführung, 2004.

Gleißner, Risikoanalyse und Replikation für Unternehmensbewertung und wertorientierte Unternehmenssteuerung, in: WiSt 7/2011, S. 345–352.

Gleißner, Ermittlung eines objektivierten Unternehmenswerts von KMU – Anregungen unter besonderer Berücksichtigung von Rating und Insolvenzwahrscheinlichkeit, in WPg, 17/2015, S. 908–919.

Gleißner, Grundlagen des Risikomanagements, 3. Aufl. 2017a.

Gleißner, Robuste Unternehmen und strategisches Risikomanagement, in Risiko Manager, Heft 2, 2017b, S. 20-28.

Romeike/Finke, Erfolgsfaktor Risikomanagement: Chance für Industrie und Handel, Lessons learned, Methoden, Checklisten und Implementierung, 2003.

Vanini, Reifegrade der Integration von Risikomanagement und Controlling – Eine empirischer Untersuchung deutscher Unternehmen, in Der Controlling-Berater, Band 50, 2017.

---

[10] Vgl. Berger, 2015.

Break-Even-Analyse: Unsicherheit und Risiko bei mehreren Produkten reduzieren

- Die Break-Even-Analyse (BEA) ermittelt die Absatzmenge, ab der ein Unternehmen Gewinne erzielt. Bei mehreren unterschiedlichen Produkten wird die Ermittlung jedoch schwierig.

- Alle Formen der BEA betrachten jedoch nur das Risiko eines Verlustes ohne das Risiko monetär oder als Wahrscheinlichkeit quantifizieren zu können. Letzteres ist aber für unternehmerische Entscheidungen wichtig.

- Die stochastische Simulation (Monte-Carlo-Simulation) kann auf einfache Weise in bestehende Tabellenkalkulationen eingebaut werden und kann verschiedenste praktische Gegebenheiten von Produkten, Märkten usw. berücksichtigen.

- Insgesamt bietet die stochastische BEA mehrere Vorteile: Sie erlaubt die monetäre Quantifizierung des Verlustrisikos, was wiederum eine Vorarbeit für unternehmerische Entscheidungen im Umgang mit diesem Risiko ist, und sie lässt sich leicht in die Planung, Steuerung und Kontrolle einbinden.

■ **Der Autor**

Prof. Dr. Robert Rieg, Professor für Controlling und Interne Unternehmensrechnung sowie Prodekan für Forschung an der Fakultät Wirtschaftswissenschaften an der Hochschule Aalen.

1 Grundidee der Break-Even-Analyse

Die Ermittlung der Gewinnschwelle(Break-Even-Rechnung) gehört zu einem der beliebtesten Instrumente in der Praxis und wird in den meisten Lehrbüchern zum Controlling und zur Kostenrechnung behandelt.[1] Ihr Ziel ist im einfachsten Fall eines Ein-Produkt-Unternehmens die Ermittlung der benötigten Absatzmenge, um Verluste zu vermeiden, eben die sog. Gewinnschwelle. Diese ist ermittelbar als:

Gewinnschwelle

$x_{BEP} = K_{fix} / (p - k_{var})$,	[Umsatz-, Gesamtkostenmodell] mit
x_{BEP}	Break-Even-Menge, also Absatzmenge bei Gewinnschwelle
K_{fix}	Fixkosten der Periode
p	Absatzpreis
k_{var}	variable Kosten je Stück
oder über den Stückdeckungsbeitrag db $=p-k_{var}$	
$x_{BEP} = K_{fix} / db$	[Deckungsbeitragsmodell]

Die Break-Even-Rechnung betrachtet von vornherein schon ein Risiko: nämlich das Risiko von Verlusten. Allerdings wird es nicht weiter in Form von Eintrittswahrscheinlichkeiten oder Eintrittshöhen quantifiziert; nur die für eine Verlustvermeidung nötige Absatzmenge wird berechnet. Dennoch kann man bereits mit diesem einfachen Modell eine Reihe von Analysen durchführen, so bspw. die Auswirkungen von Mengen-, Preis- und Kostenänderungen.

Aufgrund der mangelnden kurzfristigen Abbaubarkeit von Fixkosten stellen diese ein weiteres Risiko für ein Unternehmen dar. Bei sinkenden Absatzmengen hat dasjenige Unternehmen einen Nachteil, welches höhere bzw. länger nicht abbaubare Fixkosten aufweist. Andererseits hat dasselbe Unternehmen bei steigenden Absatzmengen durch den höheren Fixkostenanteil einen Vorteil. Dieses Risiko der Volumenänderung wird auch als „operating leverage" bezeichnet. Es ermittelt sich vereinfacht als Verhältnis aus jeweiligem Deckungsbeitrag zu Gewinn.[2]

Operating Leverage

In der praktischen Anwendung reicht die einfache Form der Break-Even-Rechnung nicht mehr aus: Zum einen verkaufen die meisten Unternehmen mehrere Produkte; zum anderen ist die Break-Even-Rechnung eine statische Betrachtung und unterschlägt die zeitliche Entwicklung und einen Großteil der Unsicherheit ihrer Eingangsgrößen.

---

[1] Vgl. beispielhaft Coenenberg/Fischer/Günther, 2012, Kap. 8.
[2] Vgl. Friedl/Hofmann/Pedell, 2013, S. 294 f.

2 Break-Even-Analyse im Mehrproduktfall

Mehrere Produkte = mehrere Gewinnschwellen

Durch den Absatz mehrerer Produkte wird es i.d.R. nicht mehr eine einzige Gewinnschwelle geben, sondern mehrere. Die Gründe sind:

a) Gewinne und Verluste verschiedener Produkte können sich ausgleichen,

b) die Reihenfolge der verkauften Produkte beeinflusst natürlich die Gewinnschwelle und

c) Fixkosten lassen sich nicht unbedingt auf einzelne Produkte zurechnen, so dass man dann keine Gewinne für eine Produktart ermitteln kann.

Die Kernfrage der Break-Even-Rechnung verschiebt sich vom einzelnen Produkt hin zum gesamten Produktions- und Absatzprogramm.[3]

Ansätze für den Mehrproduktfall

Die Lösungsvorschläge für den Mehrproduktfall konzentrieren sich meist auf den zweiten Aspekt (b). Drei Vorschläge finden sich in Lehrbüchern:

1. Eine Break-Even-Menge lässt sich dann für mehrere Produkte ermitteln, wenn man davon ausgeht, dass die Absatzmengen in einem konstanten Verhältnis stehen, dass also beispielsweise die Produkte A und B immer im Verhältnis 1:5 verkauft werden.[4]

2. Es wird mit durchschnittlichen, konstanten Absatzmengen je Produkt gerechnet, wobei das Ergebnis im Grunde wieder dasselbe wie bei (1) ist.

3. Der dritte Ansatz betrachtet zwei extreme Absatzszenarien, die sich darin unterscheiden, in welcher Reihenfolge die Produkte verkauft werden. Im pessimistischen Fall werden die Produkte vom am wenigsten profitablen hin zum profitabelsten verkauft, der Break-Even erfolgt also erst „spät"; im optimistischen Fall ist es umgekehrt und die Gewinnschwelle wird schneller erreicht. Die Bezeichnungen „pessimistisch" und „optimistisch" beziehen sich hier nicht auf Wahrscheinlichkeiten sondern nur auf die auf- oder absteigende Reihenfolge der Profitabilitäten der Produkte, also auf eine ungünstige bzw. günstige Entwicklung.

Die Profitabilität wird entweder als DB direkt oder über das Verhältnis DB zu Umsatz je Produkt ermittelt. Abb. 1 veranschaulicht diesen Ansatz mit dem DB je Produkt als Maßstab der Profitabilität. Die Fixkosten betragen 25 TEUR.

---

[3] Vgl. hierzu und nachfolgend Ewert/Wagenhofer, 2014, S. 196 ff. und Coenenberg/Fischer/Günther, 2012, S. 338 ff.

[4] Vgl. Coenenberg/Fischer/Günther, 2012, S. 353.

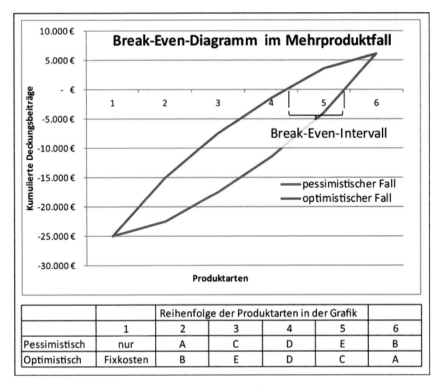

Abb. 1: Break-Even-Diagramm im Mehrproduktfall

3 Wie berücksichtigt man Unsicherheit und Risiko?

3.1 Grundüberlegungen

Unter Unsicherheit ist hier zu verstehen, dass die wesentlichen Eingangsgrößen für die Zukunft nicht sicher vorhergesagt werden können, sondern
dass es eine Bandbreite möglicher Werte gibt. In der Break-Even-Analyse
trifft das meist auf die Absatzmengen, Absatzpreise und Absatzreihenfolge
zu, etwas geringer dürften die Schwankungen für fixe Kosten und variable
Stückkosten sein.

Unsicherheit

Das Risiko bezeichnet die mögliche negative Auswirkung dieser Unsicherheit.[5] Für die Break-Even-Analyse ist das wesentliche Risiko ein möglicher
Verlust, allerdings wird dieser üblicherweise nicht quantifiziert; es wird

Risiko

---

[5] Die Chance einen höheren Gewinn als geplant zu erzielen, wird dagegen nicht weiter
betrachtet. Sie ist a) gewünscht und b) meist mit positiven Konsequenzen verbunden.

also nicht eine zu erwartende Verlusthöhe bei einer bestimmten Verlustwahrscheinlichkeit ermittelt.[6] Doch nur wenn man Letztere kennt, kann man auch abschätzen, welche negativen monetären Konsequenzen eines Verlustes abzudecken sind – bspw. in Form einer benötigten Kapitalreserve. Solch eine benötigte Kapitalreserve im Verlustfall steht in direkter Beziehung zum Insolvenzrisiko des Unternehmens. Kann das Unternehmen die Kapitalreserve nicht mehr aufbringen, könnte es überschuldet sein, was ein Insolvenzgrund darstellen kann.[7]

Monte-Carlo-Simulation Die Quantifizierung ist nötig, um eine Abschätzung des Ausmaßes der Unsicherheit und des Risikos zu bekommen. Ohne Quantifizierung kann das Management letztlich nicht wirklich fundiert entscheiden.[8] Früher scheiterten solche Unsicherheits- und Risiko-Quantifizierungen schlicht an der mangelnden Verfügbarkeit von Methoden und Softwarewerkzeugen. Heute stehen einfache und leistungsfähige Werkzeuge bereit, mit denen solche Analysen in kurzer Zeit durchführbar sind. Entsprechende Software für Monte-Carlo-Simulationen ist in Tabellenkalkulationen leicht integrierbar und erfordert nur ein gewisses Grundverständnis der Stochastik.

3.2 Anwendung auf die Break-Even-Analyse

Anwendungstool Für die Durchführung einer Monte Carlo-Simulation in der Break-Even-Analyse ist zu entscheiden, bei welchen Eingangsgrößen nennenswerte Schwankungen anzunehmen sind, welche Verteilung diesen Schwankungen zugrunde liegen und welches die Zielgrößen sind, auf die sich diese Schwankungen auswirken bzw. mit denen das Risiko beurteilt werden sollen. Die folgenden Fälle unterscheiden sich in den Annahmen zur Variabilität der Eingangsgrößen. Dabei wird ein Unterschied zur üblichen BEP-Rechnung deutlich: diese benötigt für die Ermittlung der Break-Even-Menge im einfachen Fall (nur ein Produkt) nur den Stück-Deckungsbeitrag und die Fixkosten einer Periode. Will man das Risiko quantifizieren, benötigt man **zusätzlich** eine Absatz- und Kostenplanung, also eine Vorstellung davon in welchem Zeitraum wie viele Produkte verkauft werden können und mit welchen Kosten. Diese Planung dient als Bezugspunkt für die Betrachtung des Verlustrisikos, das sich über die angenommenen Absatz- und Kostenschwankungen ergibt.

---

[6] Vgl. beispielhaft zur Darstellung in den Lehrbüchern Friedl/Hofmann/Pedell, 2013, S. 288 ff.

[7] Vgl. weiterführend zu Insolvenzwahrscheinlichkeit und Rating Gleißner, 2011, S. 243–251.

[8] S. dazu die Ausführungen von Gleißner, 2006.

Tipp: Excel-Tool zur Umsetzung beim Autor erhältlich
Für dieses Beispiel wird das Excel Add-In Risk Kit® verwendet, das in einer Testversion kostenlos beim Hersteller heruntergeladen werden kann: www.wehrspohn.info. Es gibt darüber hinaus natürlich noch viele andere am Markt. Wenn Sie die Beispielanwendung selbst nachvollziehen wollen, können Sie die Excel-Tabelle beim Autor Herrn Prof. Robert Rieg per Mail anfordern.

Die Zielgröße der Break-Even-Analyse ist das Betriebsergebnis BE = DB – Fixkosten. Gesucht wird die Wahrscheinlichkeit p mit der Verluste auftreten können, also $p(BE < 0)$. Das Risiko der Absatzplanung kann mit 2 Größen erfasst werden:

Conditional value at risk CVAR

a) Die Abschätzung der betragsmäßigen Höhe der Verluste über die Kennzahl „conditional value at risk" CVaR (auch: „expected short-fall"). Sie ist in unserem Fall die Summe der Verluste jeweils multipliziert mit ihrer Eintrittswahrscheinlichkeit. Der Betrag des CVaR kann, wie oben beschrieben, als Eigenkapitalreserve angesehen werden, die für die Absatzplanung vorgesehen werden sollte. Anders gesagt, der CVaR ist damit eine monetäre Abschätzung des Risikos das mit dieser Absatzplanung eingegangen wird.

expected shortfall

b) Die Streuung des Betriebsergebnisses als Verhältnis von Standardabweichung zu Betriebsergebnis (Variationskoeffizient). Dabei gilt: je höher der Variationskoeffizient desto mehr streuen die Ergebnisse und desto größer die Risiken.

Variationskoeffizient

Beispiel: Verteilung von Wahrscheinlichkeiten
Ein einfaches Beispiel mit Würfeln kann das verdeutlichen. Würfelt man mit einem Würfel, erhält man dieselbe Wahrscheinlichkeit für jede Augenzahl (Gleichverteilung). Bei zwei Würfeln entsteht eine Binominalverteilung, die der Glockenkurve einer ähnelt und die bereits den Effekt der Diversifikation zeigt: durch Verwendung zweier Würfel werden Ereignisse weiter rechts und links des Mittelwerts seltener. Dieser Effekt des geringeren Risikos zeigt sich am sinkenden Variationskoeffizient als auch am CVaR oder expected shortfall. In diesem einfachen Beispiel wird angenommen dass bei einem Würfel 2 von 6 möglichen Zahlen (33 %) und bei zwei Würfeln 4 von 11 möglichen Zahlen (36 %) Verluste von jeweils 10 EUR darstellen sollen.

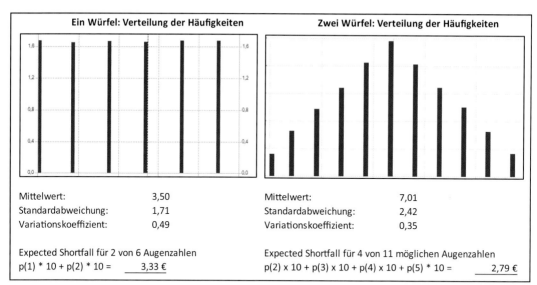

Abb. 2: Beispiel zu Variationskoeffizient und expected shortfall

4 Fallbeispiele

4.1 Fall 1: Betrachtung der Monate unabhängig voneinander

Die folgenden einzelnen Szenarien berücksichtigen schrittweise komplexere Beziehungen zwischen den Eingangsgrößen. Der betrachtete Zeitraum ist jeweils 3 Monate. Für dieses und die folgenden Szenarien gehen wir von 5 Produkten aus, deren Umsätze und Kosten schwanken können (Tab. 1). Angenommen ist hier eine sog. einfache Dreiecksverteilung. Sie besteht aus einem niedrigsten, einem höchsten und einem wahrscheinlichsten Wert. Vereinfachend wird hier angenommen, die Unter- und Obergrenzen seien Vielfache des wahrscheinlichsten Werts also bspw. Untergrenze Stückpreis A = Mittelwert A * 0,85, hier 10 * 0,85 = 8,50 EUR.

Die Simulation mit 10.000 Simulationsläufen dauert nur kurz. Sie liefert eine Verteilung für die Zielgröße Betriebsergebnis in dem betrachteten Quartal. Abb. 3 zeigt das Histogramm für das Betriebsergebnis der 3 Monate. Man erkennt, dass in etwa 5 % der Fälle ein Verlust auftritt, der Erwartungswert (erwarteter Mittelwert des Betriebsergebnisses) beträgt 6.520 EUR. Der Erwartungswert der möglichen Verluste (CVaR) beläuft sich auf 1.637 EUR. Das wäre der Betrag, der beispielsweise als Eigenkapitalreserve vorgehalten werden sollte.

Ein interessantes Detail ist, dass sich die Erwartungswerte der Ergebnisse je Monat aufaddieren lassen. Die Verteilung der Werte „verschiebt" sich damit hin zu größeren Werten, so dass die Wahrscheinlichkeit für einen Verlust gegenüber jedem einzelnen Monat sinkt. (Tab. 2).[9] Hinzu kommt ein Risikoausgleich, da sich Produkte und Monate unabhängig voneinander verhalten.

Eingangsparameter: Stückpreise

Produkte	Art der Verteilung	Untergrenze (0,85)	Wahrschein-lichkeit Wert	Obergrenze (1,1)
A	Dreieck	8,50 EUR	10,00 EUR	11,00 EUR
B	Dreieck	17,00 EUR	20,00 EUR	22,00 EUR
C	Dreieck	19,13 EUR	22,50 EUR	24,75 EUR
D	Dreieck	17,00 EUR	20,00 EUR	22,00 EUR
E	Dreieck	29,75 EUR	35,00 EUR	38,50 EUR

Eingangsparameter: variable Stückkosten

Produkte	Art der Verteilung	Untergrenze (0,85)	Wahrschein-lichkeit Wert	Obergrenze (1,1)
A	Dreieck	4,75 EUR	5,00 EUR	6,00 EUR
B	Dreieck	9,50 EUR	10,00 EUR	12,00 EUR
C	Dreieck	9,50 EUR	10,00 EUR	12,00 EUR
D	Dreieck	11,40 EUR	12,00 EUR	14,40 EUR
E	Dreieck	19,00 EUR	20,00 EUR	24,00 EUR

Eingangsparameter: Absatzmengen

Produkte	Art der Verteilung	Untergrenze (0,85)	Wahrschein-lichkeit Wert	Obergrenze (1,1)
A	Dreieck	350	500	600
B	Dreieck	700	1.000	1.200
C	Dreieck	280	400	480
D	Dreieck	525	750	900
E	Dreieck	350	500	600

Tab. 1: Eingangsdaten für die Monte-Carlo-Simulation (Werte in Klammern sind die Faktoren für Erhöhung/Abnahme)

---

[9] Das gilt in diesem Fall, da die einzelnen stochastischen Größen (Preis, Stückkosten, Absatzmenge) unabhängig voneinander sind. In den weiteren Szenarien wird diese Annahme fallen gelassen. Wir gehen hier davon aus, dass die Häufigkeiten auch die wahren Wahrscheinlichkeiten widerspiegeln.

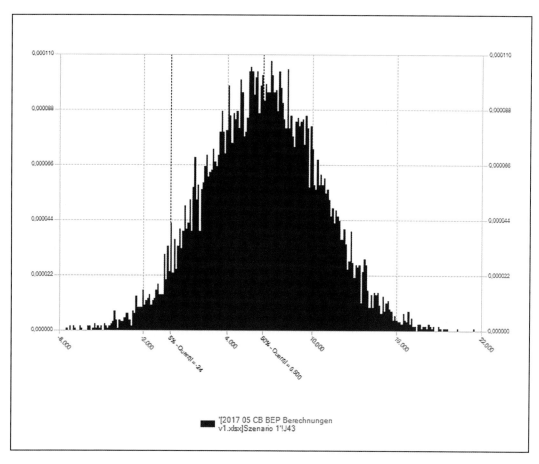

Abb. 3: Histogramm Betriebsergebnis für Fall 1 (gesamt für alle Monate)

Monate	Verlustwahrschein-lichkeit p(BE <0) ca.	Erwartungswert Be-triebsergebnis
Januar	17,99 %	2.163,63 EUR
Februar	16,96 %	2.188,22 EUR
März	17,70 %	2.169,06 EUR
Gesamt	4,65 %	6.520,90 EUR
Expected Shortfall CVaR		-1.637,14 EUR
Variationskoeffizient		62 %

Tab. 2: Verlustwahrscheinlichkeiten und Erwartungswerte je Monat und insgesamt im Fall 1

4.2 Fall 2: Abhängigkeiten der Produkte untereinander

Im 2. Fall soll die Abhängigkeit der Absatzmengen der Produkte untereinander betrachtet werden. Verkäufe von Produkte beeinflussen sich oft gegenseitig, sei es positiv (komplementäre Produkte wie Bohrmaschinen und Bohrer) oder negativ wie zum Beispiel der steigende Tablet-Computer-Verkauf und der gleichzeitig zurückgehende Notebook-Absatz. Tab. 3 listet beispielhaft die hier angenommenen Korrelationen auf. Solche Korrelationen erhält man in der Praxis primär aus Vergangenheitsdaten der Produkte.

	A	B	C	D	E
A	1,00	0,50	0,50	0,75	-0,50
B	0,50	1,00	-0,20	0,40	-0,25
C	0,50	-0,20	1,00	0,50	0,20
D	0,75	0,40	-0,50	1,00	0,00
E	-0,50	-0,25	0,20	0,00	1,00

Tab. 3: Korrelationsmatrix der Anteile der Produkte an der Gesamtabsatzmenge im Fall 2

Angenommen wird hier, dass die Abhängigkeiten der Produkte untereinander für ein Quartal gelten, sie also dauerhafter sind als die zeitlichen Schwankungen der Absatzmengen. Das erscheint auch plausibel. Das Ergebnis der Simulation zeigt Abb. 4.

Der Erwartungswert des Betriebsergebnisses für das Quartal steigt gegenüber Fall 1 leicht auf 6.531 EUR. Die Wahrscheinlichkeit eines Verlustes nimmt auf etwa 13 % zu, der conditional value at risk beträgt 2.741 EUR, ist also deutlich höher als im 2. Fall. Die korrelierten Absatzmengen „verbreitern" die Streuung der Ergebnisse, ändern aber wenig am Mittelwert.

Monate	Verlustwahrscheinlichkeit p(BE <0) ca.	Erwartungswert Betriebsergebnis
Januar	18,70 %	2.202,12 EUR
Februar	18,61 %	2.182,99 EUR
März	19,16 %	2.145,88 EUR
Gesamt	13,08 %	6.530,99 EUR
Expected Shortfall CVaR		-2.741,47 EUR
Variationskoeffizient		63 %

Tab. 4: Verlustwahrscheinlichkeiten und Erwartungswerte je Monat und insgesamt im Fall 2

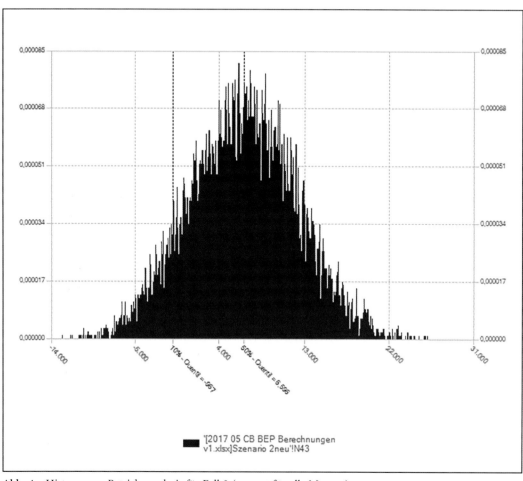

Abb. 4: Histogramm Betriebsergebnis für Fall 2 (gesamt für alle Monate)

4.3 Fall 3: Zeitliche Abhängigkeit von Monat zu Monat

Im 1. und 2. Fall wurde angenommen, dass die Werte je Monat
voneinander unabhängig sind. Das ist eine Annahme, die für viele
Produkte und Unternehmen unrealistisch sein dürfte. In vielen Fällen
finden sich Trends in den Absatzmengen aufeinander folgender Monate,
wie saisonale Schwankungen oder länger dauernde Auf- oder Abschwün-
ge. Um die Diskussion einfach zu halten, geht der Fall 3 davon aus, dass
die Monatswerte einem vom Zufall beeinflussten zeitlichen Ablauf
folgen, sie aber im Durchschnitt konstant sind (sog. stochastischer
Prozess als Brown'sche Bewegung). Für Produkt A würde das beispielhaft wie in Abb. 5 aussehen.

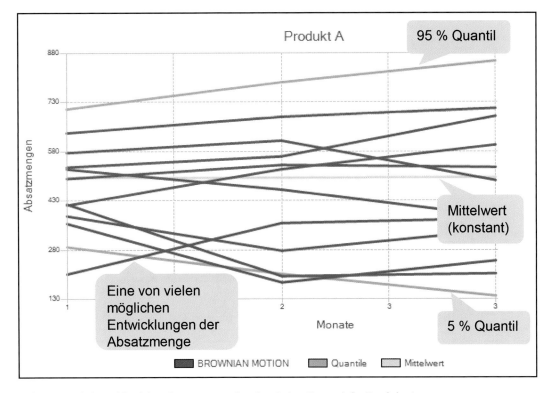

Abb. 5: Zeitlicher Ablauf der Absatzmengen (stochastischer Prozess) für Produkt A

Die Simulation des Betriebsergebnisses (Abb. 6) zeigt eine breitere Häufigkeitsverteilung als im ersten und zweiten Szenario. Man erzielt im Mittel ein höheres mittleres Betriebsergebnis (9.251 EUR) jedoch steigt die Wahrscheinlichkeit eines Verlustes auf über 24 %. Der conditional value at risk steigt deutlich an auf 7.724 EUR und der Variationskoeffizient auf 144 %. Das Risiko ist in diesem Szenario also sehr stark gestiegen.

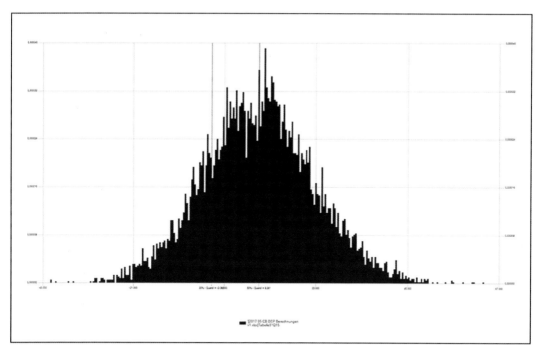

Abb. 6: Histogramm Betriebsergebnis für Fall 3 (gesamt für alle Monate)

4.4 Zusammenfassende Betrachtung

Die 3 Fälle bilden ein zunehmend realistischeres Bild einer Break-Even-Analyse ab. In dieser Anwendungssituation geht das mit steigendem mittlerem Betriebsergebnis, allerdings auch mit steigendem Risiko einher, gemessen am Variationskoeffizient und dem expected shortfall oder CVaR. Letzterer zeigt: Das Unternehmen sollte immer mehr Eigenkapital zur Absicherung möglicher Verluste bereitstellen.

Kenngrößen der verschiedenen Fälle	Zielgröße Betriebsergebnis		
	Fall 1	Fall 2	Fall 3
Mittelwert	6.520,90 EUR	6.530,99 EUR	9.250,58 EUR
Median	6.500,26 EUR	6.450,38 EUR	9.281,21 EUR
Spannweite 5-95 %	13.077,59 EUR	13.371,83 EUR	44.135,07 EUR
Variationskoeffizient	62 %	63 %	144 %
Minimaler Wert	-7.769,95 EUR	-8.943,66 EUR	-42.312,83 EUR
Maximaler Wert	22.024,11 EUR	21.776,21 EUR	63.474,51 EUR

Kenngrößen der verschiedenen Fälle	Zielgröße Betriebsergebnis		
Expected Shortfall (CVaR)	-1.637,14 EUR	-2.741,47 EUR	-7.724,00 EUR
Häufigkeit Verluste in %	4,65 %	13,08 %	24,24 %

Tab. 5: Wesentliche Ertrags- und Risiko-Kennzahlen der drei Fälle

5 Einsatz im Planungs- und Kontrollprozess

Wie oben erwähnt, setzt eine stochastische BEP-Analyse voraus, dass eine Absatz- und Kostenplanung erstellt wird. Sie wird damit Teil der Planung, Steuerung und Kontrolle unternehmerischer Risiken und Chancen.

In der Planungsphase dient die oben erläuterte stochastische BEP-Analyse dazu, die Risiken quantitativ abzuschätzen. Anschließend sollte das Management überlegen, wie es mit den Risiken umgehen will. Hier können die üblichen Überlegungen zur a) Vermeidung, b) Verminderung, c) Begrenzung, d) Übertragung oder e) Vorsorge angestellt werden.[10]

Planungsphase

a) Das Absatzrisiko zu vermeiden, läuft jedoch dem unternehmerischen Dasein zuwider: Jede unternehmerische Tätigkeit ist risikobehaftet, bietet aber auch nur durch ihre Unsicherheit die Möglichkeit entsprechende Chancen zu realisieren, also beispielsweise mehr zu verkaufen als gedacht.

b) Absatzrisiken zu vermindern wäre denkbar über eine Sortimentspolitik, die Produkte mit unterschiedlichen Konjunkturverläufen enthält, so dass sich durch Diversifikation geringere Gesamtrisiken ergeben. Das ist in unserem zweiten Fall durch die Annahme negativer Korrelationen zwischen Produkten bereits angedeutet. Auf der Kostenseite ließe sich das Verlustrisiko mindern durch eine Variabilisierung von Fixkosten beispielsweise durch die Reduktion der Fertigungstiefe.

c) Eine Risikobegrenzung wäre denkbar in dem man je Produkt höhere Mindest-Deckungsbeiträge je Stück festsetzt und Produkte mit geringerem Stückdeckungsbeitrag aus dem Sortiment nehmen.

d) Eine Übertragung oder Überwälzung des Absatzrisikos findet beispielsweise bei Lieferverträgen mit garantierter Abnahme- oder Zahlungsverpflichtung (take-or-pay Verträge) statt, wie sie in der Gastronomiebranche und der Energiewirtschaft vorkommen.

---

[10] Vgl. ausführlicher bspw. Vanini, 2012, S. 225 ff.

e) Im Sinne der Risikovorsorge kann hier der CVaR als jener Kapitalbeitrag gedeutet werden, den das Unternehmen vorhalten sollte, um Verluste abzudecken.[11] Das verbleibende Restrisiko ist dann das unternehmerische Risiko. Ihm stehen entsprechend Chancen gegenüber die begründen, warum es eingegangen wird.

Umsetzungsphase Verständlicherweise würde das Management dieses Unternehmens in der Implementierung nicht drei Monate abwarten, bis die Ergebnisse des Quartals bekannt sind, sondern sich früher informieren und ggf. reagieren. Nach dem ersten Monat wird ja schon deutlich auf welchem Weg sich das Unternehmen befindet und man kann ausgehend von den ersten Monats-Ist-Daten die folgenden prognostizieren sowie ggf. Gegenmaßnahmen überlegen. Das entspräche dem Konzept der rollenden Hochrechnung und Planung.[12]

Kontrollphase Es liegt nahe nach Ablauf des Zeitraums die anfangs verwendeten Annahmen zu prüfen und anzupassen, bspw. die tatsächliche Korrelation der Absatzdaten zu vergleichen mit der in der Planung verwendeten. Es empfiehlt sich jedoch hier nicht vorschnell zu handeln. Die tatsächlichen Absatzdaten sind immer auch Ergebnis von Einflüssen, die einmalig sind oder deren Natur nicht bekannt ist. Eine zu starke Orientierung an einzelnen Schwankungen der Vergangenheit führt zu einer Überbetonung solcher singulärer Effekte, die sich in der Zukunft nicht exakt so wiederholen. Nicht umsonst wird das als data fitting oder curve fitting bezeichnet. Die auf solche Methoden aufbauenden Prognosen sind meist ungenauer als wenn man die Vergangenheitsdaten etwas gröber betrachtet und nur den wesentlichen Trend verwendet.[13]

Vorteile der stochastischen BEP-Analyse In Summe bietet die stochastische BEP-Analyse Einsichten, die eine statische BEP-Analyse nicht liefern kann: Sie erlaubt die monetäre Quantifizierung des Verlustrisikos, was wiederum eine Vorarbeit für unternehmerische Entscheidungen im Umgang mit diesem Risiko ist, und sie lässt sich leicht in die Planung, Steuerung und Kontrolle einbinden, etwas was bei der statischen BEP-Analyse nicht so offensichtlich ist.

Keep it simple Es empfiehlt sich für den ersten Einsatz der Methode nicht zu versuchen, die „Welt abzubilden" und möglichst alle Details zu integrieren, was Modelle sehr umfangreich, komplex und kaum noch handhabbar geschweige denn versteh- und erklärbar macht. Vielmehr sollte man mit einfachen aber realistischen Modellen zu arbeiten, die nur das wesentliche einer Fragestellung enthalten. Details kann man immer noch hinzufügen. Das begründet sich auch darin, dass das Ziel der Analyse ist, eine Vorstellung über die Größenordnung des Risikos zu erhalten.

---

[11] Vgl. Gleißner, 2011, S. 349.
[12] Vgl. dazu Rieg/Bork, 2015.
[13] Vgl. Hibon/Makridakis, 2000, sowie weiterführend Armstrong, 2006.

Alles andere lassen die Unsicherheiten der Modellparamater und der Modellstruktur meist auch gar nicht zu.

6 Literaturhinweise

Armstrong, Findings from evidence-based forecasting: Methods for reducing forecast error, International Journal of Forecasting, 3/2006, S. 583–598.

Coenenberg/Fischer/Günther, Kostenrechnung und Kostenanalyse, 8. Aufl. 2012.

Ewert/Wagenhofer, Interne Unternehmensrechnung, 8. Aufl. 2014.

Friedl/Hofmann/Pedell, Kostenrechnung. Eine entscheidungsorientierte Einführung, 2. Aufl. 2013.

Gleißner, Der Einfluss der Insolvenzwahrscheinlichkeit (Rating) auf den Unternehmenswert und die Eigenkapitalkosten. Zugleich Stellungnahme zum Fachtext Lobe, CORPORATE FINANCE biz 3/2010 S. 179 (182), in CORPORATE FINANCE biz, 4/2011, S. 243–251.

Gleißner, Die Nicht-Nicht-Quantifizierbarkeit von Risiken, RiskNET, http://www.risknet.de/2006/april-2006/, 2006, Abrufdatum 13.7.2017.

Gleißner, Risikoanalyse und Replikation für Unternehmensbewertung und wertorientierte Unternehmenssteuerung, in WiSt, 7/2011, S. 345–352.

Hibon/Makridakis, The M3-Competition: results, conclusions and implications, in International Journal of Forecasting, 2000, S. 451–476.

Rieg/Bork, Rollierende Planung und rollierende Hochrechnung: Konzept und Bewertung, in Gleich/Gänßlen/Kappes/Kraus/Leyk/Tschandl (Hrsg.), Moderne Instrumente der Planung und Budgetierung, 2. Aufl. 2015, S. 55–72.

Vanini, Risikomanagement. Grundlagen, Instrumente, Unternehmenspraxis, 2012.

Reputation als relevantes Risiko: Einflussfaktoren und Präventionswerkzeuge

- Der Aufbau und die Weiterentwicklung des „guten Rufs" dauern oft Jahre oder Jahrzehnte. Beispiele aus der Praxis zeigen, dass das fragile und facettenreiche Gebilde Reputation durch äußere oder innere Einflüsse innerhalb weniger Augenblicke zerstört werden kann.

- Daher muss es das Ziel jeden Unternehmens sein, Reputations-bedrohungen rechtzeitig zu erkennen und die Reputation durch Prävention langfristig zu erhalten.

- Dieser Artikel gibt einen Überblick über die Relevanz sowie die Einflussfaktoren der Reputation auf den Unternehmenswert sowie die Implikation auf das Risikomanagement.

■ Der Autor

Frank Romeike, Geschäftsführender Gesellschafter der RiskNET GmbH, Mitglied des Vorstands der Gesellschaft für Risikomanagement und Regulierung e.V. sowie verantwortlicher Chefredakteur der Zeitschrift RISIKO MANAGER.

1 Reputation als fragiles Gebilde

Es ist eine Binsenweisheit, dass eine gute Unternehmensreputation der wesentliche und dominante immaterielle Vermögensgegenstand eines Unternehmens ist. Der Aufbau und die Weiterentwicklung des „guten Rufs" dauern oft Jahre oder Jahrzehnte. Umgekehrt kann jedoch die Reputation in Windeseile beschädigt oder gar gänzlich zerstört werden. Wenn die Gerüchteküche brodelt, ist es für Unternehmen höchste Zeit einzugreifen, bevor Themen in der Öffentlichkeit ihre eigene Dynamik entfalten.

Die Verknüpfung von Marke und Reputation schafft eine besondere Form symbiotischer Abhängigkeit. Das fragile und facettenreiche Gebilde Reputation kann innerhalb weniger Augenblicke zerstört werden. Daher muss es das Ziel jeden Unternehmens sein, Reputationsrisiken rechtzeitig zu erkennen und die Reputation durch adäquate Prävention langfristig zu erhalten. Denn die „Dominorallye" beim Eintritt von Reputationsrisiken kann rasend schnell verlaufen.

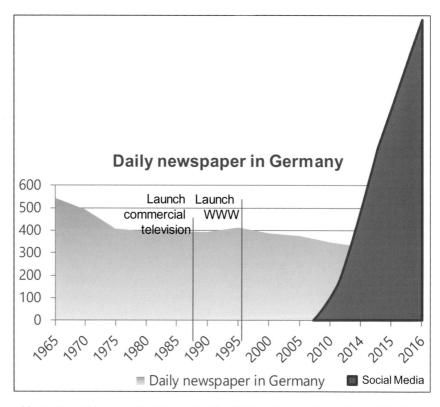

Abb. 1: Entwicklung sozialer Medien im Vergleich zu Printmedien in Deutschland

Und auch Unternehmen mit einer guten Reputation dürfen sich nicht in Sicherheit wägen: Es gibt keinen „Reputationskredit". In unserer voll digitalisierten „Google- / Twitter- und Facebook-Gesellschaft" ist ein selbstreferentielles Netzwerk entstanden, wodurch Reputationsthemen rasend schnell verbreitet werden und im riesigen und globalen Internetgedächtnis lange gespeichert bleiben.

Kein „Reputationskredit" in unserer digitalen Welt

Kritik wird in der Social-Media-Welt online offener, nicht selten sogar viel aggressiver geäußert. Und manchmal verselbstständigt sie sich, was dann zu einem „Shitstorm" führen kann. Die berühmt-berüchtigte Zorneswelle der Community ist über nicht wenige prominente Unternehmen hinweggefegt – vom Burger-Riesen McDonald's über den Spülmittelkonzern Henkel bis hin zum Schokoriegelhersteller Nestlé, der Deutschen Bahn oder dem ADAC.

Und dennoch: In der Praxis wird die Reputation als wichtigstes immaterielles Asset eines Unternehmens vielfach ignoriert. Dies ist überraschend, da einer erhöhten Medienaufmerksamkeit mit zunehmender Tendenz zur „Skandalisierung" von Ereignissen eine besondere Vertrauenssensitivität gegenübersteht. Eine Studie der Economist Intelligence Unit aus dem Jahr 2005 befragte 300 Risikomanager nach dem größten Risiko. Klarer Sieger: die Reputation. An diesem Ergebnis hat sich bis heute nichts geändert.

Der US-amerikanische Großinvestor, Unternehmer und Mäzen Warren Buffett hat das Thema auf den Punkt gebracht: „Es dauert 20 Jahre, um sich eine Reputation aufzubauen, und fünf Minuten, um sie zu ruinieren. Wenn Sie darüber nachdenken, werden Sie die Dinge anders machen."

Reputation als Top-Risiko-Nr. 1

2 Warum ist Reputationsmanagement unentbehrlich?

Beispiel: Reputationskrise von General American Life
Der 66 Jahre alte Lebensversicherer General American Life zählte im Jahr 1999 mit einem Vermögen von 14 Mrd. USD zu den 50 größten Lebensversicherern in den USA. Ein überschaubares Missverhältnis zwischen Aktiva und Passiva und die „Gerüchteküche" führten am 30. Juli 1999 zu einer Herabstufung durch die Ratingagentur Moody's Investors Service von A2 auf A3. Die Herabstufung löste bei den Kunden und Investoren eine schwerwiegende Vertrauens- und Reputationskrise aus, die dazu führte, dass der Versicherer innerhalb von 10 Tagen unter staatliche Aufsicht gestellt wurde.

Der Reputationskrise lagen Schuldtitel im Umfang von 6,8 Mrd. USD zugrunde, die von General American ausgegeben worden waren. Die Investoren erhielten die Zusicherung, die Wertpapiere mit einer 7-tägigen Kündigungsfrist einlösen zu können. Binnen weniger Stunden nach der Herabstufung forderten mehrere Fondsmanager Zahlungen von ungefähr 4,5 Mrd. USD. General American, die liquide Vermögenswerte im Umfang von 2,5 Mrd. USD besaß, konnte ihre Vermögenswerte nicht schnell genug verkaufen und wurde unter staatliche Aufsicht gestellt. Ursache der Insolvenz von General American Life war neben diesem Asset-Liability-Mismatch-Risiko vor allem auch ein Reputationsrisiko, das sich als Liquiditätsrisiko erst zeigte, als jede denkbare Reaktion schon zu spät war.

Reputationsrisiken als Auslöser für andere Risiken

Der Wiederaufbau einer durch einen Risikoeintritt geschädigten Reputation ist mit einem großen zeitlichen und damit auch finanziellen Aufwand verbunden. Rund dreieinhalb Jahre benötigen Unternehmen im Durchschnitt, um nach einem Reputationsverlust diesen wieder wettzumachen.

3 Die Theorie: Wie kann Reputation definiert werden?

Der Begriff der Reputation lässt sich besonders klar in Abgrenzung zu oft synonym verwendeten Begriffen darstellen. Allgemein versteht man unter Reputation das Ansehen eines Unternehmens oder einer Person in der Öffentlichkeit. Ein Unternehmen oder eine Person kann dementsprechend erst dann eine gute oder schlechte Reputation haben, wenn sie oder es Gegenstand medialer Aufmerksamkeit und Berichterstattung ist.[1]

Reputation: Ansehen in der Öffentlichkeit

Der oft synonym gebrauchte „Ruf" bezeichnet im Unterschied dazu das Ansehen einer Person oder eines Unternehmens gegenüber bekannten Dritten. Der Ruf ist somit Produkt direkter Kommunikation und eine Folge dessen, was sich Mitarbeiter und andere Stakeholder „unter sich" über ein Unternehmen oder die dort tätigen Personen berichten. Einen Ruf hat jede natürliche oder juristische Person, über die gesprochen wird, eine Reputation hingegen nur solche, die Gegenstand öffentlicher Diskurse sind.

Image vs. Reputation

Demgegenüber ist der Begriff des „Image" für das Ansehen von Produkten reserviert. In der Praxis spricht man alltagssprachlich von Imagekampagnen der Unternehmen. Ein Unternehmen kann dementsprechend auch dann als reputiert gelten, wenn das Image eines ihrer Produkte, etwa eines Kraftfahrzeugs, eher negativ ist. Genauso können einzelne Produkte wegen ihres hervorragenden Images eine große Nachfrage produzieren, ohne dass dies zwangsläufig mit einer guten Reputation des jeweiligen Unternehmens einhergehen müsste.

Zu unterscheiden sind weiterhin funktionale und soziale Reputation (vgl. Abb. 2). Funktionale Reputation ergibt sich durch das Erfüllen von ökonomisch definierten Erwartungshaltungen. Das Entscheidungskriterium funktionaler Reputation ist dementsprechend die Kompetenz eines Akteurs. Die soziale Reputation konzentriert sich im Unterschied dazu auf

---

[1] Vgl. Pontzen/Romeike, 2015, S. 403–414 sowie Romeike/Weißensteiner, 2015, S. 6–10.

die Art und Weise, wie diese Erwartungen erfüllt werden – ihr Kriterium ist die Integrität.

Reputation		
Dimension	**Funktional**	**Sozial**
Kriterium	**Kompetenz**	**Integrität**

Abb. 2: Dimensionen und Kriterien der Reputation[2]

Diesen verschiedenen Reputationsformen korrespondieren dementsprechend auch unterschiedliche Strategien ihrer Produktion: Öffentliches Ansehen lässt sich erzielen, indem hervorragende ökonomische Ergebnisse (funktionale Reputation) nachgewiesen werden können, oder aber indem auf eine vorbildliche, d.h. integre Unternehmensführung und ein intensives gesellschaftliches Engagement verwiesen werden kann (soziale Reputation). Hierbei ist zu berücksichtigen, dass soziale und funktionale Reputation untrennbar miteinander verbunden sind. So versetzt erst funktionale Reputation Unternehmen in die Lage, Ressourcen für gesellschaftliches Engagement freizustellen.

Funktionale vs. soziale Reputation

4 Analyse der Reputations-Einflussfaktoren

Aktuell steht insbesondere eine Abbildung bzw. Messung von Reputation als Indexgröße im Fokus wissenschaftlicher Diskussionen.[3] Doch auch Praktiker wollen verstehen, was die relevanten Einflussfaktoren für die Reputation eines Unternehmens sind, um adäquate und präventive Maßnahmen zu definieren. Um das wertvolle und nachhaltige Konstrukt Reputation im Zuge der Risikobewertung näher analysieren und aus dieser Analyse geeignete Risikosteuerungsmaßnahmen ableiten zu können, muss eine geeignete systematische Vorgehensweise angewandt werden. Hierfür stellen die zweidimensionale Betrachtung der Reputation und die Beurteilung der einzelnen Einflussfaktoren wesentliche Aspekte dar (vgl. Abb. 3).

---

[2] Quelle: Pontzen/Romeike, 2015, S. 406.
[3] Vgl. Bauer/Romeike/Weißensteiner, 2012; Schwaiger/Eberl, 2004, S. 623–654 sowie Weißensteiner, 2014.

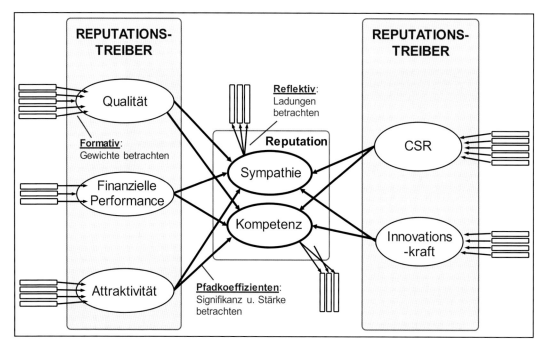

Abb. 3: Strukturgleichungsmodell: Formative & reflektive Konstrukte[4]

Kognitive Komponente (Kompetenz) und affektive Komponente (Sympathie)

Die Unternehmensreputation kann als zweidimensionales Konstrukt konzipiert werden, mit einer kognitiven Komponente (Kompetenz) und einer affektiven Komponente (Sympathie). Die kognitive Dimension wird von Interessengruppen durch den Grad der Erfüllung von ökonomisch definierten Erwartungshaltungen beurteilt. Die affektive Dimension deckt hingegen die Art und Weise ab, wie diese Erwartungshaltungen erfüllt werden. Reputationsrisiken können einerseits aus einem anderen Risiko resultieren (bspw. einem Compliance-Risiko, s. der aktuelle Skandal um die Manipulation von Abgaswerten bei Kraftfahrzeugen), d.h. ein Folgerisiko aus diesem darstellen, andererseits kann ein Reputationsrisiko per se auch zum Eintritt weiterer Risiken führen (bspw. Schadensersatzzahlungen oder Liquiditätsrisiken).

Um eine proaktive Steuerung von Reputationsrisiken zu ermöglichen, ist es wesentlich, die Ursachen und Reputationstreiber bei den einzelnen identifizierten Unternehmensrisiken zu analysieren. Eine wertvolle Unterstützung bietet hierbei die so genannte Bow-Tie-Analyse, die ein Risiko hinsichtlich Ursachen (causes) und Wirkungen (effects) analysiert und die relevanten Ursache-Wirkungs-Ketten grafisch darstellt (s. Abb. 4).

---

[4] Quelle: Weißensteiner, 2014, S. 72.

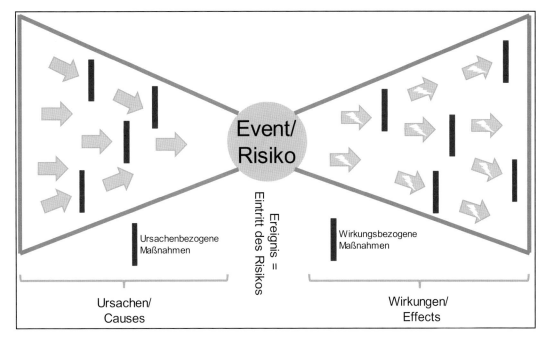

Abb. 4: Bow-Tie-Diagramm[5]

Zu den wesentlichen, in Abb. 3. dargestellten Einflussfaktoren zählen grundsätzlich

- „Produkt- und Dienstleistungsqualität",
- „Finanzielle Performance",
- „Attraktivität als Arbeitgeber" und
- „soziale Verantwortung" (CSR, Corporate Social Responsibility).[6]

Der Faktor „Qualität" wird in der Interessengruppe der Kunden mit umfangreichen Instrumenten bewertet (Kundenbefragung, Reklamationen etc.), „Attraktivität als Arbeitgeber" kann bspw. mittels Mitarbeitermotivationsstudien beurteilt werden, „Finanzielle Performance" über diverse Studien im Finanzmarkt und „Soziale Verantwortung" über Studien zum Akzeptanzmarkt, welcher durch diverse Meinungsbildner, Journalisten, Öffentlichkeit etc. dargestellt wird, analysiert werden.[7]

---

[5] Quelle: Romeike/Spitzner, 2013, S. 134.
[6] Vgl. hierzu die Analyse in Schwaiger, 2004, S. 46ff.
[7] Vgl. hierzu Romeike/Weißensteiner, 2015, S. 6–10.

In weiterer Folge wurden diese 4 Einflussfaktoren im Zuge einer wissenschaftliche Studie[8] (auf deren Ergebnisse im Folgenden referenziert wird) um den 5. Faktor „Innovationskraft" erweitert. Innovationskraft stellt für viele Unternehmen (insbesondere im Zeitalter disruptiver Geschäftsmodelle[9]) einen entscheidenden Erfolgsfaktor dar, um im Wettbewerb bestehen zu können. Insbesondere ist in diesem Zusammenhang zu erwähnen, dass hinsichtlich der Unternehmensreputation nicht die Innovationskraft an sich eine bedeutende Größe ausmacht, sondern vielmehr die kumulative Wahrnehmung dieser Einflussgröße über alle Stakeholdergruppen hinweg entscheidend ist. Reputationstreiber stellen prinzipiell unternehmensspezifische Einflussfaktoren auf die Unternehmensreputation dar. Unternehmen sind somit angehalten, im ersten Schritt jene für sie relevanten Einflussgrößen zu identifizieren. Hierbei bieten die in Abb. 3 skizzierten Reputationstreiber eine erste Orientierungshilfe.

5 Werkzeuge für ein präventives Reputations-Risikomanagement

Reputations-Risikomanagement zielt zunächst auf die möglichst frühe und vollständige Identifikation von Ereignissen ab, die eine negative Wirkung auf die Reputation von Unternehmen haben könnten. Dies geschieht bspw. durch die Technik des sog. Issue-Managements.[10] Grundlegendes Ziel eines solchen (Risiko-)Frühwarnsystems ist es, einerseits unangenehme Überraschungen bzw. Konflikte, die sonst mit diesen Ereignissen verbunden wären, zu vermeiden, andererseits aber auch Chancen, die Issues mit sich bringen können, zu nutzen.

Risikofrüherkennung von Reputationsrisiken

Zentral ist dabei die Sicherstellung einer frühestmöglichen Identifikation von reputationswirksamen Themen (im idealen Fall in Form von so genannten „Schwachen Signalen"[11]), da nur frühzeitig informierte Unternehmen in entstehenden Krisen überhaupt noch agieren und die Berichterstattung aktiv beeinflussen können. Wer hingegen erst aus der Zeitung erfährt, was schon seit Tagen in relevanten Blogs und Internetforen diskutiert wird, wird nur noch von den Schlagzeilen der Presse getrieben, da sich entwickelnde Krisen die Handlungsfähigkeit betroffener Unternehmen schockartig unterminieren (vgl. Abb. 5).

---

[8] Vgl. Bauer/Romeike/Weißensteiner, 2012.
[9] Vgl. hierzu Kempf/Romeike, 2017, S. 144–147.
[10] Vgl. hierzu vertiefend Fahrenbach, 2011.
[11] Vgl. Romeike, 2005, S. 22–27.

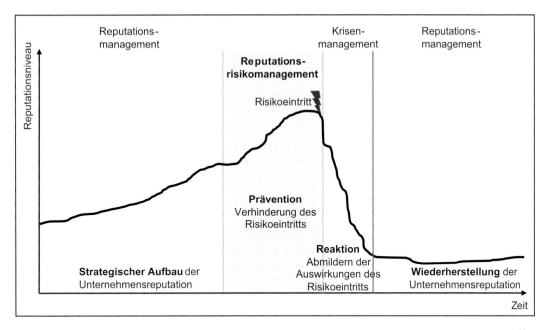

Abb. 5: Reputationsrisikomanagement – ein proaktives Instrument, um Reputationsrisiken zu antizipieren[12]

Das Erkennen von Reputationsrisiken kann dabei einerseits Software-lösungen im Bereich Datenanalyse verwenden, die entlang eines definierten Begriffskatalogs mit Hilfe statistisch-mathematischer Methoden (Data Mining) Themen im Internet identifizieren (vgl. hierzu die methodischen Entwicklungen im Bereich Risk Analytics sowie Big Data[13]), die auf potenzielle Reputationsrisiken hinweisen. Bei Social-Media-Analytics scannt ein semantisches System den Inhalt in Internet-foren, Blogs etc. und bewertet diese hinsichtlich potenzieller Trends, die sich auf die Reputation positiv oder negativ auswirken können.

Reputations-risiken mit Data Mining aufdecken

Andererseits muss es Aufgabe eines jeden Mitarbeiters werden (i. S. e. „kollektiven Wachsamkeit"), brisante Entwicklungen frühestmöglich zu erkennen und an die verantwortlichen Organisationseinheiten (bspw. Risikomanagement oder Unternehmenskommunikation) zu melden. Ins-besondere in der Latenzphase einer Krise, in der das Problem oder Thema von der Öffentlichkeit kaum wahrgenommen wird, können Issues so – ohne einen besonders hohen personellen oder finanziellen Aufwand – entschärft und gelenkt werden. Außerdem bietet die frühe Beschäftigung mit aufkommenden Negativthemen für ein Unternehmen nicht selten die Chance eines Reputationsgewinns bei Stakeholdern, die Problempräven-

„Kollektive Wachsamkeit" bei allen Mitarbeitern

---

[12] Quelle: Weißensteiner, 2014, S. 36.
[13] Vgl. Romeike, 2017.

tion zumeist honorieren (s. exemplarisch die Unternehmenskommunikation in der Folge des Elchtests bei der Mercedes A-Klasse).

Dies wird auch von der Forschungsarbeit „Der gute Ruf als nachhaltiger Erfolgsfaktor – Management und Controlling von Reputationsrisiken" bestätigt. Die Sensibilisierung der Mitarbeiter für die Wahrnehmung von Reputationsrisiken und eine regelmäßige Stakeholder-Beobachtung werden von den Teilnehmenden als wichtigste Aspekte angesehen, um Reputationsrisiken präventiv und proaktiv im Risikomanagementprozess mit zu berücksichtigen. 89,8 % der befragten 451 Experten bewerteten die Sensibilisierung der Mitarbeiter für die Wahrnehmung von Reputationsrisiken als sehr wichtig (56,1 %) bzw. wichtig (33,7 %).

5 wesentliche Treiber der Reputation

Im Rahmen der Forschungsarbeit[14] wurde außerdem eine Reputations-Treiberanalyse durchgeführt und quantitativ bewertet. Ziel war hierbei, ein adäquates und empirisch valides Bewertungsmodell für Reputationsrisiken zur Erweiterung des Risikomanagementprozesses zu konzipieren, um den Reputationsaspekt miteinzubeziehen. Übergeordnetes Ziel war eine empirisch fundierte Feststellung von Einflussstärken der relevanten Reputationstreiber (s. Abb. 3), um eine Beurteilung von Reputationsrisiken zu ermöglichen. Hierbei wurden die folgenden wesentlichen Einflussfaktoren auf die Unternehmensreputation analysiert:[15]

- Qualität der Produkte/Dienstleistungen,
- Finanzielle Performance,
- Attraktivität als Arbeitgeber,
- Corporate Social Responsibility,
- Innovationskraft.

Basierend auf einer statistischen Analyse wurde der Zusammenhang zwischen der abhängigen Variable „Unternehmensreputation" und seinen 5 Einflussfaktoren (unabhängige Variablen) untersucht. Hierfür kam eine Regressionsanalyse zum Einsatz, welche schließlich die wesentlichsten Einflussfaktoren auf das fragile Konstrukt Reputation bestimmt hat. Basierend auf einer linearen Strukturgleichungsmodellierung sowie dem Analyseverfahren „Partial least squares regression" wurde in drei Stufen ein Reputationstreibermodell entwickelt (vgl. Abb. 6). Die „Partial least squares (PLS)"-Pfadanalyse (Methode der kleinsten Quadrate) ist ein statistisches regressionsbasiertes Verfahren zur Schätzung von Kausalmodellen, die rekursiv sind.[16] Hierbei werden die Kurvenparameter so

---

[14] Vgl. Weißensteiner, 2014.
[15] Vgl. Weißensteiner, 2014, S. 160f.; Romeike/Weißensteiner, 2015, S. 6–10 sowie Schwaiger/Eberl, 2004, S. 623ff.
[16] Vgl. hierzu vertiefend Esposito Vinzi/Chin/Henseler/Wang, 2010, S. 23–82.

bestimmt, dass die Summe der quadratischen Abweichungen der Kurve von den beobachteten Punkten minimiert wird.

Die beiden Reputationskonstrukte Sympathie und Kompetenz können im aufgestellten Modell zu 58 % bzw. 71 % durch ihre 5 Treiber erklärt werden.[17] Die Sympathie-Dimension erfährt einen positiven Einfluss über die Treiberqualität, Attraktivität, Innovationskraft und CSR. Negativ wird die Sympathie von der finanziellen Performance beeinträchtigt, wobei dieser Beziehungszusammenhang als einziger im Modell als nicht signifikant zu bezeichnen ist.

5 Treiber identifiziert

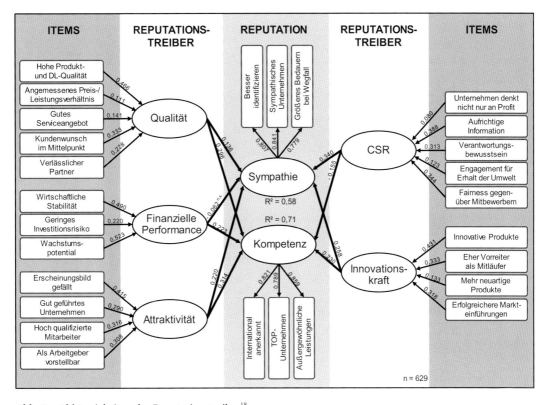

Abb. 6: Abhängigkeiten der Reputationstreiber[18]

Basierend auf diesen Ergebnissen sollten Unternehmen zur Prävention von Reputationsrisiken grundsätzlich ihr primäres Augenmerk daher auf Qualitätsmanagement, Marken- und Mitarbeiterattraktivität, Corporate Social Responsibility (CSR) und Innovation legen. Der Kompetenz-Dimension können positive Wirkungen von den Treibern Finanzielle

[17] Vgl. Weißensteiner, 2014, S. 191.
[18] Quelle: Weißensteiner, 2014, S. 180.

Performance, Qualität, Attraktivität und Innovationskraft zugewiesen werden. Der negative Einfluss über den Treiber CSR erweist sich als signifikant.

Maturity Risk Model zur Messung des Reifegrades In vertiefenden Analysen wurde in der Folge u.a. untersucht, ob ein Zusammenhang zwischen der Erfahrung im Risikomanagement sowie der Berücksichtigung von Reputationsrisiken im Risikomanagement besteht. Aus den Ergebnissen kann abgeleitet werden, das Unternehmen, die sich bereits länger mit dem Thema Risikomanagement beschäftigen und daher über einen hohen Reifegrad verfügen (vgl. Abb. 7), eher Reputationsrisiken in ihrem Risikomanagementsystem berücksichtigen. Dies resultiert sicherlich aus der Tatsache, dass Reputationsrisiken schwer zu identifizieren sowie messbar sind.

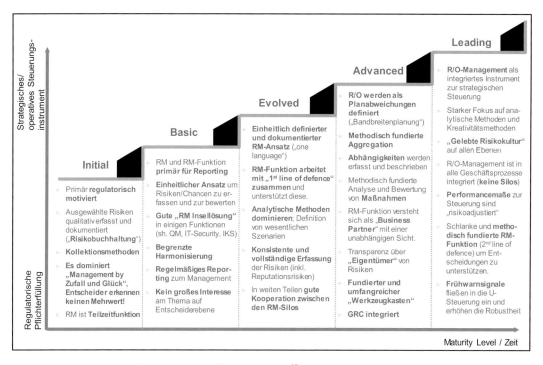

Abb. 7: Reifegrade (Maturity Level) im Risikomanagement[19]

Als weiteres Ergebnis kann aufgezeigt werden, dass von börsennotierten Unternehmen Reputationsrisiken eher in den Risikomanagementsystemen berücksichtigt werden. Dies hängt vor allem mit einer erhöhten Exponiertheit börsennotierter Unternehmen gegenüber der Öffentlichkeit sowie unterschiedlichen Interessengruppen (Shareholder, Börsen-

---

[19] Quelle: Romeike/Teller, 2017, S. 31.

aufsicht, Kapitalmarkt etc.) zusammen. Shareholder reagieren unmittelbar auf Parameter, die einen Einfluss auf die Reputation haben könnten. Die Ergebnisse zeigen des Weiteren einen positiven Zusammenhang zwischen einer ehrlichen und offenen Unternehmenskultur und Kommunikationskultur bei Mitarbeitern auf, um auf negative Wahrnehmungen und Meinungen der Öffentlichkeit zu reagieren.

Die Analyse zeigt v.a. auf, dass weiterhin ein großes Forschungsfeld im Bereich der Identifikation, Bewertung und Steuerung von Reputationsrisiken existiert. Auf den Grundlagen des vorgestellten Reputationstreiber-Modells können in einem weiteren Schritt Methoden zu Quantifizierung von Reputationsrisiken entwickelt werden. Einen guten Ausgangspunkt bilden hier etablierte und fundierte Methoden aus anderen Risikoarten, bspw. zur Bewertung operativer Risiken. Exemplarisch sei hier auf erprobte Methoden der deterministischen bzw. stochastischen Szenarioanalyse verwiesen.[20] Grundsätzlich sollte der Schwerpunkt eines Reputations-Risikomanagements jedoch primär den Schwerpunkt auf die präventive Vermeidung und Reduktion legen. Eine Quantifizierung potenzieller Reputationsrisiken sowie daraus resultierender Folgerisiken wird in der Praxis immer mit relativ hohen Bewertungsunsicherheiten verbunden sein.

Methoden fehlen zur Quantifizierung von Reputationsrisiken

6 Fazit und Ausblick

Insgesamt ist beim Management von Reputationsrisiken ein Wahrnehmungsparadoxon festzustellen: Die überwiegende Mehrheit der Risikomanager bewertet eine positive Unternehmensreputation als wichtigen Werttreiber im Unternehmen. Paradoxerweise wird das Risikopotenzial für das eigene Unternehmen aber als eher gering bewertet. Zu den primären Gründen einer Nicht-Berücksichtigung zählen vordergründig die fehlende Möglichkeit der Risikobewertung bzw. -quantifizierung, gefolgt von der fehlenden Möglichkeit einer geeigneten Identifikation. Hier liegen aus Sicht der Autoren die größten Potenziale für eine Weiterentwicklung eines Reputations-Risikomanagements.

Das Management von Reputationsrisiken sollte in allen Branchen integraler Bestandteil einer guten Corporate Governance sowie eines unternehmensweiten Risikomanagements sein. Dies gilt im Besonderen für die Branchen, deren Geschäftsmodell auf Vertrauen und einer adäquaten Reputation aufbaut (Versicherungen, Banken, Pharmabranche, Markenartikelunternehmen etc.). Ein funktionierendes Qualitätsmanagement, eine

Management von Reputationsrisiken als integraler Bestandteil einer guten Corporate Governance

---

[20] Vgl. vertiefend hierzu Romeike, Studienwissen Risikomanagement, 2017 (erscheint voraussichtlich im 4. Quartal 2017); Romeike/Hager, 2013; Romeike/Spitzner, 2013; Gleißner/Romeike, 2005 und der Beitrag von Gleißner „Quantifizierung und Aggregation von Risiken" im vorliegenden Band.

hohe Marken- und Mitarbeiterattraktivität aber auch die Aspekte Corporate Social Responsibility und Innovation sind wesentliche Treiber für die Reputation eines Unternehmens.

Letztlich gilt aber immer noch ein simpler Grundsatz: Das Unternehmen sollte sich so im Markt und gegenüber Stakeholdern verhalten, wie es auch selbst behandelt werden möchte. Je stärker allerdings Erwartungen nach außen aufgebaut werden – über Kampagnen und Versprechungen, die dann nicht eingehalten werden können – desto größer wird auch die Lücke zwischen Erwartungshaltung und Aktion. Und genau hier liegt eines der größten Reputationsrisiken.

Und auch das frühzeitige Erkennen zukünftiger Trends und Entwicklungen (bspw. mit Hilfe von Social-Media-Analysen) schafft die Möglichkeit, durch frühe strategische Korrekturen Eskalationen zu reduzieren bzw. zu vermeiden und damit den Unternehmenswert zu schützen. Reputations(risiko)management ist eine Verpflichtung zu einer verantwortungsvollen Kommunikation mit allen Interessengruppen und reflektiert die Unternehmenskultur. Und: Es darf kein opportunistisches Lippenbekenntnis sein. Der deutsche Industrielle, Ingenieur und Erfinder Robert Bosch hatte dies bereits im Jahr 1921 erkannt. „Immer habe ich nach dem Grundsatz gehandelt: Lieber Geld verlieren als Vertrauen. Die Unantastbarkeit meiner Versprechungen, der Glaube an den Wert meiner Ware und an mein Wort standen mir stets höher als ein vorübergehender Gewinn."

7 Literaturhinweise

Bauer/Romeike/Weißensteiner, Der gute Ruf als nachhaltiger Erfolgsfaktor – Management und Controlling von Reputationsrisiken, Studienergebnisse, RiskNET GmbH und Technische Universität Graz, 2012.

Esposito Vinzi/Chin/Henseler/Wang, (Hrsg.), Handbook of Partial Least Square: Concept, Methods and Applications, 2010, S. 23–82.

Fahrenbach, Reputationsorientiertes Themen- und Issues-Management – Konzeption, Regelbetrieb, Weiterentwicklung (Promotionsarbeit), 2011.

Gleißner/Romeike, Risikomanagement – Umsetzung, Werkzeuge, Risikobewertung. 2005.

Kempf/Romeike, The success of „disruptive innovations" remains uncertain, in FIRM Yearbook 2017, 2017, S. 144–147.

Pontzen/Romeike, Reputationsrisiko: Die vernachlässigte Risikokategorie, in Gleißner/Romeike (Hrsg.), Praxishandbuch Risikomanagement, 2015, S. 403–414.

Romeike, Frühwarnsysteme im Unternehmen, Nicht der Blick in den Rückspiegel ist entscheidend, in RATING aktuell, 2/2005, S. 22–27.

Romeike, Reputationsrisiken im Kontext Corporate Governance, in infoscore-Kundenmagazin PAY (Bertelsmann), 2/2008, S. 6–7.

Romeike, Predictive Analytics im Risikomanagement – Daten als Rohstoff für den Erkenntnisprozess, in CFO aktuell, 3/2017.

Romeike/Hager, Erfolgsfaktor Risikomanagement 3.0: Lessons learned, Methoden, Checklisten und Implementierung, 2013.

Romeike/Spitzner, Von Szenarioanalyse bis Wargaming – Betriebswirtschaftliche Simulationen im Praxiseinsatz, 2013.

Romeike/Weißensteiner, Reputation: A Risk Factor, in Risk Management Review, 2015, S. 6–10.

Romeike/Teller, Integration von Risikomanagement, Compliance und Controlling, in RISIKO MANAGER, 4/2017, S. 24–31.

Schwaiger, Components and parameters of Corporate Reputation – An empirical study, in Schmalenbach Business Review, 56/2004, S. 46–71.

Schwaiger/Eberl, Struktur und Parameter der Corporate Reputation: Die Branche als Determinante. Ein internationaler kausalanalytischer Modellvergleich am Beispiel der Versicherungsbranche, in Albrecht/Lorenz/Rudolph (Hrsg.), Risikoforschung und Versicherung, 2004, S. 623–654.

Weißensteiner, Reputation als Risikofaktor in technologieorientierten Unternehmen, 2014.

Stochastische Szenarioanalyse: Einsatzmöglichkeiten für die Unternehmensplanung

▪ Unternehmen, die sich bei der Vorbereitung von Entscheidungen auf lediglich ein Zukunftsszenario verlassen, riskieren Planabweichungen oder sogar Fehlentscheidungen.

▪ Mithilfe der stochastischen Szenarioanalyse können derlei Risiken reduziert werden, denn es wird mithilfe einer repräsentativen Anzahl von Zukunftsszenarien die mögliche Bandbreite einer zukünftigen Entwicklung sichtbar gemacht.

▪ Die stochastische Szenarioanalyse ist der Werkzeugkoffer der modernen Unternehmensplanung. Dieser Artikel zeigt anhand eines durch den Leser in MS Excel nachvollziehbaren Beispiels, wie man ihn einsetzt.

▪ Der Autor

Tim-Benjamin Bohmfalk, Verantwortlicher Manager für die Bereiche Risiko-, Compliance- und Versicherungsmanagement in einem großen deutschen Einzelhandelsunternehmen.

1 Szenarien vermitteln besseres Bild über Risikoverteilung

Die Szenarioanalyse ist das heutzutage in der Betriebswirtschaft am häufigsten anzutreffende Instrument zur Entscheidungsvorbereitung und -unterstützung.[1] Mit der stochastischen Szenarioanalyse werden Risiken und Chancen nicht, wie bei den klassischen Bewertungsmethoden, nur in Form einer Binomialverteilung, d.h. hinsichtlich zweier Ergebniszustände, nämlich Eintritt oder Nichteintritt, ohne Berücksichtigung der Wechselwirkungen beschrieben. Es ist vielmehr möglich, viele Tausend potenzielle Szenarien bzw. Zukunftspfade zu berechnen und dabei alle zur Verfügung stehenden quantitativen Risikoparameter, inklusive der Wechselwirkungen zwischen diesen Parametern, in die Modellierung einzubeziehen, ohne dass die Parameter exakt bekannt sein müssen. „Ergebnis sind verschiedene Verteilungsfunktionen der Outputgrößen zu unterschiedlichen Zeitpunkten in der Zukunft."[2]

Es geht bei der stochastischen Szenarioanalyse folglich um die Einschätzung möglicher positiver und negativer Planabweichungen unter Einbeziehung möglicher interner und externer Determinanten aus dem Unternehmen und dessen Umfeld.[3]

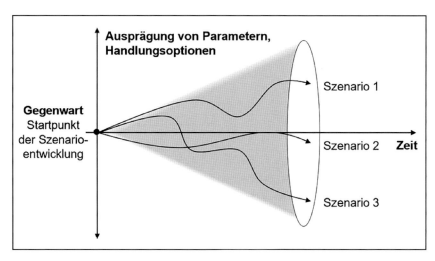

Abb. 1: Beispiel eines Szenariotrichters[4]

---

[1]   Vgl. Romeike/Spitzner, 2013, S. 96 f.
[2]   Romeike, 2013, S. 73.
[3]   Vgl. Hager/Romeike, 2011.
[4]   Vgl. Lindner/Spitzner, 2010, S. 13.

Der in Abb. 1 dargestellte Szenariotrichter veranschaulicht die Bandbreite möglicher positiver und negativer Entwicklungen der abgebildeten drei Szenarien. Häufig werden mit Hilfe eines Szenariotrichters Worst-, Best- und Realistic-Case-Szenarien abgebildet und mögliche Einflussfaktoren als Störgrößen im Verlauf des Szenarios dargestellt. Die Datenbasis für die zu ermittelnden Szenarien erfolgt über die im Rahmen des klassischen Risikomanagementprozesses durchgeführte Risikoidentifikation und kann dementsprechend historische Daten, Expertenwissen, Marktdaten u.a.m. beinhalten.[5]

Szenariotrichter

Nachfolgend wird anhand der Risiken der fiktiven Firma „Cold Coffee Connection AG" (CCC AG) mit Hilfe einer Monte-Carlo-Simulation eine Modellierung der Risiken vorgenommen.[6] Die Monte-Carlo-Simulation ist ein stochastisches Simulationsverfahren, bei dem über die Ursache-Wirkungs-Zusammenhänge zufällig gewählter Parameter die zugehörigen Ergebnis- oder Zielgrößen ermittelt werden.[7]

Modellbeispiel

2 Modellierung und Simulation anhand eines Beispiels

Anhand des Beispiels der CCC AG werden Risiken und Chancen mittels einer stochastischen Szenarioanalyse bzw. einer Monte-Carlo-Simulation analysiert. Als Simulationstool wurde das Microsoft Excel-Add-On „RiskKit" der Wehrspohn GmbH & Co KG verwendet.

Die Geschäftsleitung hat folgende Planungsrechnung für das nächste Geschäftsjahr, basierend auf der im Unternehmen standardmäßig verwendeten Zielgröße EBT (=earnings before taxes), zur Verfügung gestellt. Ziel ist es, den Einfluss der identifizierten Risiken und Chancen auf die Planzahlen möglichst realistisch einzuschätzen.

Ausgangsdaten

Cold Coffee Connection AG, EBT-Planung

Position	Planwert (in TEUR)
Umsatz	95.000
Wareneinsatz	64.800
Personalkosten	8.200
Abschreibungen	3.500
Zinsaufwand	750

---

[5] Vgl. Hager/Romeike, 2011.

[6] S. Beitrag von Gleißner, „Bandbreitenplanung über mehrere Jahre: Planungssicherheit mit der Monte-Carlo-Simulation" und Beitrag von Kamarás/Wolfrum, „Software für Risikoaggregation" im vorliegenden Band.

[7] Vgl. Romeike/Spitzner, 2013, S. 102f.

Position	Planwert (in TEUR)
Sonstige Kosten	2.200
EBT	15.550

Abb. 2: EBT-Planung, Cold Coffee Connection AG

Die Planrechnung zeigt, dass der Wareneinsatz Hauptkostentreiber ist. In den sonstigen Kosten wurden bereits 2 Mio. EUR für eine geplante Markterschließung einkalkuliert. Mithilfe der Monte-Carlo-Simulation soll überprüft werden, ob die sich aus der Markterschließung ergebende Chance genug Rendite abwirft, um die Kosten für den Markteintritt (Werbung, Eröffnung von Vertriebswegen etc.) zu decken.

Risiko 1: Umsatzrückgang durch Wirtschaftskrise			
Zielgröße für risikoadjustierte Planung:		Umsatzerlöse	
Verteilungsannahme:		Dreiecksverteilung	
Worst Case	Realistic Case	Best Case	Zufallswert
-20 %	-7 %	5 %	-10,31 %
Risiko 2: Erhöhung der Preise für Rohwaren			
Zielgröße für risikoadjustierte Planung:		Wareneinsatz	
Verteilungsannahme:		PERT-Verteilung	
Worst Case	Realistic Case	Best Case	Zufallswert
10 %	2 %	-3 %	4,65 %
Risiko 3: Personalkostenschwankung			
Zielgröße für risikoadjustierte Planung:		Personalaufwand	
Verteilungsannahme:		Normalverteilung	
Erwartungswert	Standardab-weichung		Zufallswert
1 %	1 %		-0,01 %
Chance 4: Erschließung eines neuen Absatzmarktes			
Zielgröße für risiko- bzw. chancen-adjustierte Planung:		Umsatzerlöse	
Verteilungsannahme:		PERT-Verteilung	
Worst Case	Realistic Case	Best Case	Zufallswert
0 %	4 %	16 %	9,84 %

Abb. 3: Angenommene Auswirkungen und ermittelte Zufallswerte

Die in der Darstellung (s. Abb. 3) angenommenen Werte der einzelnen „Cases" wurden im Rahmen einer klassischen Risikoquantifizierung ermittelt bzw. durch Fachexperten geschätzt. Sie bilden den Rahmen, in dem sich die Szenarien bewegen. Risikoannahmen

- Für Risiko 1 wurde eine Dreiecksverteilung der Inputwerte angenommen, da diese aufgrund ihres linearen Verlaufs typisch für eine zukünftige Verkaufs- bzw. Umsatzentwicklung ist.

- Für Risiko 2 und Chance 4 wurde eine PERT-Verteilung angenommen, da angenommen wird, dass die Worst- und Best-Case-Werte, anders als in der Dreiecksverteilung, im Verhältnis zum Abstand zum Realistic Case exponentiell stark fallen, die Ausprägung aber dennoch nicht normal verteilt ist.

> **Tipp: Die Wahl der richtigen Verteilungsfunktion**
> Die Wahl der richtigen Verteilungsfunktion fällt leichter, wenn man sich die mögliche Auswirkung eines Risikos oder einer Chance bildhaft vorstellt, denn ein Bild sagt mehr als tausend Worte, was auch auf die Auswahl der passenden Verteilungsfunktion für ein Szenario zutrifft. Verteilungsfunktionen sind im übertragenen Sinne Bilder, Bilder die den möglichen bzw. wahrscheinlichen Verlauf eines Risiko- und Chancenszenarios beschreiben.

Hinsichtlich des Risikos 2 zeigt die Wahl der PERT-Verteilung, dass die CCC AG davon ausgeht, dass der Mittelpunktswert der Verteilung am ehesten eintrifft. Da Rohwarenpreise üblicherweise um einen bestimmten Mittelwert schwanken, ist diese Entscheidung nachvollziehbar. Dennoch wird durch die Berücksichtigung des Worst Case in Höhe von 10 % eine mögliche Preisspitze, und durch den Best Case in Höhe von -3 % eine Preissenkung berücksichtigt. Bei der Chance 4 zeigt die Wahl der PERT-Verteilung hingegen, dass die CCC AG relativ zuversichtlich und zielgerichtet von einem mittelwertorientierten Szenario ausgeht, das hinsichtlich der erwarteten Spannweite überproportional in seiner relativen Eintrittswahrscheinlichkeit abnimmt. Dies ist in Ansehung einer Markterschließung auch naheliegend, da es eher unwahrscheinlich ist, dass der Worst Case eintritt und gar kein Geld verdient wird. Auf der Seite des Best Case verhält es sich ähnlich. Die Wahrscheinlichkeit, dass mit Marktschließung ad hoc 16 % mehr Umsatz generiert werden kann ist nicht ausgeschlossen, aber eher unwahrscheinlich und letztendlich auch durch die Ressourcen der CCC AG begrenzt.

- Risiko 3 wurde aus Ermangelung genauerer Informationen eine Normalverteilung zugrunde gelegt, die bei -1 % und +1 % trunkiert wird. Die Normalverteilung ist immer dann besonders gut zur Beschreibung eines Szenarios geeignet, wenn keine Anhaltspunkte für eine bestimmte

Verteilungsfunktion vorliegen und daher von einem natürlichen Verlauf ausgegangen werden muss.[8] Bei Risiko 3 ist die Streuung bzw. Standardabweichung, in der sich Personalkosten bewegen, jedoch durch arbeitsvertragliche Regelungen sowie Tarifvereinbarungen und durch das Arbeitsschutzgesetz relativ eingeschränkt und kann daher im Rahmen der Unternehmensplanung verhältnismäßig genau eingegrenzt werden. Aus diesem Grund wurde bewusst die Normalverteilung gewählt, hinsichtlich ihres Erwartungswertes und ihrer Standardabweichung relativ stark eingeschränkt und über die Trunkierung entsprechend begrenzt.

Risikoadjustierte Planung

Die dargestellten Risiken wirken auf die in der EBT-Planung (Abb. 2) beschriebenen Zielgrößen. Zusammen mit den weiteren Positionen aus der Planungsrechnung wird nunmehr eine risikoadjustierte Planung erstellt. Diese erfolgt durch Simulation der möglichen Zukunftsszenarien, basierend auf den vorliegenden Daten mithilfe der stochastischen Szenarioanalyse bzw. der Monte-Carlo-Simulation.

Cold Coffee Connection AG, EBT-Planung

Position	Planwert (in TEUR)	Risiken/Chancen (in TEUR)	Risikoadjustierte Planung (in TEUR)
Umsatz	95.000	-2.182	92.818
Wareneinsatz	64.800	2.070	66.870
Personalkosten	8.200	82	8.282
Abschreibungen	3.500		3.500
Zinsaufwand	750		750
Sonstige Kosten	2.200		2.200
EBT	15.550		11.216

Abb. 4: Risikoadjustierte Planung nach Szenarioanalyse

Die Spalte „risikoadjustierte Planung" in Abb. 4 zeigt **ein** potenzielles Szenario der um die Risiken und Chancen adjustierten Planwerte der CCC AG und ihre Auswirkung auf die primäre Zielgröße EBT. Im Rahmen der Szenarioanalyse wurden aus den in Abb. 3 vorgenommenen Risikoeinschätzungen Zufallszahlen generiert (vgl. Zellen „Zufallswert", Abb. 3), die sich im Rahmen der Simulation verändert haben. Mithilfe von RiskKit wurden 50.000 (!) mögliche Zukunftsszenarien unter Berücksichtigung

---

[8] S. Beitrag von Gleißner, „Quantifizierung und Aggregation von Risiken" im vorliegenden Band.

der eingangs angesprochenen Parameter (Risikoeinschätzung und Verteilungsfunktion) berechnet.

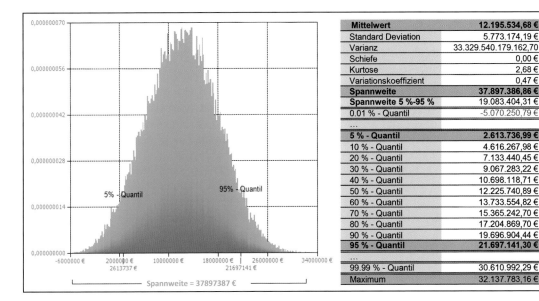

Mittelwert	**12.195.534,68 €**
Standard Deviation	5.773.174,19 €
Varianz	33.329.540.179.162,70
Schiefe	0,00 €
Kurtose	2,68 €
Variationskoeffizient	0,47 €
Spannweite	**37.897.386,86 €**
Spannweite 5 %-95 %	**19.083.404,31 €**
0.01 % - Quantil	-5.070.250,79 €
...	
5 % - Quantil	**2.613.736,99 €**
10 % - Quantil	4.616.267,98 €
20 % - Quantil	7.133.440,45 €
30 % - Quantil	9.067.283,22 €
40 % - Quantil	10.698.118,71 €
50 % - Quantil	12.225.740,89 €
60 % - Quantil	13.733.554,82 €
70 % - Quantil	15.365.242,70 €
80 % - Quantil	17.204.869,70 €
90 % - Quantil	19.696.904,44 €
95 % - Quantil	**21.697.141,30 €**
...	
99.99 % - Quantil	30.610.992,29 €
Maximum	32.137.783,16 €

Abb. 5: Histogramm des risikoadjustierten EBTs der CCC AG

Das Histogramm der Monte-Carlo-Analyse zeigt die möglichen Entwicklungen der berechneten Szenarien. Die statistische Auswertung zeigt einen Mittelwert von ungefähr 12,2 Mio. EUR und damit eine Verringerung des EBTs gegenüber dem in Abb. 4 dargestellten Planwert. Die gesamte Spannweite unseres Histogramms beträgt rund 37,9 Mio. EUR, d.h. der im Rahmen der simulierten Szenarien ermittelte EBT der CCC AG streut von knapp -6 Mio. EUR bis knapp 32 Mio. EUR. *Simulationsergebnisse*

Betrachtet man die in Abb. 5 angegebenen äußersten Quantile des Histogramms, wird deutlich, dass der EBT am 0,01 %-Quantil minimal bei ca. -5 Mio. EUR, also negativ, und am 99,99 %-Quantil maximal bei ca. 30,6 Mio. EUR liegen kann. Eine weitere Eingrenzung der Auswertung auf das 5 %- bzw. 95 %-Quantil zeigt, dass mit 95 %iger Sicherheit ein EBT von ca. 2,6 Mio. EUR nicht unterschritten und ein EBT von ca. 21,7 Mio. EUR nicht überschritten wird. Auf welches Quantil die Spannweite des Szenarios eingegrenzt werden soll, hängt dabei ganz vom Sicherheitsbedürfnis bzw. Risikoappetit des jeweiligen Unternehmens ab.

Es liegt nahe, dass derartige Bandbreiteneinschätzungen für die Entscheider (der CCC AG) im Rahmen der Unternehmensplanung von enormer Bedeutung sein können. So ergibt bspw. eine Szenarioanalyse unter der Annahme, dass die Chance, den Markteintritt umzusetzen, nicht genutzt *Wirkungszusammenhänge*

wird, unter sonst gleichen Umständen ein insgesamt schlechteres Histogramm, da, trotz der Reduzierung der sonstigen Kosten von 2 Mio. EUR
für die Umsetzung des Markteintritts, der EBT im Mittelwert von ca.
12,2 Mio. EUR auf ca. 9,2 Mio. EUR gesunken ist und mit entsprechender
Begrenzung auf das 5 %- und 95 %-Quantil zwischen 0,6 Mio. EUR und
17,6 Mio. EUR deutlich schlechter ausfällt.

Empfehlung Aus dem Vergleich der beiden Analysen wird deutlich, dass der Markteintritt trotz der Kosten von 2 Mio. EUR einen positiven bzw. mehr als
kostendeckenden Effekt auf den EBT hat. Um den Einfluss der Risiken
und Chancen auf den EBT im Einzelnen beurteilen zu können, bietet
RiskKit die Möglichkeit, eine Sensitivitätsanalyse durchzuführen.

> **Hinweis: Auswirkungen einzelner Parameter analysieren**
> Mithilfe der Sensitivitätsanalyse kann die Wirkung von Änderungen einzelner
> Inputparameter auf das entsprechende Szenario analysiert und dargestellt
> werden. Besonders interessant ist in diesem Zusammenhang häufig, welcher
> Inputparameter die stärkste Auswirkung auf den Output, also auf das Szenario
> hat. Die Abhängigkeit des Szenarios und damit der Planung von einzelnen
> Faktoren, also Risiken und Chancen, lässt sich mithilfe der Sensitivitätsanalyse
> sehr gezielt ermitteln und in RiskKit darstellen. Sie hilft damit dem Entscheider,
> den Fokus auf einzelne Parameter des Szenarios zu lenken. Für die CCC AG wäre
> hier bspw. die Auswirkung der Markterschließung auf die Gesamtplanung zu
> nennen.

3 Vorteile gegenüber klassischen Bewertungsmethoden

Die Zukunft ist mit Sicherheit unsicher. Diese Aussage gilt seit
Menschengedenken und findet sich deshalb auch in zahlreichen volks-
tümlichen Aphorismen wieder. „Situationen, die in der Zukunft liegen,
sollten deshalb nicht durch einen einzelnen Schätzwert beschrieben
werden, denn dies vermittelt eine Genauigkeit, der nicht entsprochen
werden kann."[9] Aus diesem Grund sollte ein Unternehmen seine
Planrechnungen und Analysen nicht auf ein einzelnes Szenario aus-
richten, wie es im Rahmen der klassischen Risikoanalyse auch heute
noch in vielen Unternehmen üblich ist.

Mithilfe von Szenarien kann eine Vielzahl von Entwicklungen analysiert
und dargestellt werden. Es ist mit ihrer Hilfe möglich, die ganze
Bandbreite des Einflusses von Risiken und Chancen auf die Planwerte
abzubilden. Durch die Verarbeitung von mehreren tausend Szenarien im
Rahmen der stochastischen Szenarioanalyse (wie der Monte-Carlo-Si-

---

[9] Vgl. Romeike/Stallinger, 2012.

mulation) unter Einbeziehung von realitätskonformen Wahrscheinlichkeitsverteilungen, kann eine realitätsnahe Prognose der eingegebenen Parameter (Risiko- und Chanceneinflüsse) erreicht werden. Durch die Berücksichtigung von Korrelationen, also Wechselwirkungen, zwischen den Risiken und Chancen und die Möglichkeit, Zusammenhänge und Auswirkungen statistisch sauber auszuwerten, wird die stochastische Szenarioanalyse zum wertvollsten Verfahren, das dem Risikomanagement im Zuge der Analyse von Risiken und der Unterstützung der Unternehmensplanung zur Verfügung steht.

4 Fazit

Franz Kafka sagte einmal: „Wege, die in die Zukunft führen, liegen nie als Wege vor uns. Sie werden zu Wegen erst dadurch, dass man sie geht."[10] Und auch heute gilt: Die Zukunft ist ungewiss – und das Ungewisse liegt in der Zukunft. Aber: Wollen Menschen nicht seit Menschengedenken wissen, wie die Zukunft aussieht und die Ungewissheit in Gewissheit verwandeln?

Verwunderlich ist, dass nur wenige Unternehmen die Möglichkeiten der risikoadjustieren Planung mithilfe von Szenarioanalysen nutzen. Planzahlen werden im Controlling vorwiegend mit Schätzungen hochgerechnet; eine wirklich fundierte und belegbare Analyse liegt diesen Schätzungen meist jedoch nicht zugrunde. Die Unternehmen, die lediglich über ein Risikomanagement mit einer klassischen Risikoquantifizierung verfügen, kommen dem Ziel einer realistischen Unternehmensplanung kaum näher. Denn sie können lediglich binominale Zustände in die Planung übernehmen, d.h. Risiken oder Chancen treten ein oder sie treten eben nicht ein. Wenn diese Unternehmen mit verschiedenen Cases (Worst, Realistic und Best Case) arbeiten, erhalten sie sogar mehrere starre Planungen, denn die unterschiedlichen ermittelten Einflüsse der Risiken und Chancen lassen sich nicht in eine zusammenhängende Gesamtplanung übernehmen.

Wie dieser Beitrag anhand des simplen Beispiels der Cold Coffee Corporation AG gezeigt hat, ist die stochastische Unternehmensplanung weniger kompliziert als vielfach angenommen. Selbstverständlich ist diese Methode aufwändiger als die klassischen Methoden der Risikobewertung, weshalb die Analyse eines Großunternehmens eine Herausforderung darstellt. Aber die immensen Vorteile, die eine risikoadjustierte Unternehmensplanung auf Basis z.B. der Monte-Carlo-Simulation mit sich bringt, sind überzeugend und sollten von jedem Unternehmen genutzt

---

[10] Franz Kafka (1883–1924), deutschsprachiger Schriftsteller.

werden können, denn Tools wie bspw. RiskKit sind auch für kleinere Unternehmen erschwinglich.

5 Literaturhinweise

Ehrmann/Olfert (Hrsg.), Unternehmensplanung, in Kompendium der praktischen Betriebswirtschaft, 2013.

Hager/Romeike, „Der globale Kampf um Rohstoffe", RiskNET.de, 17.5.2011, http://www.risknet.de/themen/risknews/der-globale-kampf-um-rohstoffe/b781989d92fe7981d2591c2f858a7610/?L=3, Abrufdatum 14.6.2017.

Lindner/Spitzner, Quantitative Methoden im Risikomanagement, in Risk, Compliance & Audit, 5/2010.

Redaktion RiskNET, „Haftung bei unzureichendem Risiko- und Compliancemanagement", RiskNET.de, 4.7.2014, https://www.risknet.de/themen/risknews/haftung-bei-unzureichendem-risiko-und-compliancemanagement/db46a4bb4343e53b11e98bf17c4a7815/, Abrufdatum 14.6.2017.

Redaktion RiskNET, „Managementfehler häufigste Insolvenzursache", RiskNET.de, 29.9.2006, http://www.risknet.de/themen/risknews/managementfehler-haeufigste-insolvenzursache/04a1b60c2b4c0b867cbc1d3c244337fe/, Abrufdatum 14.6.2017.

Romeike, Erfolgsfaktor Risikomanagement 3.0, 2013.

Romeike/Spitzner, Von Szenarioanalyse bis Wargaming, 2013.

Romeike/Stallinger, „Integration von Risikomanagement und Unternehmensplanung", RiskNET.de, 27.12.2012, http://www.risknet.de/themen/risknews/integration-von-risikomanagement-und-unternehmensplanung/90c36039577bb4592811745bbad9db75/, Abrufdatum 14.6.2017.

Supply Chain Risk Management: Anforderungen für stabile Lieferketten

■ Die vergangenen Jahre sind gekennzeichnet von Entwicklungen und Ereignissen, die die Risiken und deren Auswirkungen in den Supply Chains verdeutlicht haben. Bekannte Supply-Chain-Ereignisse der letzten Jahre waren die Flut in Thailand, das Tōhoku-Erdbeben in Japan sowie verschiedene Ereignisse, bei denen die Reputation von Unternehmen durch inakzeptable Produktionsbedingungen bei Zulieferern gefährdet wurde.

■ Vor dem Hintergrund ökonomischer Entwicklungen, die die Risiken in der Supply Chain weiter verstärken werden Anforderungen an das Management solcher Risiken dargestellt, denen sich Unternehmen zukünftig stellen müssen.

■ Der abschließend dargestellte Leitfaden soll bei der Umsetzung der neuen Anforderungen im eigenen Unternehmen helfen.

■ **Die Autoren**

Dr. Roland Spahr, Geschäftsführer Blue Mountain Immobilien GmbH & Co. KG.

Dirk Schäfer, Senior Underwriter in der Abteilung Special Enterprise Risks bei der Munich Re.

1 Risiken der Supply Chain aus aktuellen Entwicklungen

Katastrophen unterbrechen Lieferkette

Die Auswirkungen von Risiken in der Supply Chain sind so immens, dass es die größeren Fälle inzwischen unschwer in die Tagesnachrichten schaffen. So wurde vor kurzem in der Tagesschau berichtet, dass Lieferprobleme bei Bosch zu Produktionsstillständen in mehreren Werken von BMW führten. Andere bekannte sehr große Supply-Chain-Ereignisse der letzten Jahre waren die Flut in Thailand, das Tōhoku-Erdbeben in Japan sowie verschiedene Ereignisse, bei denen die Reputation von Unternehmen durch inakzeptable Produktionsbedingungen bei Zulieferern gefährdet wurde.

Offensichtlich entstehen aus der fortschreitenden Verflechtung der Unternehmen untereinander Risikofaktoren, die in den letzten Jahren erheblich an Bedeutung zugenommen haben und die den Unternehmenserfolg dauerhaft bedrohen können. Die wesentlichen Faktoren hier sind:

- **Globalisierung:** Die Globalisierung schafft Möglichkeiten, Rohstoffe und Einzelteile weltweit zuzukaufen. Damit werden oft Kostenvorteile erzielt aber auch größere Risiken bspw. durch logistische Unterbrechungen in Kauf genommen. Insbesondere geopolitische Veränderungen können die globalen Abhängigkeiten empfindlich treffen.

- **Spezialisierung:** Eine Antwort auf den stetig steigenden Preis- und Kostendruck ist die Spezialisierung auf bestimmte Kernkompetenzen. Die unternehmerischen Chancen durch Spezialisierung werden durch eine größere Abhängigkeit von vorgelagerten Geschäftspartnern sowie deren Lieferqualität und Terminen erkauft.

- **Outsourcing:** Das Outsourcing schafft einerseits Möglichkeiten zur Kostenreduktion, schafft aber andererseits eine Vielzahl neuer Abhängigkeiten, die es bei der innerbetrieblichen Lösung zuvor nicht gab.

- **Homogenität der Strategien und Geschäftsmodelle:** Eng einher mit der Globalisierung und Spezialisierung geht die Homogenisierung der Strategien und Geschäftsmodelle. Zunehmend schneller und öfter richten Unternehmen ihre Geschäftsmodelle gleichartig aus, so dass sich die Anfälligkeit ganzer Industrien durch Ausfälle nur einzelner Zulieferer erhöht.

- **Verschmelzung von IT und Produktion in und zwischen Unternehmen:** Die zunehmende Datenvernetzung von vor- und nachgelagerten Unternehmen der Wertschöpfungskette schafft Effizienzen, aber auch neue Gefahren für das geistige Eigentum aus der Cyberkriminalität oder Industriespionage.

- **Corporate Social Responsibility und Compliance:** Die Gesellschaft erwartet verantwortungsvolles Handeln der Unternehmen. Aus dieser Verantwortung ergeben sich Risiken bei Nichterfüllung. Corporate

Social Responsibility bezieht sich zunehmend auch auf die Supply Chain. Die Risiken sollten daher besondere Beachtung finden, da durch die Vernetzung der Gesellschaft z.B. durch soziale Netzwerke, ein Versagen der Social Responsibility in sehr kurzer Zeit zu Reaktionen bei Kunden und Lieferanten führen kann.

Es ist zu beobachten, dass den Unternehmen diese Entwicklungen bewusst sind. Unternehmen verfügen bereits über viele Bausteine, die für ein effektives Supply Chain Risikomanagement eingesetzt werden können. Oft existiert jedoch keine strukturierte und einheitliche Vorgehensweise zur Eindämmung der zunehmenden Risiken aus der Wertschöpfungskette. Es ist vor allem der Informationsaustausch und dessen Verwertung für wichtige betriebliche Entscheidungen, der in den Unternehmen und zwischen den Unternehmen noch nicht so funktioniert, um ein effektives und interaktives Risikomanagement zu betreiben. Weitere Anpassung und die Erweiterung von Strukturen und Arbeitsprozessen innerhalb und zwischen den Unternehmen werden erforderlich, um die Risiken besser managen zu können.

Um Unternehmen eine einheitliche Hilfestellung zu diesen Fragestellungen zu geben, trifft sich der Arbeitskreis für Supply Chain Risk Management[1] in regelmäßigen Arbeitskreis- und Kernarbeitskreissitzungen seit Januar 2013. Der Arbeitskreis ist offen, die Mitarbeit willkommen und der Einstieg jederzeit möglich.

Arbeitskreis für Supply Chain Risk Management

Es wurde das Ziel verfolgt, einen praxisrelevanten Leitfaden für das Management von Supply-Chain-Risiken zu entwickeln. Der Leitfaden soll einen angemessenen Umgang in und zwischen Unternehmen fördern und somit die Risiken und Ausfallkosten verringern oder versicherbar machen. Unternehmen sollen beim effektiven Management von Supply-Chain-Risiken unterstützt werden.

Risiko-Leitfaden

Mithilfe des SCRM-Leitfadens sollen Unternehmen folgende Hilfen gegeben werden:

Zielsetzung

- Evaluation von ökonomischen Kosten und Nutzen von Supply-Chain-Risiken,
- Unterstützung bei der Einführung von Supply Chain Risk Management und
- Orientierung im Hinblick auf die organisatorische Verankerung von Supply Chain Risk Management im Unternehmen.

---

[1] Weiterführend: https://rma-ev.org/verein/arbeitskreise/supply-chain-risk-management/

2 Unternehmerischer Nutzen eines einheitlichen Supply Chain Risk Managements

Schaffung von
Transparenz

Fehlendes einheitliches Supply Chain Risk Management führt dazu, dass eine unzureichende Transparenz hinsichtlich der Risiken in der Supply Chain existiert. Unvorhergesehene finanzielle Einbußen durch Lieferantenausfälle können die Folge sein. Supply Chain Risk Management (SCRM) soll daher zunächst Transparenz für die tatsächlichen Risikokosten von Risikoobjekten entlang der Supply Chain schaffen.

Quantifizierung
von Opportuni-
tätskosten

Zudem sollen bislang verdeckte Opportunitätskosten in Form von Umsatzausfällen und Marktanteilsverlusten sowie ex ante abschätzbare Zusatzkosten eines Ausfalls quantifiziert werden. Eine derartige Quantifizierung ist wiederum die Basis für verbesserte strategische und operative Entscheidungen für angemessene Maßnahmen gegen die Risiken.

Beherrschbarkeit
von Schadens-
ereignissen

Weiterhin werden durch die Analyse der Risiken und Bedrohungsszenarien Schadenereignisse besser beherrschbar. Durch das, auf die geschaffene Transparenz aufbauende, Business Continuity Management können die Auswirkungen von Schadensereignissen limitiert werden, was wiederum zu Wettbewerbsvorteile führen kann, falls eine gesamte Branche von einem Ereignis betroffen ist und das eigene Unternehmen besser auf die Herausforderungen reagieren kann, als die Wettbewerber.

Um den Nutzen des Supply Chain Risk Managements zu maximieren sollten folgende Prozesse etabliert werden:

* Effektive Erfassung von Lieferantenrisiken und Berücksichtigung bei der Lieferantenauswahl.
* Abgleich zwischen Einkaufpreis und spezifischem Lieferantenrisikoprofil.
* Kontinuierliches Supply Chain Risk Management, um möglichst früh auf zwischenzeitlich entstehende Risiken reagieren zu können.
* Rechtzeitiges Festlegen von Risikofinanzierungs- und Risikotransferlösungen für Residualrisiken.

Kosten-Nutzen-
Vergleiche

Die Einführung von SCRM ist von Unternehmen zu Unternehmen verschieden, trotzdem kann man einen generischen Überblick über die wesentliche Kosten-/Nutzenkategorien aufstellen. Besonders zu beachten ist in diesem Zusammenhang der unterschiedliche Charakter von Kosten und Nutzen. Die Kosten werden im Rahmen von SCRM generell in absoluten Beträgen ausgedrückt, der Nutzen ist eine stochastische Größe, die sich aus durch SCRM verringerten Schadenerwartungswerten und damit auch geringeren Ergebnisschwankungen ergibt. Der Schadenerwartungswert soll als „Expected Cost of Supply Chain Interruption (ECOSCI)" bezeichnet werden. Die ECOSCI beinhalten die

- erwarteten Zusatzkosten, verursacht durch Pönalen,
- Kosten für Ersatzbeschaffung, die entstehen, wenn ein Ereignis eingetreten ist und durch die das Ausmaß der Schäden minimiert werden
  soll und
- im Betriebsunterbrechungsfall entstehenden Opportunitätskosten durch
  den Verlust der Produktmarge.

Die Kosten schlüsseln sich auf in

- Kosten für die Entwicklung und Implementierung von Methoden,
  Prozessen und Informations- und Kommunikationstechnologie zur
  Herstellung der Transparenz in der Supply Chain und
- laufende Monitoring- und Änderungskosten (Software, Informa-
  tionsprovider, Simulationen, Test).

Der Nutzen des SCRM ist bestimmt durch

- verringerte „Expected Cost of Supply Chain Interruption (ECOSCI)"
  der SCR-Szenarien,
- die Reduktion der Eintrittswahrscheinlichkeit von Reputationsschä-
  den und Kundenverlusten, wegen Non-Performance und
- die Möglichkeit des effizienten Transfers von Residualrisiken in den
  Versicherungsmarkt durch geschaffene einheitliche Transparenz.

Neben einer Einschätzung des Verhältnisses von Kosten und Nutzen
beschreibt der Leitfaden eine „best practice", anhand derer Unternehmen
Lücken im SCRM abschätzen können.

3 Anforderungen für das Supply Chain Risk Management

Um ein effektives SCRM betreiben zu können, muss eine adäquate Infrastruktur aufgebaut werden. Diese umfasst u. a. folgende Eckpfeiler:

- Komplexitätsreduktion durch Konzentration auf die Produkte mit
  dem höchsten Gewinnbeitrag.
- Bestimmung und Dokumentation der „kritischen Pfade" in der
  Supply Chain.
- Erfassung und Bewertung möglichst aller denkbaren Risiken.
- Entwicklung einer Metrik zu Quantifizierung der Risikokosten.
- Bestimmung der dazugehörigen pre- und post-event-Kosten zur
  Risikominderung. Investitionen zur Risikominderung erfolgen nach
  der Maßgabe der höchsten Einsparung von erwarteten Risikokosten,
  also genau dort, wo sie im Verhältnis zur Einsparung der Risikokosten
  die größte Wirkung entfalten.

- Die Priorisierung der Risikominderungseffekte und damit verbundenen Investitionen erfolgt auf Basis der Brutto-/Netto-Risikobetrachtung.
- Es soll ein Ranking erstellt werden, das Transparenz über die „profitabelsten" Einzelmaßnahmen gibt.
- Die erwarteten Verluste sollen durch die jeweilige Produktmarge getragen werden.
- Unerwartete Verluste müssen durch das Eigenkapital des Unternehmens oder Risikomanagementinstrumente bei bspw. einer Versicherung getragen werden.
- Ein wesentlicher Vorteil des Instrumentes Versicherung ist, dass weniger Eigenkapital allokiert werden muss und die Deckung sofort zur Verfügung steht. Allerdings entstehen Risikotransferkosten in Form von Versicherungsprämien.
- Aufbau einer SCRM-Einheit zwecks risikoadäquatem Supply Chain Design, Monitoring, Mitigation und Handling der SC-Risiken im Eventfall. Hierbei soll soweit als möglich auf bereits bestehende Ressourcen (Qualitätsmanagement; Informationssicherheit, Business Continuity Management) zurückgegriffen werden.

SCRM-Funktionen und -Aufgaben

Das Supply Chain Risk Management muss eine mit allen Unternehmensbereichen vernetzte Funktion sein. Konkret betreffen die Funktionen und Aufgaben des Supply Chain Risk Managements alle Unternehmensbereiche sowie alle vor- und nachgelagerten Unternehmen bzw. Leistungsknoten. Das Supply Chain Risk Management umfasst mindestens die folgenden Funktionen und Aufgaben:

- Die Festlegung und Einhaltung einer strategischen Ausrichtung bezüglich der Absichten und Ziele.
- Den Aufbau eines systemunterstützten Supply Chain Risk Management.
- Den Aufbau eines Krisenmanagements für eingetretene Supply-Chain-Ereignisse.
- Die Inventarisierung und Bewertung der Leistungsknoten sowie der Risiken nach den oben beschriebenen quantitativen Vorgaben.
- Die Bestimmung und Umsetzung von geeigneten Maßnahmen gegen die Risiken im Sinne von Akzeptanz, Minderung, Vermeidung oder dem Transfer.
- Das kontinuierliche Monitoring der Leistungsknoten, Risiken und Maßnahmen auf Basis quantitativer und qualitativer Informationen und Methoden.

Um das Management der Supply-Chain-Risiken zu etablieren, kommen der Unternehmensleitung und dem Supply Chain Risk Manager besondere Aufgaben zu.

4 Anforderungen an die Unternehmensleitung

Die Unternehmensleitung muss

- ein SCRM als Stabsstelle mit direkter Reporting-Verantwortung zum Vorstand einrichten.
- das Supply Chain Risk Management autorisieren, um die vernetzten Wertschöpfungsketten analysieren zu können.
- den Umfang des Supply Chain Risk Managements konzernweit festlegen. Die Organisations- und Entscheidungsstrukturen sind auch auf regionaler Ebene zu etablieren. Dafür ist eine ausreichende und regelmäßig wiederkehrende Kommunikation vorzusehen.
- für die Pflege, Aktualisierung, Verbesserung der festgelegten Detailebene die notwendigen Ressourcen bereitstellen, die über das fachliche Know-how verfügen die Aufgaben des SCRM auszuführen. Die Informationsdetailebene ist so zu wählen, dass quantitative Aussagen zur Ausfallwahrscheinlichkeit und den Auswirkungen möglich sind.
- ein SCRM-Gremium im Sinne der ISO 31000 einrichten, dass über die Maßnahmen zur Risikomitigation entscheiden kann. Im SCRM-Gremium müssen ständig vertreten sein:
  - Der Vorstand, insbesondere der CFO,
  - der Supply Chain Risk Manager,
  - Enterprise Risk Manager,
  - Einkaufsleiter,
  - Leiter des Business Continuity sowie
  - nach Bedarf die Leiter der betroffenen Bereiche.

Das SCRM-Gremium tagt nach Bedarf. Initiator für Tagungen ist grundsätzlich der Supply Chain Risk Manager, aber auch andere Funktionsträger können das SCRM-Gremium einberufen.

- die umfangreiche Kommunikation und Zusammenarbeit zwischen dem Supply Chain Risk Management und allen betroffenen Bereichen sicherstellen.

5 Anforderungen an den Supply Chain Risk Manager

Der Supply Chain Risk Manager muss

- die Supply Chain Risk Management-Struktur festlegen (Rollen, Verantwortung, Aufgaben, Kommunikation)
- die monetäre Inventarisierung der Leistungsknoten und ihrer Abhängigkeiten inkl. Qualitätssicherung initiieren, anleiten und moderieren.

- die Bewertung der „Expected Cost of Supply Chain Interruption (ECOSCI)" interdisziplinär mit verantwortlichen Bereichen festlegen. Die ECOSCI setzt sich wiederum zusammen aus der Ausfallwahrscheinlichkeit „Probability of Default (PD)" von Leistungsknoten und dem „Performance Impact (PI)".

- die Leistungsknoten zunächst erstmalig analysieren und danach laufend den sich veränderten Bedingungen anpassen. Das Ergebnis der Analyse muss immer eine Aussage zur Ausfallwahrscheinlichkeit (PD) und der Schadenshöhe (PI) der Leistungsknoten beinhalten.

- die Leistungsknoten im Gesamtnetzwerk integrieren, Abhängigkeiten nach Anzahl und monetärer Art erfassen. Veränderungen bei Liefervereinbarungen müssen stets im Gesamtnetzwerk aktualisiert werden. Abhängigkeiten und Wechselwirkungen der vor- und nachgelagerten Netzwerkknoten müssen erfasst werden. Die Ausfallkonsequenzen je nach Dauer der Lieferverzögerung müssen analysierbar sein.

- Zu den untersuchten Kriterien des Leistungsknotens gehören unter anderem Zuliefererbonität mit Finanz- und Controllingdaten, Notfall- und Krisenfestigkeit, Zulieferqualität, Verkaufsprognosen, externe Ereignisse wie Streik, Flut, Erdbeben, Brand, Krieg, politische Entscheidungen sowie Marktumstände, die die Erfüllung der Liefervereinbarung beeinflussen können. Die Bewertungen sind ständig auf Aktualität und Richtigkeit zu überprüfen. Neue Informationen und Ereignisse sind in die Bewertung aufzunehmen.

- für jeden Leistungsknoten die Dauer der Ausfallzeit festlegen. (Vorschlag: Geschäftsperiode) und daraus die Ausfallkosten (PI) inklusive der Auswirkungen auf das gesamte Netzwerk bestimmen.

- über das Produkt von Ausfallwahrscheinlichkeit (PD) und Ausfallkosten (PI) werden die erwarteten Verluste je Leistungsknoten bestimmt. Der erwartete Verlust (ECOSCI) ist der Indikator für die tatsächlichen Risikokosten eines Leistungsknotens.

- zusammen mit den Verantwortlichen und Betroffenen nachgelagerten Leistungsknoten besprechen, mit welchen Maßnahmen das Risiko vermindert werden soll. Die Vorschläge werden dann vom SCR-Komitee zeitnah entschieden und übergreifend umgesetzt.

- prüfen, ob nachfolgende Leistungsvereinbarungen nicht erbracht werden können, wenn ein Leistungsknoten ausgefallen ist. Der Ausfall kann umfangreiche Maßnahmen nach sich ziehen, die mit einem adäquaten Supply Chain spezifischen Krisenmanagement bewältigt bzw. umgesetzt werden.

- regelmäßig Stress Tests, Simulationen und Sensitivitätsanalysen durchführen, um die wesentlichen Risiken zu identifizieren.

- die Wirksamkeit und den Reifegrad des SCRM laufend verbessern. Er hat der Unternehmensleitung einen Management-Bericht zur Leistungsfähigkeit des SCRM vorzulegen.
- das SCRM-Komitee regelmäßig über die wesentlichen erwarteten Verluste der Leitungsknoten informieren. Geeignete Maßnahmen zur Verringerung der Risiken sind zu beschließen.

6 Zusammenfassung und konkrete Umsetzungshilfe

Supply Chain Risk Management ist in einer globalisierten und vernetzten Ökonomie zu einem unabdingbaren Bestandteil des Risikomanagements geworden. Um die Einführung und den Betrieb zu erleichtern, hat der RMA Arbeitskreis Supply Risk Management einen Leitfaden erstellt. Supply Chain Risiken können durch die Anwendung des Leitfadens besser erkannt, verstanden, bewertet und eingeschätzt werden sowie einheitlich innerhalb, als auch zwischen Unternehmen diskutiert und verglichen werden. Der SCRM-Leitfaden schafft die Grundlage die Angemessenheit von Kosten und Risiken entlang der Wertschöpfungskette zu beurteilen und gegebenenfalls die Risiken effizient auf den Versicherungsmarkt zu transferieren.

Im Folgenden sind die wesentlichen Punkte des Leitfadens in Form einer Checkliste festgehalten. Prüfen Sie selbst wie gut Ihr Supply Chain Risk Management bereits heute ist und welches Potenzial zur Verbesserung besteht.

Checkliste 1: Wie gut ist mein aktuelles Supply Chain Risk Management?

Checkpoint Status Quo	Ja	Nein
Kennt Ihr Unternehmen die Details seiner Wertschöpfungskette und die aktuellen Risiken?	☐	☐
Entwickelt Ihr Unternehmen Maßnahmen gegen die Risiken der Supply Chain?	☐	☐
Reichen die Informationen zur Supply Chain aus, um den Wertschöpfungsprozess reibungs- und verzögerungsfrei ablaufen zu lassen?	☐	☐
Kennen Sie die Stellen der Supply Chain, an denen es zu Problemen kommen kann, die die Produktion oder den Verkauf beeinträchtigen?	☐	☐
Kennen Sie die Kosten, die entstehen können, wenn die Wertschöpfungskette unterbrochen wird und es zu Verzögerungen in der Anlieferung, Produktion oder Auslieferung kommt?	☐	☐

Checkpoint Status Quo	Ja	Nein
Haben Sie Maßnahmen vorab geplant, um den Ablauf stabil zu gestalten und damit kleinere Verzögerungen aber auch größere bis hin zu existenzbedrohenden Betriebsausfällen frühzeitig vorzubeugen?	☐	☐
Können Sie beurteilen, ob die Maßnahmen gegen die Risiken zur Unterbrechung der Wertschöpfung angemessen sind?	☐	☐
Können Sie Risiken der Supply Chain schnell und unkompliziert versichern?	☐	☐
Haben Sie eine einheitliche Vorgehensweise für das Supply Chain Risk Management innerhalb Ihrer Wertschöpfungsketten etabliert?	☐	☐

Wenn Sie mindestens eine Frage aus der Checkliste 1 nicht mit „ja" beantworten können, sollten Sie mit der Checkliste 2 fortfahren:

Checkliste 2: Hilfestellung für die Umsetzung des Supply Chain Risk Managements

Methodische und Technische Voraussetzungen	Check
1. Identifikation der Produkte mit dem höchsten Gewinnbeitrag gemäß „profit@risk".	☐
2. Bestimmung und Dokumentation der „kritischen Pfade" in der Supply Chain.	☐
3. Erfassung und Bewertung des Risikouniversums.	☐
4. Entwicklung der Metrik zur Quantifizierung der Risikokosten mittels Ausfallwahrscheinlichkeit (PD) und Ausfallkosten (PI) je Leistungsknoten.	☐
5. Bestimmung des erwarteten Verlusts (Expected Cost of Supply Chain Interruption (ECOSCI)) als Indikator für die tatsächlichen Risikokosten eines Leistungsknotens.	☐
6. Bestimmung der dazugehörigen pre- und post-event-Mitigationskosten.	☐
7. Berechnung von unerwarteten Verlusten.	☐
8. Priorisierung der Mitigationseffekte und damit verbundenen Investitionen auf Basis der Brutto-/Netto-Risikobetrachtung.	☐
9. Aufbau eines systemunterstützten Supply Chain Risk Management verbunden mit bestehendem ERP-System.	☐

Organisatorische Anforderungen	Check
1. Aufbau einer SCRM-Einheit als Stabsstelle mit direkter Reporting-Verantwortung zum Vorstand einrichten für das Supply Chain Design und Monitoring, Mitigation und Handling der SC Risiken im Eventfall.	☐
2. Festlegung und Einhaltung einer strategischen Ausrichtung des Unternehmens und damit verbundene Absichten und Ziele des Supply Chain Risk Managements.	☐
3. Aufbau eines Krisenmanagements für eingetretene Supply Chain Ereignisse.	☐
Die Unternehmensleitung	Check
1. autorisiert das Supply Chain Risk Management, um die vernetzten Wertschöpfungsketten analysieren zu können.	☐
2. legt den Umfang des Supply Chain Risk Managements konzernweit fest und fördert die Etablierung der Organisations- und Entscheidungsstrukturen auf regionaler Ebene.	☐
3. stellt die notwendigen und qualifizierten Ressourcen bereit für die Pflege, Aktualisierung, Verbesserung der festgelegten Detailebene.	☐
4. richtet ein SCRM-Gremium im Sinne der ISO 31000 ein.	☐
5. gewährleistet die umfangreiche Kommunikation und Zusammenarbeit zwischen dem Supply Chain Risk Management und allen betroffenen Bereichen.	☐
Das SCR-Gremium	Check
1. informiert sich regelmäßig über die wesentlichen erwarteten und unerwarteten Verluste der Leistungsknoten und über die Leistungsfähigkeit des SCRM.	☐
2. entscheidet über die Vorschläge zur Risikomitigation und überwacht deren Umsetzung.	☐
Das Supply Chain Risk Management	Check
1. legt die Struktur des Supply Chain Risk Management mit Rollen, Verantwortung, Aufgaben und der Kommunikation fest.	☐
2. initiiert, leitet an und moderiert die monetäre Inventarisierung der Leistungsknoten und ihrer Abhängigkeiten inkl. Qualitätssicherung.	☐
3. legt die Bewertung der ECOSCI interdisziplinär mit verantwortlichen Bereichen fest.	☐

4. überwacht kontinuierlich die Leistungsknoten, Risiken und Maßnahmen auf Basis quantitativer und qualitativer Informationen und Methoden.	☐
5. integriert die Leistungsknoten im das Gesamtnetzwerk und erfasst Abhängigkeiten nach Anzahl und monetärer Art.	☐
6. bespricht nachgelagerte Leistungsknoten zusammen mit den Verantwortlichen und Betroffenen, mit welchen Maßnahmen das Risiko vermindert werden soll.	☐
7. prüft, ob nachfolgende Leistungsvereinbarungen nicht erbracht werden können, wenn ein Leistungsknoten ausgefallen ist.	☐
8. führt regelmäßig Stress Tests, Simulationen und Sensitivitätsanalysen durch, um die wesentlichen Risiken zu identifizieren.	☐
9. verbessert laufend die Wirksamkeit und den Reifegrad des SCRM.	☐

Kapitel 4: Organisation & IT

Controlling und Risikomanagement: Organisatorische und personelle Aspekte der Harmonisierung

- Risikomanagement und Controlling greifen meist auf die gleiche oder eine gleichgelagerte Datengrundlage zurück. Sowohl Controlling als auch Risikomanagement erstellen Ergebnisse, z.B. in Form von Planungen oder Reports für die gleichen Berichtsempfänger. Deshalb ist die Harmonisierung beider Bereiche sinnvoll.

- Der Beitrag beschreibt die Herangehensweise an diese Konstellation. Er fokussiert die Gestaltung der Organisation sowie der Motivation und Integration der Mitarbeiter im Veränderungsprozess.

- **Die Autorin**

Gina Heller-Herold, Inhaberin der auf Risikomanagement fokussierten Beratungsgesellschaft beku-consult. Sie ist seit 2004 als Unternehmensberaterin im Finanz-Umfeld tätig.

1 Vorteile und Ziele der Harmonisierung

Allgemein gebräuchlich definiert sich das Risiko als die mögliche Abweichung vom Planwert. Daraus wird bereits ersichtlich, dass Risikomanagement nicht ohne Controlling möglich ist. Damit besteht der Bedarf des Risikomanagements an der Erstellung einer Planung bei gleichzeitiger Erweiterung des Controllings um die bislang weitgehend unbekannte Dimension des Risikos.[1]

Da gerade Risikoinformationen dazu beitragen, ein wertorientiertes Controlling zu gestalten und zu verwirklichen, sind z.B. in einigen Unternehmen Controlling und Risikomanagement in den Planungs- und Strategieprozess eingebunden, während in anderen ausschließlich das Controlling in die Managementprozesse involviert ist.

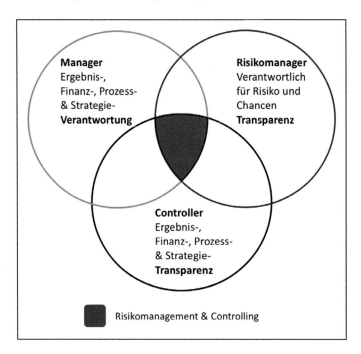

Abb. 1: Schnittmenge von Controlling, Risikomanagement und Management

Um diese Vorteile aus der Verzahnung für sich nutzen zu können, gilt es jedoch einigen Herausforderungen, wie bspw. Unerwünschtheit von Transparenz und dem in einigen Unternehmen zu beobachtenden Rückzug des Controllings auf ein reines „SAP- bzw. Kostenstellen-Controlling"

---

[1] Vgl. Beitrag von Gleißner/Kalweit, „Integration von Risikomanagement und Controlling" im vorliegenden Band.

entgegen zu wirken. Zudem herrscht oft Angst vor innovativen Methoden und mangelnde Veränderungsbereitschaft im Unternehmen. Letzteres kann durch eine unzureichende Unternehmenskultur sowie über die Ungewissheit des Nutzens einer Verzahnung hervorgerufen werden.

Wie können schon heute die Vorteile einer Harmonisierung von Controlling und Risikomanagement genutzt werden: Durch zusätzliche Ressourcen agieren Sie gleichzeitig gezielter am Markt. Die Vorteile der Harmonisierung von Controlling und Risikomanagement bestehen in:

Vorteile der Harmonisierung

- Vermeiden von Doppelarbeiten,
- Vermeiden von Fehlern,
- Verhindern von Ineffizienzen,
- Entwicklung einer professionellen Chancen- und Risikokultur im Unternehmen,
- Stärkung des Risikobewusstseins der Mitarbeiter,
- Festlegung und Leben geeigneter Verhaltensweisen im Umgang mit Chancen und Risiken,
- Definition von Risikomaßen für die Unternehmensziele und Entscheidungsgrundlagen,
- Gegenüberstellung von Risikotragfähigkeit, -appetit und -inventar als eine Basis für optimierte Ressourcenverteilungen und strategische Investitionsentscheidungen sowie
- das gemeinsame Nutzen von steuerungsrelevanten Instrumenten, wie z. B. der strategischen und operativen Planung, insbesondere bei der Vorbereitung unternehmerischer Entscheidungen.

Ziel der Integration soll deshalb sein, eben genau diese Risiken mit dem Ziel zu steuern, dass sie insbesondere nicht in Form eines Schadens schlagend werden.

Die Verzahnung von Risikomanagement und Controlling erfordert einen unternehmensumfassenden Prozess. Beide Funktionen müssen hinsichtlich Strategie und Steuerung, Organisation und Prozesse, Personal und Mitarbeiter und der Verwendung von Instrumenten und IT Systemen möglichst optimal aufeinander abgestimmt sein, um eine Verzahnung oder Integration zu ermöglichen.

2 Strategie und Steuerung

Status quo in Unternehmen ist eine Vision und die Verabschiedung einer Unternehmensstrategie. Jedoch ist der Blick in die Zukunft immer auch mit Unsicherheiten verbunden. Nur durch eine integrierte Geschäfts- und Risikostrategie, die sowohl Chancen als auch Risiken

Geschäfts- und Risikostrategie als Grundlage

beinhaltet, wird sichergestellt, dass sowohl Rendite- als auch Risikomaße als Unternehmensziele und damit als Entscheidungskriterien für das Management festgelegt werden. Eine Harmonisierung von Risikomanagement und Controlling erfordert demzufolge die Einbeziehung der erwarteten Rendite und des Risikos eines Unternehmens in die Unternehmensstrategie und in die Unternehmenssteuerung.

Als Grundlage bieten sich für Controlling und Risikomanagement verschiedene Instrumente an, die auch für die folgenden Abschnitte eine Grundlage bilden:

- SWOT-Analyse,
- Mehrjahresplanung unter Berücksichtigung von Chancen und Risiken,
- Risk Self-Assessment,
- Risikoappetit,
- Risikotragfähigkeit u.a. als Grundlage für strategische Investitionsentscheidungen,
- Geschäfts- und Risikostrategie,
- Business Case unter Berücksichtigung einer Risikoanalyse.

Diese strategischen Prozesse fließen in die unter Abschnitt 3.3 dargestellte Prozesslandschaft ein.

3 Organisation und Prozesse

Der Bereich Organisation und Prozesse kann differenziert betrachtet werden nach den folgenden Aspekten[2]:

- Projekthafte Harmonisierung/Verzahnung der Bereiche,
- Organisation/Aufbauorganisation im verzahnten Bereich Controlling und Risikomanagement,
- Prozesse/Ablauforganisation im verzahnten Bereich Controlling und Risikomanagement.

3.1 Projekthafte Harmonisierung/Verzahnung der Bereiche

Projekthaftes Vorgehen

Mit der Entscheidung, die Controlling- und Risikomanagementprozesse zu harmonisierten, sollte auch der angestrebte Reifegrad bei der Harmonisierung von Controlling und Risikomanagement festgelegt werden.

---

[2] Vgl. zu den Grundlagen den Beitrag von Gleißner/Kalwait, „Integration von Risikomanagement und Controlling: Plädoyer für einen neuen Umgang mit Planungsunsicherheit im Controlling"im vorliegenden Band.

Dieser ist von der Unternehmens- und Organisationsgröße und -komplexität.[3] Denkbar sind die folgenden 2 Integrationsstufen:

- Verzahnung: die Prozesse aus den Bereichen Controlling und Risikomanagement werden eng miteinander verzahnt oder

- Integration: die Leistungsfunktionen und Prozesse werden in einen neuen Bereich Controlling und Risikomanagement überführt und somit alle Prozesse integriert.

Wird die Verzahnung oder Integration der Controlling- und Risikomanagementprozesse ohne Einbeziehung der beiden Organisationen betrieben, sind zu einem späteren Zeitpunkt ggf. aufwändige Prozessanpassungen erforderlich. Vorteile aus einer engen Verzahnung bzw. Integration beider Prozesse sind dann lediglich mit zeitlichen Verzug zu erzielen. Im „Worst Case" haben sich die neu etablierten Controlling-Risikomanagement-Prozesse in eine Richtung entwickelt, welche keinen zusätzlichen Nutzen für das Unternehmen – konkret z.B. für den Budget- und Planungsprozess – bietet.

Methodisch gesehen und um eine möglichst hohe Akzeptanz und Nachhaltigkeit im Unternehmen zu erzielen, macht es Sinn die gängigen Change-Management-Methoden zu berücksichtigen. D.h. die Mitarbeiter werden in diese Change-Prozesse –von der Analyse bis zur Umsetzungs- und Review-Phase – mit einbezogen. Ein weiterer gravierender Vorteil von Change-Management-Methoden ist, dass die Mitarbeiter im Unternehmen gehalten und Abwanderungen – gerade von Schlüsselpersonen – vermieden werden. **Change Management**

Basis der Entscheidung Verzahnung oder Integration ist eine Bestandsanalyse der Bereiche Controlling und Risikomanagement, die einen tiefgreifenden Überblick beider Bereiche enthält über:

- Bestandübersicht über sämtliche Prozesse (unterteilt nach üblichen Kriterien wie z.B. Wertschöpfung, Aufsichtsrelevanz, Risikorelevanz, SLA-Relevanz, ggf. gehen diese aus bereits bestehenden Frameworks hervor, wie z.B. aus dem Internen Kontrollsystem),

- Verantwortungsbereiche und Aufgaben,

- Schnittstellen und -mengen zu anderen Bereichen,

- Chancen und Risiken sowohl für die Verzahnung als auch für die Integration,

- (Personal-)Plan der Bereiche.

Darauf aufbauend wird ein Sollkonzept unter Berücksichtigung einer klaren Zielfokussierung – z.B. enge Verzahnung oder Integration – abgeleitet. Eine **Sollkonzept**

---

[3] Bzgl. eines Reifegradmodells s. Beitrag von Vanini, „Reifegrade der Integration von Risikomanagement und Controlling" im vorliegenden Band.

aus der Bestandsanalyse und dem Soll-Konzept abzuleitende Gap-Analyse ermöglicht schnell umzusetzende Quick Wins, die zum einen die Mitarbeiter motivieren aber auch Erfolge für die Mitarbeiter, die Bereiche und das Unternehmen bewirken. In einem nachgelagert aufzustellenden Projektplan wird die übliche projekthafte Vorgehensweise dargestellt, umgesetzt, aktiv gesteuert und nachgehalten. Auf der Zeitschiene sind die verzahnten oder integrierten Prozesse sodann turnusmäßig auf den Prüfstand zu stellen und entsprechend anzupassen.

3.2   Organisation/Aufbauorganisation

Der prägende Faktor für die Art und Weise, in welcher die Aufbauorganisation von Controlling und Risikomanagement in der Unternehmensorganisation verankert sind, ist die Entscheidung über die Integrationsstufe: verzahnt oder integriert. Von entscheidender Bedeutung ist hierbei immer, dass es von Seiten der Geschäftsführung eine ausdrückliche Verpflichtung gibt, dass die Verzahnung oder Integration auf Augenhöhe erfolgt und beide Bereiche die gleiche Wertschätzung erfahren.

Aufbauorganisation bei Verzahnung

Ein enge Verzahnung kann z.B. dadurch erzeugt werden, dass die beide Bereiche unter ‚Controlling und Risikomanagement' und nachgelagert in zwei Teams agieren.

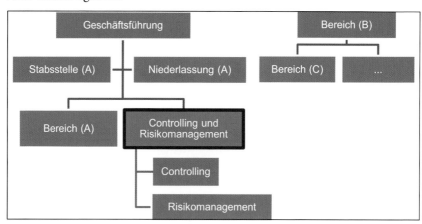

Abb. 2: Mögliche Aufbauorganisation bei Verzahnung der Bereiche

Aufbauorganisation bei Integration

Um jedoch ein weitergehendes Ziel – jeder Controller ist sein eigener Risikomanager und vice versa – zu erreichen, kommt man um die Integration beider Bereiche nicht mehr umhin. Folglich fallen aufbauorganisatorisch die in Abb. 2 dargestellten Teams im Bereich „Controlling und Risikomanagement" weg. Vielmehr bilden sich hier – in Abhängigkeit vom jeweiligen Unternehmen – fachspezifische Untergruppen, wie z.B. Strategische Planung, Budgetierung, interne Leistungsverrechnung. Alternativ können die einzelnen Teams auch bestimmten Bereichen zugeordnet werden, z. B. ein Controller und Risikomanager betreut immer den Bereich Einkauf, ein anderer den Bereich HR, ein weiterer den Bereich IT (s. Abb. 3).

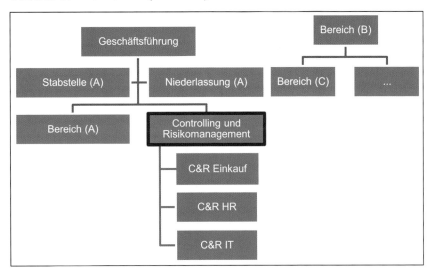

Abb. 3: Mögliche Aufbauorganisation bei Integration der Bereiche

Zusätzlich können Leitungsfunktionen, welche an die Geschäftsführung berichten, als Risikoverantwortliche in den Controlling-Risikomanagement-Prozess – insbesondere bezüglich Chancen und Risiken – direkt eingebunden werden. Diese Leitungsfunktionen identifizieren, bewerten und steuern die Chancen und Risiken in ihrem Verantwortungsbereich. Dieser Prozess erfolgt in enger Abstimmung mit Controlling und Risikomanagement.

Häufig sind in Unternehmen typische Flaschenhalsprobleme dann erkennbar, wenn nur wenige Mitarbeiter – häufig Abteilungs- bzw. Bereichsleiter – Entscheidungen treffen bzw. entscheidungsrelevante Informationen erheben. Mit der Dezentralisierung von Teilen aus Controlling und Risikomanagement auf genau diese Entscheidungsträger würde sich das Problem weiter verschärfen. Hier kann auf sogenannte dezentrale Controlling & Risk Manager (im Folgenden DC&RM genannt) ausgewichen werden, die in jedem Verantwortungsbereich benannt werden und vorher definierte Funktionen und Aufgaben übernehmen (s. Abb. 4 und Abschnitt „Verantwortlichkeiten der Mitarbeiter (Accountability)"), die sowohl für die DC&RM als auch das Gesamtunternehmen genauer skizziert sind. Die DC&RM übernehmen dabei eher koordinierende Aufgaben, die Verantwortung für die Chancen und Risiken bleibt weiterhin bei der Führungskraft.

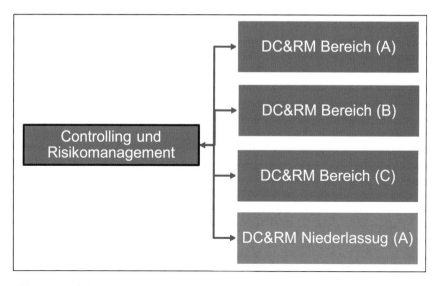

Abb. 4: Mögliche Anbindung der Bereiche über einen dezentralen Controlling & Risk Manager (DC&RM)

Von essentieller Bedeutung ist, dass von Anfang an der Bereich Controlling &Risikomanagement nicht als „One-Man-Show" angesehen wird, d.h. ohne Einbeziehung aller relevanten Fachbereiche, Niederlassungen sowie evtl. Unternehmensbeteiligungen. Mit Blick auf die Managementberatungsfunktion beider Bereiche ist vielmehr eine professionelle Aufstellung innerhalb der Organisation sowie eine ganzheitliche Etablierung der Prozesse erstrebenswert.

3.3   Prozesse/Ablauforganisation

Eine wichtige Grundlage bilden die im vorgenannten Abschnitt Strategie und Steuerung dargestellten Instrumente sowie die in der Basisanalyse aus dem Bereich a) erhobenen Prozesse. Diese Standardprozesse sollten

- zu einem vorher definierten Zeitpunkt,
- in einem definierten Zeitfenster,
- von den vorher festgelegten Mitarbeitern,
- in einem definierten Ablauf,
- unter Berücksichtigung sinnvoller Schnittstellen und
- in einem vorher definierten Turnus

ablaufen. Somit ist wichtig, hierfür ein Rahmenwerk zu schaffen, in dem genau diese Rahmenbedingungen festgelegt sind. Ziel dieses Rahmenwerks ist, dass

- die Harmonisierung der Prozesse von Controlling und Risikomanagement – Verzahnung oder Integration – beschrieben werden,
- die harmonisierten Prozesse immer gleich ablaufen, gerade zu Beginn der Neueinführung,
- bei Ablauf des Prozesses diese kritisch auf den Prüfstand gestellt werden,
- regelmäßig an die neuen internen Rahmenbedingungen angepasst werden,
- an die externen Anforderungen (z.B. durch die Stakeholder, die gesetzlichen Anforderungen) angepasst und optimiert werden,
- für Vertretungsregelungen anwendbar sind, d.h. auch für neue Verantwortungsträger mit übernommen werden,
- regelmäßig optimiert werden und
- transparent für z.B. Nachfolgeprozesse verfügbar sind.

Die Anpassung der Prozesse für die Verzahnung oder Integration erfolgt auf unterschiedlichen Ebenen:

1. Ebene: Anpassung der Prozesslandkarte (oberste Ebene)
2. Ebene: Beschreibung der Controlling- und Risikomanagement-Hauptprozesse
3. Ebene: Beschreibung der Controlling- und Risikomanagement-Teilprozesse

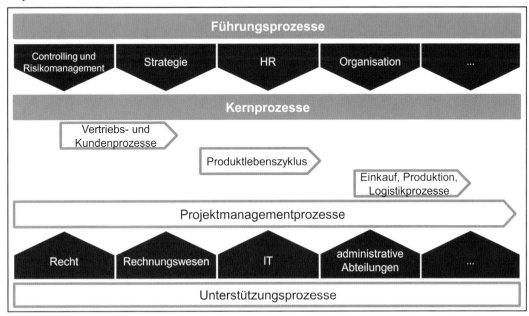

Abb. 5: Einordnung des Controlling und Risikomanagements in die Prozesslandkarte des Unternehmens

Einordnung in die Prozesslandkarte

Basis einer Ablauforganisation ist immer die gesamte Prozesslandkarte im Unternehmen – quasi die oberste Ebene. Mit der Verzahnung oder Integration verändern sich Prozesse, die es anzupassen gilt. Die wesentlichen von Controlling und Risikomanagement gesteuerten Prozesse auf oberster Ebene lassen sich in eine gemeinsame Controlling- und Risikomanagement-Prozesslandkarte einordnen:

Controlling- und Risikomanagement-Hauptprozesse

In Abhängigkeit vom Prozessmodell lassen sich Haupt- und Nebenprozesse unterscheiden. In eng zahnten oder zusammengeführten Bereichen Controlling und Risikomanagement lassen sich die Hauptprozesse – eine Ebene unter der Prozesslandkarte – in Abb. 6 ableiten.

Abb. 6: Controlling und Risikomanagement-Hauptprozesse

Prozess Planung und Reporting

Auf Basis dieser Hauptprozesse werden die Teilprozesse erarbeitet. Wesentliche – auch für das Unternehmen wertreibende – Prozesse sind die Planung und Budgetierung sowie das Reporting. Daraus können schnell zum einen Synergien und zum anderen Mehrwerte für die Geschäftsführung abgeleitet werden. Die Vorteile dieser beiden hier ausgewählten Prozesse insbesondere für Entscheidungsträger liegen in:

- breitere Informationsgrundlage, z.B. bei Investitionsrechnungen,
- Berücksichtigung von Szenarien, in denen unterschiedliche Cases dargestellt werden,
- Informationen kommen quasi aus einer Hand,

- besser abgestimmten Informationen,
- nur noch ein integrativer Report,
- Hebung von Ressourcen durch kapazitätenschonende, verzahnte bzw. integrierte Prozesse.

Eine beispielhafte Darstellung der „harmonisierten" Prozesse Planung und Budgetierung sowie Management Reporting ist in den Abb. 7 und 8 zu finden.

Abb. 7: Teilprozess Planung und Budgetierung

Abb. 8: Teilprozess Reporting

Jede Änderung in den Prozessen birgt jedoch auch immer die typischen Risiken, wenn Prozesse nicht, unvollständig oder falsch beschrieben oder gelebt werden. Um diese Risiken möglichst gering zu halten, sind die folgenden Punkte bei der Anpassung zu berücksichtigen:

- Dokumentation der Prozesse inkl. aller Schnittstellen und möglichen Eskalationsverfahren und -wege,
- Pilotierung der geänderten Controlling- und Risikomanagementprozesse,
- Überprüfung und Nachjustierung,
- Roll-Out der verzahnten Prozesse,
- Prozess-Review und ggf. Anpassung nach einem übersichtlichen Zeitraum.

Die beschriebene Controlling- und Risikomanagement-Organisation ermöglicht es, dass Chancen und Risiken in enger Abstimmung mit den Bereichen identifiziert werden und z.B. für den Planungs- und Budgetprozess relevante Themen unmittelbar berücksichtigt werden können (z.B. bei der Berechnung von Erwartungswerten).

4 Mitarbeiter und Personal

Die Betrachtung des Teilbereichs „Mitarbeiter und Personal" an sich ist aus dem Blickwinkel von 2 Aspekten von entscheidender Bedeutung, bzgl.

- innerhalb von Controlling und Risikomanagement: Harmonisierung bzw. Zusammenlegung der Bereiche Controlling und Risikomanagement;
- im Gesamtunternehmen bei ganzheitlicher Betrachtung: Entwicklung einer Chancen- und Risikokultur im Gesamtunternehmen.

4.1 Harmonisierung bzw. Zusammenlegung der Bereiche Controlling und Risikomanagement

Ziel der Harmonisierung ist es, die Prozesse beider Bereiche aufeinander abzustimmen oder zwei Bereiche zu einem integrierten Controlling-Risikomanagement-Bereich zusammenzuführen bzw. zu fusionieren. Die personelle Verzahnung bzw. Integration erfolgt – primär organisatorisch getrieben – durch:

- eine disziplinarische und fachliche Zuordnung beider Bereiche zum selben Geschäftsführungsmitglied,
- gemeinsame Ausbildungsinhalte von Risikomanagern und Controllern und

- eine systematische Jobrotation und somit
- Herstellung eines einheitlichen Verständnisses zu den Verantwortlich-keiten und Prozessen beider Bereiche sowie der Vernetzung im Gesamtunternehmen.

Bei der Abstimmung und noch mehr bei der Zusammenlegung von Bereichen geht es aus Mitarbeitersicht darüber hinaus auch immer um eine bestimmte Position und die damit verbundene Frage, wer diese einnimmt. Im möglichen End-Ziel kann gelten: Jeder Controller ist auch gleichzeitig Risikomanager und vice versa. Bei einem in dem entspre-chenden Bereich arbeitenden Mitarbeiter ist das häufig von Angst um die eigene Position geprägt.

Zusätzlich zu den oben aufgeführten Hard Facts der personellen Ver-zahnung oder Integration ist es sehr empfehlenswert, die gängigen Modelle des Change Managements anzuwenden, um dem Risiko vorzubeugen, dass qualifizierte Mitarbeiter oder Führungskräfte das Unternehmen verlassen. Ziel zur Prävention sollte immer sein, die „Betroffenen zu Beteiligten" zu machen und an der Umgestaltung der Bereiche mitwirken zu lassen, denn nur so ist es möglich Change-Prozesse auch nachhaltig umzusetzen.

4.2 Entwicklung einer Chancen- und Risikokultur im Unternehmen

Durch die Harmonisierung von Controlling und Risikomanagement wer-den im Unternehmen an mehreren Stellen Chancen und vor allem auch Risiken betrachtet. Im alltäglichen Sprachgebrauch wird der Ausdruck Risiko mit ungünstigen Umständen verbunden, die evtl. zu einem negati-ven Ereignis führen können. Der Begriff wird oft i.S.v. „Gefahr" verwendet und mit etwas „Negativem" assoziiert. Ebenso werden die für das Risiko-management typischen Begriffe Schaden und Verlust negativ interpretiert. Dem zugrunde liegt ein eher subjektives Gefühl über die Unsicherheit der Zukunft, die ein Mensch bzw. Mitarbeiter wahrnimmt. Ziel im Unterneh-men sollten jedoch eher die positiven Aspekte des Risikomanagements sein, z.B. Risiken auch als Chance einer ständigen Verbesserung und sogar der langfristigen Existenzsicherung. Entscheidend ist also, wie Controlling und Risikomanagement gelebt wird, was sich in der Unternehmenskultur und nachgelagert in der Chancen- und Risikokultur darstellt.

Positive Sicht tut not

Die Chancen- und Risikokultur legt die Verhaltensregeln fest, welche den Umgang mit Chancen und Risiken in einem Unternehmen bestimmen. Dazu gehört auch die Art und Weise wie diese identifiziert, bewertet, kommuniziert und gesteuert werden. In vielen Unternehmen gibt es zahlreiche, nicht offensichtliche Risiken, die auf den ersten Blick nicht erkennbar sind. Häufig sind das die eigentlich gefährlichen Risiken, da sie nicht (aus-)gesteuert werden und, wenn sie schlagend werden, einen hohen Schaden verursachen können. An dieser Stelle ist es wichtig unter den berühmten ‚Eisberg' zu gelangen und genau diese Risiko-Themen zu heben und transparent zu machen, die sehr gern im Verborgenen bleiben. Das macht ein Mitarbeiter meist nur in einem Umfeld mit entsprechend positiver Kultur – der Unternehmens- und somit auch der Chancen- und Risikokultur – die widerspiegelt, wie mit Chancen und Risiken umgegangen wird. Eine angemessene Chancen- und Risikokultur wird durch die Aspekte in Abb. 9 bestimmt.

Abb. 9: Risikokultur-Aufbau

Leitungskultur Die Leitungsorgane haben eine Vorbildfunktion und leben das definierte Wertesystem gerade in Bezug auf Chancen und Risiken i.S.v. „lead and influence" vor. Die Leitungskultur („Tone from the Top"/„Leadership") bestimmt sich darüber hinaus über

- einen vom Management festgelegten Verhaltenskodex, welcher das Verhalten in Bezug auf Chancen und Risiken festlegt,
- eine offene und kollegiale Führungskultur und
- einen durch die Leitungsorgane definierten und überwachten Risikoappetit.

Organisationsstrukturen bestehen aus den Teilen, die organisiert werden, d.h. der Aufbauorganisation und der Ablauforganisation, den Abläufen, wie diese Teile miteinander funktionieren. Weiterhin sind die folgenden Aspekte zu berücksichtigen:

Organisationsstruktur

- klare Definition, Kommunikation sowie Verständnis von Rollen und Verantwortlichkeiten,
- Aktivitäten jedes Mitarbeiters müssen im Einklang mit dem Wertesystem, dem Risikoappetit, den Chancen- und Risiken – auch bereichsbezogen – und den Risikolimits des Unternehmens stehen und
- Beachtung von Chancen und Risiken im Rahmen von Entscheidungsprozessen führen zu ausgewogenen Entscheidungen. Mechanismen definieren die Verhaltensweisen, die zur gewünschten Chancen- und Risikokultur führen sollen.

Die Dokumentationen in Form von Handbüchern, Arbeitsanweisungen und Prozessen für Controlling & Risikomanagement legen die Grundlage für eine einheitliche Herangehensweise im Umgang mit Chancen und Risiken („Risk Frameworks incl. Risk Appetite"). Ebenfalls wird sichergestellt, dass den Mitarbeitern die relevanten Implikationen aus dem Rahmenwerk (z.B. Meldung von Risiken oder Schäden) transparent gemacht werden.

Rahmen für Chancen- und Risikomanagement

Auf Basis definierter Kommunikationswege und -formen wird gewährleistet, dass zwischen der Geschäftsleitung, dem Aufsichtsorgan und gegenüber den Mitarbeitern sowie allen weiteren Stakeholdern ein transparenter und offener Dialog stattfindet („Effective Communication and Challenge"). Dieses einheitliche Verständnis wird turnusmäßig verifiziert. Mit dem Ziel, beim Mitarbeiter eine Bewusstseinsänderung zu bewirken, sind folgende Module anwendbar:

Kommunikation

- Regelmäßige/turnusmäßige Trainings oder Web-based Trainings,
- Change Management und
- Coachings.

Eine materielle und/oder immaterielle Anreizstruktur dient dazu, die Mitarbeiter zu motivieren, sich dem Wertesystem und dem Verhaltenskodex im Unternehmen entsprechend zu verhalten, d.h. also die entsprechenden Ziele unter Berücksichtigung der Chancen und Risiken zu erfüllen und somit sowohl die in Controlling als auch Risikomanage-

Incentives und Personalauswahl

ment erhobenen Kennzahlen zu erfüllen. Ziel des Bereichs HR (zukünftig) ist, nur Mitarbeiter einzustellen, die sowohl zur Unternehmens- als auch zur spezifischen Risikokultur des Unternehmens und des Bereichs passen und sich somit leicht tun, die Ertrags- als auch Risikoziele zu erreichen. So erfordern z.B. innerhalb eines Unternehmens die Bereiche Revision und Vertrieb völlig unterschiedliche Veranlagungsweisen eines zukünftigen Mitarbeiters: ein sehr formell veranlagter und zugleich risikoscheuer Mitarbeiter ist im Vertrieb nicht gut positioniert und umgekehrt. Daher wird bereits mit der Stellenbeschreibung, der Personalauswahl der entscheidende Baustein gelegt, die Stellen mit Mitarbeitern nach der geforderten Ertrags- und auch Risikoveranlagung zu besetzen, wofür HR einen wesentlichen Beitrag leistet kann – in Zusammenarbeit mit Controlling und Risikomanagement und der entsprechenden Führungskraft.

In unbequemen Fällen ist es auch erforderlich, sich von Mitarbeitern zu trennen, die die vereinbarten (Ertrags-)Ziele nicht erfüllen (ist heute schon üblich) oder die Risikokultur nicht bereit sind zu leben bzw. aufgrund der Risikoveranlagung nicht nachhaltig leben können.

Verantwortung der Funktionsträger und Mitarbeiter

Innerhalb des Unternehmens sind die Positionen individuell zu bestimmen, die mit Chancen und Risiken besonders in Kontakt stehen. In Tab. 1 sind nur einige Funktionen für ein mittelständisches Unternehmen beispielhaft erwähnt.

Funktion im Unternehmen	Aufgaben
Vorstand bzw. Vorstandsassistenz	• Verabschiedung einer Chancen- und Risikostrategie • Dokumentation des Controlling- und Risikomanagement-Rahmenwerks • Dokumentiertes Verfahren zur Stärkung des Risikobewusstseins • Kommunikation des festgelegten Risikoappetits • Mitarbeiterveranstaltungen mit/durch den Vorstand • Dokumentierter Prozess zur Verlinkung der Geschäfts- und Risikostrategie und dem Risikoappetit • Verhaltenskodex

Funktion im Unternehmen	Aufgaben
Controlling und Risikomanagement, inkl. Chief Risk Officer	• Management-Beratung insbesondere für zu treffende (Investitions-) Entscheidungen • Zentraler Ansprechpartner für Chancen und Risiken sowie alle weiteren o.g. Prozesse im Unternehmen • Umsetzung des Controlling- und Risikomanagementkreislaufs • Berichterstattung bzgl. aller wesentlichen Ertrags- und Risiko-Kennzahlen • Inhalt, Frequenz und Adressaten der Controlling- und Risikoberichte • Einbezug von Controlling und Risikomanagements bei weitreichenden und risikorelevanten Entscheidungen • Dokumentiertes Risikoappetit-Rahmenwerk
Compliance, Chief Compliance Officer	• Dokumentiertes Compliance-Rahmenwerk • Dokumentiertes Whistleblowing-Verfahren • „Three lines of defence"-Modell bzw. Umsetzung • Verfahren/Kommunikationsweg an wen mögliche Bedenken kommuniziert werden sollten • Konkretisierung der Sanktionen im Verhaltenskodex (z.B. bei Verstößen gegen die internen Richtlinien und die festgelegten Risikoziele)
Entscheidungsgremium/-committee	• Bestehend aus den Entscheidungsträgern des Unternehmens • turnusmäßige (ggf. auch online) Sitzung • Thematisierung der durch Controlling und Risikomanagement erstellten Reportings, der wesentlichen Erkenntnisse sowie Fragestellungen daraus • Entscheidung über die zu beschließenden Maßnahmen unter Chancen- und Risikogesichtspunkten

Funktion im Unternehmen	Aufgaben
HR	• Überleitung bzw. Synchronisation Chancen- und Risikokultur mit Vergütungsstrukturen/-bestandteilen • Verantwortung für die Anforderungsprofile und Stellenbeschreibungen nach den Rahmenbedingungen der Chancen- und Risikokultur (in Zusammenarbeit mit den zuständigen Führungskräften) • Dokumentierter Entwicklungsprozess der Mitarbeiter z.B. im Rahmen der Personal(-risiko-)strategie • Schulungsmaßnahmen (mit Risk-Governance-Bezug) für leitende Mitarbeiter • Dokumentierte Nachfolgeplanung für Schlüsselpersonen • (Neu-)Besetzung der Stellen nach den Rahmenbedingungen der Chancen- und Risikokultur
Alle Führungskräfte	• Verantwortung für die Chancen und Risiken im eigenen Verantwortungsbereich • Zusammenarbeit mit HR z.B. bei der Ausgestaltung der Stellenbeschreibungen, gerade auch bezüglich Chancen- und Risiken • Personalbesetzung in Abhängigkeit der Präferenz bzw. Veranlagung der Mitarbeiter und des geforderten Chancen- und Risikobewusstseins der Stelle • (Vor-)Leben der Chancen- und Risikokultur • Umsetzung des Controlling- und Risikomanagementkreislaufs im eigenen Fachbereich • Meldung von Chancen- und Risiken ggf. über den dezentralen Controlling- und Risk-Manager an das zentrale Controlling und Risikomanagement • Aktive Steuerung der Chancen und Risiken im eigenen Verantwortungsbereich • Weiterentwicklung der Prozesse und Regelwerke des Controlling und Risikomanagements • Ggf. Bestimmung eines DC&RM innerhalb des eigenen Verantwortungsbereichs

Funktion im Unternehmen	Aufgaben
DC&RM	• der (de-)zentrale Ansprechpartner innerhalb des Fachbereichs zum Thema Controlling und Risikomanagement • der dezentrale Ansprechpartner des zentralen Controlling- und Risikomanagements in der dezentralen Einheit/Fachbereich • DC&RM erhebt und berichtet an das zentrale Controlling die Plan- und Ist-Zahlen und an das zentrale Risikomanagement die Risiken im Verantwortungsbereich inkl. aller damit verbundenen Informationen, wie z.B. Bewertung der Chancen und Risiken, Beschreibung, Ableitung von evtl. Folgerisiken, Vorschlag zur Generierung von Steuerungsmaßnahmen mit dem Ziel, Risiken zu reduzieren oder, dass diese ganz eliminiert bzw. ausgesteuert werden (alternativ an das zentrale Controlling- und Risikomanagement) • DC&RM erhebt und berichtet an das zentrale Risikomanagement die Risiken und Schäden aus dem Verantwortungsbereich inkl. aller dazugehörigen Informationen (alternativ an das zentrale Controlling und Risikomanagement) • DC&RM stimmt alle dezentralen Risikotätigkeiten inkl. Optimierungspotenziale sowohl mit dem verantwortlichen Bereichsleiter und als auch mit dem zentralen Risikomanagement ab
Alle Mitarbeiter	• aktive, eigene Identifikation, ggf. Bewertung und Meldung von Chancen und Risiken im eigenen Verantwortungsbereich und in erkennbaren anderen Bereichen • ggf. auch Direktmeldung bzw. –gespräch mit dem zentralen Controlling und Risikomanagement

Tab. 1: Aufgaben und Verantwortlichkeiten

Die Aufgaben von Controlling und Risikomanagement im Gesamtunternehmen sind auf Basis der unternehmensindividuellen Aufbau- und Ablauforganisation entsprechend abzuleiten.

5 Ausblick: Herausforderungen der Digitalisierung gemeinsam als Chance nutzen

Das klassische Controlling analysiert die Lage des Unternehmens häufig anhand der Vergangenheit. Die typische Fragestellung lautet: „Was ist passiert?". Im Gegensatz dazu beurteilt der Risikomanager die Risikosituation vorausschauend. Er stellt sich die Frage: „Was kann passieren?".

Von der Vergangenheits- in die Zukunftsorientierung

271

Aktuell fehlt in der Praxis noch die Verbindung dieser zwei Perspektiven. Wichtige Bausteine, diese Verbindung mit Leben zu erfüllen sind die Strukturen, d.h. die Aufbau- und Ablauforganisation, und die Mitarbeiter. Ein wesentlicher Einflussfaktor ist heute die Next Generation – auch Generation Y oder Z –, die ganz andere Anforderungen an ein Unternehmen und deren Führungskräfte stellt. Eine offene und transparente Führungs- und somit auch Chancen- und Risikokultur kommt dem sehr stark entgegen.

Mehrwert-stiftender Managementberater als Ziel

Die Controllingfunktion war früher als Managementberater in den Unternehmen weit verbreitet. Durch die Weiterentwicklungen – u.a. die SAP-basierte Steuerung – sind hier immer mehr Routinetätigkeiten angefallen und viele Prozesse wurden stark standardisiert. In vielen Unternehmen ist zu beobachten, dass die Strategieabteilungen zum Teil frühere Controllingtätigkeiten – häufig die mit Managementberatungscharakter – in den Unternehmen übernommen haben. Jetzt gilt es mit der Verzahnung der Bereiche Controlling und Risikomanagement für die Geschäftsführung erhebliche Mehrwerte zu generieren und die wertvollen Informationen der Bereiche Controlling und Risikomanagement aus erster Hand für die Entscheidungsfindung zu nutzen.

Chance Digitalisierung

Darüber hinaus ist ein wesentlicher Einflussfaktor die Digitalisierung. Auch hier steht ein Quantensprung bevor. Es bietet sich nun die Chance, große Datenmengen z.B. mittels Predictive Analytics weiterzuverarbeiten. Die Rolle von sowohl Controllern als auch Risikomanagern kann sich dadurch von vergangenheitsorientierten Analysten hin zu Katalysatoren für zukünftigen Erfolg enorm weiterentwickeln und deren Welten (Planung, Chancen und Risiken) durch Prognosen in Bandbreiten optimal verbinden. Die fortan gestellte Frage sollte dann lauten: „Was wird passieren?", wobei eben Bandbreitenprognosen statt „Punktprognosen" nötig sind.

Stellen Sie sich daher schon heute auf eine chancen- wie risikobehaftete Zukunft ein und steuern Sie diese AKTIV durch verzahnte Prozesse im Controlling und Risikomanagement von der Planung über das Reporting bis zur Entscheidungsfindung mit dem Ziel der langfristigen Existenzsicherung.

Detaillierte und weitergehende Ausführungen dazu werden in dem in 2018 erscheinenden Buch „Harmonisierung von Controlling und Risikomanagement" dargestellt.

Business-Analytics-Ansätze zur Unterstützung des Controllings bei der Risikoidentifikation

- Die Identifikation von Risiken mit direktem Bezug zu den Unternehmenszielen gehört zu den Aufgaben eines Controllers.

- Als Instrumente für eine systematische Risikoidentifikation stehen dem Controller u.a. der Rolling Forecast, Früherkennungssysteme und die Analyse von Planannahmen zur Verfügung.

- Business-Analytics-Ansätze können den Controller bei der Risikoidentifikation unterstützen, z.B. durch eine Integration von externen unstrukturierten Daten und verbesserten Prognoseverfahren zum Forecast betrieblicher Zielgrößen oder die Identifikation von Früherkennungsindikatoren durch den Einsatz von Verfahren der Mustererkennung.

- Erfolgsfaktoren für den Einsatz von Business Analytics zur Risikoidentifikation sind u.a. der Aufbau einer entsprechenden Methodenkompetenz im Controlling und bei den Entscheidern, die Sicherstellung einer hinreichenden Datenqualität, die Auswahl einer geeigneten IT-Plattform und die Integration der zusätzlich gewonnenen Informationen in die Unternehmenssteuerung.

■ **Die Autorin**

Prof. Dr. Ute Vanini, Professorin für Controlling und Risikomanagement an der Fachhochschule Kiel und Sprecherin des Arbeitskreises Controlling an Fachhochschulen und Hochschulen für angewandte Wissenschaften.

1 Risikoidentifikation als Controllingaufgabe

Die Risikoidentifikation bildet die Grundlage des operativen Risiko-management (RM)-Prozesses und bestimmt dessen Effektivität und Effizienz. Das Ziel ist die aktuelle, systematische, vollständige und wirtschaftliche Erfassung aller Gefahrenquellen, Schadensursachen, Störpotenziale und Chancen eines Unternehmens sowie deren Abhängigkeiten und wechselseitigen Beziehungen. Im Gegensatz zur jährlichen Risikoinventur ist die Risikoidentifikation eine permanente Aufgabe. Voraussetzung für eine erfolgreiche Risikoidentifikation ist die Existenz eines Risikokatalogs, der die Risikofelder und Risikoka-tegorien eines Unternehmens systematisch abbildet. Aufgrund der Risikovielfalt sollen vor allem Einzelrisiken dezentral in den Unter-nehmensbereichen identifiziert werden, die über die notwendigen Fachkenntnisse in Bezug auf das spezifische Risiko verfügen. So sollen bspw. Marktrisiken durch den Vertrieb oder Compliance-Risiken durch die Rechtsabteilung identifiziert werden.[1]

Erfolgsfaktor Risikoidenti-fikation

Das Erreichen der geplanten Unternehmensziele kann durch schlagend werdende Risiken oder nicht wahrgenommene Chancen gefährdet werden. Daher ist es die Aufgabe des Controllings, insbesondere Risiken mit direktem Bezug zu den geplanten Unternehmenszielen zu identifi-zieren und zu bewerten und das Management mit entsprechenden Informationen zu versorgen. Ausgangspunkte sind dabei i. d. R. die Planbilanz, die Plan-Erfolgsrechnung sowie die geplanten Key Perfor-mance Indicators (KPIs) eines Unternehmens, die auf mögliche Gefähr-dungen und Soll-Ist-Abweichungen untersucht werden.[2]

Risikoidenti-fikation als Control-lingaufgabe

Im Zeitalter von immer umfangreicheren strukturierten und unstruktu-rierten Datenbeständen (Big Data) gewinnt eine zielgerichtete Aufberei-tung und effiziente Nutzung dieser Daten für Unternehmen insgesamt und für das Controlling in seinen Funktionen als Informationsdienst-leister und Rationalitätssicherer zunehmend an Bedeutung. Diese fundamental anderen Datenbestände erfordern neue Analyse- und Prognoseverfahren sowie IT-Lösungen zu deren Verwaltung, Nutzung und Aufbereitung, die unter dem Begriff Business Analytics zusammen-gefasst werden.[3] Derzeit werden zahlreiche Anwendungsfelder für das Controlling diskutiert.[4] Unklar ist bislang, inwieweit Business-Analytics-Ansätze den Controller bei der Risikoidentifikation unterstützen kön-nen. Daher wird im folgenden Abschnitt ein kurzer Überblick über

Business Analytics und Controlling

---

[1] Vgl. Vanini, 2012, S. 125 f.
[2] Für eine umfassende Darstellung vgl. Vanini, 2012, S. 127 ff.
[3] Vgl. Mehanna/Tatzel/Vogel, 2016, S. 502.
[4] Für einen Überblick vgl. Mehanna/Tatzel/Vogel, 2016; oder Chamoni/Gluchowski, 2017.

Business-Analytics-Ansätze gegeben, bevor im dritten Abschnitt deren Bedeutung für ausgewählte Instrumente der Risikoidentifikation durch das Controlling diskutiert wird. Der Beitrag schließt mit einem knappen Einblick zur Umsetzung der Risikoidentifikation in der Unternehmenspraxis sowie der Nennung wesentlicher Erfolgsfaktoren zum Einsatz von Business Analytics im Controlling.

2 Überblick über Business-Analytics-Ansätze

Big Data als Ausgangspunkt

Durch verbesserte Speicher- und Zugangsmöglichkeiten, z.B. durch soziale Netzwerke oder Sensorik-Systeme, stehen dem Controlling immer größere Datenbestände zur Erfüllung seiner Informationsversorgungsfunktion zur Verfügung, so dass die früher oft aufwändige Datenerhebung und -aufbereitung eher in den Hintergrund tritt. In diesem Zusammenhang wird oft der Begriff Big Data genannt, der durch folgende Merkmale gekennzeichnet ist:[5]

- Es liegen sehr große Datenmengen vor (Volume).
- Die Daten sind äußerst vielfältig z.B. in Bezug auf ihre Quellen (interne oder externe Daten) oder Struktur (strukturiert, halbstrukturiert, unstrukturiert) (Variety).
- Die Daten ändern sich permanent und erfordern eine Verarbeitung in Echtzeit (Velocity).
- Aufgrund der Menge, Vielfalt und Änderungsgeschwindigkeit gewinnt die Sicherstellung der Glaubwürdigkeit der Daten an Bedeutung (Veracity).
- Die systematische Nutzung der Daten und insbesondere die Anreicherung von Unternehmensdaten mit Daten aus dem Umfeld kann dem Unternehmen Wettbewerbsvorteile eröffnen.

Begriff und Formen von Business-Analytics-Ansätzen

Die veränderten Datenbestände sowie neue IT-Technologie ermöglichen und erfordern den Einsatz neuer Auswertungs- und Analyseverfahren im Controlling. Business Analytics kann als Sammlung unterschiedlicher fakten- und datenbasierter analytischer Modelle, Methoden und Techniken zur Unternehmenssteuerung verstanden werden. Grundlage von Business Analytics ist ein interdisziplinärer Ansatz, „der analytische Fähigkeiten aus den Bereichen der Statistik und der Künstlichen Intelligenz mit technischem Know-how aus dem Software- und Data-Engineering sowie einer zielgruppengerechten Visualisierung und Kommunikation verknüpft."[6]

---

[5] Vgl. Ideenwerkstatt im Internationalen Controller Verein (ICV), 2015, S. 103 f. sowie Satzger/Holtmann/Peter, 2015, S. 229 f.
[6] Mehanna/Tatzel/Vogel, 2016, S. 502.

Es werden verschiedene Evolutionsstufen von Business-Analytics-Ansätzen unterschieden:[7]

- Descriptive- und Diagnostic-Analytics-Ansätze beschreiben die Vergangenheitsentwicklung relevanter Zielgrößen und identifizieren mögliche Ursachen für diese Entwicklungen. Zu den Diagnostic-Analytics-Ansätze zählen klassische OLAP-Anwendungen sowie Assoziations- und Korrelationsanalysen. Sie können z.B. zur Weiterentwicklung von Früherkennungssystemen bei der Risikoidentifikation eingesetzt werden.

- Durch Real-time-Analytics-Ansätze werden aktuelle Entwicklungen der relevanten Zielgrößen in Echtzeit beobachtet, ausgewertet und überwacht. Dafür ist ein kontinuierliches Streaming der Datenströme notwendig. Auch hier können Bezüge zu Früherkennungssystemen hergestellt werden. Zudem können Forecasts und Planung in Echtzeit aktualisiert und damit Reaktionszeiten verkürzt werden.

- Predictive-Analytics-Ansätze versuchen, die Entwicklung relevanter Zielgrößen auf der Grundlage von statistischen Modellen, Kausalmodellen und komplexer Algorithmen vorherzusagen, z.B. in Form von Absatzprognosen. Dadurch können Risiken und Chancen z.B. durch einen Rolling Forecast schneller erkannt werden.

- Durch Prescriptive-Analytics-Ansätze sollen auf der Grundlage der vorangegangenen Ansätze Handlungsoptionen zur Optimierung der Zielgrößen entwickelt und ggf. automatisiert ausgeführt werden. Beispiele hierfür sind die Optimierung des Warenbestands im Einzelhandel durch eine automatisierte Disposition oder die Einleitung von Wartungsaufträgen im Predictive Maintenance z.B. bei Windkraftanlagen.[8]

- Einige Autoren nennen Visual Analytics als weiteren eigenständigen Ansatz. Visual-Analytics-Ansätze ermöglichen es, Datenmengen grafisch z.B. durch Filtering, Drilling, Calculating, Sorting und Ranking und damit eher explorativ zu analysieren. Visual Analytics kann somit die algorithmische Datenanalyse sinnvoll ergänzen.[9]

Die 4 letztgenannten Ansätze werden auch als Advanced Analytics bezeichnet. Mit zunehmender Evolutionsstufe steigen die Komplexität und der wirtschaftliche Nutzen der Ansätze.

Business-Analytics-Ansätze verwenden fortgeschrittene Methoden und Techniken aus der Mathematik und Statistik, deren effiziente Nutzung durch innovative IT-Technologien möglich wird. Abb. 1 gibt einen Überblick über ausgewählte Analysekategorien und Algorithmen.

Business-Analytics-Methoden und -Algorithmen

---

[7] Vgl. Lanquillon/Mallow, 2015, S. 55ff., Chamoni/Gluchowski, 2017, S. 9ff.
[8] Vgl. Mehanna/Tatzel/Vogel, 2016, S. 505.
[9] Vgl. Seufert/Treitz, 2017, S. 14f.

Analysekategorie	Beschreibung	Algorithmen (Beispiele)	Einsatzbeispiele
Classification	Vorhersage, ob bestimmte Datenpunkte zu einer vorher definierten Klasse gehören. Die Vorhersage resultiert aus dem Lernen auf Basis bekannter Daten.	Decision Trees, Neural Networks, Bayesian Models, Induction Rules, K-Nearest Neighbors	Zuordnung von Kunden zu einer vorher definierten Klasse, z. B. Kreditwürdigkeit
Regression	Zusammenhang zwischen Daten, Vorhersage numerischer Zielvariablen. Die Vorhersage resultiert aus dem Lernen auf Basis bekannter Daten.	Linear Regression, Non-linear Regression, Logistic Regression	Ursache-/Wirkungsanalysen, Vorhersagen von Umsätzen, Wahrscheinlichkeiten
Anomaly Detection	Vorhersage, ob bestimmte Datenpunkte als Ausreißer im Vergleich zu anderen Datenpunkten innerhalb einer Datengrundlage gesehen werden.	Distance-based, Density-based, local outlier Factor (LOF)	Betrugserkennung in der Kreditkartennutzung
Time Series	Vorhersagen der Zielvariablen für künftige Perioden basierend auf historischen Werten.	Exponential Smoothing, Autoregressive Integrated Moving Average (ARIMA) Regression	Absatz-, Produktions- und Umsatzprognosen
Clustering	Identifikation von Mustern in Datenbeständen.	K-Means, Density-based clustering	Erkennen von Kundensegmenten auf Basis der Ähnlichkeiten von Kundendaten
Association Analysis	Identifikation von Zusammenhängen in Datenbeständen auf der Basis von Transaktionsdaten.	Frequent Pattern Growth Algorithm, Apriori Algorithm	Erkennen von Cross-Selling-Potenzialen, Clickstream-Analysen

Abb. 1: Ausgewählte Analysekategorien und Algorithmen[10]

---

[10] In Anlehnung an Seufert/Oehler, 2016, zitiert nach Seufert/Treitz, 2017, S. 14.

Folgende Business-Analytics-Methoden werden derzeit in der Unternehmenspraxis eingesetzt:[11] Regressionsmodelle, Entscheidungsbäume, Clusteranalysen und Zeitreihenmodelle. Künstliche neuronale Netzwerke (KNN) oder Assoziationsanalysen sind bislang eher unwichtig.

3 Business Analytics zur Unterstützung des Controllers bei der Risikoidentifikation

Im Folgenden werden Instrumente des Controllers zur Risikoidentifikation beschrieben und gezeigt, inwieweit Business-Analytics-Ansätze deren Nutzung unterstützen.[12]

3.1 Prognosen und Forecasts zur Identifikation operativer GuV–Risiken

Der Controller erstellt regelmäßig Forecasts für die wichtigsten betrieblichen Zielgrößen zu bestimmten zukünftigen Zeitpunkten. Insbesondere durch Rolling Forecasts mit einen 12- bzw. 18-monatigen Zeithorizont soll die Prognosefähigkeit der operativen Planung und Budgetierung verbessert oder diese im Extremfall ganz abgelöst werden. Die Konzentration auf zentrale Zielgrößen, die empfindlich auf Änderungen der Planungsprämissen reagieren und eine hohe Strategierelevanz aufweisen, ist dabei ein wesentlicher Erfolgsfaktor.[13] Grundlage von Forecasts sind Prognoseverfahren, die in drei Gruppen unterteilt werden können:[14]

Forecasting als traditionelle Controlleraufgabe

- Statistische Modelle basieren i.d.R. auf der Annahme, dass zukünftige Entwicklungen eine Fortschreibung der Gegenwart darstellen, und extrapolieren daher die Prognose aus Vergangenheitswerten der zu prognostizierenden Zielgröße.

- Mathematische Modelle basieren auf verschiedenen Einflussfaktoren auf die Entwicklung der zu prognostizierenden Zielgröße und modellieren die Beziehungen zwischen den Einflussgrößen und deren Wirkung auf die Zielgröße.

- Qualitative Modelle basieren auf subjektiven Einschätzungen von Entscheidern zur Entwicklung der Zielgrößen.

---

[11] Vgl. Chamoni/Gluchowski, 2017, S. 11 ff.

[12] Für eine Diskussion möglicher Controllinginstrumente zur Risikoidentifikation vgl. Vanini, „Instrumente für eine systematische Identifikation von Risiken", im vorliegenden Band.

[13] Vgl. Hope/Player, 2012, S. 306 ff., Weber/Schäffer, 2016, S. 337 f.

[14] Vgl. Hope/Player, 2012, S. 314.

Nutzung des
Forecasting
zur Risiko-
identifikation

Negative Abweichungen zwischen geplanten und prognostizierten Werten der Zielgröße stellen Risiken, positive Abweichungen Chancen für das Unternehmen dar. Forecasts können so zu Frühwarnsystemen weiterentwickelt werden. Durch Soll-Ist-Abweichungsanalysen von liquiditäts- und ertragsorientierten Kennzahlen werden kurzfristig finanzielle Chancen und Risiken identifiziert. Durch eine Über- bzw. Unterschreitung zuvor festgelegter Toleranz- oder Schwellenwerte werden Warnmeldungen ausgelöst.[15]

Weiter-
entwicklung
des Forecasts

Insbesondere Predictive-Analytics-Ansätze, z.B. Data Mining oder maschinelles Lernen, können zur Verbesserung von Prognosen im Controlling eingesetzt werden. In diesem Zusammenhang wird auch von Digital Forecasts gesprochen. Im Rahmen eines Digital Forecasts werden bspw. Absatzprognosen durch die Integration von zusätzlichen unstrukturierten Nutzerdaten z.B. aus den Social Media sowie von subjektiven Prognoseelementen in die vorhandene, überwiegend auf internen historischen Daten bestehende Datenbasis verbessert, da so auch eine Prognose von Strukturbrüchen grundsätzlich möglich wird. Die Digital Forecasts werden dann über Werttreibermodelle mit den finanziellen Zielgrößen wie dem Umsatz oder dem Gewinn verknüpft und zu einem finanziellen Forecast aggregiert.[16] Abb. 2 ist ein Beispiel für einen durch Predictive-Analytics-Methoden unterstützter Forecast zu entnehmen.

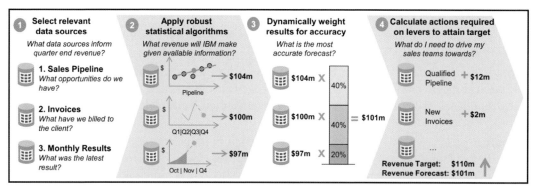

Abb. 2: Vereinfachter, schematischer Überblick über den Forecast bei IBM[17]

Der Forecast bei IBM basiert auf verschiedenen internen und externen Datenquellen, für die mittels verschiedener statistischer Verfahren eine Prognose erstellt und deren Auswirkungen auf den prognostizierten Umsatz vorhergesagt wird. Die Prognoseergebnisse werden hinsichtlich

[15] Vgl. Baum/Coenenberg/Günther, 2013, S. 372ff.
[16] Vgl. Mehanna/Tatzel/Vogel, 2016, S. 503f.
[17] Satzger/Holtmann/Peter, 2015, S. 232.

ihrer Qualität bewertet und gehen gewichtet in den finalen Forecast ein. Die Differenz zwischen dem geplanten Umsatzziel (Revenue Target) und dem vorhergesagten Umsatz (Revenue Forecast) stellt somit das Risiko für das Unternehmen da. Zudem können so für die einzelnen Parameter, wie z. B. den Umfang der gestellten Rechnungen, konkrete Maßnahmen abgeleitet werden, um den Zielwert dann doch noch zu erreichen.

3.2 Früherkennungssysteme für eine kennzahlenbasierte Risikoidentifikation

Früherkennungssysteme sind Informationssysteme, die anhand von Indikatoren, Kennzahlen oder qualitativen Informationen über die Unternehmens- und Umweltentwicklung Risiken frühzeitig identifizieren sollen. Es gibt unterschiedliche Arten von Früherkennungssystemen: Frühwarnsysteme befassen sich mit der frühzeitigen Identifikation von Risiken i. e. S., durch Früherkennungssysteme i. e. S. sollen auch Chancen identifiziert werden und im Rahmen von Frühaufklärungssystemen werden außerdem Maßnahmen zur Chancennutzung bzw. Risikobewältigung abgeleitet.[18] Die Früherkennung ist somit sowohl Oberbegriff für alle drei Ansätze (Früherkennungssystem i. w. S.) als auch Bezeichnung für einen speziellen Systemtyp (Früherkennungssystem i. e. S.).[19]

Nutzung von Früherkennungssystemen zur Risikoidentifikation

Zur Weiterentwicklung von Früherkennungssystemen können insbesondere Diagnostic-Analytics-Ansätze eingesetzt werden. Bspw. können durch Verfahren zur Datenmusterkennung wie z. B. dem Data oder Text Mining Früherkennungsindikatoren oder schwache Signale identifiziert werden. Beispielhaft wird der Einsatz von Text Mining im Folgenden näher erläutert.

Weiterentwicklung der Früherkennung durch BA

Text Mining wird als analytische Erschließung von Texten und damit von unstrukturierten Daten verstanden. Durch Text Mining lassen sich mit Hilfe geeigneter Algorithmen aus großen Textmengen signifikante Themen und Begrifflichkeiten identifizieren.[20] So können z. B. Stimmungsbilder aus sozialen Netzwerken und Pressemeldungen abgeleitet und daraus strukturierte Daten in Form von Kennzahlen z. B. Reputationsindices gebildet werden, die dann mit Wettbewerbsprodukten verglichen werden können. Anhand von Korrelationsanalysen lässt sich zudem der Zusammenhang der o. g. Kennzahl mit dem Verkaufspreis und der Absatzmenge anhand von Vergangenheitsdaten untersuchen.

Text Mining

---

[18] Vgl. hier und im Folgenden Hahn/Krystek, in Dörner/Horvàth/Kagermann (Hrsg.), 2000, S. 76.

[19] S. Beitrag von Vanini, „Instrumente für eine systematische Identifikation von Risiken", in diesem Band.

[20] Vgl. Grothe, 2016, S. 169.

Wird ein entsprechender Zusammenhang festgestellt, könnten Reputationsindices als Früherkennungsindikatoren eingesetzt werden.[21]

Strategisches Radar... Zur Identifikation neuer und zum Monitoring bekannter schwacher Signale kann zudem ein strategisches Radar aufgebaut werden, das durch die Integration externer Daten, z.B. der Auswertung der Kundenwahrnehmung der eigenen Marke sowie der der Wettbewerber, eine kontinuierliche Beobachtung und Analyse des Unternehmensumfelds (Wettbewerber, Kunden, Zulieferer, Märkte und Technologien) erlaubt.[22]

...anhand von Social-Media-Daten Datengrundlage für Radar-Analysen sind häufig Social Media Daten und frei verfügbare Datenquellen (open data) sowie das Auslesen von Diskussionsforen oder Webseiten (Web Scraping). Durch Crawler werden Internetseiten automatisch nach Begriffen durchsucht, die dann durch Algorithmen in ein Ranking gebracht werden. So lassen sich neue Themen erkennen, deren zeitliche Entwicklung überwachen und so schwache Signale identifizieren. Durch das Clustering im Rahmen einer Netzwerkanalyse werden anschließend Zusammenhänge zwischen den Themen identifiziert, was die Prognose der Wirkungsrichtung schwacher Signale unterstützt. Durch semantisches Mapping und den Einsatz entsprechender Technologien können ggf. Echtzeitlandkarten zu relevanten schwachen Signalen erzeugt und überwacht werden.[23] Für die Mustererkennung in Massendaten haben sich ebenfalls Ansätzen aus dem maschinellen Lernen z.B. Künstliche Neuronale Netze bewährt.

3.3 Analyse von Planannahmen zur Identifikation von operativen Risiken

Analyse von Planannahmen als Instrument der Risikoidentifikation Ein retrograder Ansatz zur ganzheitlichen Risikoidentifikation ist die Analyse der Annahmen der operativen Planung und Budgetierung. Die geplante Gewinnentwicklung eines Unternehmens ist das Ergebnis eines auf zahlreichen Annahmen beruhenden Planungs- und Budgetierungsprozesses. Allerdings sind die Planannahmen vielfach unsicher und bergen somit Risiken für das Unternehmen, da hier Abweichungen von der geplanten Gewinnentwicklung auftreten können. So hängt z.B. die zukünftige Umsatzentwicklung stark von der prognostizierten Marktentwicklung und dem Verhalten der Wettbewerber bei der Absatzpreis- und Absatzmengenfestlegung ab.

Durch systematische Variation der Planungsannahmen und detaillierte Abweichungsanalysen im Sinne einer Sensitivitätsanalyse lassen sich die

---

[21] Vgl. Willmes/Hess/Gschmack, 2015, S. 259 f.
[22] Vgl. hier und im Folgenden Mehanna/Tatzel/Vogel, 2016, S. 506 f.
[23] Vgl. Grothe, 2016, S. 169 ff.

maßgeblichen Risikofaktoren der zukünftigen Gewinnentwicklung iden-tifizieren, durch geeignete Kennzahlen messbar machen und über-wachen. Eine derartige Risikoidentifikation kann dann im Rahmen der quantitativen Risikoanalyse zur Risikobewertung genutzt werden, in dem die Abweichungen monetär bewertet und ihre Eintrittswahrscheinlich-keit geschätzt werden. Können für die zukünftigen Entwicklungen wesentlicher Planannahmen sogar Verteilungen geschätzt werden, kann die GuV-Planung z. B. mit Hilfe der Monte-Carlo-Simulation zu einer stochastischen Planung ausgebaut werden.[24]

Abb. 3 zeigt eine Übersicht über die kritischen und wesentlichen Risiken des Lufthansa-Konzerns. Insbesondere die vorwiegend externen quanti-tativen Risiken resultieren aus einer Fehleinschätzung wesentlicher Planungsannahmen. Daher kann die Einstufung ihres Bedeutungsgrads für den Erfolg von Lufthansa durch deren systematische Variation und Analyse der Auswirkungen auf die Gewinn- und Verlustrechnung ermittelt werden.

	Bedeutungsgrad	Ausprägungs-form	Trend
Quantitative Risiken			
Treibstoffpreisänderungen	kritisch	sehr hoch	→
Wechselkursänderungen	wesentlich	sehr hoch	→
Erlösrisiken	wesentlich	sehr hoch	→
Verlust des Investment Grade Ratings	kritisch	sehr hoch	↑
Verstöße gegen Compli-ance-Anforderungen	kritisch	mittel	→
Kursverluste aus Kapital-anlagen beim Pensions-vermögen	kritisch	sehr gering	→
Kreditrisiken	wesentlich	gering	→
Qualitative Risiken			
Cyber-Risiken	kritisch	sehr hoch	↑
Pandemische Erkrankungen	kritisch	hoch	→
Flugbetriebsrisiken	kritisch	sehr gering	→
Personalrisiken	wesentlich	hoch	→

---

[24] Vgl. Gleißner, 2017, S. 111 ff. sowie S. 251 ff.

	Bedeutungsgrad	Ausprägungs-form	Trend
Krisen, Kriege, politische Unruhen etc.	wesentlich	hoch	↑
Verschärfung der Lärm-gesetzgebung	wesentlich	hoch	↑
Markteintritt Original Equipment Manufacturer	kritisch	hoch	→
Verunreinigte Lebensmittel	kritisch	gering	→

Abb. 3: Wesentliche und kritische Risiken des Lufthansa-Konzerns[25]

Business Analytics zur Weiterent-wicklung von Annahmen-analysen

Die mathematische Verknüpfung von Plangrößen und Annahmen er-möglicht eine multidimensionale Berechnung von Simulationsszenarien. Verschiedene Maßnahmen können bezüglich ihrer Auswirkungen auf das Unternehmensergebnis miteinander verglichen werden. Zudem können die Szenarien durch die Kombination von Digital Forecasts und Ex-pertenschätzungen mit Wahrscheinlichkeiten hinterlegt werden. Durch den Einsatz von Monte-Carlo-Simulationen kann die Komplexität von Steuerungsmodellen reduziert und die Transparenz erhöht werden. Derzeitige Einsatzgebiete liegen in der Erlössteuerung bei Produkten und Dienstleistungen mit festen Kapazitäten und hohem Fixkostenanteil wie z.B. bei der Passagierbeförderung im Luftverkehr. Auf der Grundlage von Nachfrageprognosen sowie Annahmen zu den vorhandenen Kapazitäten, der Dauer des Verkaufszeitraums sowie ggf. Preispunkten kann durch Simulationsmodelle eine Erlösoptimierung für die verfügbare Kapazität erfolgen. Idealerweise können diese Simulationsmodelle auch mit den auf Business Analytics basierenden Forecasts verknüpft werden.[26] Die Iden-tifikation kritischer Planannahmen kann die Basis für die Festlegung möglicher Früherkennungsindikatoren darstellen.

4 Umsetzung in der Unternehmenspraxis und Erfolgsfaktoren

Erfolgsfaktoren für die Nutzung von Business Analytics im Controlling

Folgende Voraussetzungen werden für eine effektive und effiziente Nutzung von Business-Analytics-Ansätzen zur Risikoidentifikation durch das Controlling genannt:[27]

---

[25] In starker Anlehnung an Lufthansa Konzern, Geschäftsbericht 2016, S. 60.
[26] Vgl. hier und im Folgenden Mehanna/Tatzel/Vogel, 2016, 505f.
[27] Vgl. Tilch/Lenz/Scheffler/Andreas/Obersdorf/Yilmaz, 2015, sowie Vanini, „Instru-mente für eine systematische Identifikation von Risiken", in diesem Band.

- Eine erfolgreiche Risikoidentifikation hängt maßgeblich von der Fach- und Methodenkompetenz der Controller ab. Die Unterstützung durch Business-Analytics-Ansätze erfordern zusätzlich umfassende IT-Kompetenzen sowie Mathematik- und Statistikkenntnisse.[28] Ob der Controller sich zum Data Scientist entwickelt, der sowohl das betriebswirtschaftliche Problem versteht als auch die zur Lösung notwendigen Daten strukturieren, beschaffen und so aufbereiten kann, dass die Analysealgorithmen eingesetzt werden können, kann bezweifelt werden.[29] Allerdings muss der Controller zumindest sprechfähig gegenüber dem Data Scientist sein, um Business-Analytics-Ansätze überhaupt nutzen zu können.[30]

- Zudem müssen auch das Management entsprechend geschult sowie die Prozesse der Unternehmenssteuerung angepasst werden, um die zusätzlich durch Einsatz von Business Analytics generierten Informationen auch in die Entscheidungsfindung einzubeziehen.

- Die Bewertung und Sicherstellung der Datenqualität ist ein weiterer wesentlicher Erfolgsfaktor für den Einsatz von Business Analytics im Controlling. Dabei wird zwischen der Designqualität als Maß für die Übereinstimmung zwischen nachgefragten und spezifizierten Daten sowie der Konformitätsqualität als Maß für die Übereinstimmung zwischen vorhandenen Daten und realweltlichen Daten unterschieden.[31] Gerade die Integration von externen Daten z.B. in Früherkennungs- und Frühaufklärungssystemen erfordert eine umfassende Spezifikation und Qualitätssicherung der notwendigen Daten.

- Der Einsatz von Business-Analytics-Ansätzen erfordert die Implementierung einer geeigneten IT-technischen Lösung. Dabei kann grob zwischen traditionellen IT-zentrierten BI- und Analytics-Plattformen, die eher auf Reporting und explorative Datenanalyse ausgerichtet sind, und Advanced-Analytics- und Data-Science-Plattformen, die weitgehende und algorithmisch getriebene Analysen ermöglichen, unterschieden werden.[32] Der Controller muss für seine spezifischen Fragestellungen die geeignete IT-Lösung auswählen.[33]

- Bei fehlendem Know-how im Controlling und Management, unzureichend spezifizierten Analysemodellen, mangelhafter Datenqualität, der Implementierung ungeeigneter IT-Lösungen sowie einer fehlerhaften Integration in die Unternehmenssteuerung bergen Business-

---

[28] Vgl. Ideenwerkstatt im Internationalen Controller Verein (ICV), 2015, S. 105 sowie Willmes/Hess/Gschmack, 2015, S. 261.

[29] Vgl. Klier/Heinrich, 2016, S. 488 ff.

[30] Vgl. Chamoni/Gluchowski, 2017, S. 15 f.

[31] Vgl. Klier/Heinrich, 2016, S. 489 ff.

[32] Vgl. Seufert/Treitz, 2017, S. 11 f.

[33] Für eine Marktübersicht über Advanced Analytics-Plattformen vgl. Derwisch/Iffert/Fuchs/Fahrholz, 2016, S. 483 ff.

Analytics-Ansätze allerdings große Modellrisiken, die insbesondere bei Prescriptive-Analytics-Ansätzen enorme negative Auswirkungen auf das Unternehmen haben können. Daher muss die Entwicklung und Implementierung von Business-Analytics-Ansätzen selbst Gegenstand von Risikoüberwachungsmaßnahmen sein.

5 Literaturhinweise

Baum/Coenenberg/Günther, Strategisches Controlling, 5. Aufl. 2013.

Chamoni/Gluchowski, Business Analytics – State of the Art, in Controlling & Management Review, 4/2017, S. 8–17.

Derwisch/Iffert/Fuchs/Fahrholz, Business Analytics-Software für das Controlling – eine Marktübersicht, in Controlling, 8-9/2016, S. 480–487.

Diederichs, Risikomanagement und Risikocontrolling, 3. Aufl. 2012.

Gleißner, Grundlagen des Risikomanagements – Mit fundierten Informationen zu besseren Entscheidungen, 3. Aufl. 2017.

Grothe, Früherkennung von Bedrohungen, Risiken und Talenten im Internet: Hypothesenfrei und in Echtzeit, in Controlling, 3/2016, S. 166–173.

Hahn/Krystek, Früherkennungssysteme und KonTraG, in Dörner/Horváth/Kagermann (Hrsg.), Praxis des Risikomanagements: Grundlagen, Kategorien, branchenspezifische und strukturelle Aspekte, 2000, S. 73–97.

Hope/Player, Beyond performance management: Why, when, and how to use 40 tools and best practices for superior business performance, 2012.

Ideenwerkstatt im Internationalen Controller Verein (ICV), Big Data – Potenzial für den Controller, in Controlling, 2/2015, S. 103–106.

Klier/Heinrich, Datenqualität als Erfolgsfaktor im Business Analytics, in Controlling, 8-9/2016, S. 488–494.

Krystek, Strategische Früherkennung, in Zeitschrift für Controlling & Management, 2/2007, S. 50–58.

Lanquillon/Mallow, Advanced Analytics mit Big Data, in Praxishandbuch Big Data, 2015, S. 55–89.

Lufthansa Konzern, Geschäftsbericht 2016, https://investor-relations.lufthansagroup.com/fileadmin/downloads/de/finanzberichte/geschaeftsberichte/LH-GB-2016-d.pdf, Abrufdatum 19.6.2017.

Mehanna/Tatzel/Vogel, Business Analytics im Controlling – Fünf Anwendungsfelder, in Controlling, 8-9/2016, S. 502–508.

Satzger/Holtmann/Peter, Advanced Analytics im Controlling – Potenzial und Anwendung für Umsatz- und Kostenprognosen, in Controlling, 4-5/2015, S. 229–235.

Seufert/Treitz, Digitale Transformation: Trends und Implikationen für das Controlling, in Controller Magazin, 3/2017, Supplement, S. 12–16.

Tilch/Lenz/Scheffler/Andreas/Obersdorf/Yilmaz, Risk-Management-Benchmarking 2015. PwC AG Wirtschaftsprüfungsgesellschaft (Hrsg.), 2015.

Vanini, Instrumente für eine systematische Identifikation von Risiken, in Controller Magazin, 4/2014, S. 65–70.

Vanini, Risikomanagement, 2012.

Vanini, Controlling, 2009.

Weber/Schäffer, Einführung in das Controlling, 15. Aufl. 2016.

Willmes/Hess/Gschmack, Die Bedeutung von Big Data im Controlling – Eine empirische Studie, in Controlling, 4-5/2015, S. 256–262.

Software für Risikoaggregation: Gängige Lösungen und Fallbeispiel

- Eine sinnvolle Risikoaggregation ist nur mit Simulationsverfahren möglich, wofür wiederum (passende) Softwareunterstützung notwendig ist.

- Zur Durchführung einer Risikoaggregation eignen sich sowohl Erweiterungen für Excel (Excel-Add-Ins) als auch spezialisierte Excel-unabhängige „Out of the Box"-Softwarelösungen.

- Excel-Add-Ins ermöglichen eine hohe Freiheit hinsichtlich der Modellierung, verlangen aber auch viel inhaltliches und technisches Wissen. „Out of the Box"-Softwarelösungen liefern meist vorkonfigurierte sofort nutzbare Modelle, können aber Einschränkungen bei der Anpassung der Modellierung durch den Benutzer aufweisen. Welche Softwareunterstützung geeignet ist, hängt sowohl vom Anwender als auch vom Anwendungsgebiet ab.

- Abschließend wird ein Anwendungsbeispiel für eine spezielle Softwarelösung vorgestellt.

▪ Die Autoren

Endre Kamarás, Partner sowie Senior Analyst und Leiter des Bereichs Softwareentwicklung, FutureValue Group AG.

Marco Wolfrum, Partner und Senior Analyst, FutureValue Group AG sowie stellvertretender Vorsitzender des Vorstands Risk Management Association e. V. (RMA).

1 Was muss eine Software zur Risikoaggregation leisten?

Rationale ökonomische Entscheidungen sind abhängig von erwarteten Erträgen (Renditen) und Risiken. Für diese Entscheidungen maßgeblich ist dabei grundsätzlich der aggregierte Gesamtumfang an Risiken, der sich aus den Einzelrisiken – die zur Abweichungen der einzelnen Planpositionen führen können – und ihren Wechselwirkungen (stochastischen Abhängigkeiten) ergibt.

> **Hinweis: Gesamtrisikoposition muss bestimmt werden können**
> Bei der Verdichtung von Risiken werden als sehr vereinfachte Annäherung an eine Risikoaggregation häufig auch Risk Maps genutzt. Dieses Verfahren ermöglicht dabei keine tatsächliche Bestimmung einer Gesamtrisikoposition durch die Verbindung verschiedener Risiken, sondern lediglich das Verdichten von Risikoinformationen (bezüglich ähnlicher Risiken) über verschiedene Hierarchiestufen des Unternehmens.

Um eine ökonomisch sinnvolle Risikoaggregation durchzuführen, sollten folgende Voraussetzungen erfüllt sein:

- Quantitative Erfassung der Risiken (Wahrscheinlichkeitsverteilungen): Um die Einzelrisiken eines Unternehmens zu aggregieren, müssen diese zunächst durch eine geeignete Wahrscheinlichkeitsverteilung beschrieben werden. Insbesondere wichtig ist, dass neben der Möglichkeit praxisrelevante Wahrscheinlichkeitsverteilungen zu erfassen, wie zumindest
  - Binomialverteilung/Szenarioverteilung,
  - Gleichverteilung,
  - Dreiecksverteilung,
  - Normalverteilung,

  auch Abhängigkeiten zwischen den Risiken berücksichtigt werden können. Nicht ausreichend ist eine Beschränkung auf lediglich Bernoulli-Verteilungen (Ja-Nein-Verteilungen), also die Beschreibung eines Risikos durch lediglich eine Eintrittswahrscheinlichkeit und eine deterministische Schadenshöhe.

- Erfassung der Unternehmensplanung und Berechnung von betriebswirtschaftlichen Kennzahlen: Das Risikomanagement will letztlich die Planungssicherheit und den Eigenkapitalbedarf eines Unternehmens konsistent zur tatsächlichen Planung aufzeigen. Bei der Risikoaggregation werden deshalb die Erkenntnisse der Risikoanalyse in den Kontext des Planungssystems (bspw. Erfolgsrechnung und Bilanz) integriert, um den Kontext zur Unternehmensplanung herzustellen. In einem ersten Schritt denkbar ist zwar auch eine Simulation der Risiken ohne direkten Planungsbezug, allerdings werden dabei in der Praxis oft die Abhängigkeiten zwischen Risiken nur ungenügend berücksichtigt.

- Verknüpfung der Unternehmensplanung mit den Risiken: Die Risiken werden denjenigen Positionen der Unternehmensplanung zugeordnet, bei denen diese Risiken zu Planabweichungen führen können (s. Abb. 1).

- Durchführung einer Monte-Carlo-Simulation, also die (wiederholte) Erzeugung von Zufallszahlen gemäß Risikoquantifizierung, Berechnung von definierten Zielgrößen in jedem Simulationsschritt.

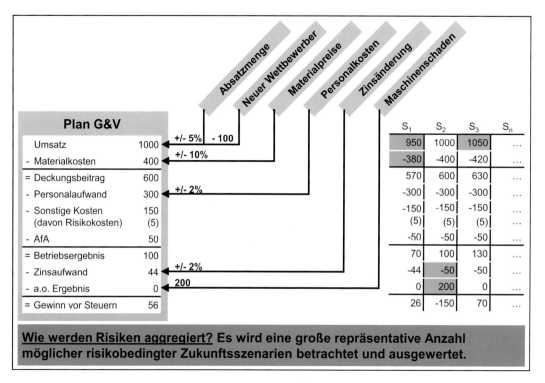

Abb. 1: Integration der Risiken in die Unternehmensplanung[1]

- Möglichkeit der statistischen Analyse bzw. Auswertungsmöglichkeit der simulierten Szenarien: Mindestens die praxisrelevanten statistischen Größen müssen berechnet werden, wie

  - Mittelwert,

  - Standardabweichung und

  - Quantile.

Keine Muss-Anforderung, jedoch sehr hilfreich sind grafische Darstellung der Ergebnisse (z.B. Histogramm-Grafiken, grafische Darstellung von Verteilungs- und Dichtefunktion) sowie die Ableitung weiterer

---

[1] In Anlehnung an Gleißner, 2017, S. 256.

Risikomaße wie eine Ausfallwahrscheinlichkeit. Dienlich können auch Sensitivitätsanalysen sein.

Nachfolgend wird zunächst kurz aufgezeigt, dass es in der Praxis zwei Alternativen zur IT-technischen Umsetzung einer Risikoaggregation gibt: entweder mit Excel in Verbindung mit einem Add-In, das die Technik der Monte-Carlo-Simulation bereitstellt, oder über Spezialsoftwarelösungen. Gängige Excel-Add-Ins werden hierbei kurz vorgestellt. Im dritten Abschnitt wird anschließend ein Praxisbeispiel für eine Monte-Carlo-Simulation vorgestellt und im darauffolgenden Kapitel die IT-technische Umsetzung mit einer Spezial-Software, dem Strategie Navigator skizziert. Abschließend werden in einer Zusammenfassung die wesentlichen Vor- und Nachteile der beiden Alternativen dargestellt.

2 Zwei Alternativen für IT-technische Umsetzung: Excel + Add-In oder Spezial-Software

In der Praxis werden planungsbezogene Monte-Carlo-Simulationen entweder in MS Excel durchgeführt (mit einem entsprechenden Add-In, wie Crystal Ball, @Risk oder RiskKit) oder aber in Spezial-Softwarelösungen wie dem Strategie Navigator, Crisam oder Opture. Grundsätzlich haben beide Varianten ihre spezifischen Vor- und Nachteile.

Excel-Add-In oder „Out of the Box"-Lösung

2.1 Excel-Add-Ins

Häufig werden in den Unternehmen die ersten Erfahrungen im Bereich Risikoaggregation unter Verwendung von MS Excel gemacht. Hierzu muss Excel aber in die Lage versetzt werden, eine Monte-Carlo-Simulation durchzuführen. Die bekanntesten Add-Ins hierzu sind Crystal Ball (Oracle)[2] und @Risk (Palisade).[3] Beide können schon auf eine mehr als 20-jährige Historie zurückblicken. Mit RiskKit (Wehrspohn)[4] existiert seit einigen Jahren eine Alternative mit zunehmender Beliebtheit. Dies liegt vor allem daran, dass dieses Add-In in einer Basisversion kostenfrei zur Verfügung steht, wohingegen die beiden anderen genannten schon in der Basisausführung kostenpflichtig sind.

Nachfolgend werden die für einen Einstieg in die Welt der Modellierung relevanten Aspekte der genannten Excel-Add-Ins skizziert.

---

[2] Kostenloser Download einer Testversion unter http://www.oracle.com/technetwork/middleware/crystalball/downloads/index.html nach Registrierung.

[3] Kostenloser Download einer Testversion (15-Tage-Vollversion) unter http://go.palisade.com/RISKDownload.html nach Registrierung.

[4] Kostenloser Download unter http://www.wehrspohn.info/produkte/risk-kit.html nach Registrierung.

2.1.1 Grundsätzliche Funktionalitäten

Die 3 Excel-Add-Ins zeigen keine großen Unterschiede bei den Grundfunktionen einer Monte-Carlo-Simulation, also

- dem Anlegen von Verteilungen,
- der Ziehung von Zufallszahlen (Durchführung einer Simulation) und
- der Generierung von Auswertungen in Bezug auf Zielgrößen.

Unterschiede zeigen sich eher im Look & Feel, der zu Grunde liegenden Technik und in Detailfragestellungen. Die grundlegend notwendigen Verteilungen stellen bspw. alle drei Varianten zur Verfügung und auch Basis-Auswertungen werden generiert.

Allen Add-Ins gemein ist, dass durch die Einbindung einerseits ein zusätzliches „Ribbon" (Band) in der Excel-Menüleiste erscheint, mit dessen Hilfe Funktionen des jeweiligen Add-Ins – wie Verteilungen auswählen, oder Simulation starten – gesteuert werden können.

Andererseits wird auch die Menge der Excel-Funktionen erweitert, womit die neuen Funktionalitäten wie übliche Excel-Formeln verwendet werden können.

Die Vorgehensweise ist bei allen Add-Ins analog. Ein Berechnungsmodell – wie z. B. eine Cashflow-Rechnung – muss in Excel wie gewohnt aufgebaut werden. Anschließend können Parameter dieses Modells mit Hilfe der Add-Ins mit Wahrscheinlichkeitsverteilungen belegt werden. Weiterhin werden die auszuwertenden Parameter definiert. Es folgt die Durchführung der Simulation, bei der die Add-Ins automatisch mehrere Tausend Szenarien durchspielen und die Ausprägung der zur Beobachtung ausgewählten Variablen „im Hintergrund" speichern. Anschließend erfolgt die statistische Auswertung der beobachteten Variablen.

Auch bei allen Add-Ins gleich ist die Arbeitsweise der Auswertung. Die Werte aller Szenarien aller beobachteten Parameter werden im Arbeitsspeicher vorgehalten, auch nach der Simulation. Der Vorteil dieses Vorgehens ist dabei, dass die Art der statistischen Auswertung nicht schon vor dem Start der Simulation definiert werden muss, bis auf wenige Ausnahmen (so muss z. B. bei Crystal Ball für die Durchführung der Sensititvitätsanalyse dies schon vor dem Simulationsstart markiert werden). Hat der Anwender vergessen, eine Auswertung wie z. B. einen Quantilwert zu einem spezifischen Niveau, im Vorfeld zu definieren, kann er dies auch nach der Simulation abfragen, ohne die Simulation neu starten zu müssen.

Der Nachteil dieser Vorgehensweise ist, dass damit einerseits der Simulations-Performance gesenkt wird und die ermittelten statistischen Ergebnisse „weg sind" sobald der Arbeitsspeicher geleert wird, sprich die Software geschlossen wird. Daraus folgt, dass nach dem erneuten Öffnen des Modells die Simulation erneut durchgeführt werden muss. Alternativ können die Ergebnisse vor dem Schließen der Datei als „Kopie der Werte" in ein externes Sheet kopiert werden (oder der gesamte Simulationslauf – und damit alle Zufallszahlen – können gesichert werden, was zu entsprechend größeren Dateien führt).

Über die Grundfunktionalität der Monte-Carlo-Simulation hinaus bieten die drei Alternativen noch weitere (teilweise aufpreispflichtige) Features, wie bspw. die Möglichkeit von stochastischen Optimierungen bei @Risk und Crystal Ball oder die Verwendung stochastischer Prozesse in RiskKit. Diese stellen die weiterführenden Möglichkeiten der Analysen bzw. Modellierung dar und sind bei dem Einstieg in die stochastischen Simulationen eher nicht relevant. Aus diesem Grund wird auf diese an dieser Stelle nicht näher eingegangen.

2.1.2 Erfassung von Wahrscheinlichkeitsverteilungen

Für die Erfassung und Ausgabe von Wahrscheinlichkeitsverteilungen stehen in den Tools verschiedene Templates zur Verfügung (s. Abb. 2).

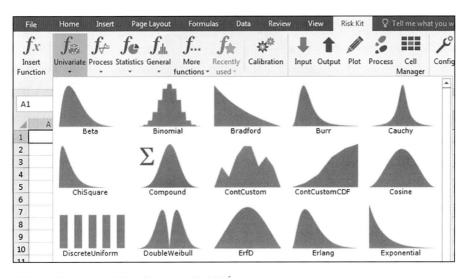

Abb. 2: (Univariate) Verteilungen in RiskKit[5]

Einer der größten technischen Unterschiede zeigt sich bei der Definition von Annahmen/Verteilungen. Bei @Risk und RiskKit werden Verteilungen und Zielgrößen mittels Excel-Funktionen definiert. Zur Hilfestellung existieren jeweils auch grafische Pop-Ups.

Definition von Wahrscheinlichkeitsverteilungen

---

[5] Quelle: Wehrspohn, http://www.wehrspohn.info/produkte/risk-kit.html, Abrufdatum 3.7.2017.

Bei Crystal Ball können zwar auch solche Excel-Funktionen verwendet werden, dies ist dann aber mit Einschränkungen verbunden (bspw. sind dann keine Korrelationen nutzbar und auch keine Sensitivitätsanalysen), so dass hier Verteilungen und Forecasts meistens über Pop-Ups definiert werden (s. Abb. 3).

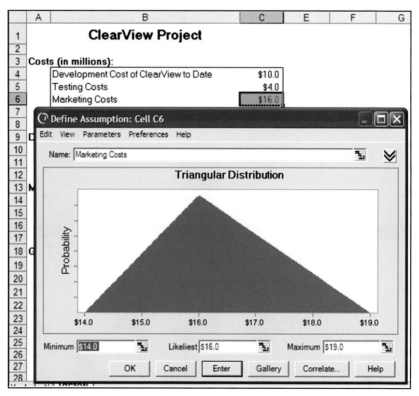

Abb. 3: Definition von Annahmen/Verteilungen in Crystal Ball[6]

Diese Informationen werden dann „im Hintergrund" gespeichert. Für Excel selbst ändert sich die Zelle nicht. Von Nachteil ist natürlich, dass ohne eine (allerdings standardmäßig eingestellte) farbliche Hervorhebung der Zellen oder eine entsprechende Kommentierung nicht sichtbar ist, ob Crystal-Ball-Informationen hinterlegt sind oder nicht. Nachteilig bei der Verwendung von Excel-Funktionen ist demgegenüber, dass Anwender ohne das entsprechende Add-In Fehlermeldungen angezeigt bekommen. Zumindest @Risk bietet aber die Möglichkeit, das Modell „auszuchecken", um diese Fehlermeldungen zu unterdrücken.

---

6   Quelle: Oracle, http://www.oracle.com/technetwork/middleware/crystalball/overview/crystal-ball-131398.pdf, S. 2, Abrufdatum 3.7.2017.

2.1.3 Zusammenhänge zwischen Risiken

Sowohl @Risk als auch Crystal Ball unterstützen standardmäßig die Nutzung von Korrelationen zwischen den erfassten Wahrscheinlichkeitsverteilungen beliebiger Verteilungstypen. Wie schon angesprochen können jedoch bei Crystal Ball nur Korrelationen zwischen mittels Pop-Ups erfassten (und nicht durch Verwendung einer CB-Excel-Funktion erzeugten) Wahrscheinlichkeitsverteilung definiert werden.

Ein je nach Anwendungsfall möglicherweise gravierender Nachteil von RiskKit ist, dass Korrelationen nicht zwischen beliebigen Verteilungen definiert werden können. Theoretisch sollte auf Korrelationen eigentlich auch weitestgehend verzichtet werden, denn Korrelationen sind streng genommen Ergebnisse eines Modells und keine Inputgrößen. Inhaltlich bedeuten Korrelationen, dass zwischen den Verteilungen ein (stochastischer) Zusammenhang besteht, der darauf zurückzuführen ist, dass diese durch einen (oder mehrere) gemeinsamen Faktoren beeinflusst werden. Es ist dann besser, diese Einflussfaktoren und ihre Auswirkungen auf die Verteilungen (Risiken) direkt zu modellieren (sog. Risikofaktorenansatz).[7] Gerade, wenn aber die ersten (schnellen) Schritte im Risikomanagement gemacht werden sollen, möchte man das Modell aber oft einfach halten und bevorzugt bewusst das gröbere Vorgehen mit Korrelationen. Ein Grund kann sein, dass bspw. die dahinterliegenden Einflussfaktoren oder deren Auswirkungen auf die Risiken nicht genau bekannt sind.

> **Hinweis: Beispiele für Risikoaggregationen**
> Beispielhafte Darstellungen der Risikoaggregation mit Excel-AddIns finden sich bei den Beiträgen von Gleißner/Wolfrum, „Szenario-Analyse und Simulation: ein Fallbeispiel mit Excel und Crystal Ball" sowie von Bohmfalk, „Stochastische Szenarioanalyse: Einsatzmöglichkeiten für die Unternehmensplanung" im vorliegenden Band.

2.2 Spezielle Softwarelösungen

Neben der Möglichkeit, eine Risikoaggregation in Excel aufzubauen, kann man auch Softwarelösungen aus dem Bereich Risikomanagement verwenden, die diese Techniken implementiert haben. Beispielhaft zu nennen sind hierbei Strategie Navigator (FutureValue Group), Crisam (Calpana) oder Opture (Opture). Diesen drei Alternativen ist gemein, dass Risiken mit unterschiedlichen Verteilungsfunktionen planungsbezogen ausgewertet werden können. Traditionelle Softwarelösungen aus dem Bereich Risikomanagement wie R2C (Schleupen) oder risk2value (Avedos) bieten

„Out of the Box": sofort und einfacher nutzbar durch vordefinierte Modellierung

---

[7] Vgl. zum Risikofaktorenansatz Gleißner, 2017, S. 261 ff.

diese Funktionalität leider nicht an, können i.d.R. aber bspw. mit dem Strategie Navigator der FutureValue Group AG verknüpft werden, um entsprechende Auswertungen bereit zu stellen.

Die Vorgehensweise bei den speziellen Softwarelösungen ist in den Grundzügen die gleiche wie bei den Excel-Add-Ins. Analog zum Vorgehen bei den Add-Ins können Parameter des Modells mit Wahrscheinlichkeitsverteilungen belegt und die Beziehung der Risiken untereinander definiert werden. Es erfolgt die Durchführung der Simulation und die statistische Auswertung der beobachteten Werte bzgl. der im Vorfeld gewählten Variablen.

Im Kapitel 2.1.1 wurde die Arbeitsweise der Add-Ins bzgl. der Auswertung angesprochen, in dem die Werte aller Szenarien aller beobachteten Parameter auch nach der Simulation im Arbeitsspeicher gespeichert werden. Bei einigen der speziellen Softwarelösungen, wie z.B. beim Strategie Navigator, wird ein anderen Weg gewählt. Die statistischen Auswertungen werden (so weit wie möglich) „on the fly" und nur für die Auswertungen und nur für die im Vorfeld der Simulation genau definierten Variablen gemacht. So kann z.B. sowohl der Mittelwert als auch der Quantilwert „während" der Simulation berechnet werden, ohne zuerst alle Realisationen der Zielgröße zusammenzusammeln und (im Arbeitsspeicher) zwischenspeichern zu müssen.

Dies bedeutet jedoch auch, dass die auszuwertenden Ergebnisse und die erwünschten Statistiken bei diesen Softwarelösungen unbedingt im Vorfeld der Simulation ausgewählt werden.

Die Vor- und Nachteile dieses Vorgehens sind logischerweise gerade die umgekehrten von dem Vorgehen des Add-Ins. Vorteil ist eine (nicht unerheblich) erhöhte Performance der Simulation (sprich kürzere Simulationslaufzeit) sowie, dass die statistischen Auswertungen als Ergebniswert gespeichert werden und nach dem erneuten Öffnen der Datei sofort vorhanden sind. Der Nachteil ist, dass „vergessene" Auswertungen eine erneute Simulation benötigen. Was jedoch bei einer guten Performance wiederum verschmerzbar ist.

Die Menge der möglichen Wahrscheinlichkeitsverteilungen, das praktisches Vorgehen bei deren Definition sowie die Möglichkeiten der Erfassung von Beziehungen der Risiken untereinander variiert zwischen den verschiedenen Lösungen mehr oder weniger stark. Gemeinsam ist jedoch, dass die Erfassungen in der Software-spezifischen Seiten-/Pop-Up-Struktur erfolgt.

Wie eine planungsbezogene Risikoaggregation mit einer Spezial-Softwarelösung durchgeführt werden kann, wird im Folgenden am Beispiel des Strategie Navigators gezeigt.

3 Anwendungsvergleich mit Kostenbetrachtung

3.1 Anschaffungskosten

In aller Regel werden die Anschaffungskosten für ein Excel-Add-In deutlich niedriger ausfallen als für eine spezielle Softwarelösung. Dafür bieten solche Speziallösungen dann aber auch Features, die über eine reine Risikoaggregation hinausgehen. Bspw. bieten die drei genannten Lösungen auch Hilfestellung zur Organisation des Risikomanagements, liefern Ergebnisinterpretationen automatisch (wie den Eigenkapitalbedarf, siehe später) oder integrieren, wie der Strategie Navigator, die Risikoaggregation in eine Plattform für eine integrierte Unternehmensführung.

Die Umsetzung mit Excel hat den Vorteil, dass lediglich ein Add-In installiert werden muss und keine eigenständige Softwarelösung. Dies zählt vor allem dann, wenn für die Spezialsoftwarelösungen noch zusätzlich eine Datenbank administriert werden muss. Ein weiterer Vorteil stellt dar, dass die Anwender in einer vertrauten Softwareumgebung arbeiten können, eine Eingewöhnung an eine spezielle Softwarelösung entfällt.

3.2 Weitere Implementierungskosten

Differenzierter zu betrachten sind die weiteren Implementierungskosten. Es gilt in Excel zunächst ein Rechenmodell aufzubauen, mit dem die Risikoaggregation durchgeführt werden kann. Hierbei kann man zwar häufig auf bestehende Excel-Planungsmodelle aufbauen, diese müssen aber in die Lage versetzt werden, mit Unsicherheiten umzugehen. Hierzu ist zunächst sicherzustellen, dass alle unsicheren Plan-Parameter auch als explizite Parameter integriert sind. Bspw. kann es durchaus sein, dass die Planung lediglich die Euro-Werte widerspiegelt und lediglich implizit (und hoffentlich konsistent) relevante Währungskurse eingerechnet sind. Bei mehrperiodischen Modellen muss auch sichergestellt sein, dass die Perioden formeltechnisch aufeinander aufbauen. Entsprechend ist aller Regel schon ein nennenswerter Aufwand notwendig, um ein Risiko-aggregationsmodell in Excel aufzubauen. Je nach Komplexität können das nur 1-2 Tage sein, aber unter Umständen auch 10 oder mehr (und dies als vorsichtige Abschätzung bei einem im Aufbau solcher Modelle erfahrenen Experten). Bei diesem Schritt sollte man sich auch als Excel-Spezialist zumindest Hilfestellung von erfahrenen Experten für die methodische Konzeption eines Risikoaggregationsmodells holen.

Während in Excel zunächst ein entsprechendes Risikomodell aufgebaut werden muss, sind in Spezialsoftwarelösungen wie dem Strategie Navigator häufig bereits (anpassbare) Standardmodelle enthalten.

3.3 Flexibilität

Die größere Flexibilität bei der Modellierung bietet dabei in der Praxis Excel. Allerdings ist dies Vor- und Nachteil zugleich. Die größere Flexibilität, dass vor allem der Anwender Excel-Formeln abändern kann (außer man begrenzt dies durch Blattschutz in Excel oder ähnliches), birgt natürlich auch die Gefahr, dass Fehler durch Änderungen eingebaut werden können. Komplexe Modelle sind im Excel kaum zu überblicken bzw. sind aufwendig zu bedienen und sind relativ fehlerfällig und fehleranfällig gegenüber Änderungen. Unter Umständen können dies auch Fehler sein, die nicht sofort ins Auge springen, und damit unbemerkt bleiben (obwohl sie vielleicht große Auswirkungen auf die Ergebnisse haben).

Weiterhin sind in Spezial-Softwarelösungen meist schon Standardreports für wesentliche Ergebnisse enthalten. Schon alleine die Darstellung einer Ergebnisverteilung in einem Histogramm oder gar die Bandbreitendarstellung im Zeitverlauf ist derzeit in Excel doch mit einigen Mühen versehen. Darüber hinaus ist im Strategie Navigator bspw. auch ein Finanzkennzahlenrating integriert, das u. a. auch erlaubt die Bandbreite des zukünftigen Ratings aufzuzeigen. Auch stößt Excel bei komplexeren Modellen schnell an seine Grenzen. Statt weniger Sekunden kann eine Simulation dann gut und gerne auch einige Stunden dauern. Dauert die Auswertung zu lange[8] erschwert es den praktischen Einsatz erheblich und führt – im schlimmsten Fall – zur Vernachlässigung der Risikoaggregation.

3.4 Datensicherheit und Rechtekonzept

Letztlich ist es in den Spezialsoftwarelösungen meist einfacher möglich, ein Rechtekonzept umzusetzen. Bspw. kann es durchaus gewollt sein, dass nicht alle Inputgeber für Risikoinformationen den Einblick in die gesamte Unternehmensplanung oder auch in Risiken anderer Bereiche haben. Solche eingeschränkten Lese- und Schreibrechte sind in Excel nur in gewissen Grenzen umsetzbar bzw. macht die Modellierung über beispielsweise verknüpfte Dateien noch komplexer (und fehleranfälliger).

In der Praxis zeigt sich, dass Excel in Verbindung mit Simulations-Add-Ins gut geeignet ist, erste Schritte beim Thema Risikoaggregation zu unterstützen oder aber auch Prototypen für spätere Produktivsysteme zu erstellen. Spezialsoftwarelösungen bieten aber mehr Komfort und sind daher meist vorzuziehen.

---

[8] Was natürlich sehr stark an der Komplexität des Modells hängt.

4 Anwendungsbeispiel: Ausgangsdaten

Im Folgenden wird ein hypothetisches mittelständisches Produktionsunternehmen betrachtet, bei dem neben einer integrierten GuV- und Bilanzplanung (mit daraus abgeleiteter Liquiditätsplanung) die relevanten Informationen zu wesentlichen Risiken vorliegen, um darauf basierend eine Risikoaggregation durchzuführen.

4.1 Unternehmensplanung

Das Beispielunternehmen führt für die nächsten 2 Jahre eine detaillierte Planung durch. Hierbei plant es ausgehend aus dem letzten abgeschlossenen Jahr (01) für das Folgejahr kein Wachstum und anschließend ein Wachstum von 10 %. Dabei wurde unterstellt, dass alle Kosten Wachstums-proportional steigen (also die Margen gleichbleiben) und auch der Betrieb in derselben Höhe erweitert werden muss (gleichbleibende Gesamtkapitalrendite). Finanziert wird die Erweiterung einerseits durch die Thesaurierung der Ergebnisse und – in der noch fehlenden Höhe – durch zusätzliche Aufnahme von Fremdkapital. Tab. 1 stellt die (verkürzten) Jahresabschlüsse dar.

Erfassung/ Erzeugung von Plandaten

Gewinn und Verlustrechnung	Ist-Jahr	Plan-Jahre	
	31.12.01	**31.12.02**	**31.12.03**
Gesamtleistung	53.000.000	53.000.000	58.300.000
Materialaufwand	25.000.000	25.000.000	27.500.000
Deckungsbeitrag	*28.000.000*	*28.000.000*	*30.800.000*
Personalaufwand	15.000.000	15.000.000	16.500.000
sonstiger betrieblicher Aufwand (mit Prämie)	8.000.000	8.000.000	8.800.000
EBITDA	*5.000.000*	*5.000.000*	*5.500.000*
Abschreibungen	2.000.000	2.000.000	2.200.000
Betriebsergebnis (EBIT)	*3.000.000*	*3.000.000*	*3.300.000*
Zinsen und ähnliche Aufwendungen	640.000	640.000	540.000
Gewinn vor Steuern	*2.360.000*	*2.360.000*	*2.760.000*
Steuern von Einkommen und Ertrag	708.000	708.000	828.000
Gewinn nach Steuern	*1.652.000*	*1.652.000*	*1.932.000*

Bilanzsumme Aktiva	29.000.000	29.000.000	31.900.000
Anlagevermögen	*14.000.000*	*14.000.000*	*15.400.000*
Umlaufvermögen	*15.000.000*	*15.000.000*	*16.500.000*
Vorräte	8.000.000	8.000.000	8.800.000
Forderungen und sonst. Vermögensgegenstände	6.000.000	6.000.000	6.600.000
liquide Mittel	1.000.000	1.000.000	1.100.000

Bilanzsumme Passiva	29.000.000	29.000.000	31.900.000
Eigenkapital	*11.652.000*	*13.304.000*	*15.236.000*
gezeichnetes Kapital	10.000.000	10.000.000	10.000.000
Gewinnvortrag / Verlustvortrag	0	1.652.000	3.304.000
Jahresüberschuss / Jahresfehlbetrag	1.652.000	1.652.000	1.932.000
Verbindlichkeiten	*17.348.000*	*15.696.000*	*16.664.000*
Verbindlichkeiten gegenüber Kreditinstitute	12.848.000	11.196.000	12.164.000
Verbindlichkeiten aus Lieferungen und Leistungen	3.500.000	3.500.000	3.500.000
sonstige Verbindlichkeiten	1.000.000	1.000.000	1.000.000

Tab. 1: Ausgangsdaten in Bilanz und GuV

4.2 Risiken

Mögliche (voreingestellte) Risikoarten

Risiken lassen sich (unter Simulationsgesichtspunkten) in zwei Gruppen untergliedern:

- Planungsunsicherheiten: Hierbei werden Plangrößen wie Absatzmenge, Materialpreise oder Währungskurse durch eine Verteilung beschrieben (typischerweise Dreiecksverteilung oder Normalverteilung). Bei diesen ist der Risikoeintritt quasi sicher (Eintrittswahrscheinlichkeit 100 %), es ist lediglich unsicher, in welcher Höhe das Risiko eintritt.

- Ereignisorientierte Risiken, die durch (größere) besondere einzelne Ereignisse hervorgerufen werden („ereignisorientierte Risiken"), die sich meist durch eine Szenarioverteilung mit unsicheren Schadenshöhen beschreiben lassen (bspw. die Kombination einer Ja-Nein-Verteilung für den unsicheren Risikoeintritt und einer Dreiecksverteilung für die unsichere Schadenshöhe im Falle des Risikoeintritts).

Notwendig für die Bestimmung des Gesamtrisikoumfangs mittels Risikoaggregation ist die Verbindung von diesen Risiken mit der Unternehmensplanung. Jedes Risiko wirkt auf (mindestens) eine Position der Plan-Erfolgsrechnung (GuV) oder Plan-Bilanz und kann dort Planabweichungen verursachen.

4.2.1 Planungsunsicherheiten

Planungsunsicherheiten charakterisieren die Summe vieler mehr oder weniger kleiner Unsicherheiten, die zur Abweichungen gegenüber den Planwerten führen können. Diese Schwankungen werden zusammengefasst und als Schwankung der wichtigsten Planungspositionen quantifiziert. Dabei wurde nach Diskussion mit dem Management davon ausgegangen, dass in dem abgeschlossenen Jahr Chancen bei der Absatzmenge realisiert wurden, die im nächsten Jahr im Mittel so nicht erneut erwartet werden können. Da die Planung jedoch gegenüber dem Istjahr keinen Umsatzrückgang aufweist, stellt diese eher ein optimistisches Szenario dar. Man geht davon aus, dass der Planwert maximal um 5 % unterschritten werden kann, als wahrscheinlichster Fall ein Rückgang um 2 % anzusehen ist und im Falle einer sehr positiven Entwicklung auch Planüberschreitung um bis zu 3 % möglich ist.

Wirkung vieler kleiner Risiken vereinfachend im Zusammenhang modellieren

Die anderen Planungspositionen wurden ohne nennenswerte Chancen- oder Gefahrenüberhang betrachtet und deswegen mit Hilfe einer Normalverteilung beschrieben. Die quantifizierten Risiken können aus Tab. 2 entnommen werden.

Planungsunsicherheiten				
	Normalvertei-lung	Dreiecksverteilung		
	Standardab-weichung	kleinster Wert (Min)	häufigster Wert (Mod)	größter Wert (Max)
Mengenschwankung	*0 %*	*-5 %*	*-2 %*	*3 %*
Preisschwankung	*2 %*	*0 %*	*0 %*	*0 %*
Materialkosten Schwankungen	*5 %*	*0 %*	*0 %*	*0 %*
Personalkosten Schwankungen	*3 %*	*0 %*	*0 %*	*0 %*
Schwankungen Sonstige Kosten	*1 %*	*0 %*	*0 %*	*0 %*
Schwankungen Debitorenfrist	*2 %*	*0 %*	*0 %*	*0 %*
Schwankungen Vorratsreichweite	*2 %*	*0 %*	*0 %*	*0 %*

Tab. 2: Planungsunsicherheiten

Weiterhin wird unterstellt, dass Materialpreisschwankungen teilweise über den Preis auf Kunden übertragen werden können und deswegen wird (vereinfachend) eine Korrelation von 0,5 zwischen beiden Schwankungen (Materialpreis und Absatzpreis) erfasst. Eine Korrelation zwischen Menge und Preis wurde nicht betrachtet, das Management geht also davon aus, dass Absatzpreisänderungen keine (nennenswerten) Absatzmengenänderung hervorrufen.

4.2.2 Ereignisorientierte Risiken

Separate Betrachtung einzelner wichtiger Risiken

Das Beispielunternehmen führte eine Risikoidentifikation durch und hat dabei zwei wesentliche ereignisorientierte Risiken identifiziert: Risiken aus Haftpflichtschäden und Risiken durch Sachanlageschäden (s. Tab. 3).

Die Wahrscheinlichkeit für den Eintritt von Haftpflichtschäden wird auf 10 % pro Jahr geschätzt. Die Auswirkung auf das Ergebnis (bei Eintritt des Risikos) können von 3 Mio. (Mindestwert) bis 10 Mio. (Maximalwert) reichen, wobei der Schaden mit der höchsten Wahrscheinlichkeit bei 5 Mio. liegt.

Sachanlageschäden werden mit einem Eintritt durchschnittlich 1-mal in 20 Jahren (5 % Eintrittswahrscheinlichkeit) als seltenere Ereignisse gesehen. Die potenziellen Schäden sind jedoch höher mit einem Mindestwert von 5 Mio. EUR und Maximalwert von 12 Mio. EUR (wahrscheinlichster Schaden 8 Mio. EUR).

Haftpflichtschäden	
Realistischer Höchstschaden	alle 10 Jahre / Wahrscheinlichkeit von 10 %
Schematische Schadensverteilung	Dreiecksverteilung, kleinster Wert (Min)=3. Mio. EUR, häufigster Wert (Mod)=5 Mio. EUR, rößter Wert (Max)=10 Mio. EUR

Risiken durch Sachanlageschäden	
Kleinschaden	alle 20 Jahre / Wahrscheinlichkeit von 5 %
Schematische Schadensverteilung	Dreiecksverteilung, kleinster Wert (Min)=5 Mio. EUR, häufigster Wert (Mod)=8 Mio. EUR, größter Wert (Max)=12 Mio. EUR

Tab. 3: Schäden wegen Haftpflicht und Sachanlagen

Vereinfachend wird bei diesen Risiken nicht unterschieden, dass sie sich ggf. bei unterschiedlichen Planpositionen auswirken können. Stattdessen wird die Gewinnauswirkung direkt beim Gewinn vor Steuern berücksichtigt.

4.3 Weitere simulationsrelevante Angaben

Um die Simulation betriebswirtschaftlich sinnvoll durchführen zu können sind einige weitere Angeben notwendig, die hier kurz diskutiert werden.

Für die planungsbezogene Risikoaggregation ist es notwendig, nicht nur die Planzahlen an sich zu kennen, sondern auch Zusammenhänge zwischen Planungspositionen im Modell abzubilden.

Dabei muss man sich aber immer vor Augen führen, dass modellieren bedeutet, Zusammenhänge komplexitätsreduzierend, also vereinfachend, darzustellen. Damit verbunden sind unweigerlich auch Informationsverluste bzw. Ungenauigkeiten bei den Ergebnissen. Es gilt somit ein gesundes Mittelmaß zu finden zwischen pragmatischen modelltechnischen Vereinfachungen und den daraus resultierenden Schätzfehlern.

Zu den üblicherweise zu betrachtenden Zusammenhängen zwischen Planungspositionen gehören bspw. Umsatzvariabilitäten. Berücksichtigt werden sollten aber auch Zusammenhänge zwischen GuV-Positionen und Bilanzpositionen, bspw. dürfte die Höhe von Forderungen und Lieferungen und Leistungen oder Vorräten auf Umsatzschwankungen reagieren.

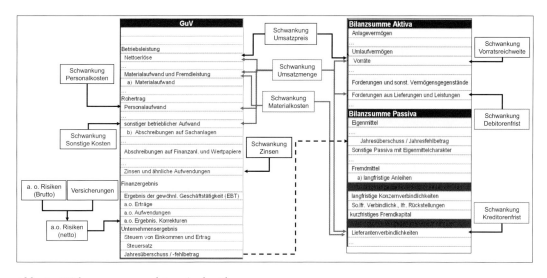

Abb. 4: Wirkungszusammenhänge in der Planung

Unter 2 (stark) ähnlichen Unternehmen ist dasjenige als robuster zu bezeichnen, welche auf Schwankungen der Umsätze (insbesondere auf Rückgang) besser mit Änderungen der Kosten reagieren kann. Dies ist die sog. Variabilität der Kosten. Da während der Simulation für die mehrere tausend Fälle nicht einzeln entschieden werden kann (und sollte) wie die Kosten auf Umsatzmengenänderung „reagieren", werden vereinfachend Variabilitäten erfasst. In dem Beispielunternehmen wurde der variable Anteil (bezogen auf den Umsatz) der wichtigsten Kostenpositionen (vereinfacht) wie folgt unterstellt

- Materialkosten: 100 %
- Personalkosten: 60 %
- Sonstiger Aufwand: 0 %

Materialkosten werden somit als komplett variabel in Bezug auf Absatzmengenschwankungen angesehen. Personalkosten können „nur" zu 60 % an die (relative) Änderung der Absatzmenge angepasst werden und der sonstige Aufwand wird also komplett umsatzunabhängig angesehen. Vereinfachend wird angenommen, dass Änderungen der Absatzmenge in beiden Richtungen – also sowohl Senkung als auch Erhöhung – dieselbe (relative) Reaktion der Kosten nach sich ziehen.

Mehrperiodische Analysen notwendig

Da nicht nur eine Simulation für ein Planjahr durchgeführt wird, sondern für mehrere, sind auch Annahmen zu treffen, welche Abhängigkeiten zwischen den Perioden bestehen. Logischerweise baut Jahr 2 auf die in der Simulation „zufällig" generierten Zustände von Jahr 1 auf. Wird also in Jahr 1 weniger Gewinn erzielt, so reduziert sich auch das Eigenkapital am Ende von Jahr 1 und damit natürlich auch zu Beginn von Jahr 2. Bei den Risiken wird im Allgemeinen angenommen, dass sich die Risikoprofile der Jahre nicht unterscheiden, die prozentualen Planungsunsicherheiten identisch bleiben und auch ereignisorientierte Risiken in der gleichen Größenordnung auftreten können. Es ist allerdings insbesondere bei den Planungsunsicherheiten auch festzulegen, inwieweit sich realisierte Risiken einer Periode auch auf die Folgeperioden auswirken.

Intertemporale Parameter	
Umsatz	0,5
Materialkosten	0,5
Personalkosten	0,5
sonstiger Aufwand	0,5

Modellierung von Illiquidität verlangt nach Modellierung von Kreditrahmen

Falls eine mögliche Bestandsbedrohung für ein Unternehmen analysiert werden soll, dann ist (spätestens) nach Basel II klar, dass beurteilt werden muss, ob Fremdkapitalgeber bereit sind, dem Unternehmen Kapital zur Verfügung zu stellen. Damit gilt es, den in der Zukunft unsicheren Kreditrahmen abzuschätzen. Dies kann man mit einer Abschätzung des dynamischen Bankenverhaltens erreichen. Hierzu wurde pragmatisch angenommen, dass das Kreditrahmen des Unternehmens in dem jeweiligen Simulationslauf aus dem Maximum des 5-fachen EBITDA und des 4-fachen Eigenkapitals bestimmt werden kann.

5 Risikoaggregation am Beispiel des Strategie Navigators

Der Strategie Navigator ist eine Software der FutureValue Group AG für planungsbezogene Risikoaggregation. Die Darstellung der Analyse und Ergebnisse des obigen Beispiels mit Hilfe der Strategie Navigators dient als beispielhafte Darstellung einer spezifischen Software für diese Aufgabe. Der Strategie Navigator wurde gewählt, weil er als technische Plattform für eine integrierte Unternehmensführung verstanden werden kann und geeignet ist, unternehmerische Entscheidungen sowohl aus Perspektive der Eigentümer als auch aus Perspektive der Gläubiger (also bezüglich des Ratings) zu beurteilen.

Schnelle und „fertig interpretierte" Ergebnisse durch spezialisierte Software

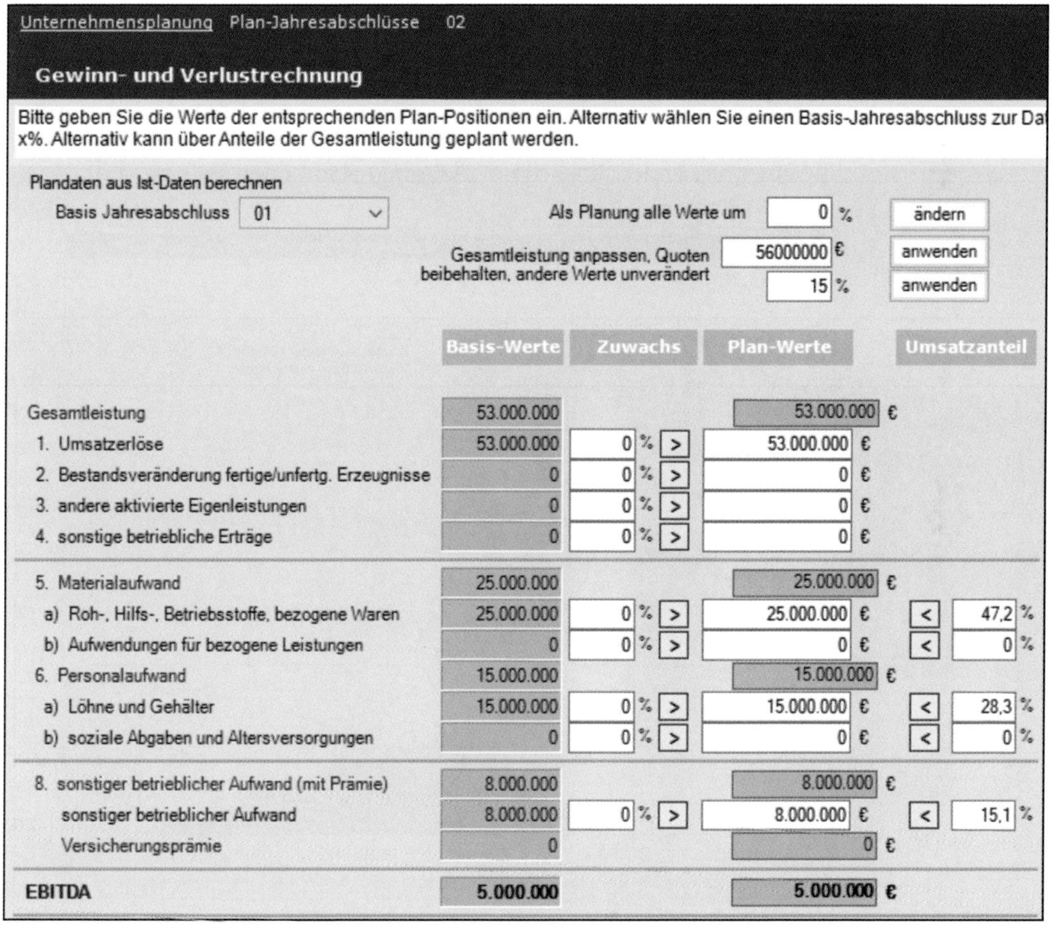

Abb. 5: Erfassung der Plan-GuV

Die Anwendung stellt dazu verschiedene Module bereit, mit deren Hilfe ein breites Spektrum an Funktionen in den Bereichen Risikomanagement, Planung, Rating, Strategie und wertorientierte Steuerung abgedeckt werden. Sie erlaubt eine Beurteilung strategischer (oder operativer) Handlungsoptionen unter Betrachtung von Ertrags- und Risikoauswirkungen, und zwar sowohl aus Perspektive von (a) Gläubigern (Ratingprognose) als auch vom (b) Eigentümer/Investor (fundamentaler Wert).[9] Sie zielt damit darauf ab, durch eine intelligente Auswertung oft schon vorhandener Daten (z.B. aus Planung/Controlling und Risikomanagement) die Qualität von Entscheidungsvorlagen (beim Vorstand oder Geschäftsführung) und der letztendlich getroffenen Entscheidungen zu verbessern (Steigerung von „Business Intelligence" bzw. besseres Performancemanagement). Die Software verknüpft darüber hinaus die wesentlichen Bausteine von Planungs-, Controlling-, Rating- und Risikomanagement-Software mit einem strategischen Kennzahlen- und Managementsystem (Balanced Scorecard).[10]

Zunächst gilt es, die Planung in der Software zu erfassen (s. Abb. 5) und die entsprechenden Risikoinformationen abzubilden (s. Abb. 6).

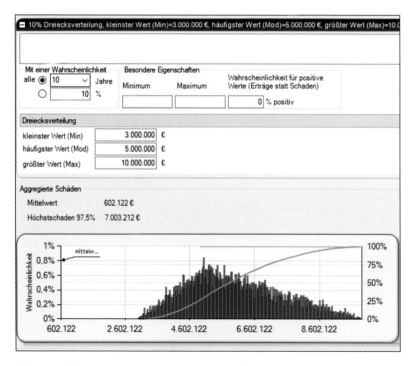

Abb. 6: Erfassung eines ereignisorientierten Risikos

[9] Vgl. hierzu den Beitrag von Gleißner, „Controlling und Risikoanalyse bei der Vorbereitung von Top-Management-Entscheidungen" im vorliegenden Band.
[10] Vgl. Gleißner, 2017.

Die Menge aller Simulationsläufe liefert eine „repräsentative Stichprobe" aller möglichen risikobedingten Zukunftsszenarien des Unternehmens, die dann analysiert wird. Aus den ermittelten Realisationen der Zielgröße (z.B. Gewinn) ergeben sich aggregierte Wahrscheinlichkeitsverteilungen (Dichtefunktionen). Nach einer Simulation mit 30.000 Durchläufen zeigen sich die Ergebnisse in Abb. 7 für den Gewinn vor Steuern des ersten Planjahres.

Ergebnisdarstellung und gelieferte Interpretationen

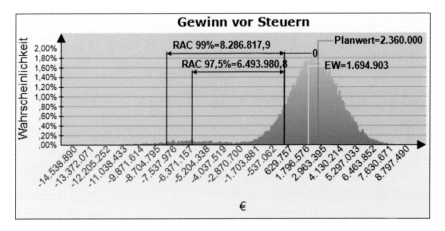

Abb. 7: Häufigkeitsverteilung für Gewinn vor Steuern des ersten Planjahres

In diesem Fall (vgl. Abb. 7) kann davon ausgegangen werden, dass im nächsten Jahr mit einer Wahrscheinlichkeit von 99 % ein Verlust von nicht mehr als ca. 8,3 Mio. EUR zu erwarten ist (RAC 99 %, abgeleitet aus einem Quantil bzw. Value-at-Risk-Wert). Mit einer Wahrscheinlichkeit von 97,5 % wird ein Verlust von ca. 6,5 Mio. EUR nicht überschritten. Der Erwartungswert des Gewinns vor Steuern beträgt laut Planung und unter Einbezug der Risiken etwa 1,7 Mio. EUR und weicht damit aufgrund eines Gefahrenüberhangs um ca. 0,7 Mio. EUR vom Planwert 2,4 Mio. EUR ab.

Ausgehend von der durch die Risikoaggregation ermittelten Verteilungsfunktion der Gewinne kann man unmittelbar auf Risikomaße, wie z.B. den Eigenkapitalbedarf (RAC) des Unternehmens, schließen. Der Eigenkapitalbedarf ist der (negative) Quantil der Gewinne. Zur Vermeidung einer Überschuldung wird nämlich zumindest so viel Eigenkapital benötigt, wie auch Verluste auftreten können, die dieses aufzehren. In der Ergebnistabelle in Abb. 8 wird diese Interpretation gleich mitgeliefert. Der Eigenkapitalbedarf (RAC) um Überschuldung in 97,5 % der Fälle zu vermeiden beträgt in dem Fall 6,5 Mio. EUR. Der Eigenkapitalbedarf ist damit abhängig von einem vorgegebenen Konfidenzniveau, das bspw. aus der angestrebten Ratingstufe abgeleitet werden kann.

Risikokennzahlen 97,5% Niveau			
Eigenkapitalbedarf eines Jahres (RAC)	6.493.981 €	wirtsch. Eigenkapital (vorperiode) zur Deckung	11.652.000 €
Eigenkapitaldeckung (Eigenkapital zur Deckung zum Eigenkapitalbedarf)	179,43 %	RORAC (Rendite des Eigenkapitalbedarfs)	26,10 %
RAC/Gesamtleistung	12,42 %	Variationskoeffizient	151,33 %
Wahrscheinlichkeit der Illiquidität	1,3%	zusätzlicher Liquiditätsbedarf	0 €
Wahrscheinlichkeit der Überschuldung	0,06 %	Insolvenz- wahrscheinlichkeit	1,3% (Rating: BB+)
Diese Abschätzungen beruhen nur auf der Unternehmensplanung.			

Abb. 8: Ready-to-use Ergebnisinterpretation

Außer dem Eigenkapitalbedarf als Value-at-Risk-Variante lassen sich natürlich auch weitere Risikomaße berechnen.

Ergänzend können Kennzahlen der Risikotragfähigkeit wie die Eigenkapitaldeckung, also das Verhältnis von verfügbarem Eigenkapital zu risikobedingtem Eigenkapitalbedarf, abgeleitet werden. Das vorhandene Eigenkapital i.H.v. ca. 11,7 Mio. EUR reicht aus, um den Eigenkapitalbedarf sowohl zum 97,5 %-Niveau als auch zum 99 %-Niveau zu decken. Die Eigenkapitaldeckung auf dem 97,5 %-Niveau beträgt ca. 1,8 (bezogen auf 1 Jahr).

Weiterhin kann aus den Simulationsläufen abgeschätzt werden, dass die Insolvenzwahrscheinlichkeit für das erste Planjahr bei ca. 1,3 % liegt (was in etwa einem Rating von BB+ entspricht), wobei hierbei häufiger eine Illiquidität denn eine Überschuldung das Problem darstellte. Bezogen auf das betrachtete Konfidenzniveau von 97,5 % (also einer geforderten maximalen Insolvenzwahrscheinlichkeit von 2,5 %) ergibt sich somit auch kein zusätzlicher Liquiditätsbedarf.

Das Eigenkapital und die Liquiditätsreserven sind das Risikodeckungspotenzial eines Unternehmens, weil sie sämtliche risikobedingten Verluste zu tragen haben.

Möglichkeit der automatischen Fortschreibung

Die Simulation liefert auch Ergebnisse für die weiter in der Zukunft liegenden Perioden. Neben der Analyse der im Detail geplanten (und erfassten) Planjahre, kann auch mit Hilfe von Eckparametern eine automatische Fortschreibung der zukünftigen Entwicklung erfolgen.

Wachstum in Phase 1

Länge von Phase 1	3	Jahre

Umsatzwachstum in Phase 1

Verlauf des Umsatzwachtums in Phase 1 — konstant (manuell) ⌄

nominale Umsatzwachstumsrate p.a. Phase 1 — 5 %

Kostenwachstum in Phase 1

Umsatzwachstumsraten auf Materialkosten in Phase 1 anwenden ☑

Wachstum Fixkosten Phase 1 — keine Wachstum ⌄

Wachstum der Sachanlagen in Phase 1

Abschreibungsquote Phase 1 — 20 %

Bestimmung der Investitionsquote als — eigene Investitionsquote ⌄

Investitionsquote in Phase 1 — 0 %

Zeitpunkt der Investitionstätigkeit — am Ende des Jahres ⌄

Zusätzliches Wachstum der Investitionen mit Umsatzwachstumsrate ☐

Effektive Änderungsrate der Sachanlagen — *-20,00* %

Ausschüttungsquote in Phase 1 — 20 %

Steuersatz in Phase 1 — 30 %

Wachstum in Phase 2 (Terminal Value)

Länge von Phase 2 — *unendlich*

Umsatzwachstum in Phase 2

Zeitlicher Verlauf des Umsatzwachstums in Phase 2 — *Konstant*

nominale Umsatzwachstumsrate p.a. Phase 2 — 2 %

Kostenwachstum in Phase 2

Umsatzwachstumsraten auf Materialkosten in Phase 2 anwenden ☑

Wachstumsverhalten der Fixkosten in Phase 2 — *wie Umsatz*

Wachstum der Sachanlagen in Phase 2

Abschreibungsquote in Phase 2 — 20 %

Bestimmung der Investitionsquote als — *nur Ersatzinvestition*

Investitionsquote in Phase 2 — 22,00 %

Zusätzliches Wachstum der Investitionen mir Umsatzwachstumsrate ☑

Effektive Änderungsrate der Sachanlagen — 2,00 %

Ausschüttungsquote in Phase 2 — 50 %

Steuersatz in Phase 2 — 30 %

Abb. 9: Eckparameter für automatische Fortschreibung der Planung

Diese Vorgehensweise mit einem 3-Phasen-Modell ist in den Grundzügen an die bei Unternehmensbewertungen häufig verwendete Betrachtung der Terminal Value Phase angelehnt. Hierbei wird mit einigen wenigen Parametern, wie einer Wachstumsrate, die zukünftige Entwicklung des Unternehmens beschrieben. Für die Sicherstellung der notwendigen Flexibilität in der Praxis wurde jedoch neben der Terminal Value Phase (Phase 2) auch eine Zwischenphase (Phase 1) mit einigen zusätzlichen Parametern ermöglicht. In der Terminal Value-Phase wird ein eingeschwungener Zustand des Unternehmens vorausgesetzt, der in die Unendlichkeit fortgeschrieben wird. Ein solcher muss aber zum Ende des Planungszeitraums nicht zwingend vorliegen. Daher kann mit eine Zwischenphase der entsprechende Übergang modelliert werden.

Im Zeitverlauf zeigt die Simulation in Abb. 10 beispielhaft Bandbreiten für Umsatz und EBITDA.

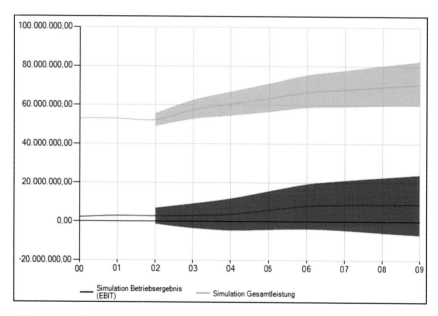

Abb. 10: Bandbreiten für Umsatz (blau) und EBITDA (gelb)

Neben einer grafischen Darstellung können viele weitere Auswertungen erzeugt werden. Die Tabelle in Abb. 11 zeigt beispielhaft die Mittelwerte einiger wichtiger Positionen/Kennzahlen im Zeitverlauf.

Mittelwert					
	02	03	04	05	06
Gesamtleistung	52.298.187 €	57.522.993 €	60.395.174 €	63.398.314 €	66.565.375 €
Materialaufwand	24.658.051 €	27.129.429 €	28.475.035 €	29.878.913 €	31.379.553 €
Personalaufwand	14.877.441 €	16.366.299 €	16.370.109 €	16.371.206 €	16.374.896 €
sonstiger betrieblicher Aufwand	8.000.181 €	8.800.367 €	8.800.329 €	8.800.384 €	8.801.881 €
AfA auf Sachanlagen und immatr. Vermögen	2.000.000 €	2.200.000 €	3.080.000 €	2.464.000 €	1.971.200 €
Betriebsergebnis (EBIT)	2.762.515 €	3.026.898 €	3.669.701 €	5.883.811 €	8.037.845 €
Finanzergebnis	-635.922 €	-548.911 €	-562.643 €	-531.466 €	-521.107 €
Ergebnis der gewöhnl. Geschäftstätigkeit (EBT)	2.126.592 €	2.477.986 €	3.107.058 €	5.352.344 €	7.516.739 €
a.o. Ergebnis, Korrekturen	-431.689 €	-414.719 €	-426.375 €	-1.018.537 €	-1.032.031 €
Gewinn vor Steuern	1.694.903 €	2.063.267 €	2.680.683 €	4.333.807 €	6.484.708 €
Gewinn nach Steuern	1.063.763 €	1.310.622 €	1.744.669 €	2.947.321 €	4.535.991 €
liquide Mittel	401.002 €	588.987 €	3.296.005 €	7.120.657 €	11.840.126 €
Eigenkapitalquote, bilanziell	45,03%	44,79%	47,37%	49,69%	52,97%
bilanzielles Eigenkapital	12.715.763 €	14.026.385 €	15.307.502 €	17.560.725 €	21.129.294 €
Total Cashflow nach Steuern	1.841.895 €	-923.059 €	4.798.860 €	5.333.557 €	6.372.952 €
Gesamtkapitalrendite (ROCE, mit vorjahres CE)	11,28%	12,45%	13,54%	23,91%	35,31%
sonstiger betrieblicher Aufwand (mit Prämie)	8.000.181 €	8.800.367 €	8.800.329 €	8.800.384 €	8.801.881 €
Abschreibungen	2.000.000 €	2.200.000 €	3.080.000 €	2.464.000 €	1.971.200 €
Cashflow nach Steuern	3.063.763 €	3.510.622 €	4.824.669 €	5.411.321 €	6.507.191 €
freier Cashflow nach Steuern (unverschuldet)	1.651.118 €	-1.087.732 €	4.630.067 €	5.174.117 €	6.216.620 €
Kurzfr. verb. gegenüber Banken, Kontokorrentkredite	1.043.030 €	2.702.985 €	1.637.338 €	1.353.995 €	1.189.042 €
Finanzrating	2,57	2,81	2,3	1,98	1,73
unsichere Ausschüttung	0 €	0 €	463.552 €	694.098 €	967.422 €
EBITDA-Marge	9,06%	9%	11,05%	13,01%	14,85%
Verbindlichkeiten gegenüber Kreditinstitute	11.043.030 €	12.702.985 €	11.637.338 €	11.353.995 €	11.189.042 €
Nettobankverbindlichkeiten	10.642.027 €	12.113.998 €	8.341.332 €	4.233.339 €	-651.084 €
Bilanzsumme Aktiva	28.210.920 €	31.183.306 €	31.569.372 €	33.719.288 €	37.316.481 €
Bilanzsumme Passiva	28.210.920 €	31.183.306 €	31.569.372 €	33.719.288 €	37.316.481 €
Zinsaufwendungen aus verzinslichen Verbindlichkeiten	635.922 €	548.911 €	562.643 €	531.466 €	521.107 €
Illiquidität	1,27%	3,17%	4,72%	5,54%	5,28%
Überschuldung	0,06%	0,61%	1,87%	3,53%	4,27%
Insolvenz	1,27%	3,18%	4,83%	5,86%	5,82%
Bedingte Illiquidität	1,27%	3,17%	4,72%	5,54%	5,28%
Bedingte Überschuldung	0,06%	0,61%	1,87%	3,53%	4,27%
Bedingte Insolvenz	1,27%	3,18%	4,83%	5,86%	5,82%

Abb. 11: Mehrperiodische Ergebnisse (beispielhaft Mittelwerte)

Erwähnenswert ist hierbei die Entwicklung der direkt aus der Simulation abgeleiteten Ausfallwahrscheinlichkeiten, also der Anteil der simulierten Fälle, in denen

- das Eigenkapital nicht ausgereicht hat, um die Verluste zu decken (Überschuldung),
- die Liquidität nicht ausgereicht hat, um den Zahlungsverpflichtungen nachzukommen (Illiquidität) bzw.
- eines der beiden Ereignisse eingetreten ist (Insolvenz).

Dabei können sowohl die kumulierten Wahrscheinlichkeiten (erste 3 Zeilen in Abb. 12) als auch die Wahrscheinlichkeiten in den einzelnen Jahren, die sog. bedingten Wahrscheinlichkeiten (letzte 3 Zeilen) analysiert werden. Für die bedingte Aussage werden nur die Fälle analysiert, in denen das Unternehmen bis zu der Periode überlebt hat (damit an der Bedingung hängend, dass im Vorfeld kein Ausfall zu verzeichnen war).

Ausfälle					
	02	03	04	05	06
Illiquidität	1,27%	3,17%	4,72%	5,54%	5,28%
Überschuldung	0,06%	0,61%	1,87%	3,53%	4,27%
Insolvenz	1,27%	3,18%	4,83%	5,86%	5,82%
Bedingte Illiquidität	1,27%	3,17%	4,72%	5,54%	5,28%
Bedingte Überschuldung	0,06%	0,61%	1,87%	3,53%	4,27%
Bedingte Insolvenz	1,27%	3,18%	4,83%	5,86%	5,82%

Abb. 12: Mehrperiodische Ausfallwahrscheinlichkeiten

Möglich ist es in der Software auch, die Wahrscheinlichkeiten abzuleiten, dass (financial) Covenants verletzt werden, da auch eine solche Verletzung unter Umständen zu einer bestandsbedrohenden Entwicklung führen kann.

6   Literaturhinweise

Gleißner, Grundlagen des Risikomanagements, 3. Aufl. 2017.

Szenario-Analyse und Simulation: ein Fallbeispiel mit Excel und Crystal Ball

- Aufgrund der nicht sicher vorhersehbaren Zukunft ist es notwendig, dass Unternehmen sich bei der Vorbereitung von Entscheidungen mit mehreren möglichen Zukunftsszenarien befassen. Dies geschieht im Rahmen der Szenario-Analyse.

- Während bei der traditionellen Szenario-Analyse wenige relativ willkürlich konstruierte Szenarien betrachtet werden, erlaubt die stochastische Simulation die computergestützte Berechnung und Analyse einer großen repräsentativen Anzahl möglicher Zukunftsszenarien (Monte-Carlo-Simulation).

- Jedes Szenario einer Monte-Carlo-Simulation zeigt die kombinierten Auswirkungen von Chancen und Gefahren (Risiken) für die Zielgröße des Unternehmens (z.B. Betriebsergebnis). So wird die Bandbreite der zukünftigen Entwicklung (z.B. des Betriebsergebnisses) sichtbar.

- Simulationsverfahren werden z.B. bei der Bestimmung des Gesamtrisikoumfangs (Risikoaggregation) angewendet, bei Ratingprognosen zur Krisenfrüherkennung oder zur Bestimmung risikogerechter Kapitalkostensätze.

- Außer mit Spezialsoftware kann eine Monte-Carlo-Simulation auch mit Excel und ergänzender Simulationssoftware implementiert werden. Dies wird im Beitrag an einem praktischen Fallbeispiel zur Risikoaggregation verdeutlicht.

■ Die Autoren

Prof. Dr. Werner Gleißner, Vorstand der FutureValue Group AG und Honorarprofessor für Betriebswirtschaft, insb. Risikomanagement, an der Technischen Universität Dresden. Er ist Autor zahlreicher Bücher und Fachartikel.

Marco Wolfrum, Partner und Senior Analyst, FutureValue Group AG sowie stellvertretender Vorsitzender des Vorstands Risk Management Association e.V. (RMA).

1 Unsichere Zukunft und risikoadäquate Entscheidungen

Die Zukunft kann nicht sicher vorhergesehen werden. Dies ist das grundlegende Problem aller (zukunftsbezogenen) Entscheidungen, die damit ein Abwägen erwarteter Chancen und Risiken erfordern. Gerade die letzte Wirtschaftskrise hat gezeigt, dass der Umfang von Risiken Entscheidern und Investoren oft nicht bewusst war. Wegen des Faktors „Unsicherheit" ist eine unendlich große Anzahl (risikobedingter) Zukunftsszenarien vorstellbar. Eine erste, einfache Möglichkeit im Umgang mit Risiken besteht daher darin, alternative Zukunftsszenarien zu betrachten. Da aber die Gesamtzahl der denkbaren Zukunftsszenarien unendlich und damit die Auswahl von zwei oder drei Szenarien weitgehend willkürlich ist, geht der Trend eher dazu, die Technik der (stochastischen) Simulation zu nutzen, die so genannte Monte-Carlo-Simulation.

Entscheidungen erfordern Risikoinformationen

Bei diesem Verfahren wird eine große, risikobedingt mögliche Anzahl von Zukunftsszenarien berechnet und ausgewertet. Auf diese Weise erhält man Transparenz über den Umfang von Risiken, der im Rahmen der Entscheidungsfindung (z.B. beim wertorientierten Management für die Kalkulation von Kapitalkosten) berücksichtigt werden kann.

Da die (rationale) Vorbereitung unternehmerischer Entscheidungen die zentrale Aufgabe des Controllings darstellt, müssen hier die Fähigkeiten zum Umgang mit Risiken ausgebaut werden. Dafür sind vor allem Kompetenzen zur Analyse von Risiken, zur Bewertung risikobedingt möglicher Zukunftsszenarien mittels Simulation und zur Interpretation der Ergebnisse im Controlling notwendig.

Erforderliche Kompetenzen im Controlling

Die Anwendung von Simulationstechniken im Controlling ist die methodische Voraussetzung, um Transparenz über Risikoumfang bzw. Planungssicherheit zu erhalten, die wiederum für ein wertorientiertes Management und risikoadäquate Entscheidungsvorbereitung im Allgemeinen elementar ist. Entsprechend ist es nur konsequent, wenn die „Grundsätze ordnungsgemäßer Planung" Transparenz über Risikoumfang und Planungssicherheit fordern – und damit implizit auf die Notwendigkeit von Simulationsverfahren verweisen.[1]

„Grundsätze ordnungsgemäßer Planung"

Im zweiten Kapitel dieses Beitrags werden der Umgang mit Unsicherheit in der unternehmerischen Planung thematisiert sowie die Grundprinzipien und Prozesskette der Erstellung einer Szenarioanalyse vorgestellt. Um die Schwächen einer Szenario-Analyse zu überwinden, wird im dritten Kapitel die Monte-Carlo-Simulation als stochastisches Planungsinstrument betrachtet.

---

[1] Vgl. Gleißner/Presber, 2010; www.bdu.de.

In Kapitel 4 wird beispielhaft gezeigt, wie Simulationsmodelle entwickelt werden können. Dazu wird ein Anwendungsfall mithilfe von Excel in Verbindung mit der Simulationssoftware Crystal Ball vorgestellt. Dabei wird der Aufbau eines Risikoaggregationsmodells erläutert, das dazu dient (ausgehend von Planung und Risikoanalyse), den aggregierten Gesamtrisikoumfang, ausgedrückt im risikobedingten Eigenkapitalbedarf, zu berechnen.

2 Alternative Zukunftsszenarien und Szenariotechnik

Überblick über die Methodik der Szenariotechnik

Wegen der nicht sicher vorhersehbaren Zukunft und der Chancen und Risiken, die Planabweichungen auslösen können, sollten unternehmerische Entscheidungen nicht auf ein einziges (das als wahrscheinlichstes angenommene) Zukunftsszenario ausgerichtet werden. Notwendig sind Verfahren, die es ermöglichen, realistische Abbilder („Szenarien") der Zukunft zu generieren, wobei insbesondere bei der „Konstruktion" der Szenarien unterschiedliche zukünftige Entwicklungen (und damit Risiken) betrachtet werden sollen.

Drei Szenarien

Als Szenario wird die Zusammenfassung aller verfügbaren Informationen bezüglich einer zukünftigen Entwicklung für einen Prognosegegenstand bezeichnet. Oft werden drei Szenarien betrachtet:

- Best Case: die günstigste realistische Entwicklungschance wird dargestellt.
- Worst Case: das pessimistischste realistische Szenario wird gezeigt.
- Basisszenario: das wahrscheinlichste Szenario („Trendszenario").

Szenariotechnik

Die Szenariotechnik wird oft in folgenden acht Schritten durchgeführt[2]:

1. Strukturierung und Definition des Untersuchungsfeldes (speziell der exogenen Risikofaktoren)
2. Identifizierung und Strukturierung der wichtigsten Einflussfaktoren auf das Untersuchungsfeld (Umfeld)
3. Ermittlung von Entwicklungstendenzen und kritischer Kenngrößen des Umfelds („exogene Risikofaktoren")
4. Bildung und Auswahl alternativer und konsistenter Annahmebündel bezüglich der Zukunftsentwicklung (Fragestellung und Zielgröße)
5. Interpretation der ausgewählten Umfeldszenarien
6. Analyse der Auswirkungen signifikanter Störereignisse (Einzelrisiken oder exogene Risikofaktoren)

---

[2] Vgl. Gleißner, 2011a.

7. Ausarbeitung der Szenarien bzw. Ableitung von Konsequenzen für das Untersuchungsfeld (Zielgrößen)

8. Ableiten sinnvoller Maßnahmen

Die Risikoquantifizierung zeigt mögliche Szenarien der unsicheren Zukunft. Das Problem bleibt aber, dass andere, ebenfalls mögliche Szenarien nicht betrachtet werden: Aus unendlich vielen möglichen Szenarien werden lediglich zwei oder drei plausible Szenarien gewählt. Will man jedoch noch mehr mögliche Zukunftsszenarien analysieren, kommt man zur „stochastischen" Simulation.

Stochastische Simulation für mehrere Zukunftsszenarien

3 Monte-Carlo-Simulation und stochastische Planung

In Anbetracht einer großen Anzahl unsicherer Zukunftsentwicklungen (Risiken) ist es a priori kaum möglich festzulegen, welche Art von Szenarien realistisch sind – und insbesondere welche für das Unternehmen bedrohlich werden können. Eine Weiterentwicklung der traditionellen Szenario-Technik besteht in der stochastischen Simulation (Monte-Carlo-Simulation). Dabei werden ausgehend von festgelegten, das Expertenwissen widerspiegelnden Regeln computergestützt Zukunftsszenarien konstruiert und deren Auswirkungen für das Unternehmen (z. B. das Betriebsergebnis) analysiert.

Grundidee der stochastischen Simulation

Simulationsverfahren sind beispielsweise erforderlich, um den (aggregierten) Gesamtrisikoumfang (Eigenkapitalbedarf) eines Unternehmens und risikogerechte Kapitalkostensätze (wertorientiertes Management) zu bestimmen oder für Ratingprognosen.[3] Bei der Risikoaggregation werden mittels Simulation die durch Wahrscheinlichkeitsverteilungen beschriebenen Risiken in den Kontext der Unternehmensplanung gestellt, d. h., es wird jeweils gezeigt, welches Risiko an welcher Position der Planung (Erfolgsplanung) zu Abweichungen führen kann.

Es existieren zwei (kombinierbare) Varianten der Risikoerfassung:

Stochastische Planung

- die unmittelbare Berücksichtigung der Planungsunsicherheit bei den einzelnen Planungspositionen (d. h. das Beschreiben einer Planungsposition durch eine Verteilung, z. B. eine Normalverteilung) oder

- die separate quantitative Beschreibung eines Risikos durch eine geeignete Verteilungsfunktion (z. B. durch Schadenshöhe und Eintrittswahrscheinlichkeit bei ereignisorientierten Risiken) und die Zuordnung dieses Risikos in einem zweiten Schritt zu der Planungsposition, wo es Planabweichungen auslösen kann.

---

[3] Vgl. Gleißner, 2006, Bemmann, 2007, Bungartz/Zimmer/Buchholz/Pflüger, 2009 sowie Weber/Kandel/Spitzner/Vinkemeier, 2005.

Risikofaktoren-
ansatz

Mit dem Risikofaktorenansatz gibt es eine weitere, ebenfalls kombinier-bare Variante, um Risiken im Kontext der Planung zu berücksichtigen. Neben der Unternehmensplanung wird dabei ein Modell der Unter-nehmensumwelt mit den für das Unternehmen interessanten Variablen aufgebaut (s. Abb. 1). Die Unternehmensumwelt wird dabei beispiels-weise durch exogene Faktoren beschrieben wie Wechselkurse, Zinssätze, Rohstoffpreise und Konjunktur (z.B. zur Nachfrage-Wachstumsrate). Für diese exogenen Faktoren des Unternehmensumfeldes werden Prognosen erstellt, so dass ein „Plan-Umfeldszenario" entsteht. Die Abhängigkeit der Planvariablen des Unternehmens von exogenen Faktoren wird z.B. durch Elastizitäten erfasst. Diese zeigen, welche Konsequenzen eine (unsichere) Änderung des Risikofaktors für die Plan-Variable (z.B. Umsatz) hat.

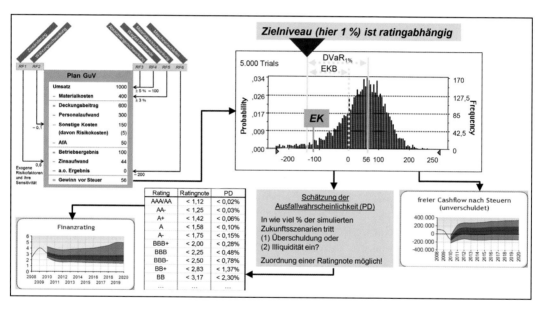

Abb. 1: Risikosimulation

Die Monte-Carlo-Simulation berechnet eine große „repräsentative Stich-probe" der risikobedingt möglichen Zukunftsszenarien des Unterneh-mens, die dann analysiert wird. Aus den ermittelten Realisationen der Zielgröße (z.B. Gewinn) ergeben sich aggregierte Häufigkeitsverteilun-gen. Ausgehend von der Häufigkeitsverteilung der Gewinne kann man unmittelbar auf die Risikomaße schließen, wie z.B. den Eigenkapitalbe-darf (RAC) des Unternehmens. Um eine Überschuldung zu vermeiden, wird zumindest so viel Eigenkapital benötigt, wie auch Verluste auftreten können, die dieses aufzehren.

4 Fallbeispiel: Simulation zur Risikoaggregation mit Crystal Ball[4]

Nachfolgend wird ein wirksamer Weg zur Aggregation von Risiken dargestellt: die Monte-Carlo-Simulation mithilfe von Microsoft Excel und der Simulationssoftware Crystal Ball.

Der Einsatz von Crystal Ball und Excel bietet sich immer an, wenn die Aufgabenstellung lediglich darin besteht, Risiken zu aggregieren und insbesondere bereits eine Planung auf Excel-Basis vorliegt.

4.1 Die Planrechnung des Unternehmens

Ausgangspunkt für die Erstellung eines Modells für die Risikoaggregation ist eine zugrunde liegende Planrechnung. Meist wird hierbei die Gewinn- und Verlustrechnung (GuV) eines Unternehmens herangezogen. Diese wird auf einem separaten Excel-Blatt „Modell" systematisch von oben nach unten aufgebaut.

GuV-Planung als Grundlage

Die GuV ist vereinfacht (s. Abb. 2), umfasst jedoch alle Größen, um die Funktion der Risikoaggregation deutlich zu machen. Es werden gegebene Größen wie Umsatz, Material-, Personal- und sonstige Kosten sowie Abschreibungen und das Zins- und außerordentliche Ergebnis benötigt.

	A	B	C	D	
1	Plan-GuV	Jahr			
2		Plan	Risiko	Ist	
3	Umsatz	1000			
4	Materialkosten	500			
5	Deckungsbeitrag	500			
6	Personalkosten	250			
7	Abschreibungen	100			
8	sonstige Kosten	50			
9	EBIT (Betriebsergebnis)	100			
10	Zinsergebnis	-25			
11	außerordentliches Ergebnis	0			
12	EBT	=B9+B10+B11			
13					
14					
15					
16					

Modell / Modellparameter / Ergebnisse /

Zeigen — NF

Abb. 2: Beispiel einer vereinfachten GuV

---

[4] Vgl. auch Gleißner/Romeike, 2005.

Plan-, Risiko-
und Ist-Wert

Es werden drei Spalten gebildet für den Plan-Wert, den Risiko-Wert und den Ist-Wert. Unter „Risiko" ist die Möglichkeit der Abweichung – positiv wie negativ – vom Plan-Wert zu verstehen. Die Addition von Plan- und Risiko-Wert ergibt den (simulierten) Ist-Wert. In einer Simulation werden in den Zellen der (simulierten) Ist-Werte die Szenarien als Ergebnisse des Zusammenwirkens der verschiedenen Verteilungen und damit der Risiken ausgegeben.

Diese Trennung ist das Grundgerüst des Modells. Die Risikodefinition impliziert, dass alle möglichen Abweichungen von der geplanten GuV-Größe aufgrund von Risiken entstehen. Rechnerisch werden diese Veränderungen in der Spalte „Risiko" modelliert. Jede zufällige Änderung in der Simulation fließt als eine mögliche zukünftige Ausprägung der betrachteten Größe in die GuV ein.

In der Spalte „Ist" werden die Auswirkungen auf die ursprünglich geplante Größe durch Addition abgebildet. In einem einzelnen Simulationsschritt können dort z. B. die (simulierten) Materialkosten abgelesen werden, die sich zufällig durch das Wirksamwerden eines „Materialkostenrisikos" – wie beispielsweise die Preisschwankung bei Erdöl – ergeben können.

Das Ergebnis (Gewinn vor Steuer) in der Plan-GuV ist in unserem Beispiel die relevante Zielgröße (Erfolgsmaßstab), deren Ausprägung die wirtschaftliche Situation des Unternehmens beschreibt. Jede Abweichung von diesem Ergebnis zeigt, ob ein Risiko eingetreten ist oder nicht.

4.2 Beschreibung der Risiken

Risiko-
quantifizierung

Welche Risiken können nun auf unsere GuV einwirken und dort Planabweichungen auslösen?

1. Zum einen werden Abweichungen vom Ist-Umsatz zum Plan-Umsatz auftreten. Diese resultieren aus sich unerwartet verändernden Umsatzpreisen und/oder -mengen, die beispielsweise durch konjunkturelle Nachfrageschwankungen ausgelöst werden.

2. Ebenfalls können bei den Kosten Planabweichungen (Risiken) auftreten.

3. Darüber hinaus können Planabweichungen resultieren aus außerordentlichen Risiken wie Forderungsausfälle oder einem Großkundenverlust.

Diese Risiken werden auf einem getrennten Tabellenblatt „Modellparameter" erfasst. Häufig können diese durch Normalverteilungen oder Dreiecksverteilungen charakterisiert werden.

4.2.1 Beschreibung der Risiken durch Verteilungsfunktionen

Im nächsten Schritt erfolgt die quantitative Beschreibung eines Risikos mittels Verteilungsfunktionen.

Die Dreiecksverteilung wird durch drei Parameter definiert: den Minimal- und den Maximalwert, die erreicht werden können, und den wahrscheinlichsten Wert (Likeliest, „Best guess"), der nicht dem Erwartungswert entsprechen muss. Eine Normalverteilung definiert sich durch ihren Erwartungswert und die Standardabweichung (Streuungsmaß).

*Dreiecks-
verteilung:
drei Werte*

Die den Vorgaben entsprechenden Werte werden eingetragen und in den mit „Verteilung" benannten Spalten werden die Werte vorerst auf null gesetzt. Diese Zellen werden später mit dem Add-in Crystal Ball belegt, das in der Simulation Zufallszahlen entsprechend der vorgegebenen Verteilungsfunktionen generiert.

	A	B	C	D	E
2	Dreieckverteilung	Minimal	Likeliest	Maximal	Verteilung
3	Umsatzmengenschwankung	-10%	0%	5%	0%
4	Umsatzpreisschwankung	-5%	0%	2%	0%
5	Normalverteilung	Erwartungswert	Standardabweichung		Verteilung
6	Materialkostenschwankung	0%	5%		0%
7	Personalkostenschwankung	0%	2%		0%
8					
9	Dreipunktverteilung				
10	Forderungsausfall	Eintrittswahrsch.	Schadenhöhe		
11	Kleinschaden	20%	5		
12	Mittlerer Schaden	5%	60		
13	Großschaden	1%	250		
14	Digitale Verteilung	Eintrittswahrsch.	Schadenhöhe in % vom Planumsatz		
15	Großkundenverlust	10%	20%		
16					

Modell \ **Modellparameter** / Ergebnisse /

Eingeben · NF

Abb. 3: Eingabe Parameterwerte

Eine Dreipunktverteilung (nicht zu verwechseln mit der Dreiecksverteilung) ist charakterisiert durch die Möglichkeit des Eintritts von drei Zuständen (Szenarien). Diese Zustände sind hier ein kleiner Schaden, ein mittlerer Schaden und ein Großschaden. Sie treten hier mit unterschiedlicher Wahrscheinlichkeit und Schadenhöhe auf.

*Dreipunkt-
verteilung:
drei Zustände*

Eine „digitale Verteilung" (Binomialverteilung) bedeutet, dass ein Ereignis entweder eintritt oder nicht. In unserem Beispiel tritt der Schaden des Großkundenverlusts mit 10 %iger Wahrscheinlichkeit auf, der zu einem Umsatzverlust in Höhe von 20 % des Planumsatzes führen würde. Dies ist in der Abb. 3 in den Zellen B15 und C15 dargestellt.

4.2.2 Auswirkungen auf die GuV

Auswirkungen auf Planrechnung

Nach der Beschreibung der Verteilungsfunktionen der Risiken sind nun die Auswirkungen auf die GuV darzustellen. Es muss also eine rechnerische Verknüpfung der Risiken, d.h. der Verteilungszellen (Spalte E), mit der Planrechnung erfolgen. Wo – d.h., in welchen Planvariablen der GuV – wirken sich die einzelnen Risiken aus? Eine konjunkturelle Umsatzmengenschwankung wirkt sich beispielsweise auf die Planvariable Umsatz aus. Darüber hinaus wirkt sie aber indirekt über die Rechenlogik des Planungsmodells eventuell auch auf die Kosten, wenn man von variablen Kosten ausgeht.

Der Risikowert der Personalkosten in Zelle C6 ergibt sich aus dem Produkt der vorerst mit „Verteilung" betitelten Zelle in den Modell-parametern (s. Abb. 3, Zelle E7) und den Plankosten. Er zeigt die risikobedingte Planabweichung. Ändert sich nun in einem Simulations-schritt der zufällig (gemäß der definierten Parameter des Risikos) gezogene Wert der Zelle E7 in dem Blatt „Modellparameter" (s. Abb. 3), verändert sich der Risikowert in C6 auf dem Blatt „Modell". Damit wird ein neues risikobedingtes Szenario für die Position der GuV berechnet. Um den Ist-Wert (D6) der Personalkosten zu ermitteln, bildet man die Summe der Zellen Risiko (C6) und Planwert (B6).

Es gilt immer: simulierter Ist-Wert = Plan-Wert + Risiko (Planabweichung).

D6		= =B6+C6		
	A	B	C	D
1	Plan-GuV	Jahr		
2		Plan	Risiko	Ist
3	Umsatz	1.000		
4	Materialkosten	500		
5	Deckungsbeitrag	500		
6	Personalkosten	250	0	250
7	Abschreibungen	100		
8	sonstige Kosten	50		
9	EBIT (Betriebsergebnis)	100		
10	Zinsergebnis	-25		
11	außerordentliches Ergebnis	0		
12	EBT	75		
13				

Abb. 4: Berechnung der Personalkosten inkl. Risiko

Dieses Berechnungsschema wird in diesem Entwicklungsstand des Modells für die Risiken analog übernommen. Die Abb. 5 zeigt noch einmal die Verknüpfung der Verteilung für das Risiko „Materialkostenschwankungen" mit den Plan-Materialkosten:

	A	B	C	D	E
	HÄUFIGKEIT ▼ X ✓ =	=B4*Modellparameter!E6			
1	Risiken				
2	Dreieckverteilung	Minimal	Likeliest	Maximal	Verteilung
3	Umsatzmengenschwankung	-10%	0%	5%	0%
4	Umsatzpreisschwankung	-5%	0%	2%	0%
5	Normalverteilung	Erwartungswert	Standardabweichung		Verteilung
6	Materialkostenschwankung	0%	5%		0%
7	Personalkostenschwankung	0%	2%		0%
8					
9	Dreipunktverteilung				
10	Forderungsausfall	Eintrittswahr-scheinlichkeit	Schadenhöhe		
11	Kleinschaden	20%	5		
12	Mittlerer Schaden	5%	60		
13	Großschaden	1%	250		
14	Digitale Verteilung	Eintrittswahr-scheinlichkeit	Schadenhöhe in % vom Planumsatz		
15	Großkundenverlust	10%	20%		

Modell \ **Modellparameter** / Ergebnisse /

Abb. 5: Berechnung des Risikowerts der Materialkosten (s. Eingabezeile)

Die GuV nach dem bisherigen Stand mit einigen eingetretenen Risiken:

	A	B	C	D
	C3 ▼ =	=B3*Modellparameter!E4		
1	Plan-GuV	Jahr		
2		Plan	Risiko	Ist
3	Umsatz	1.000	10	1.010
4	Materialkosten	500	0	500
5	Deckungsbeitrag	500	10	510
6	Personalkosten	250	25,0	275
7	Abschreibungen	100		
8	sonstige Kosten	50		
9	EBIT (Betriebsergebnis)	100	-15	235
10	Zinsergebnis	-25		
11	außerordentliches Ergebnis	0		
12	EBT	75	-15	235
13				

Abb. 6: Vorläufiges Ergebnis der Risikoermittlung

4.2.3 Risiken im Umsatzbereich

Der Umsatz war im Modell bisher lediglich von der Umsatzmenge abhängig. In der Realität hängt der Umsatz jedoch sowohl von der Menge als auch vom Preis ab. Das Risiko wird daher als Produkt der beiden Abweichungen programmiert (s. Abb. 7). Da in der Spalte „Risiko" nur die Abweichung vom geplanten Wert dargestellt werden soll, muss der Planwert am Ende der Formel subtrahiert werden.

Absatzpreisschwankungen wirken sich nur auf den Umsatz aus. Absatzmengenschwankungen hingegen betreffen auch die variablen Kosten. Dies muss in der Modellstruktur ebenfalls berücksichtigt werden.

Die Kostenvariabilität spiegelt den Einfluss der Umsatzmengenschwankung auf die Material- bzw. Personalkosten wider. Die Variabilitätsfaktoren (Sensitivitäten oder Elastizitäten) werden auf dem Blatt „Modellparameter" erfasst.

HÄUFIGKEIT	▼ X ✓ =	=B3*(1+Modellparameter!E4)*(1+Modellparameter!E3)-B3		
	A	B	C	D	E
1	**Plan-GuV**	**Jahr**			
2		Plan	Risiko	Ist	
3	Umsatz	1.000	meter!E3)-B3	2.000	
4	Materialkosten	500	0	500	
5	Deckungsbeitrag	500	1.000	1.500	
6	Personalkosten	250	25,0	275	
7	Abschreibungen	100			
8	sonstige Kosten	50			
9	EBIT (Betriebsergebnis)	100	975	1.225	
10	Zinsergebnis	-25			
11	außerordentliches Ergebnis	0			
12	EBT	75	975	1.225	
13					

Abb. 7: Rechnerische Verknüpfung der Preis- und Mengenrisiken des Umsatzes

In unserem Beispiel werden die Variabilitäten daher auch abgeändert auf 75 % bezüglich der Materialkosten und 10 % bezogen auf die Personalkosten (vgl. Zelle B18 und B19 in Abb. 8).

Anschließend werden die noch offenen Zellen der GuV gefüllt. Die Risikowerte der nicht mit Risiken behafteten GuV-Größen (Abschreibungen, sonstige Kosten, Zinsergebnis) werden auf null gesetzt. Die Ist-Werte ergeben sich als Simulationsergebnisse durch Addition von Plan und Risiko.

A17	▼	=	Kostenvariabilität		

	A	B	C	D	E
7	Personalkostenschwankung	0%	2%		10%
8					
9	Dreipunktverteilung				
10	Forderungsausfall	Eintrittswahr-scheinlichkeit	Schadenhöhe		
11	Kleinschaden	20%	5		
12	Mittlerer Schaden	5%	60		
13	Großschaden	1%	250		
14	Digitale Verteilung	Eintrittswahr-scheinlichkeit	Schadenhöhe in % vom Planumsatz		
15	Großkundenverlust	10%	20%		
16					
17	Kostenvariabilität				
18	Materialkosten	100%			
19	Personalkosten	0%			
20					

|◄|◄|►|►|\ Modell \ **Modellparameter** / Ergebnisse / |◄|

Bereit   Summe=1

Abb. 8: Aufnahme der Umsatzmengenvariabilität in das Modell

4.3   Anlegen von Crystal-Ball-Verteilungen für Risiken

4.3.1   Schwankungsrisiken festlegen

In den folgenden Schritten werden die Verteilungsfunktionen für die verschiedenen Risiken eingegeben (Crystal-Ball-Funktion „Define Assumption"). Abb. 9 zeigt die „Bildergalerie" von Crystal Ball (CB), die Sammlung verfügbarer Verteilungen für Risiken.

Risikoquantifizierung mit Crystal Ball

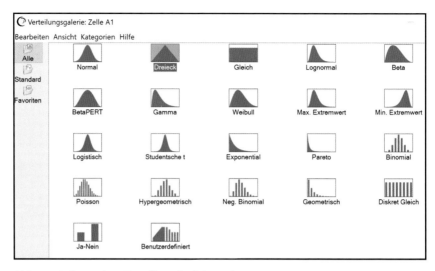

Abb. 9: Anlegen einer Verteilungsfunktion mit CB

Für das Risiko „Umsatzmengenschwankung" wird anschließend der Zellbezug für die Parameter Min, Likeliest und Max eingegeben, wodurch die Verteilungsfunktion des Risikos eindeutig definiert ist.

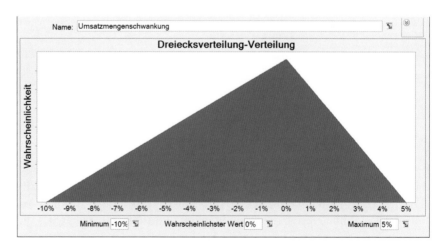

Abb. 10: Eingabe der Parameter der Dreiecksverteilung „Umsatzmengenschwankung"

Analog wird für die Umsatzpreisschwankung verfahren. Für die Normalverteilungen (Normal Distribution) der Personal- und Materialkostenschwankungen wird ebenfalls derart vorgegangen. Hier sind die einzugebenden Parameter des Risikos der Mittelwert (Mean) und die Standardabweichung (Std. Dev).

Beim Aufbau von Simulationsmodellen ist Expertenwissen – speziell aus Controlling und Risikomanagement – erforderlich, um

- ein geeignetes Planungsmodell (mit den Abhängigkeitsstrukturen) zu entwickeln und
- Risiken adäquat quantitativ zu beschreiben (durch Verteilungsfunktionen).

Die explizite Transparenz über die Risiken schafft die Voraussetzung, um die hiermit implizit zugrunde gelegten (unsicheren) Annahmen auch zu diskutieren. In unserem Beispiel wird die Dreiecksverteilung für die Beschreibung des Umsatzes genutzt. Tatsächlich lässt sich zeigen, dass gerade hier oft eine Normalverteilung geeigneter wäre – was Ansatzpunkte für eine Verbesserung der Modellierung mit sich bringt.

4.3.2 Risiko-Szenarien erarbeiten

Nach der Modellierung der Schwankungsrisiken werden die verschiedenen Risiko-Szenarien „Großkundenverlust" und „Forderungsausfall" erarbeitet.

Ereignisorientierte Risiken

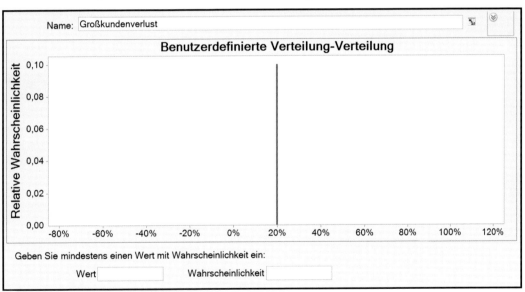

Abb. 11: Anlegen einer benutzerdefinierten Verteilung

Hierzu können verschiedene Varianten verwendet werden, um die digitale Verteilung zu modellieren. Bspw. ist es möglich, eine benutzerdefinierte Verteilung („Custom Distribution") zu erstellen, in der die Vorgabewerte direkt hinterlegt werden. So wird der Wert 20 % (vom Planumsatz) zusammen mit der Wahrscheinlichkeit 10 % eingegeben, was dem Eintritt des Schadens entspricht. Nun ist es notwendig, das

Nichteintreten des Schadens abzubilden. Hierzu werden die Gegenwahrscheinlichkeit (100 % – 20 % = 80 %) und natürlich die Schadenhöhe Null eingeben.

In der Simulation wird diese Verteilung in der Zelle des Risikowerts des außerordentlichen Ergebnisses auf dem Blatt „Modell" berücksichtigt. Hierzu wird die Zelle „Verteilung" der benutzerdefinierten Verteilung multiplikativ mit dem Planumsatz auf dem Blatt „Modell" verknüpft und von dem außerordentlichen Ergebnis subtrahiert.

Dreipunkt-verteilung Ein weiteres Risiko mit Auswirkungen auf das außerordentliche Ergebnis ist der Forderungsausfall, der mit einer Dreipunktverteilung modelliert werden soll.

Ähnlich dem Vorgehen bei der digitalen Verteilung wird eine Funktion hinterlegt, die bei erfüllter Bedingung die Schadenhöhe des zugehörigen Szenarios ausgibt.

4.4 Anlegen von Zielgrößen des Modells

Zielvariablen für Simulation definieren Bevor die weiteren Risiken modelliert werden, kann man schon erste Zwischenergebnisse ermitteln. Hierzu ist es lediglich notwendig, die Zielvariablen für die Simulation zu definieren. Laut Vorgabe sind dies der Deckungsbeitrag, das EBIT und das EBT. Für diese Größen sollen die risikobedingten Schwankungsbreiten (Planungssicherheit) bestimmt werden. Die aggregierte, risikobedingte Schwankungsbreite der letztendlichen Zielgröße (Erfolgsmaßstab) – hier also EBT – zeigt den Gesamtrisikoumfang. Mit der Crystal-Ball-Funktion „Define Forecast" werden die zu analysierenden Variablen ausgewählt, für den Report benannt und mit der zugehörigen Einheit versehen.

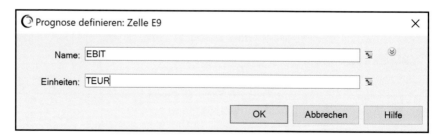

Abb. 12: Anlegen von Zielgrößen der Simulation

Für diese Zielgrößen werden in einer Simulation Häufigkeitsverteilungen erstellt. Diese werden dann statistisch ausgewertet, was Aussagen erlaubt beispielsweise über die Gesamtrisikoposition des Unternehmens (Schwankungsbreiten des EBT) oder den risikobedingten Eigenkapitalbedarf (d. h. die realistische Verlusthöhe).

4.5 Simulation und Risikoaggregation: Ergebnisse aus Crystal Ball

Nach vollständiger Definition der Modellparameter, des Modells der GuV und Durchführung eines Simulationslaufs, kann man nun mit der Darstellung und Auswertung der Ergebnisse beginnen. Bei diesem Simulationslauf werden also z. B. 50.000 risikobedingte Szenarien berechnet und so alle Risiken simultan auf die Zielvariablen aggregiert. Betrachtet werden hier die drei Forecast-Zellen Deckungsbeitrag (DB), EBIT und EBT, die die Zielvariable der Unternehmensplanung zeigen.

Anfangs werden jeweils der Erwartungswert und die Standardabweichung (Streuung) als Risikomaß ausgewiesen. Diese Werte errechnet Crystal Ball automatisch aus den Simulationen. Die Daten werden mithilfe des Befehls „CB.GetForeStatFN" ausgelesen. Die folgende Abb. 13 zeigt den Befehl für die Standardabweichung. Es wird Bezug genommen auf die Forecast-Zelle D5 des Blattes „Modell". Die Syntax für den Befehl lautet:

Auswertung mithilfe von Tabellenblatt-funktionen

CB.GetForeStatFN(Forecastzelle;Index)

Der Index 5 liest die Standardabweichung aus, 2 gibt den Erwartungswert wieder.

MODALWERT ▼ X ✓ =		=CB.GetForeStatFN(Modell!\$D\$5;5)							
	A	B	C	D	E	F	G	H	I	J
1	Ergebnisse:								
2									
3	DB								
4	Erwartungswert		Standardabweichung						
5	480,86		=CB.GetForeStatFN(Modell!\$D\$5;5)						
6									
7	Quantile in %	1	2,5	5	10	50	90	95	97,5	99
8									

Abb. 13: Berechnung der Standardabweichung

Für die Auswertung werden die Quantile in symmetrischer Anordnung um den Median (das 50 %-Quantil) untersucht. Der Quantilswert auf dem x %-Niveau gibt den Wert an, für den gilt, dass x % aller Datenwerte kleiner oder gleich diesem Wert sind. Mithilfe des Befehls

CB.GetForePercentFN(Forecastzelle;Bezugszelle)

wird der zum Prozentsatz gehörende Quantilswert aus den intern gespeicherten Zielwerten ausgelesen.

MODALWERT	▼	✗ ✓	=	=CB.GetForePercentFN(Modell!$D$5;B7)							
	A	B	C	D	E	F	G	H	I	J
1	Ergebnisse:									
2										
3	DB									
4	Erwartungswert		Standardabweichung							
5	480,86		34,37							
6										
7	Quantile in %	1	2,5	5	10	50	90	95	97,5	99
8		=CB.GetForePercentFN(Modell!$D$5;B7)								
9										

Abb. 14: Berechnung der Quantile mit Crystal Ball

Reporting der Simulationser-gebnisse
Nächster Punkt der Untersuchung ist das Risk Adjusted Capital (RAC). RAC meint die Höhe des zur Deckung des Risikos erforderlichen Eigenkapitals eines Jahres (risikobedingter Eigenkapitalbedarf oder Risikokapital), bezogen auf ein bestimmtes Sicherheitsniveau (z. B. 95 %). Dies entspricht dem Risikomaß „Value at Risk".[5] Der „Value at Risk" (VaR$_p$) ist der Schaden, der mit der vorgegebenen Wahrscheinlichkeit p innerhalb einer Planperiode nicht überschritten wird. Grundüberlegung dabei ist, dass die Aufgabe des Eigenkapitals eines Unternehmens die Deckung von Verlusten ist.

MODALWERT	▼	✗ ✓	=	=WENN(B8>0;0;-B8)							
	A	B	C	D	E	F	G	H	I	J
1	Ergebnisse:									
2										
3	DB									
4	Erwartungswert		Standardabweichung							
5	478,60		33,64							
6										
7	Quantile	1	2,5	5	10	50	90	95	97,5	99
8		401,12	414,76	422,65	432,86	478,98	521,25	531,91	541,32	560,22
9										
10	RAC	1	2,5	5	10	50	90	95	97,5	99
11		=WENN(B8>0;0;-B8)								
12										
13										

Abb. 15: Berechnung des Risk Adjusted Capital mit Crystal Ball

Das Risk Adjusted Capital (RAC) ist die Differenz von null und dem mit dem Sicherheitsniveau (z. B. 95 %) korrespondierenden Quantilswert (also dann 5 %). Gesucht wird also zunächst der Wert des EBT, der mit beispielsweise 95 %iger Wahrscheinlichkeit nicht unterschritten wird. Ist dieser Wert kleiner als null, kann das Unternehmen in die Verlustzone rutschen: Somit muss genauso viel Eigenkapital zur Verlustdeckung vorgehalten werden. Daher ist das RAC stets null, wenn das dazugehörige Quantil an der Stelle positiv ist. Ist das Quantil negativ, so ist das RAC – definiert als Verlustgefahr – gleich dem Betrag des Quantils. Die Formel bezieht sich daher auf den bereits errechneten Wert des Quantils.

---

[5] Der „Value at Risk" (VaR$_p$) ist der Schaden, der mit der vorgegebenen Wahrscheinlichkeit p innerhalb einer Planperiode nicht überschritten wird (vgl. Gleißner 2011a).

Crystal Ball bietet auch die Möglichkeit, die Simulationsergebnisse der Häufigkeitsverteilungen grafisch anzuzeigen.

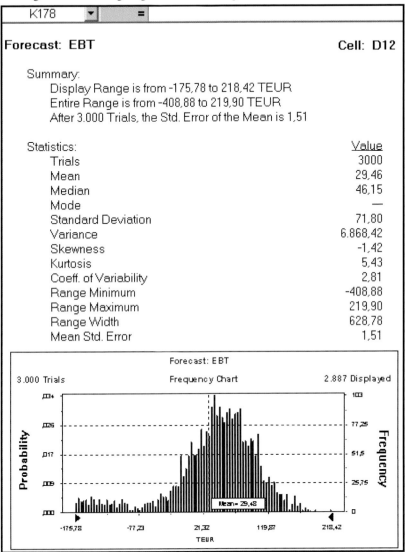

Abb. 16: Beispiel eines Reports aus Crystal Ball

Der ursprüngliche Planwert des EBT betrug 75. Der Erwartungswert („Mean") der Simulation liegt nur bei knapp 29,5 (vgl. Abb. 16). Dies ist durch die Berücksichtigung des negativen Ergebnisbeitrags möglicher Großkundenverluste (20) und des möglichen Forderungsausfalls (6,5) zu erklären, die nicht in die ursprüngliche Planung eingingen. Nach Abzug dieser möglichen Verluste würde der „neue" Erwartungswert bei 48,5 liegen. Darüber hinaus werden bei den möglichen Umsatzabweichungen asymmetrische Verteilungen verwendet, so dass Planwert und Erwartungswert divergieren. Es handelt sich hier also um eine nicht erwartungstreue Planung. Durch das Aggregationsmodell wird somit gezeigt, inwieweit Planwert und Erwartungswert durch die Berücksichtigung von Risiken auseinander fallen können.

Bei der Simulation des EBT fällt die relativ starke Häufung von extrem negativen Werten auf. Diese Ungleichmäßigkeit der Verteilung ergibt sich vor allem aus der Möglichkeit des Großkundenverlusts.

Bezogen auf ein Sicherheitsniveau von 95 % ergibt sich ein relativer Value-at-Risk (größtmögliche Abweichung vom erwarteten Wert) von ca. 185. Der risikobedingte Eigenkapitalbedarf (RAC) auf demselben Sicherheitsniveau berechnet sich zu ca. 155, d.h. mit 95 %iger Sicherheit reicht ein Eigenkapital von 155, um risikobedingte Verluste zu tragen und eine Überschuldung zu vermeiden.

Performance-
kennzahlen
berechnen

Mit diesen Informationen der Risikoaggregation können leicht weitere Kennzahlen für die Unternehmensführung abgeleitet werden, speziell Performancemaße. Zu nennen ist die Eigenkapitaldeckung (Eigenkapital / Eigenkapitalbedarf) und die sog. Risikorendite (RORAC = Return on Risk Adjusted Capital), also die Relation von erwartetem Gewinn (EBT) zu Eigenkapitalbedarf (RAC). Im Beispiel gilt:

$$RORAC \quad = \quad \frac{EBT}{RAC} \quad = \quad \frac{29,46}{155,15} \quad = \quad 19\,\%$$

Diese Kennzahl charakterisiert das Rendite-Risiko-Profil und hilft bei Abwägen von erwartetem Ertrag und Risiken.[6] Werte oberhalb von 15 % sind dabei ökonomisch akzeptabel.

5 Fazit und Schlussbemerkungen

Als Fazit ist festzuhalten, dass es die Unsicherheit über die zukünftigen Entwicklungen des Unternehmensumfelds (Konjunktur, Wettbewerber etc.) erfordert, sich mit verschiedenen denkbaren Zukunftsszenarien zu befassen. Die Unternehmenspolitik sollte nicht alleine auf *ein* Szenario ausgerichtet werden. Empfehlenswert ist eher die Betrachtung möglicher Alternativszenarien und die Berücksichtigung der Konsequenzen dieser Szenarien für die Erfolgsgrößen des eigenen Unternehmens. Mit der Monte-Carlo-Simulation existiert ein Instrument, mit dessen Hilfe sich, ausgehend von vorgegebenen Regeln (z.B. der eigenen Planung) und unter Berücksichtigung von Risiken, eine große repräsentative Anzahl von Zukunftsszenarien konstruieren und analysieren lassen.

---

[6] vgl. Gleißner, 2011b.

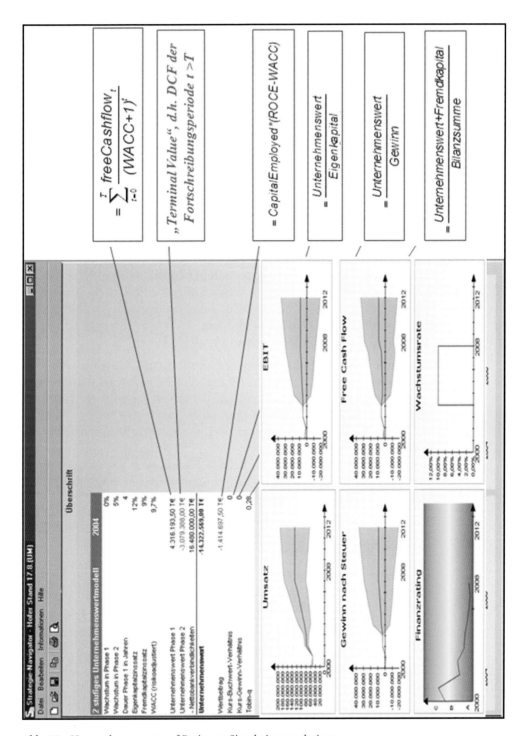

Abb. 17: Unternehmenswert auf Basis von Simulationsergebnissen

Eine ökonomisch simulationsbasierte Risikoaggregation baut gerade auf den Planungsrechnungen des Unternehmens auf. Da in vielen Unternehmen Controlling mithilfe der Tabellenkalkulation Excel durchgeführt wird, bietet es sich an, eine Risikoaggregation in Excel durchzuführen. Weil diese Funktionalität von Excel selbst nicht bereitgestellt wird, muss hierzu auf ein Add-in wie Crystal Ball zurückgegriffen werden.

Für aufwändigere Modelle und eine „professionelle" Abbildung von Simulationsmodellen kann der Einsatz speziell simulationsbasierter Entscheidungsunterstützungssysteme sinnvoll sein, wie beispielsweise des „Strategie-Navigators" (s. Auswertungs-Screenshot in Abb. 17). Im Gegensatz zum Excel-Modell ist hier bereits eine Vielzahl von Funktionalitäten (Zusammenhänge der Erfolgsrechnung, Auswertungsmöglichkeiten wie Rating oder Unternehmensbewertungsmodul) vorprogrammiert und muss nur noch parametrisiert werden.

Als wesentlicher praktischer Nutzen simulationsbasierter Ansätze für das Controlling und die Vorbereitung unternehmerischer Entscheidungen ist festzuhalten, dass durch derartige Modelle Transparenz geschaffen wird über die zukünftigen Risiken – und nur so ist ein Abwägen erwarteter Erträge und Risiken bei Entscheidungen möglich.

Insbesondere ist es nur mithilfe von Simulationsmodellen möglich, den aggregierten Gesamtrisikoumfang (Eigenkapitalbedarf) für Finanzierungsstrukturentscheidungen abzuleiten, die Wahrscheinlichkeit einer Insolvenz (zukünftiges Rating) fundiert zu beurteilen und risikogerechte Kapitalkostensätze zu berechnen. Letztere sind ein wesentlicher Werttreiber im Kontext einer wertorientierten Steuerung. Ohne Rückgriff auf (oft wenig aussagefähige oder gar nicht existierende) historische Kapitalmarktdaten kann der aus der Simulation abgeleitete Risikoumfang unmittelbar in den Kapitalkostensatz umgerechnet werden.

6 Literaturhinweise

Bemmann, Entwicklung und Validierung eines stochastischen Simulationsmodells für die Prognose von Unternehmensinsolvenzen (Dissertation), Technische Universität Dresden, 2007.

Bungartz/Zimmer/Buchholz/Pflüger, Modellbildung und Simulation: Eine anwendungsorientierte Einführung, 2009.

Gleißner, Grundlagen des Risikomanagements, 3. Aufl. 2017.

Gleißner/Romeike, Risikomanagement – Umsetzung – Werkzeuge – Risikobewertung, 2005.

Hoitsch/Winter, Die Cash-Flow-at-Risk-Methode als Instrument eines integriert-holistischen Risikomanagements, in ZfCM – Zeitschrift für Controlling und Management, 4/2004, S. 235–246.

Schmitz/Wehrheim, Risikomanagement: Grundlagen – Theorie – Praxis, 2006.

von Metzler, Risikoaggregation im industriellen Controlling, 2004.

Weber/Kandel/Spitzner/Vinkemeier, Unternehmenssteuerung mit Szenarien und Simulationen: Wie erfolgreiche Unternehmenslenker von der Zukunft lernen, 2005.

Kapitel 5: Literaturanalyse

Literaturanalyse zum Thema Risikomanagement und Risikocontrolling

Titel: Grundlagen des Risikomanagements. Mit fundierten Informationen zu besseren Entscheidungen
Autor: Werner Gleißner
Jahr: 3. Auflage 2017
Verlag: Verlag Franz Vahlen
Kosten: 55,00 EUR
Umfang: 605 Seiten
ISBN: 978-3-8006-4952-5

Inhalt

Jedes Management sollte auch Risikomanagement sein, wenn die Wirkungen von Maßnahmen unsicher sind. Es gilt, Erträge und Risiken bei der Entscheidungsvorbereitung abzuwägen und dabei die Implikationen für das zukünftige Rating und den nachhaltigen Erfolg (Unternehmenswert) zu betrachten. Dementsprechend bedarf es eines neuen, integrierten Risikomanagementkonzepts (embedded risk management).

Das praxisorientierte Fachbuch erläutert die betriebswirtschaftlichen Werkzeuge zur Analyse und Steuerung von Risiko, die in Unternehmensführung, Controlling und Risikomanagement benötigt werden – und die z.B. eine wertorientierte Unternehmensführung mit risikogerechten Kapitalkosten erst ermöglichen. Das Buch ist dazu in aufeinander aufbauende Abschnitte gegliedert:

- Grundbegriffe, rechtliche Grundlagen und Risikopolitik sowie Nutzen des Risikomanagements
- Risikoanalyse
- Risikoaggregation, Gesamtrisikoumfang und stochastische Planung
- Risikobewältigung und Risikosteuerung
- Risikoinformationen für unternehmerische Entscheidungen: Rating, Controlling und wertorientierte Unternehmensführung
- Risikoüberwachung, Risikocontrolling und die Organisation des Risikomanagements

Die Darstellungen werden ergänzt durch einen umfangreichen Anhang der sich vor allem mit den mathematischen Grundlagen beschäftigt, sowie durch Begleitmaterialien wie Checklisten, Excel-Tools und Software (z.B. für Risiko-Portfolio, risikogerechte Unternehmensplanung und Rating) auf CD sowie zum Download.

Bewertung

Die dritte Auflage von „Grundlagen des Risikomanagements" erweist sich als umfassende und ausgereifte Darstellung. Von den erforderlichen methodischen Grundlagen an gelingt es dem Werk, Verfahren und Instrumente vorzustellen sowie Wege zu zeigen, wie das Risikomanagement in einem Unternehmen etabliert werden kann. Neben Interessierten, die einen Überblick über das Gesamtspektrum des Risikomanagements erhalten möchten, richtet sich das Buch damit auch an Führungskräfte kapitalmarktorientierter und größerer mittelständischer Unternehmen, die sich mit dem Aus- und Aufbau ihrer Risikomanagementsysteme befassen und Risikoinformationen stärker im Rahmen ihrer Entscheidungen berücksichtigen möchten.

Gerade für letztere dürften insbesondere die Ausführungen zur organisatorischen Gestaltung des Risikomanagements, insbesondere die Implementierung von Verfahren für eine kontinuierliche Überwachung der sich im Zeitverlauf ändernden Risiken von besonderem Interesse sein. Der Autor zeigt, wie möglichst viele Basisaufgaben des Risikomanagements in bereits vorhandene Managementsysteme (z.B. das Controlling oder das Qualitätsmanagement) integriert werden können, um effizient und unter Vermeidung bürokratischen Aufwands Risikomanagement im Unternehmen zu etablieren.

Fazit

Ein empfehlenswertes Buch zu einer anspruchsvollen Materie, das nicht zuletzt durch seine breite, praxisnahe Darstellung besticht. Darüber hinaus werden Anwender sich sicher über das umfangreiche Begleitmaterial freuen.

Titel: Erfolgsfaktor Risiko-Management 3.0. – Methoden, Beispiele, Checklisten. Praxishandbuch für Industrie und Handel
Autoren: Frank Romeike, Peter Hager
Jahr: 3. Auflage 2013
Verlag: Springer Gabler Verlag
Kosten: 86,99 EUR
Umfang: 527 Seiten
ISBN: 978-3-8349-3339-3

Inhalt

Die Autoren machen typische Fragestellungen aus der Unternehmenspraxis an Fallstudien anschaulich, diskutieren die anwendbaren Methoden und beschreiben die Umsetzung. Risikomanagement wird hierbei als ein nachvollziehbarer, alle Unternehmensaktivitäten umfassender Regelkreislauf zur Erfassung, Bewertung, Steuerung und Berichterstattung von Risiken verstanden. Dies erfordert ein systematisches und permanentes Vorgehen. Außerdem ist das Risikomanagement in die bestehenden Organisationsstrukturen und Prozessabläufe zu integrieren und laufend auf Wirksamkeit und Effizienz zu prüfen.

Im Sinne einer Werkzeugkiste beschreiben die Autoren ein ganzes Portfolio an Methoden für strategische Chancen und Risiken von Investitionen, für Risikomanagement von Preisen im Einkauf und im Verkauf, für Risikomanagement im Bereich der Produktion sowie der Supply-Chain, für die Quantifizierung von Risiken im Finanzbereich sowie das Management von Marken- und Vertriebsrisiken und die Steuerung von Projektrisiken und IT-Risiken. Dieser umfangreiche Methodenmix von qualitativen und quantitativen Werkzeugen eröffnet dem Leser viele Lösungsansätze für die praktische Tätigkeit. Die mathematischen Grundlagen des Risikomanagements – die für die Anwendung einiger Methoden unerlässlich sind – wurden in einen Anhang ausgelagert. Ein umfangreiches Glossar erweist sich für die Einordnung von Begriffen als äußerst nützlich. Darüber hinaus werden die skizzierten Beispiele als fertige Excel-Tabellen sowie weitere Materialien wie Checklisten und Tools zum Download bereitgestellt.

Titel: Risikomanagement in Unternehmen. Interkulturelle Betrachtungen zwischen Deutschland, Österreich und der Türkei
Herausgeber: Stephan Schöning, Handan Sumer Göğüş, Helmut Pernsteiner
Jahr: 2017
Verlag: Springer Gabler Verlag
Kosten: 69,99 EUR
Umfang: 84 Seiten
ISBN: 978-3-658-07072-4

Inhalt

Das Buch beleuchtet das Thema „Risikomanagement" anhand aktueller Forschungsansätze. Der Fokus liegt dabei auf dem interkulturellen Ansatz. Dabei werden vor allem die Länder Deutschland, Österreich sowie die Türkei thematisiert.

Die Anforderungen an das Risikomanagement von Unternehmen sind weltweit zwar ähnlich. Dennoch gibt es beispielsweise aufgrund kultureller Unterschiede auch Abweichungen. Das vorliegende Buch stellt deshalb zeitgemäße Instrumente des unternehmensbezogenen Risikomanagements vor und diskutiert Gemeinsamkeiten und Unterschiede aus verschiedenen Perspektiven. Hierdurch werden nicht nur Gemeinsamkeiten und Unterschiede zwischen verschiedenen Ländern betrachtet, sondern die Besonderheit berücksichtigt, dass viele deutsche und österreichische Unternehmen in der Türkei präsent sind sowie viele Unternehmer in Deutschland und Österreich türkisch-stämmig sind.

Der multidisziplinären und hochrangigen Autorenschaft gelingt es, den Lesern Status Quo und Entwicklungstendenzen in diesem Bereich zu verdeutlichen.

Titel: Risikomanagement. Grundlagen – Instrumente – Unternehmenspraxis
Autorin: Ute Vanini
Jahr: 2012
Verlag: Schäffer-Poeschel
Kosten: 29,95 EUR
Umfang: 326 Seiten
ISBN: 978-3-7910-3126-2

Inhalt

Risikomanagement ist ein sehr komplexes Thema. Neben der Kenntnis zahlreicher gesetzlicher und quasi-gesetzlicher Anforderungen werden statistisches Know-how für die Risikobewertung und das Verständnis komplexer Risikomessmodelle benötigt. Qualitative Aspekte wie die Bedeutung und Ausgestaltung einer Risikokultur spielen dabei ebenso eine Rolle wie entscheidungstheoretische Grundlagen zum strukturierten Umgang mit unsicheren Situationen und verhaltenswissenschaftliche Erkenntnisse, die die menschliche Wahrnehmung und den Umgang mit Risiken erklären. Daher stehen dem Risikomanagement eine Vielzahl von Instrumenten und Methoden zur Risikoidentifikation, -bewertung und -steuerung zur Verfügung, über die dieses Buch einen Überblick gibt.

Im Beruf stehende Praktiker müssen den Einstieg in ein neues Themenfeld häufig parallel zum Arbeitsalltag bewältigen. Das Lehrbuch trägt dem in Form einer anwendungsorientierten, verdichteten Einführung Rechnung. Nach einem Grundlagenteil folgt die Darstellung der Phasen des operativen Risikomanagementprozesses. Danach wird ein Überblick über die zur Verfügung stehenden Instrumente und Methoden gegeben, die anhand von zahlreichen Praxisbeispielen vertieft werden. Am Ende jedes Kapitels werden Probleme der jeweiligen Phase diskutiert und es erfolgt eine weitere Vertiefung des Stoffes anhand einer ausführlichen Praxisfallstudie.

Stichwortverzeichnis

Stichwortverzeichnis